Sociology

Sociology

社會學

石計生 著

一本結合社會現實觀察與理論研究的社會學啟蒙書，
以當代的觀察與感受觸角，將社會學化為洗鍊的文字，
帶領讀者理解當代社會，培養社會學式的思辨能力。

三民書局

Society

國家圖書館出版品預行編目資料

社會學／石計生著.－－初版一刷.－－臺北市：三民，2009
面；　公分

ISBN 978-957-14-5240-1　(平裝)

1. 社會學

540　　98015229

© 社 會 學

著 作 人　石計生
責任編輯　周明怡
美術設計　黃顯喬
發 行 人　劉振強
著作財產權人　三民書局股份有限公司
發 行 所　三民書局股份有限公司
地址　臺北市復興北路386號
電話　(02)25006600
郵撥帳號　0009998-5
門 市 部　(復北店) 臺北市復興北路386號
(重南店) 臺北市重慶南路一段61號
出版日期　初版一刷　2009年9月
編　　號　S 581350
行政院新聞局登記證局版臺業字第○二○○號

ISBN　978-957-14-5240-1　(平裝)

http://www.sanmin.com.tw　三民網路書店

～獻給～

所有讀社會學的人

自序

獨自完成一本社會學的書並不是一件容易的事，但這時我終於孤獨地寫完了，即使費時，我仍對著研究室窗外被酷暑曬得綠意盎然的參天老榕樹相視而笑。天氣預告今天高溫攝氏三十四度左右，到外雙谿研究室進行這書最後修繕時，發現以為會永遠存在於河左岸的中影文化城正在經歷被拆除的工程，心頭微微一震。怪手可怕的鑽洞，毀滅節奏反覆觸動，傳聞已久那塊緊鄰大學校園的地將變成豪宅云云，不知結局如何。

「資本主義的歷史具有在生活步伐上加速的特徵，同時又克服空間的各種障礙，以致世界有時顯得內在地朝向我們崩潰了」，書裡的社會變遷章節，引用了哈維 (David Harvey) 的這段話，現在感受到的卻是一種奇特的地景空間變化聯想。我悠閒地搭乘比較古老的交通工具——公共汽車來到學校，經歷了再普通不過的一場都市更新，每日在世界各大城市如火如荼地除舊布新，翻轉土地建築與其剩餘價值，絲毫不用時空壓縮地感受到「世界有時顯得內在地朝向我們崩潰了」。原因為何？在研究室中敲下最後一個字，電腦游標閃爍不定地不知怎麼回答我。

我的腦海這時飄移過許多在這裡度過的美好與離別的時光，講完課如雷掌聲響起，青青子衿的徘徊，傳道解惑與驪歌初唱反覆這麼多年，鳳凰花朵飛揚的六月。我也記起在芝加哥留學時當大一社會學助教的日子，震驚於當時蓄著長鬚眼神深邃的教授竟然讓全班讀《資本論》(*Capital*)。我問「為什麼？大一學生讀得懂馬克思嗎?」著名的政治社會學家奧羅姆 (Anthony M. Orum) 教授平和地對我說：「因為這裡是芝加哥，教得好，一定會懂。」剛到美國的那時我真的不懂，以為不過是一種知識的炫耀，心想這些學生又沒有跟我一樣有學生運動的經驗，怎麼懂呢？到我要學成歸國教書前，生活裡累積觀察到或經歷了關於芝加哥階級的、種族的社會不平等後，我就完全懂了，某種程度上而言，社會學的當代性就是面對資本主義及其衍生的概念與問題，原來以為解決的事情消失的只是它們的輪廓而已，它並且以各種面貌再現於不同的時空之中。奧羅姆教授，後來成為我尊敬的師長與老朋友。他當時的用心，就是要透過有趣生動的例子，將馬克思理論裡的資本主義問題闡釋得鞭辟入裡，從此，學生於芝加哥走路彷彿打了預防針，彷彿洞悉了這世界追求利潤的詭計與商品拜物教走向。在其中，因為看清社會而更能進入社會，走入社會而不迷失自己，成為其中而仍滿懷理想與批判。

離開美國已久，芝加哥的世界這時內在地朝向我崩潰了，僅記得這樣的吉光片羽。我回到外雙谿，在暑假的安靜校園裡完成書寫，對完成超過二十五萬字的書寫感到滿意，雖然享譽國內的三民書局邀稿迄今已約三年，總有一些什麼會議或者講學打斷寫作。但因為有了幾年教導大一社會學的經驗，我完全看到了從臺灣制式高中升學上來的有點童騃、過於規矩禮貌的臉龐，當我看到上課時運用馬克思、全球化與後現代理論挑戰他們原來思想框架時流露的吃驚眼神，我確信在該知道的傳統東西之外，某些學生得到了更多對於當代社會的理解，產生了獨立思辨能力。因為偶而闖紅燈而繼承一種思想，並且這些理解有助於他們昂首闊步於這五光十色的資本主義世界，在其中，因為看清社會而更能進入社會，走入社會而不迷失自己，成為其中而仍滿懷理想與批判。

於是，在臺灣的臺北外雙谿，幾乎是首善之地北方的化外安靜之境，這時內在地朝向我崩潰的世界忽然又聚集起來了。我想起自己是如何用自己的文字風格，與上課所舉的臺灣實例，貫穿於本書的不同章節之中，把最為艱澀的社會學觀念融化於案例之中兩相輝映。書寫之時，我甚至是帶著這些大一學生的困惑與隨後的笑容印象完成的。這書當然無法涵蓋所有社會學裡該知道的現象或問題，因為這樣才是真正的社會學，因為人與技術不斷在變化，所以我們才會面對不斷變化中的社會。我在本書裡的社會學書寫原則，是以兼顧傳統與當代變化的方式進行，這聯繫間偶有縫隙疏漏，可以當作聚合的世界裡某種自由嘆息的呼吸吧！

而這時惱人的中影文化城的拆除聲也歇息了，迷人的夏日蟬聲一波波地由遠而近地，接近我這忙於緣聚緣散、一如清風吹白雲的飄移思緒，終於解構地安靜下來了。過了四十五歲，我堅信我仍然是一個有感覺的人，關於存在或者家國之事；況且我很嚴肅地看到，在我的周遭一條讓感覺逐漸邊際效用遞減的人生曲線，正以超光速潛行之姿入侵許多業已乾涸的人心。「你要好好教育後代，繼續理想」，來自芝加哥的聲音盤旋於我的心裡，窗外被酷暑曬得綠意盎然的參天老榕樹與我相視而笑，那時空中飄滿了音樂。

石計生　戊子盛夏於臺北外雙谿

目次

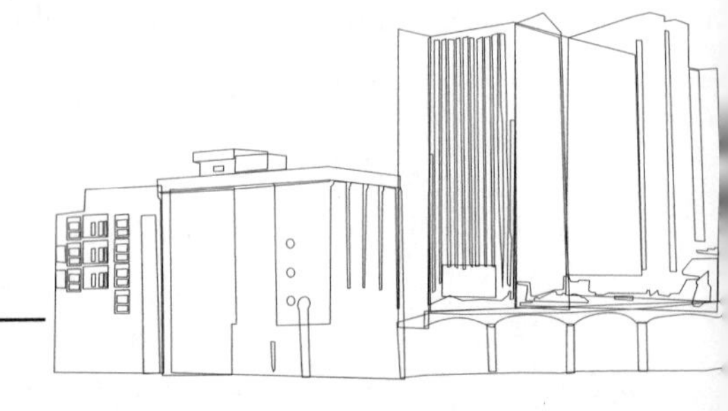

導 論

本書是以當代的觀察與感受觸角，對於幾乎包羅萬象的社會學的書寫。其特色主要在於：⑴在傳統的基礎下，強調於變遷中的社會理解；⑵深入問題，具備社會理論強度的內容；⑶盡量以圖文並茂和臺灣社會具體實例說明社會的變遷與理論意涵。

因此，「⑴在傳統的基礎下，強調於變遷中的社會理解方面」，本書一開始就和戰後臺灣社會學者老先輩孫本文與龍冠海教授對話，引用其流傳幾乎半個世紀之久社會學觀點與方法進行討論。在孫本文所著的《社會學原理》與龍冠海的《社會學》中，主要集中在探討「社會團體」、「團體生活」、「人類結合」、「人類社會」等皆是「社會」的狹義解釋，均是研究人類的團體生活和相互關係，乃明白揭櫫社會學的性質是研究社會關係的科學。是以，一般認為社會學是「一門有系統地研究社會關係與社會現象的科學，其著重在關注社會關係層面上人的觀念、態度及行為習慣、互動模式和社會如何建立及改變」。很明顯地，「社會行為」所表明的是人的社會化行為在從事日常生活的社會行為時的互動原因、內容、形式與限制性；而「社會關係」則從比較結構面去展現人的日常互動的體系，包括社區、家庭、政治、階級、社會變遷與問題等等。這點，齊穆爾 (Georg Simmel) 清楚指出：「社會學一方面是社會化的個人的整體，是社會形成的、構成整個歷史現實的人力資源；但是同時，社會也是一些關係的總和，由於那些關係，正好是個人成為上述意義的社會的可能」。常見的具體研究議題，一方面社會學家關心社會群體的特徵、群體間或成員間的互動影響及社會特徵（如性別、年齡、階級、種族、社會組織、宗教組織、政治組織及商業組織等）對日常生活所帶來的效果；另一方面，社會學朝著社會結構發展，如種族、社會階級、性別、家庭及社會變遷的衝擊等。

在這傳統視角基礎上，本書並且將所有讀社會學必須通過的米爾斯 (C. Wright Mills) 的「社會學想像」(sociological imagination) 的詮釋，指出誠然學社會學的人應該去掌握，認識個人經驗和社會機構之間的關連，與個人在歷史中的位置。但米爾斯觀察到欠缺社會學想像能力的人時常會陷入「生活的陷阱」(life of traps)：個人的生活視野和權力僅僅限於對於身邊周遭的工作、家庭和鄰居，而無法完全理解和個人相關的更為廣博的社會學的關連，以致人的感覺被限制，從而無法感受到社會的持續變遷和無法控制性。本書順著米爾斯「社會學的想像」認為，隨著二十世紀末資訊技術革命後的「網絡社會」(network society) 或稱「資訊社會」(information society) 的來臨，形成一個不同於十九世紀末資本主義的「工業社會」的社會秩序；而在這樣的社會中其歷史位置與生活的變化正是本書認為，我們有必要重新審視傳統的「社會行為」與「社會關係」的形式與內容，在「全球化」的視角下賦予當代意義。所以在接續的章節中，不斷地從網絡社會、資本主義和全球化等角度，借用時空壓縮、資訊技術革命、監視社會、全球城市、第四世界、社會排除等概念去理解各式鉅觀（如第三章的社會階層與社會不平等、第四章的政治與經濟制度和第五章的都市變遷、都市化與人口等）與微觀（如第五章的社會化、第六章的文化、媒體與宗教和第七章的社會問題等）的社會學概念、現象與問題。

而在「⑵深入問題，具備社會理論強度的內容的特色」，本書則將主要社會理論的古典（馬克思 (Karl Marx)、涂爾幹 (Emile Durkheim) 和韋伯 (Max Weber)）、現代（莫頓 (Robert K. Merton)、科司特 (Manuel Castells)、哈維 (David Harvey) 和莎森 (Saskia Sassen) 等）與後現代（德勒茲 (Gilles Deleuze)、巴特 (Roland Barthes) 和布希亞 (Jean Baudrillard) 等）均納入討論。馬克思強調象徵與真實的辯證，布希亞則認為象徵與真實的連繫已然斷裂，作為媒體、資訊的「客體」，其所創造出來的「模擬的超現實」(hyperreality of simulations) 比現實更為真實，因而能夠去生產與定義一個新的真實。這種「真實」與「不真實」之間模糊不清的「超現實」，使得第二章從媒體得知的 2008 年「四川汶川大地震」看來很不真實，即使事後我們用 GIS 製作數位化地圖嘗試去捕捉它的現實意義。作為消費社會的特徵「媒介即訊息」意味著「電視廣播等傳播媒體提供的、被無意識地深深解碼了並『消費了』的真正訊息，並不是通過聲音影像展示出來的內容，而是與這些傳播媒體的技術實質本身關係著的，使事物與現實脫節而變成互相承接的等同符號的那種強制模式」。媒體訊息和符號製造四處散播，滲透到了社會領域，意義在中性化了的訊息、娛樂、廣告以及政治中變得平淡無奇，因為，「我們所生活的世界：資訊愈來愈多，意義愈來愈少。」自從十九世紀中葉以來，「朝向工業化轉變」是古典社會學理論家的共同問題意識，以回應當時共同的時代問題：「為什麼世界會變成這個樣子呢?」但是因為不同時代的科技發明與技術水準的差異，使得一百年來理論家們的思維向度與理論內涵有很大的不同，如處於資本主義工業化發軔期的古典三大家，各自提出對於時代變動的觀察：韋伯的官僚制 (bureaucracy) 的思考、涂爾幹著墨於社會勞動分工與社會道德價值淪喪的脫序 (anomie) 的探索、馬克思的強調社會結構（階級鬥爭的結構）與社會行動（階級的形成）的關連。而 1970 年代的資訊技術革命創造了新的資本主義型態，物質與心智同時成為生產力的同時，超越了馬克思在十九世紀末的想像，生產關係雖然仍然是剝削者與被剝削者的關係，但是由於網絡社會的新型生產力創造的彈性生產 (flexible production)——不需固定的生產時間與地點的「生產個人化」(individualization of production)——直接衝擊傳統生產的固定機器廠房設備等固定資本 (constant capital)、與要求在一定勞動時間在指定工廠上班，然後支領工資的可變資本 (variable capital) 的觀念，於是生產關係也開始不穩定化，傳統勞工運動所追求的正義，在時空壓縮的過程中，因為抗爭對象的隱形化與流動化，遂喪失了著力點。於是網絡社會崛起的影響，是莎森所說的「全球城市」(global city) 的出現、科司特的「流動空間」(space of flows) 取代了「地方空間」(space of place)、與「第四世界」(the fourth world) 的時代。

本書經由這些理論的分析，無論是馬克思主義的論述傳統或批判的徑路上，我們所感受到的這個網絡社會時代，已經是由「生產型社會」轉向「消費型社會」，是一個羅蘭巴特的「神話學」時代、一個布希亞所說的「象徵交換」世界，是一個「現代的洞穴」，外在的真實被「螢幕」內在的虛擬所「誘惑」、「併購」與「翻轉」，一個科司特所說的「真實虛擬」(real virtuality)網絡社會消費文化狀態。一方面，可怕的第四世界的黑洞真實存在於我們的社會之中，我們或許會像布希亞所說的以「在地即時的虛無」解放自己、或如傅柯 (Michel Foucault) 所言對於所有這些無所不在的「微觀權力」進行反抗，但是至於結構性的破壞或革命在現代似乎極為困難，網絡社會的高資訊流動並沒有使全世界的受苦者更形團結，反而創造了全球化的浪潮，從而，一向是炯炯有神的社會福利「救世主」形象的國家本身也是奄奄一息，國家最後或將成為跨國資本主義的一個函數；另一面，「資訊化生產」所造成的「社會排除」讓我們的世界的人被「資訊／數位落差」(information/digital divided) 一分為二：「受過教育、且擁有金錢與時間能夠親近資訊的人」、與「沒有受過教育、欠缺金錢與時間能夠親近資訊的人」；如果是前者，就會很容易對於後者視而不見。世界的苦難還是在那裡，消失的卻是我們入世的熱情的輪廓，我們慶幸自己已經從「被剝削者」成為「剝削者」。上述術語的理論深度對於一般大一學生或初學者可能過高，但是本書作者相信，唯有通過理論的薰陶，人們對於社會諸現象與問題才能有深刻的理解與反省，因為社會現象與問題乃是從具體社會所產生，而理論是多了一道抽象思考的手續，找出現象與問題的類型與共通性（或差異性），讓我們在不同地方探究或驗證這些理論的普遍性與應用可能。

而在「⑶盡量以圖文並茂和臺灣社會具體實例說明社會的變遷與理論意涵方面」，觀看本書的人會發現大部分的章節都會有本書作者，以自己在臺灣各地所照的照片作為觸發討論的媒介，由淺入深地運用臺灣社會具體實例進行各種社會學議題探討。如在第六章的文化、媒體與宗教討論中，如果說文化 (culture) 是「人作為社會成員所獲得的整體，包含知識、語言、信仰、道德、法律、風俗、價值、規範、藝術以及其他的能力與習慣等，是人們生存意義與生活方式的總和」，則每一個人在社會化找尋自我的過程，都會經歷自己的社會所遺留、所塑造的文化與感動，從社會學來看，通常可以從非常具體的個案中考掘出立體的文化脈絡，而其影響，則從日趨多元化與網絡化的媒體傳播可窺端倪。於是，其探討就用了一張位於臺北市大同區的延平北路與保安街口一間小小的「第一唱片行」的照片，作為作者幫助讀者進入理解流行音樂乾坤，文化、媒體與政治控制的辯證的世界。「第一唱片行」，是本書作者在一個偶然的機會接觸到 1960 年代臺灣歌謠的經驗。原來的「臺灣歌謠」，到了二十一世紀已經變成臺語老歌，指的是 1950–60 年代之間流行的臺語歌曲，事實上它一直延續到 1970 年代，卻逐漸沒落。由 1950–60 年代當時本來是一種「主流文化」(main culture)，在戰後日本殖民政府離開臺灣，國民政府尚未來得及施行其全面控制臺灣的文化與語言政策之際，臺語成為當時社會中，被多數人所接受、認同的價值和信念的文化，其本身所傳遞出的價值多半就是規範本身。臺語歌、臺灣歌謠、臺語電影、買臺語黑膠曲盤在家裡聆聽、到歌廳聽臺語歌，乃就成為「主流文化」。

「主流文化」常常同時也是一種「大眾文化」，是由大眾傳播媒體所呈現出整合生活方式的潮流文化，它也可能是「精緻文化」(elite culture)，它相對於大眾文化，屬於上層階級的文化，是精英等知識分子所追尋賦有生命價值與意義的文化。究竟「主流文化」是「大眾」還是「精緻」取向，除了政治控制的權力擁有者主張外，要看當時掌握主流文化的社會階級結構而定。1950–60 年代臺灣歌謠作為主流文化同時是大眾文化，而 1970–80 年代國民政府提倡的國語流行歌是主流文化，美軍電臺 (ICRT) 播放的告示牌排行榜流行音樂也是，電視裡的京劇也是。但國語、英語流行歌是大眾文化，大家都唱，京劇不是大眾文化，它是精緻文化，只有少數人能唱，卻為當時掌握政權的國民政府所提倡。而以 1950–60 年代而言，當時準全球化的「混血歌」當道，一種美妙的臺灣歌謠，吸納本土、日本、英語和中國的文化於一身的完全創意、優雅、活潑、深刻、哀傷、快樂，從那源源不絕的樂音中流出。當時一些偉大的臺灣歌謠演唱家，如寶島歌后紀露霞，以日本和中國為主的各國曲調搭配上臺語演唱的混血表現形式，主要的傳播媒體是收音機裡的音樂廣播，但這種主流文化隨著社會變遷的過程也會退出主流的範圍，其原因為何? 傳統的理論解釋約分為兩派，「政治權力」與「音樂工業」決定。當 1970 年後因為政治意識型態的強勢政策，讓國語歌曲在如電視等新興媒體成為主流時，臺語歌就逐漸淪為邊陲化、少數人傳唱，或在夜市與臺灣中南部電臺一群人地下化的聲音，慢慢會形成「次文化」(subculture)——相對於主流文化之外。在一個社會當中，針對特定團體成員的思想、價值、觀點等生活方式，明顯不同於主流的文化，即稱為次文化。這其中，特別以臺灣歌謠而言，刻板印象為悲情、低俗的音樂。這次文化完全沒有一般社會學教科書討論次文化所謂的它的產生也是伴隨著主流文化形成，並對於社會有促進文化變遷的動力，反而是政治權力擁有者用以貶抑其他族群語言的工具。並且，經驗與理論的批判反省，讓本書作者提出在音樂社會學方面的理論見解「隱蔽知識」(hidden knowledge)。「隱蔽知識」可被視為音樂的配合政治權力設局演出且隱蔽其真正意圖；而其引發的「隱蔽實踐」則是在調整、揣摩主流音樂語言的過程中馴服成為其中之一，或者堅持原意而退居其外另覓出路。這種「隱蔽知識／實踐」存在於不論是歌謠民歌或「音樂人」的演唱生命史中。從文化研究理論層次而言，文化、媒體與政治控制之間存在著辯證關係。這種經由盡量以圖文並茂和臺灣社會具體實例說明社會的變遷與理論意涵，在本書各章節中比比皆是。筆者相信，唯有如此，我們才能帶領社會學讀者能近取譬，找到正視自己社會現象與問題的方法，並反思改善之道。

是以，本書就是在以上三個特色下進行這本社會學的書寫，雖然仍然有很多現象與問題沒有列入其中探討，但是在變遷下的社會學本來就無法包山包海地窮盡所有可能，也並不必要。在上述全球化與網絡化的新社會現實下，讀者若能經由閱讀本書獲得社會理論與實際經驗的對話，從中獲得入世的原則與澄明視野，就是本書作者最為期待之事也。

第一章

變遷中的社會學

傳統的社會學意涵

- 社會學的發軔：工業社會與資本主義
- 孫本文與龍冠海的社會學
- 質化研究與量化研究
- 米爾斯的「社會學的想像」

當代的社會學意義

- 網絡社會的崛起
- 工業革命與資訊技術革命
- 網絡社會的影響

有次，本書作者帶領學生為了做研究進行田野調查，在臺北劍潭捷運站附近街頭看見路人隨機就問「什麼是『社會』？什麼是『社會學』？」大多數人一時語塞、沉默或給個白眼掉頭就走，或者說出泛泛的回答，如「你問這幹什麼，我又不認識你？」、「社會就是聚在一起的人」、「社會就是我們生活的地方嘛！」、「社會就是用網路打電動」、「社會就是我討厭的學校」、「社會就是菜市場裡的買賣關係」、「社會學是什麼？不就是社會服務嗎？」、「食、衣、住、行、育、樂，社會什麼都包括，好像什麼東西都是社會學吧！」、「社會學是沒有出路的科系吧！」等等。這些答案雖然不夠周延或甚至錯誤，如把社會狹隘化理解為特殊的範疇如學校、網路或菜市場，或普遍的誤解社會學等同於社會工作學等；但這些回答也有幾分道理，社會的意涵確實與「聚在一起」、「生活」、「地方」等概念相關。通常傳統學術界定義，「當一群人有某種共同的觀念、態度和行為習慣，或是一塊共生活的區域，都稱為**社會** (society)」。這個定義對於生活在今日臺灣的人們好像不是很夠用，對於這樣「社會」的定義應可以理解，但難以在現實世界完全認同，原因可能是和整個大環境的政治、經濟和文化的變化有關：2000 至 2008 年，臺灣經歷了兩次政黨輪替，政治意識型態藍綠壁壘分明，經濟上盛極而衰地變化著，網絡虛擬與真實文化界線日漸模糊，使得生活在一起的臺灣人所謂的「共同的觀念、態度」等日漸對立，或者多元化。因此，從真實的對於「社會」的感受出發，想要說明研究社會的「社會學」，就必須理解所謂的傳統的與當代的社會學之間的差別。這個差別，我們可以從一則在臺北街頭的問路經驗談起（石計生，2001）：

「少年仔，借問一下，要從這裡坐車到公館要怎樣走？」溽暑的晌午，一個撐著洋傘的歐巴桑問。

「噢，簡單，你只要往前走到劍潭站，搭往新店方向的捷運，在公館站下就到了。」吃著黑輪，手上還拿著一袋烤肉的高中生回答。

「敢沒公車可以搭？我不會搭捷運。」老婦人又問。

「公車我就不知道了，你去前面問一下好了，捷運比較方便啦，哪裡不會搭呢?」高中生有點不耐煩地說。

於是，老婦人一臉茫然，拄著枴杖蹣跚地離開，緩緩隱沒在洶湧的人潮中。

圖 1.1　臺北捷運一瞥，2006

這是一個 2000 年，發生在臺北市士林夜市基河路入口的真實故事。我們側耳所聽到的，似乎是一個誕生於日治時代年邁的臺北人，在以小吃與便宜商品著名的士林夜市口，尋找回家的方向，她為什麼出現在這裡? 她是否真的是要回家? 作為一個在路上偶遇的陌生人，我們無從得知，但是，我們可以想像，1999 年捷運主要幹線興建完成以前，老婦人所熟悉的臺北城，是一個以公車為大眾交通主體的都市型態，她習慣於撐把陽傘在烈日下等待姍姍來遲的公車，即使揮汗如雨也能親口問司機下一站是哪裡，這等待的、機遇的、偶然的、面對面的舊的社會世界讓老婦人很安心；應答的高中生則是迅速地融入了現代都市生活的理性世界裡，他習於在車票自動販賣機前計算到目的地的站要多少錢，然後丟銅板、買票、並且跳進只停十秒的捷運，花十幾分鐘就可回家。相對於老婦人所習慣的交通工具——公車的顛簸、緩慢。對於都市具有歷史根源的、共同經驗構成的平面空間，我們可稱之為「**地方空間**」(space of places)。而高中生搭乘的捷運所創造的是一種經由高速運輸、微電子、電子通訊、廣播系統等電子脈衝的迴路所構成的物質力量支持的「**流動空間**」(space of flows) (Castells, 1998)，在迅速到達目的地的同時，應答的高中生對於臺北城只能是「點對點」(point to point) 的、浮光掠影的理解。

因為運輸科技的創造發明，讓我們的生活產生了驚人的快速移動，但在這個案例中，不僅僅是去什麼地方坐什麼車的問題，所謂的「社會」與「社會學」就蘊含在其中；我們細看裡面的元素：包括了兩個人（老婦人與高中生)、一個關係(問路與回答)、慣有的生活觀念(坐公車與搭捷運)和態度(認真詢問與不耐煩回答)等建立了一個小型的「社會」。而「社會學」可以說通過研究這特有的社會行為互動模式動態而看到了全貌：從公車到捷運所隱含的臺灣政治、經濟和文化的劇烈變化中，如何因為社會的變遷造成人們的關係、觀念、態度乃至於行為的改變。通過那深度描繪的結尾場景：

> 高中生有點不耐煩地說。
> 於是，老婦人一臉茫然，拄著枴杖蹣跚地離開，緩緩隱沒在洶湧的人潮中。

而提出開放性的問題與思考：人們這樣對於日常生活可以帶情緒或不帶情緒地反應，在在說明了這個問路的對話，提供我們一個極佳的思索起點，來思考一個新的社會秩序來臨後，人的社會行為與關係的複雜關連性，而傳統的與當代的社會學的意義，或許就潛藏在我們對於日常生活的體驗、觀察與詮釋當中。

第一節 傳統的社會學意涵

壹 社會學的發軔：工業社會與資本主義

傳統上，社會學作為一門科學，雖然最早是由十九世紀法國思想家孔德 (Auguste Comte) 在其 1838 年著作《實證哲學》(*Cours de Philosophie Positive*) 第四冊中所提出，合併拉丁文 socius (意指伴侶或社會中的個人) 與希臘文 loeos (意為科學) 二字而使用「社會學」(sociologie) 一詞時，企圖使用一種物理學的方法來統一所有的人文學科——包括歷史、心理和經濟學，從而建立經得起科學規則考驗的學科，原本他用「社會物理學」來稱呼這個新的學科，並且是非常階段論地認為，所有人類活動都會一致地經歷截然不同的歷史階段，如神學→玄學→科學的演化階段，來說明他所處的十八世紀是個新的「科學」世紀。早期由孔德帶出的理論研究方式因此是模仿研究自然科學的方法，應用相同的方法學來探討社會現象，強調以經驗、實證和科學方法為社會學的基礎。這個方法學後來通稱為**實證主義** (positivism)。總的說來，孔德指出社會學乃以經驗調查為主的實證主義精神，研究人類結合或社會之科學。

從整體趨勢來看，社會學的古典理論家們，如馬克思 (Karl Marx)、涂爾幹 (Emile Durkheim) 和韋伯 (Max Weber) 等，基本上是對**資本主義** (capitalism) 的新社會制度的反應，特別是其「朝向工業化」的「**工業社會**」(industrial society) 轉變的反省。**工業化** (industrialization) 是指從原先農業和手工生產占主導地位的經濟和社會，轉變成以製造業和與其有關的採掘業為中心的經濟和社會的全盤過程。這一過程首先發生在英國的**工業革命** (industrial revolution) 時期，不久相繼發生在其他西歐社會中。由此產生了生產和分配上社會組織的深刻變化，尤其是分工迅速擴大，既發生在個人與職業群體之間，也發生在工業化與非工業化國家之間，這就導致農業技術和農業社會組織同採掘業和製造業一樣發生轉變。**勞動分工** (division of labor) 則為生產任務被分割並更加專業化的過程。早期古典經濟學家亞當・斯密 (Adam Smith) 在 1776 年寫的《國富論》(*The Wealth of Nations*) 書中用這一術語描述了工廠和工廠系統中的專業化，並且解釋了這種新安排因效率和生產率提高而產生的優勢。在經濟學方面，分工也導致基於「**比較利益法則**」(law of comparative advantage) 的貿易、商品交換和勞務的增加。在社會學方面，生產任務專業化包含的內容遠比狹義的經濟效益為多，包括了工作任務再分工的技術性分工、技藝的層級，和勞工與管理階層關係的權力與權威結構。在古典社會學家涂爾幹或當代社會學家帕森思 (Talcott Parsons) 等演化論社會學家的著作中，這一概念與**社會分化** (social differentiation) 相似。對職業專業化的社會學分析可能涉及社會內部的分化、部門雇傭模式 (如農業、製造業和服務業)，並涉及第三世界或已開發資本主義社會中特定職業或生產任務的集中化等。

概念辭典

＊比較利益法則

古典經濟學家李嘉圖 (David Ricardo) 於 1817 年在其名著《政治經濟與賦稅原理》(*Principles of Political Economy and Taxation*) 所提出，其認為在兩種商品之生產均占絕對有利之國家，可專業於其有利之相對程度較大商品之生產，亦可解釋為兩人同時生產產品，各人「**機會成本**」(opportunity costs) 較低的產品就是有生產上的比較利益，只要根據比較利益法則決定專業 (specialization) 生產的產品，分工合作，雙方都可以獲利。而機會成本，依據經濟學上的定義係指：在機會集合中，經濟個體選擇某一個特定活動，所犧牲其他活動中價值最高者。此外也有學者（張清溪等，2000）認為機會成本為「將資源用於某一種用途的機會成本，是將這些資源本來可以作的其他用途中，最有價值的那個用途的『價值』」。機會成本又稱為經濟成本，基本的觀念是，為了獲得某種東西「因而必須放棄的最大價值」，不論是手中已有的東西或可獲得而未獲得的東西，都是其機會成本 (Rafferty and Funk, 2004)。

而資本主義最早出現於十五、十六世紀的歐洲，直至十九世紀工業革命時尤為興盛；在個人或團體中，因族群、階層、性別、年齡、文化背景等差異而形成對立與衝突的社會狀況之社會分化基礎下，資本主義作為一種經濟結構、社會的組織形式，主要以市場的利益、資本的累積為宗旨，視私人財富的擁有為經濟制度。生產工具的掌控集中於上層的資產階級，使得與作為無產階級的勞動者之間的貧富差距越來越大。雖然古典理論家對於資本主義有各自的回答，但市場的興起與貧富的差距，總是人在社會中面對社會結構與制度轉變的結果。

進而，伴隨著資本主義的是**現代性** (modernity)，英國社會學家紀登斯 (Anthony Giddens) 將其定義為「它首先意指在後封建的歐洲所建立，而在二十世紀日益成為具有世界歷史性影響的行為制度與模式」。而一般來說，現代性是指十八世紀啟蒙運動以來出現的嶄新的宏大敘事，以文藝復興、特別是啟蒙運動以來的西方歷史和文化，社會在工業化推動下發生全面變革而形成的一種屬性，體現為對於進步的時間觀念的信仰、對於科學技術的信心、對於理性力量的崇拜、對於主體自由的承諾、對於市場和行政體制的信任等世俗價值觀。這些建構在科學與理性的基礎上的進步史觀的世俗啟迪與生活信心，在法國現代詩人波德萊爾 (Charles Baudelaire) 的感受卻是矛盾的，現代性為「那種短暫的、易失的、偶然的東西；是藝術的一半，它的另一半內容是永恆的、不變的。」充滿光明永恆的科學與理性創造的追求利潤的工業文明，資本主義世界，其代價是人類的生活總是感覺居無定所、飄忽不定，再也沒有確定不變的價值。**現代化** (modernization) 則是現代性的社會具體化，它意味著傳統社會過渡到另一階段的社會型態，即是使社會變成現代的變遷過程，特徵有生產的自動化、工業化、都市化等。這些變化的影響，一直是傳統的社會學所認真面對的時代問題。

如果社會學如創始的孔德所言，是研究人類結合之科學，則上述關於工業化、都市化等因為現代化所造成的時代變化新現象，所涉及的是社會的歷史結構的變化與生活面向的影響，則這些研究社會變遷、社會結構和制度面向的整體取向，基本上被稱為「鉅觀社會學」(macro-sociology)；相對地，如果將目光聚焦於人在這大環境變動下的行為與交往，包括社會心理、互動與社會關係等的研究，則被稱為「微觀社會學」(micro-sociology)。結構與行為，是社會與人共構出社會學的一體兩面。

而同樣處於資本主義工業化初期的德國社會學家齊穆爾 (Georg Simmel)，於 1908 年所寫的《社會學》(*Soziologie: Untersuchungen über die Formen der Vergesellschaftung*) 中則從微觀層次認為，雖然關於社會的科學看來包羅萬象，其中匯集了倫理學、文化史、國民經濟學、宗教學、美學、人口統計學、政治和人種學等，但是，把一切知道的知識放在一起，並不會產生新的知識。社會學作為一門新的科學，「要問的是對於人來說發生了什麼事，以及他們的行為規則是什麼，這並非指他們在整體中顯示出來可理解的個體存在，而是指他們由於互動而形成群體並為群體存在所決定」

(Simmel, 2002)。這裡，齊穆爾點明一件重要的事，雖然社會學可以包羅萬象，所有的事情看來都和社會學相關，但是必須要有清楚的切入點，他的特殊研究觀點是「**形式社會學**」(formal Sociology)：有如幾何學之於自然科學作為共同的原理或基礎，社會學是研究所有和社會科學領域相關連共通的「形式」，即經由互動而產生的團體、競爭、支配、分工等等。雖然學界對於齊穆爾的以「形式」探究社會學顯得過於抽象而有所詬病，但是以人與人之間的互動作為人類的結合，研究其社會關係確實逐漸成為認識社會學的基本起點。

貳 孫本文與龍冠海的社會學

所以，即使古典社會學家有從結構與制度角度研究「社會學」的取向（他們大致上被歸類為社會學理論的範疇），但是，一般還是認為，社會學是一種對於人的互動與行為規則的結合的科學探究。這觀點也一路延伸至臺灣學界。如戰後著名社會學家孫本文在其所著的《社會學原理》中，也認定社會學是研究社會行為的科學。所謂「社會行為」，是人與人之間及團體與團體間所表現的交互與共同行為。因此，他指出「凡與社會行為有關係的各種現象，社會行為的共同特點，以及社會行為間相互關係，社會行為的規則及變遷等，都在社會學研究範圍之內」。而另一重要社會學家龍冠海教授，在他所寫的《社會學》一書中，曾把西方學者關於「社會學」的許多定義，歸類而為下列幾種：⑴社會學是研究人類社會或社會的科學；⑵社會學是研究社會團體或團體生活的，或人類結合的科學；⑶社會學是研究社會組織或社會制度的科學；⑷社會學是研究人類關係或社會關係的科學；⑸社會學是研究社會過程或社會互動的科學；⑹社會學是研究社會行為的科學（龍冠海，1966: 14）。而這些分歧的說法其實大同小異，如「社會團體」、「團體生活」、「人類結合」、「人類社會」等皆是「社會」的狹義解釋，均是研究人類的團體生活和相互關係，乃明白揭櫫社會學的性質是研究社會關係的科學。是以，一般認為，**社會學**是「一門有系統地研究社會關係與社會現象的科學，其著重在關注社會關係層面上人的觀念、態度及行為習慣互動模式和社會如何建立及改變」。

我們從這傳統定義可以看出，社會學所感興趣的，是人與人之間社會行為互動的社會關係的構成。「社會行為」與「社會關係」的具體社會世界的意涵十分複雜，如孫本文所言，「社會行為」包括在具體的社會中，研究社會行為，可以發現五種重要問題，就是：⑴社會行為的因素（地理、生物、心理及文化因素）；⑵社會行為過程（接觸與互動、暗示與模仿、競爭與衝突、順應與同化、合作與互助）；⑶社會行為的組織（行為規則、制度、組織、社會解組）；⑷社會行為的控制（有計畫的控制、無計畫的控制）；⑸社會行為的變遷（尋常變遷、非常變遷、變遷阻礙、社會進步）等問題（孫本文，1952）。龍冠海則指出「社會關係」包括：⑴基本單位（個人）；⑵規範（文化）；⑶生物因素（人口）；⑷區位體系（社區）；⑸親屬關係的體系（家庭組織）；⑹權力關係的體系（政治組織）；⑺社會關係階層化的體系（社會階級）；⑻動態社會關係的方式（社會互動）；⑼社會關係體系的變異（社會變遷）；⑽社會關係的失調（社會問題）；⑾社會關係的調適（社會控制）等（龍冠海，1966）。

很明顯地，「社會行為」所表明的是人的社會化行為在從事日常生活的社會行為時的互動原因、內容、形式與限制性；而「社會關係」則從比較結構面去展現人的日常互動的體系，包括社區、家庭、政治、階級、社會變遷與問題等等。這點，齊穆爾清楚指出：「社會學一方面是社會化的個人的整體，是社會形成的、構成整個歷史現實的人力資源；但是同時，社會也是一些關係的總和，由於那些關係，正好是個人變成為上述意義的社會的可能」(Simmel, 2002: 7)。就常見的具體研究議題而言，一方面社會學家關心社會群體的特徵、群體間或成員間的互動影響及社會特徵（如性別、年齡、階級、種族、社會組織、宗教組織、政治組織及商業組織等）對日常生活所帶來的效果；另一方面，社會學朝著社會結構發展，如種族、社會階級、性別、家庭及社會變遷的衝擊等。

參 質化研究與量化研究

研究上述各類議題，必須有具體的方法，社會學家是透過質化研究 (qualitative research) 和量化研究 (quantitative research) 來研究社會行為與關係以預測社會變動。關於質化研究有許多定義，如質化研究是用文字來描述現象，而不是用數字加以度量 (Hudelson, 1994)；質化研究是站在被研究者的角度來描述和分析文化、人及群體行為特徵 (Creswell, 1994)；質化研究是一種一致的質化範式設計，是在自然情境中以複雜的、獨特的、細緻敘述來理解社會和人的過程 (Burgess, 1984)；質化研究是理解人的現場研究，一般以參與觀察、無結構訪談或深度訪談來收集資料；質化研究是從非普遍性的陳述、個案中獲得印象和概括的過程，是文化心理方法學的基石 (Ratner, 1997) 等。

大致上總的來說，質化研究的主要特點是在自然環境下，使用例如田野調查、開放型訪談、參與式與非參與式觀察、文獻分析、個案調查等方法對社會現象進行深入細緻和長期的研究；分析方式以歸納法為主，在當時當地收集第一手資料，從當事人的視角理解他們行為的意義和他們對事物的看法，然後在這一基礎上建立假設和理論，通過證偽法和相關檢驗等方法對研究結果進行檢驗；研究者本人是主要的研究工具，其個人背景以及與被研究者之間的關係對研究過程和結果的影響必須加以考慮；研究過程是研究結果中一個不可或缺的部分，必須詳細加以記載和報導 (陳向明, 2002)。質化研究具有探索性、診斷性和預測性等特點，它並不追求精確的結論，而只是瞭解問題之所在，瞭解情況，得出感性認識，所以，質化研究乃是希望透過上述如田野調查、開放型訪談、參與式與非參與式觀察、文獻分析、面談及焦點訪談等討論，對社會運作有更深入的理解。他們研究社會群體間的互動、源頭及發展過程、分析群體活動對各個成員的影響。

而量化研究一般是為了對特定研究對象的整體得出統計結果而進行的，是運用統計原理對社會現象的數量特徵、關係和事物發展的變化等進行的研究，其關鍵在於「操作型定義」(operational definition)，這是把抽象的概念具體化為可以觀察的構成元素。運用「操作化」過程:「理論→概念→變項→假設」的好處是，可以讓研究者非常清楚地知道研究的程序與步驟，按部就班地前進（石計生，2006: 11）。在量化研究中，資訊都是以數字方式來表示的，再對這些數字進行處理、分析。量化研究其特點是：在實地調查搜集資料方面，強調運用抽樣技術選擇樣本；在對樣本進行調查研究中，運用變項、操作化、假設、檢驗等概念和方法對一些社會現象進行研究，它是為認識社會現象的不同性質提供量的說明，由此來瞭解事物的性質，或者瞭解某一社會現象各要素之間量的關係。

量化研究者的腦海裡帶著研究假設 (research hypothesis) 到現實世界去找尋證據與答案。一開始，進行「演繹式」研究法最重要的是形成自己感興趣的研究問題，即問題意識的建立。有了問題意識，我們才能進一步去談論「研究旨趣」，去探索問題的對象的特殊關係，然後針對這些問題回顧相關文獻，使自己更為明瞭問題研究的可行性與深度。「回顧相關文獻」是一個非常重要的研究步驟，一方面，它涉及了我們對於研究來源的掌握熟悉程度；另一方面，因為理論 (theory) 是和生活特殊面向相關的觀察事實或通則的系統化觀察 (Babbie, 1989)，所以文獻回顧是對研究領域的相關理論進行全盤的關照，這可以幫助研究者釐清理論的概念 (concepts) 與變項 (variables)。「概念」(concept) 指的是「在這個世界上所觀察到相關現象的集合」，及其在我們之間形成的「共同的心理形象」(mental image)。多元的操作型定義所得的變項，我們稱之為指標 (indicator)，這是對於某個理論的概念的變項的建構，操作型定義的目的正是要導出建構的指標 (Babbie, 1989)。有了概念與變項，就可以幫助我們在經驗世界中而形成自己的研究假設，然後再進行統計上的分析與驗證假設，得到社會研究的結論。

關於社會學家常常使用的質化與量化研究，雖然很多人想從中作出填補兩者的空隙，但是諸如「量化研究描述大型社會現象，而質化研究描述個人如何理解大型社會現象」之論調，仍然無法釐清二者在方法論上的距離，無法弭平傳統社會學的研究方法上的鴻溝。這些問題，必須從當代的社會學方法視野重新審視。

肆 米爾斯的「社會學的想像」

美國作為一個高度資本主義化國家的代表，人們對於社會的理解通常是從「社會行為」的個人忙碌生活的周遭互動向度，而不容易看到整個大環境或結構面的政治、階級、社會變遷與問題等「社會關係」的變化。因此，美國社會學家米爾斯 (C. Wright Mills) 於 1959 年寫的《社會學的想像》(*The Sociological Imagination*) 書中，描述了這個其實不只是美國，舉凡高度資本主義化的社會都會有的共同困境。他認為，社會學想像應該去掌握，認識「個人經驗和社會機構之間的關連，與個人在歷史中的位置」。亦即，要認清我們的歷史和個人傳記，以致認清兩者在社會中的關連。人們在日常生活的社會行為與社會關係中，往往都只能留意到身邊的人和事，而忽略了整體的社會環境和個人問題的互動性，在複雜的社會面前只感到被某些東西操控，無能力控制自己的生活。而所謂「社會學的想像」的產生，米爾斯認為人必須不只是「留意身邊的人和事」，而必須思考以下三個問題：

1. 一個特殊的社會其結構為何？它如何和其他類型的社會秩序有所差別？
2. 這個社會在人類歷史處於何種位置？其基本特質為何？
3. 生活在這社會中的人們有何差異？在他們身上發生了什麼事情？

米爾斯觀察到欠缺社會學想像能力的人時常會陷入「生活的陷阱」(life of traps)：個人的生活視野和權力僅僅限於對於身邊周遭的工作、家庭和鄰居，而無法完全理解和個人相關的更為廣博的社會學的關連，以致人的感覺被限制，從而無法感覺到社會的持續變遷和無法控制性，如失業、戰爭、婚姻和都市生活等阻礙在個人問題與公共議題之間的緊張關係。我們活在二十一世紀的當代，如果要避免米爾斯所說的問題，就必須以「社會學的想像」能力，超出視野僅及於「周遭」的侷限，需看到更為宏觀的社會結構的變化，亦即，雖然上述維持著社會學主流的強調整合與系統穩定的功能論傳統，這些對於社會的各種面向的理解，迄今仍是重要的參考；但是，本書順著米爾斯「社會學的想像」產生的三個問題認為，隨著二十世紀末資訊技術革命後的**「網絡社會」**(network society) 或稱**「資訊社會」**(information society) 的來臨，形成一個不同於十九世紀末資本主義的「工業社會」的社會秩序；而在這樣的社會中其歷史位置與生活的變化，正是本書認為我們有必要重新審視傳統的「社會行為」與「社會關係」的形式與內容，在「全球化」的視角下賦予當代意義。

概念辭典

＊資本主義

自十九世紀中葉英國工業革命以來所造成的社會變遷，是資本主義剛萌芽的階段，社會學家馬克思為此提出了時代變動的觀察，他認為工業化是人類逐步脫離勞動價值與自然的過程，人類憑藉科技企圖掙脫生產力的束縛進而宰制自然，創造理想世界。馬克思以《資本論》(*Capital*) 三大卷論述了資本的邏輯在於尋找最大利潤，在此過程中可能發生資本家無限制剝削勞工的情形，或到別的國家尋找更低廉的資源和勞工。在此制度下，大部分財富為私人所擁有，並且被用來投資，使擁有者擁有更多的財富。雖然，商業資本主義在人類歷史上早已出現在各地，其利潤是經由大規模貿易上的冒險而累積的。但現代資本主義的形式通常被認為起源於十八世紀的英國紡織工業，藉著將利潤投資在更進步的機械設備上，資本家從簡單再生產變成擴大再生產，增加利潤和財富並進一步投資。

在資本主義原始積累的階段，在英國曾發生極度剝削工人的情況，現代資本主義則因為福利國家的制度而保障了社會中的貧窮和弱勢者，政府並藉由稅收和通貨供應及利率政策來調節資本主義的商業循環。政府干涉的另一個原因是市場的不完全競爭性，由於少數大企業有可能造成壟斷和獨占，它們將主導市場而非依附市場，因此政府必須介入干涉，美國是經由反托拉斯法及消費者立法的方式來解決此問題。另一方面，資本家則藉著海外生產和投資來尋找更低廉的勞力和原料，並規避本國法令的限制。因此，沒有社會福利保護的國家或經濟發展被邊陲化的國家將在此不平等發展過程中淪為被剝削的對象。

隨著全球化和網絡社會興起，跨國企業的活動更加活絡，企業間的策略聯盟和兼併成為不可抵擋的趨勢，而國際間各國之區域聯盟和防衛體系也漸興起，例如 2000 年上路的歐元為歐盟整合鋪路，亞太地區則有東南亞國協與中國大陸的貿易協定，顯示資本主義的發展已經邁入資訊資本主義的時代。全球資本、貨物服務和技術資訊流通，使得國家對時空的掌握越來越弱，因為國家的歷史正當性受到來自文化和政治經濟等面向的質疑，因此國家只好透過跨國組織以宣稱其能力，並將權力下放到區域和地方，使人們更能親近政府。而資本主義也將世界推向財富兩極化的發展，在 1966 年，世界人口中前五分之一的最富裕階級的財富是最貧窮的五分之一者的 30 倍，到了 1997 年則達到 78 倍。

第二節　當代的社會學意義

本書順著米爾斯「社會學的想像」的問題認為，一個不同於十九世紀末資本主義的「工業社會」的當代社會秩序已經產生，也就是，隨著二十世紀末資訊技術革命後的「網絡社會」或稱「資訊社會」的來臨，在這樣的社會中生活人們的歷史位置，與其社會行為和關係，均有嶄新的意涵。

壹　網絡社會的崛起

西班牙當代社會學家科司特 (Manuel Castells) 在其 1996 年寫的名著《網絡社會之崛起》(*The Rise of the Network Society*) 開宗明義提到「網絡社會」——一種新社會型態正逐漸浮現出來：「在 2000 年來臨之際，……

以資訊為中心的技術革命，正加速重新塑造社會的物質基礎，整個世界的經濟已經成為全球相互依賴。在易變不定的幾何系統中，經濟、國家與社會關係的新形式將被採用。」網絡社會，我們或也可稱之為「資訊社會」：是由電腦網際網路 (internet) 的高度發展而來，是以資訊科技為主導的新型態社會，在其中人際之間的互動網絡擴大，資訊傳遞的時間與空間面向也相對縮短。

無論定義如何，這新的社會秩序，一方面是主要的意義來源，當代網絡社會的歷史一般性是工具理性式的全球網絡交換，跨越地理疆界的流動，會使地方組織普遍瓦解、傳統制度的去合法性、社會運動浪潮消退、文化流行的暫時性等；另一方面，其歷史特殊性是工具理性式的全球網絡交換，跨越地理疆界的流動，會被策略性決策或選擇性在個體、群體、區域或國家中遭受阻礙，即區域的自我認同創造了「地方化」的過程。對網絡社會形成原因是資訊技術的革命，科司特強調社會與技術的辯證關係，技術並未決定社會，而是具體化社會；社會也未決定技術的發明，而是社會利用技術。網絡社會的崛起是來自兩股相當具有自主性軌跡間的互動：一是新資訊技術的發展，以及舊社會嘗試藉著技術力量來重新自我整裝，以供應權力的技術。資訊與通信技術和遺傳工程為中心的革命，網際網路是這個革命的縮影與最強有力的媒體，傳統大眾媒體的終結。

貳　工業革命與資訊技術革命

資訊技術革命發生在 1970 年至 1990 年間，透過一種過程取向 (process-oriented) 的資訊處理與溝通的技術的創造、發明與應用，對於人類的經濟，社會，文化的衝擊與影響。我們若要說「網絡社會」有別於「工業社會」，就要問的是，二十世紀的資訊技術革命與十八、十九世紀的工業革命的差別為何？

十八世紀的工業革命：知識與資訊的創新造成了技術的進步，如機器（如蒸汽機、紡織機）之發明，導致圈地運動，人與自然分離，而在城市工廠中工作，且其社經變化仍然是區域性的。十九世紀的工業革命：電力的發展、內燃機、電報、電話的發明造成新的溝通技術。科學知識在 1850 年之後，對於維繫與引導技術發展，具有決定性的意義，主要對人類社會的影響在於生產面的變化。但二十世紀的資訊技術革命的特別之處是：資訊成為一種原料 (materials)，是由技術直接作用於資訊之上。不是以知識與資訊為中心，而是如何應用這些知識與資訊，使得知識生產（創新）與資訊處理／溝通（創新使用）的機制間，產生一種累積性的反饋 (feedback)。這是歷史上第一次，人類的心智直接成為一種生產力，電腦、溝通體系、基因解碼與程式設計都是人類心智的延長，我們的思考，都能表現為商品、服務、物質與知識產出。心智的活動可以像食物、運輸、教育等一樣被消費，心智與機器之間日益整合。

這個在 1970 至 1990 年間建立的新資訊體系，將宰制的機能，全球不同的社會群體與領域連結起來，主要對人類社會的影響在於人的諸如消費等社會行為及其關係的變化。這資訊技術革命的過程是在既存知識下，去發展關於微體電子學、電腦和電子傳訊等方面的關鍵性資訊技術，再將之商業化普及至人的日常生活之中。這種網絡社會的「**資訊技術典範**」(informational technique paradigm)，包括：(1)資訊是一種原料；(2)技術效果無所不在；(3)使用新技術系統的網絡邏輯 (networking logic)：互動及其創造力量；(4)資訊技術立基於彈性，可被修改、逆轉、修正，甚至是徹底改變；和(5)技術日益聚合為一個高度整合的體系等，皆造成新的時代影響。

參 網絡社會的影響

時空壓縮的經濟與文化效應

二十世紀的社會是「網絡社會」，其特殊的社會在於資訊技術革命造成歷史上人的心智第一次成為一種生產力。資訊成為一種原料，是由技術直接作用於資訊之上。不是以知識與資訊為中心，而是如何應用這些知識與資訊，使得知識生產（創新）與資訊處理／溝通（創新使用）的機制間，產生一種累積性的反饋。它超越了馬克思在十九世紀末的社會想像，生產關係雖然仍然是剝削者與被剝削者的關係，但是由於網絡社會的新型生產力創造的彈性生產 (flexible production)——不需固定的生產時間與地點的「生產個人化」——直接衝擊傳統生產的固定機器、廠房、設備等固定資本 (constant capital)，與要求在一定勞動時間在指定工廠上班，然後支領工資的可變資本 (variable capital) 的觀念。這所造成的社會秩序的差別，在於今天人們不再是努力到工廠上班，付出體力勞動就可以確保生活穩定，今日的老闆與員工的生產關係相當不穩定，傳統勞工運動所追求的正義，在美國學者哈維 (David Harvey) 所謂的「時間消滅空間」的「**時空壓縮**」(time-space compression) 的過程中，因為抗爭對象的隱形化與流動化，遂喪失了著力點。

我們要思考的是，網絡社會的崛起對於當代的社會學的「社會學想像」影響為何？哈維在其《後現代的狀況——對文化變遷之緣起的探究》(*The Condition of Postmodernity: An Enquiry into the Origins of Cultural Change*) 書中提出著名的時空壓縮論點。從馬克思歷史唯物論出發，並將之放在當代全球化的架構下，探究作為社會力量資源的時間與空間怎樣因為「下層建築」經濟結構的物質條件變化而排除障礙產生了後現代文化。我們以下圖表示時空壓縮及其文化影響：

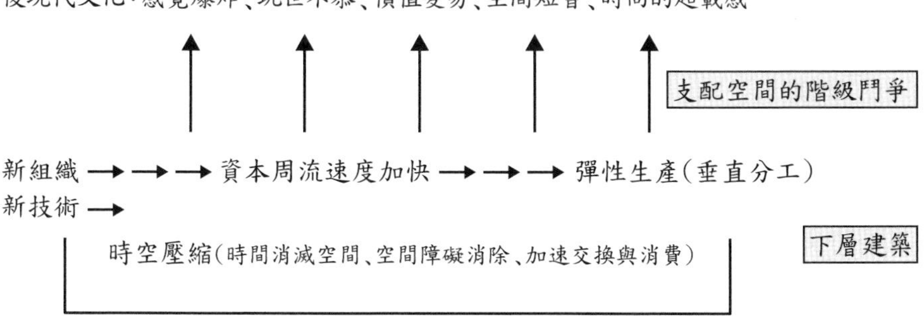

圖 1.2　時空壓縮及其文化影響

「時空壓縮」作為解釋當代後現代文化現象的條件，是因為這個詞語標示著「資本主義的歷史具有在生活步伐上加速的特徵，同時又克服空間的各種障礙，以致世界有時顯得內在地朝向我們崩潰了。」(Harvey, 1989: 240) 這樣被加速時間所消滅的空間的「時空壓縮」，是伴隨著當代資本主義新的組織形式、科學技術所建立的可以跨越疆界迅速移動的物質條件而達成。如日常生活的交通工具，從馬車（1500 至 1840 年）、蒸汽機的鐵路（1850 至 1930 年）、螺旋槳飛機（1950 年）到噴氣式飛機（1960 年後）的加速度全球的人員、商品、資本、資訊、價值和行為模式的交換與消費，使得原本因為移動困難而感覺很大的地球空間，逐漸縮小了。哈維認為經由無線電、電話、X 光、電影、汽車和飛機等等的「時空壓縮」，正是資本主義征服空間重新激起增長的規劃，並為文化上體驗與思索時間與空間的各種新方式建立了物質基礎。「隨著空間的崩潰，出現了取代日常禱告的報紙、鐵路和電報，結果，把單個有個性的靈魂中極其不同的眾多興趣集中化，這意味著個人現在必須變得非常強壯且變化多端」(Harvey, 1989: 274)。

堅守不住這「非常強壯且變化多端」的現代性個人的人，就注定要落入後現代的文化狀況：感覺爆炸、玩世不恭、價值變易、空間短暫和時尚的超載感等。這是因為下層建築的資本周流速度加快，同時加速了交換與消費，合理化商品流通的安排，也以即時與一次性的方式喚起了大眾市場的時尚感，一切均成為商品，刺激物的轟炸造就了感覺超載，一切形象都經由媒體鏡頭符號化了，一切進入了娛樂、表演和消遣的領域，價值和既定的實踐活動竟充滿變異性與短暫性，一切社會關係均被隱藏。一切都可以是「可拋式」的。「這不僅是意味著扔掉生產出來的商品，也意味著可以扔掉價值觀、生活方式、穩定的關係、對事物的依戀、建築物、場所、民族、已經接受的行為和存在方式」(Harvey, 1989: 286)。甚至，當代人亦面對一個如科司特 (Castells, 1998) 所言的「**真實虛擬**」(real virtuality) 的文化，網絡社會的以電子為基礎的印刷的、視覺的或電腦中介的傳播與溝通途徑，創造了虛擬世界真實化的世界。如喜歡「同人誌」(cosplay) 的臺灣的 e 世代，對於真實世界的人事物並未有太多興趣，而這些青少年所迷戀沉溺的偶像大都是卡通漫畫、電玩人物，甚至布袋戲人偶，除了崇拜還會裝扮成自己喜愛的角色，有著多種的角色扮演的身分，如「布布族」、「視覺系」等，使得傳統社會學所相信的真實世界裡的互動，社會行為或關係產生了「究竟何者才是真實」的問題。

質言之，「時空壓縮」直接衝擊、挑戰著個人普通的日常生活體驗。但哈維也認為，空間的崩潰並不意味著空間的縮小，而是空間的資本化與其中為了選址的新形式階級鬥爭的出現。支配空間的優勢在今日的階級鬥爭中成為最為重要的武器。當「空間障礙越不重要，資本對於空間內部場所的多樣性就越敏感，對各個場所以不同方式吸引資本的刺激就越大。結果就造成了一個高度整合型的全球資本的經濟空間的內部分裂、不穩定、短暫而不平衡的發展」(Harvey, 1989: 296)。於是，哈維就暗示著「時空壓縮」的結果不僅僅是後現代文化萌芽的條件，其本身甚至是充滿著周而復始的危機，雖然資本主義的空間霸權，也將場所的美學推向當代的前沿地帶。哈維的「時空壓縮」論點看清了時代轉換中的當代空間意涵，亦即，過去各種城市空間仍可以作為各種社會功能的附帶現象而出場，但是全球化的「後現代」世界，則「傾向於根據自己的對於各種功能的依賴而脫離都市空間，並把它看為是一個自主的形式系統」(Harvey, 1989: 304)。當我們越抽出能力意欲抓住周圍的現實時，在壓力之下，卻越來越難以對各種事物做出準確的反應。但從歷史唯物論的角度，哈維結論道「把後現代性理解為一種歷史一地理條件。在這批判的基礎上，才有可能發動一場敘事反對形象、倫理學反對美學、規劃形成 (becoming) 而不是存在 (become) 的反攻，並在差異內部尋找一致」的新啟蒙規劃的可能 (Harvey, 1989: 359)。總之，因為時空壓縮，空間及空間中的互動，已經成為網絡時代的社會學關注的重大課題。

空間方法：以 GIS 搭橋量化與質化

面對時空壓縮的網絡社會的社會學研究，進行本章上述的量化與質化研究時，很容易會遇到其侷限性，我們認為，資訊技術革命後的新技術，

如地理資訊系統 (geographic information system; GIS) 將扮演重要的搭橋角色。根據美國「環境系統研究所」(ESRI) 對於 GIS 集大成的定義，地理資訊系統乃為「一種對電腦硬體、軟體、地理資料，和個人設計的組織化收集，以便有效地捕捉、儲存、升級與掌握所有形式和地理關連的資訊」。作者曾經指出，從當代社會學視角來看，這定義可以被修正為**「社會地理資訊系統」**(social-geographic information system; Soc-GIS)：「一種將地理資訊系統的繪製數位化地圖與個人創新設計的組織化功能，應用至『以人文中心』的人文社會科學範疇，並開放地容納多元特質，調整、詮釋、重構地理資訊系統的實證或非實證流程」(石計生，2007)。「實證」的部分涉及量化的研究取向，「非實證」的部分則和質化的取向相關。這表示以 GIS 結合量化與質化的方法，目前至少有「主從式結合」和「整體式結合」兩種操作搭橋的可能。

在非 GIS 思考裡，社會學家曾經設想過結合量化與質化，其「主從式結合」，通常是以一種方法為主，另外一種方法為輔。在這種結合中，一種方法被用來為另一種方法服務，沒有自己的獨立的地位。而且通常是量化的抽樣與統計分析為主，質化的訪談為輔。概念上，質化是去補充量化研究所顯示的結果之不足。而「整體式結合」則強調量化與質化各有其獨立的研究位置，具備互相對話與補充的可能。其操作是將量化與質化的衝突與張力，透過研究者的「詮釋之環」(hermeneutic cycle)——「理解」在研究者的詮釋意圖與解釋對象間形成一個互動循環的過程，因此，「理解」與「詮釋」是永遠不會結束的——來完成一種真實的迫近。「詮釋之環」放在這方法對話中，在自然情境或田野現實中，讓不管是質化→歸納→理論假設→量化→演繹→檢驗假設的程序，或倒過來以量化→演繹→檢驗假設→質化→歸納→理論假設的過程，均有一個時間上往返循環交叉驗證、修正與重構的過程。

這兩種搭橋量與質的跨越徑路，基本上均掌握了概念上施行的可能性，但是，至少存在著兩個補充向度：(1)量化與質化之間需要一個真正的橋樑來聯繫，而非是在傳統社會學方法論上打轉，因為不管從量化或質化開始下手，量化的抽象性與質化的特殊性仍然存在；(2)這個「真正的橋樑」因此應該具有一種「空間性」，能讓自然態度所面對的生活世界有具體呈現的可能，並能轉化抽象的統計結果為視覺的對象呈現。而「地理資訊系統」的社會學應用，就成為我這裡所說的搭橋量與質的跨越徑路的有力實踐。我們可以舉下圖來理解這空間方法的可能：這是以普查的量化資料為主，質化田野調查為輔；但是經由 GIS 作為空間上的共同操作平臺，製作可以視覺化的數位地圖，居中搭橋，這不但使得這「主從式結合」更具空間意涵，而且能夠將「普遍的」、「抽象的」、「表象的」量化研究，經由電腦化的數位地圖的顯現產生空間聚焦效果，在熟悉地方的研究者眼中，可以進一步進行質化的田野調查，產生「具體的」、「訪談的」、「歷史的」、「個案的」深入研究，完整量化研究之不足，而這過程可以周而復始地經由「詮釋之環」永續進行著。

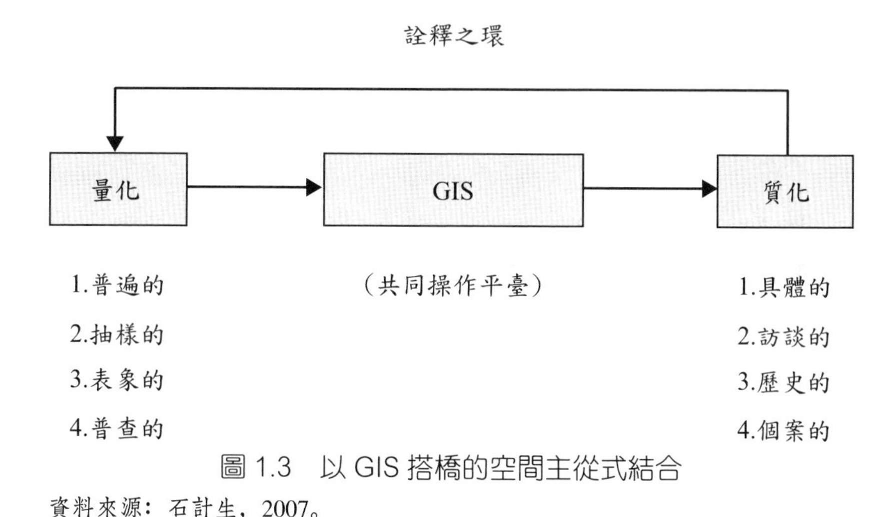

圖 1.3　以 GIS 搭橋的空間主從式結合

資料來源：石計生，2007。

概念辭典

＊社會地理資訊系統

是指將地理資訊系統這個原來被高度運用於環境監測、自然防災與山川河流測量的「屬物」的研究，轉化至對於人所活動的地表的社會行動與人文思想的「數位化地圖」的呈現。舉凡人日常生活的食、衣、住、行的活動，均可以是「社會行動」的一部分；舉凡人所創造的藝術、詩歌、音樂、哲學與其空間呈現（如古蹟、展覽廳等）均可以是「人文思想」的一部分。人文社會地理資訊系統，是將人文社會科學視覺化 (visualization) 的過程。人文社會科學各學門，可以在地理資訊系統這樣的「思想共同操作平臺」，依其對於文明的切入向度，各取所需，各盡所能。

人文社會科學的「屬人」的視覺化研究對象，其實就是探究一切和人相關的「人、事、時、地、物」，是研究一種社會關係在空間上的展現。「屬物」的自然科學對象，如山川、地質、等高線、地震脈相與氣候等都將成為「屬人」的視覺化研究對象所搭配的背景說明。人文社會的「數位化社會地圖」(digital social maps) 就顛倒了原來以自然科學為典範的 GIS 思考，轉而是以人文社會科學的「屬人」的視覺化研究為主體，自然科學「屬物」的對象為輔助。依研究者的研究旨趣而建構的「主題圖」，有別於傳統紙製地圖的固著性，它在地理資訊系統環境中，是一種「數位化社會地圖」。「數位化」意味著是一種需要電腦化的操作與思考，「社會地圖」則意味著地理與空間向度的基礎，是穩定運作跨學門研究的可能保證。以下為一地理資訊系統所繪製的「數位化社會地圖」實例：「士林流動攤販今昔路徑變化圖」(2008)。

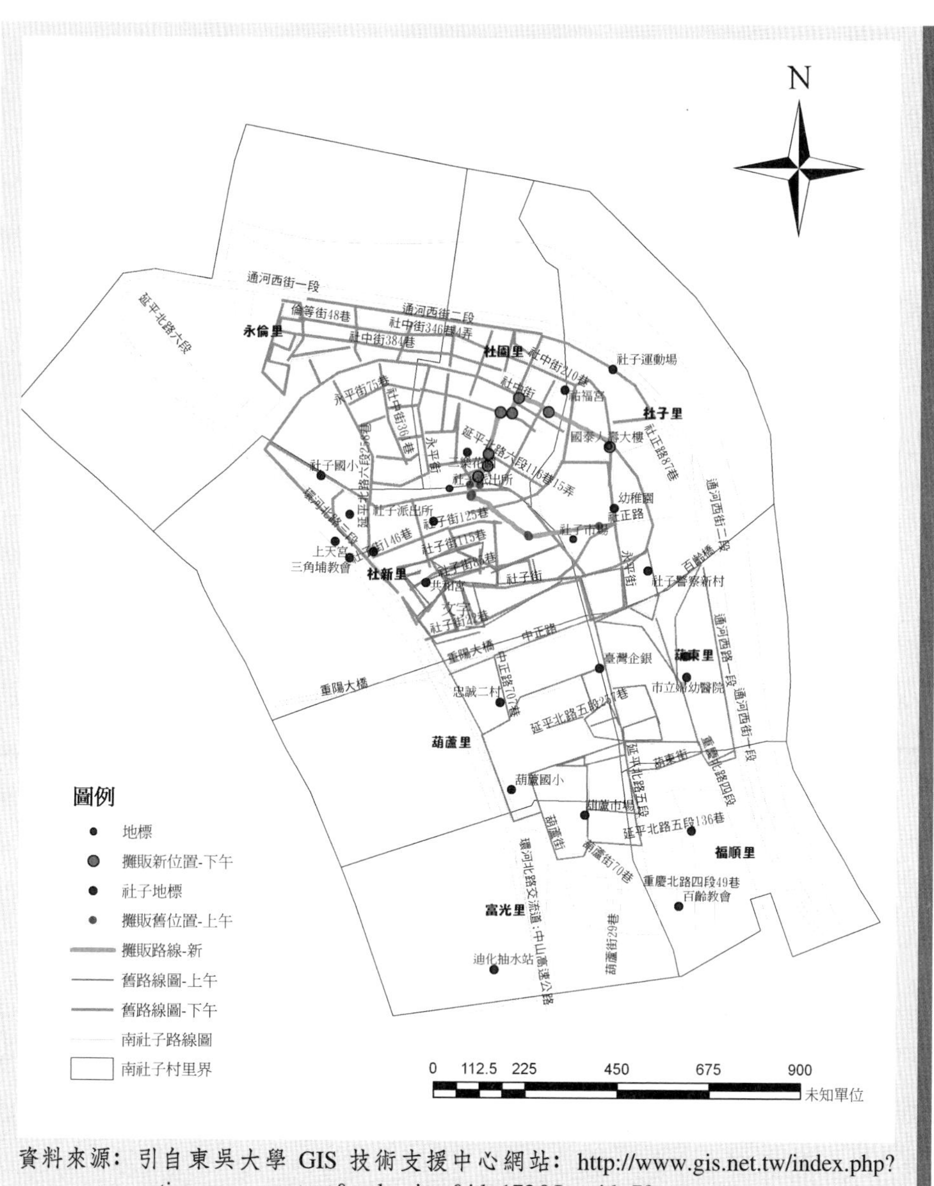

資料來源：引自東吳大學 GIS 技術支援中心網站：http://www.gis.net.tw/index.php?option=com_content&task=view&id=173&Itemid=79。

第三節 小 結

綜上所述，在網絡社會中我們重新審視傳統的「社會行為」與「社會關係」的形式與內容，在「全球化」的視角下賦予當代意義，今日網絡社會的崛起，對於生活其中的人們日常生活發生什麼影響呢？它能徹底否定十九世紀以來傳統社會學的「社會行為」與「社會關係」的形式與內容嗎？還是它只是建立在傳統的互動行為模式與關係上，產生某些新的形式與內容呢？我們的回答是後者。比較上述傳統社會學所面對的「工業社會」，和今日社會學所處的「網絡社會」，雖然資訊成為原料，歷史上人的心智第一次成為生產力，而當今社會所盛行的「**知識經濟**」(knowledge economy) 就是指建立在知識的生產、分配和使用（消費）之上的經濟。涉及計算機、電子、航空、教育、通信、資訊、管理顧問及服務等知識密集產業，而技術、研發與管理人員成為企業主流。企業的經濟效益將愈來愈依賴知識和創新，而不僅是有形的資源、廠房、勞動力和資本。如果說石油為工業經濟發動機的燃料，而資訊則是知識經濟發動機的燃料。換言之，知識經濟的重點是由生產實體產品的經濟，轉向知識的生產與運用的經濟。因此，商品的價值決定於其內容的知識價值，而非其重量價值。

知識經濟以不可思議的速度在我們的社會逐漸成為生產主流，但是，要注意的是，「工業社會」與「網絡社會」仍然是建立在「資本主義」的基礎上的社會制度，這點並沒有改變；也就是，經濟制度上仍然是為追求利潤的雇傭關係，知識經濟可以說是生產力的發展的新面向，到目前為止並沒有改變整個資本主義的經濟結構。但是，這些新的資訊技術革命所造成的變化，確實在人們的「社會行為」與「社會關係」上，產生了差異的影響，可以見到的是，包括人的日常生活「社會行為」裡的日趨感覺爆炸、玩世不恭、價值變易、時尚的超載感和真實虛擬等現象；和「社會關係」中的時間消滅空間、空間障礙消除、加速交換與消費的時空壓縮新的社會結構出現，如本章開始時所提的臺北士林夜市前的街頭問路例子，現在看來別具意義。

> 網絡社會中主流的運輸工具捷運系統的時空壓縮快速移動，不只是加快了人的移動，同時也消滅了人與人的深度關懷，社會關係的冷漠化被習以為常看待，高中生不耐煩地回答老婦人搭公車的問題，老婦人踽踽獨行於揮汗如雨的臺北中午無所適從；網絡社會更加速了交換與消費，老婦人仍然在找公車回家，高中生吃完黑輪與手上那袋烤肉後，跳上捷運劍潭站後，可以再去公館逛書店、轉到臺北 101 逛百貨公司、再去淡水吃魚丸看夕陽，臺北南北走透透，半天就可以完成。

這過程，如果我們以地理資訊系統 (GIS) 的視覺化功能來搭橋量化與質化研究，繪製出數位地圖表現，應能讓當代的社會學的探究有著新的視野與想像。

參考書目

1. 石計生，〈都市與現代生活〉，《當代》，第 168 期，頁 40–53，2001。
2. 石計生，《社會地理資訊系統與 ArcGIS 研究教學》，臺北：儒林，2007。
3. 石計生等，《社會科學研究與 SPSS 資料分析——臺灣資料庫的應用》，二版，臺北：雙葉，2006。
4. 孫本文，《社會學原理》，臺北：臺灣商務出版，1952。
5. 張清溪、許嘉棟、劉鶯釧、吳聰敏，《經濟學》。臺北：雙葉，2000
6. 陳向明，《社會科學質的研究》，臺北：五南，2002。
7. 龍冠海，《社會學》，臺北市，三民，1966。
8. G. Simmel 著，林榮遠譯，《社會學：關於社會化形式的研究》，北京：華夏，2002。
9. M. Castells 著，夏鑄九、黃慧琦等譯，《網絡社會的崛起》，臺北：唐山，1998。
10. C. Ratner: *Cultural Psychology and Qualitative Methodology*, New York: Lenum Press, 1997.
11. C. S. Stone Shih and Chi Cheng Lian（石計生、紀建良）: Geographic Information Systems and the Construction of Digital Social Maps — Shihlin's Humanist-Societal Laboratory in Taipei City. Conference paper at ASIA GIS 2001. Collaboration through GIS in the Internet Era Center for Spatial Information Science. The University of Tokyo . June 20–22, 2001 .
12. C. W. Mills: *The Sociological Imagination*, New York: Oxford University Press, 1959.
13. D. Harvey: *The Condition of Postmodernity—An Enquiry into the Origins of Cultural Change*, Oxford, England ; New York, NY, USA: B. Blackwell, 1989.
14. D. Ricardo: *Principles of Political Economy and Taxation*, London: John Murray, 1817.

15. E. Babbie: *The Practice of Social Research*, Belmont, Calif.: Wadsworth Pub. Co. Press, 1989.
16. J. W. Creswell: *Research Design Qualitative & Quantitative Approaches*, Sage Publications Inc., 1994.
17. M. Rafferty and Funk, M.: The Effect of Demand Shocks on Firm-financed R&D, *Research in Economics, 58 (3)*, 187–203, 2004.
18. P. M. Hudelson: *Qualitative research for Health Programs*, World Health Organlization, 1994.
19. R. G. Burgess: *In theField: An Iintroduction to Field Research*, London: George Allen & Uinwin Ltd., 1984.

名詞解釋

社會 (society)

凡是一群人有某種共同的觀念、態度和行為習慣，或是一塊共同生活的區域，都稱為社會。

地方空間 (space of places)

對於都市的具有歷史根源的、共同經驗構成的平面空間。

流動空間 (space of flows)

一種經由高速運輸、微電子、電子通訊、廣播系統等電子脈衝的迴路所構成的物質力量支持的流動空間。

實證主義 (positivism)

早期由孔德帶出的理論研究方式因此是模仿研究自然科學的方法，應用相同的方法學來探討社會現象。它強調以經驗、實證和科學方法為社會學的基礎。這個方法學後來通稱為實證主義。

資本主義 (capitalism)

最早出現於十五、十六世紀的歐洲，直至十九世紀工業革命時尤盛。資本主義是一種經濟結構、社會的組織形式，主要以市場的利益、資本的累積為宗旨，視私人財富的擁有為經濟制度。生產工具的掌控集中於上層的資產階級，使得與作為無產階級的勞動者間的貧富差距越來越大。

工業社會 (industrial society)

工業機械化、自動化與大量生產的現代化社會。是工業革命過後，社會經濟組織產生變革的社會，係由農業社會轉型而來，主要在生產過程中，生產工具和生產方式由機械代替手工。

工業化 (industrialization)

是指從原先農業和手工生產占主導地位的經濟和社會，轉變成以製造業和與其有關的採掘業為中心的社會和經濟的全盤過程。這一過程首先發生在英國的工業革命時期，不久相繼發生在其他西歐社會中。由此產生了生產和分配上社會組織的深刻變化，尤其是分工迅速擴大，既發生在個人與職業群體之間，也發生在工業化與非工業化國家之間，這就導致農業技術和農業社會組織同採掘業和製造業一樣發生轉變。

工業革命 (industrial revolution)

是指一個人類經濟生活之大轉變，大致發生在 1760 至 1830 年間，首先始於英國，而擴展至西歐，再而世界各地。其轉變始於生產方式由勞力轉至機械工具之使用，提高生產量，改善經濟生活；社會生活和社會組織結構等各方面也隨著工廠制度之突起而有巨大的改變。這期間發生大規模的、互相關聯的經濟、技術和社會的變革，在這些變革中，英國（隨後是其他許多國家）發展了以新機器技術和工廠體系為基礎的製造業經濟。這些變革的結果使英國成為第一個工業社會。工業革命的重要特點是：(1)資本家控制了更多的勞動過程，勞動分工大幅擴大，以及因此使工廠的效率和產量全面提高；(2)新機器的發明，以及首先把改進水力和其後的蒸汽動力用於採礦業、製造業（尤其是紡織業和鋼鐵工業）和交通運輸（公路、運河、鐵路和海運）。工業革命一旦展開也帶來了人口的迅速增長，也附帶產生了一些社會問題，諸如城市髒亂、疾病流行和缺乏有效的城市管理。

勞動分工 (division of labor)

是指生產任務被分割並更加專業化的過程。早期古典經濟學家亞當・斯密在《國富論》書中用這一術語描述了工廠和工廠系統中的專業化，並且解釋了這種新安排因效率和生產率提高而產生的優勢。在經濟學方面，分工也導致基於「比較利益法則」的貿易、商品交換和勞務的增加。在社會學方面，生產任務專業化包含的內容遠比狹義的經濟效益為多，包括了工作任務再分工的技術性分工、技藝的層級，和勞工與管理階層關係的權力與權威結構。在古典社會學家涂爾幹或當代社會學家帕森思等演化論社會學家的著作中，這一概念與社會分化 (social differentiation) 相似。對職業專業化的社會學分析可能涉及社會內部的分化、部門雇傭模式（如農業、製造業和服務業），並涉及第三世界或已開發資本主義社會中特定職業或生產任務的集中化等。

比較利益法則 (law of comparative advantage)

由古典經濟學家李嘉圖提出，指的是兩人同時生產產品，各人「機會成本」較低的產品就是有生產上的比較利益，只要根據比較利益法則決定專業 (specialization) 生產的產品，分工合作，雙方都可以獲利。

社會分化 (social differentiation)

個人或團體在社會中，因族群、階層、性別、年齡、文化背景等差異而形成對立與衝突的社會狀況。

機會成本 (opportunity costs)

將資源用於某一種用途的機會成本，是這些資源本來可以作的其他用途中，最有價值的那個用途的「價值」。

現代性 (modernity)

是指十八世紀啟蒙運動以來出現的嶄新的宏大敘事，以文藝復興、特別是啟蒙運動以來的西方歷史和文化，社會在工業化推動下發生全面變革而形成的一種屬性，體現為對於進步的時間觀念的信仰、對於科學技術的信心、對於理性力量的崇拜、對於主體自由的承諾、對於市場和行政體制的信任等世俗價值觀。

現代化 (modernization)

傳統社會過渡到另一階段的社會型態，即是使社會變成現代的變遷過程。

特徵有生產的自動化、工業化、都市化等。

形式社會學 (formal sociology)

有如幾何學之於自然科學作為共同的原理或基礎，社會學是研究所有和社會科學領域相關連共通的「形式」，即經由互動而產生的團體、競爭、支配、分工等等。

社會學 (sociology)

一門有系統地研究社會關係與社會現象的科學，其著重在關注社會關係層面上人的觀念、態度及行為習慣互動模式和社會如何建立及改變。

社會學的想像 (the sociological imagination)

社會學想像應該去掌握個人經驗和社會機構之間的關連，與個人在歷史中的位置。亦即，要認清我們的歷史和個人傳記，以致認清兩者在社會中的關連。

網絡社會 (network society)

一種以資訊為中心的技術革命，加速重新塑造社會的物質基礎，整個世界的經濟已經成為全球相互依賴。在易變不定的幾何系統中，經濟、國家與社會關係的新形式將被採用。

資訊社會 (information society)

是由電腦網際網路的高度發展而來，是以資訊科技為主導的新型態社會，人際之間的互動網絡擴大，資訊傳遞的時間與空間面向也相對縮短。

資訊技術典範 (informational technique paradigm)

包括：(1)資訊是一種原料；(2)技術效果無所不在；(3)使用新技術系統的網絡邏輯 (networking logic)：互動及其創造力量；(4)資訊技術立基於彈性，可被修改，逆轉，修正，甚至是徹底改變；和(5)技術日益聚合為一個高度整合的體系等。

時空壓縮 (time-space compression)

資本主義的歷史具有在生活步伐上加速的特徵，同時又克服空間的各種障礙，以致世界有時顯得內在地朝向我們崩潰了。這樣被加速時間所消滅的空間的「時空壓縮」，是伴隨著當代資本主義新的組織形式、科學技術所建立的可以跨越疆界迅速移動的物質條件而達成。

真實虛擬 (real virtuality)

網絡社會的以電子為基礎的印刷的、視覺的或電腦中介的傳播與溝通途徑，創造了虛擬世界真實化的世界。

社會地理資訊系統 (social-geographic information system; Soc-GIS)

一種將地理資訊系統的繪製數位化地圖與個人創新設計的組織化功能，應用至「以人文中心」的人文社會科學範疇，並開放地容納多元特質，調整、詮釋、重構地理資訊系統的實證或非實證流程。

知識經濟 (knowledge economy)

指建立在知識的生產、分配、使用和消費之上的經濟。涉及計算機、電子、航空、教育、通信、資訊、管理顧問及服務等知識密集產業，而技術、研發與管理人員成為企業主流。

第二章

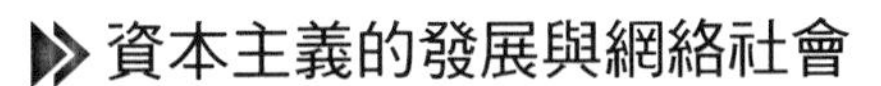

網絡社會與社會學理論

資本主義的發展與網絡社會

- 向工業化轉變：古典三大家理論觀點
- 科司特：資訊技術革命
- 阿爾布勞、羅斯瑙、莎森論全球化

網絡社會的問題與理論探究

- 生產型社會與消費型社會
- 「社會內」的生產型社會
- 「社會間」的生產型社會
- 「社會內」的消費型社會
- 「社會間」的消費型社會

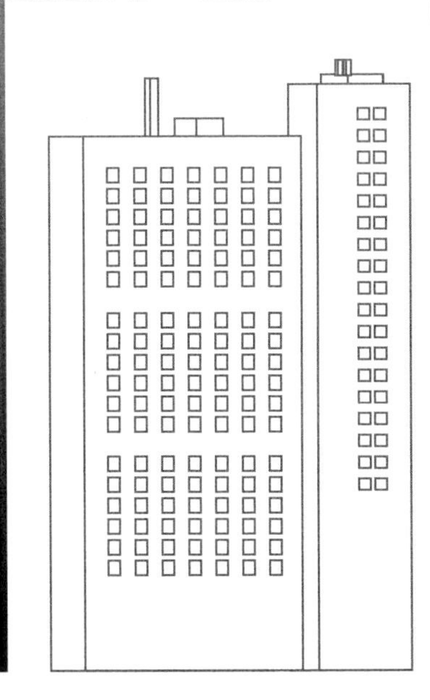

> 人創造自己的歷史，卻無法如己所願地創造；人無法自己選擇主動創造，而是從過去直接受限、給予和繼承而來的條件下去創造歷史。
>
> ——Karl Marx/*The Eighteenth Brumaire of Louis Bonaparte*

> 在二十世紀後四分之一期間，一場以資訊為中心的技術革命，改變了我們的思考、生產、消費、貿易、管理、溝通、生活、死亡、戰爭，以及做愛的方式。空間與時間，作為人類經驗的物質基礎，已經被轉化了，流動空間支配了地方空間，無時間的時間廢除了工業年代的時鐘時間。
>
> ——Manuel Castells/*The Information Age: Economy, Society and Culture. Volume III, End of Millennium*

> 資訊越來越多，意義卻越來越匱乏。——Jean Baudrillard/*Simulations*

在本書第一章末，我們提到了以地理資訊系統 (GIS) 去進行社會學的空間探究方法的重要性，在於「視覺化」(visualization) 我們所關心的社會生活所發生的人事物。2008 年 5 月 12 日下午兩點多，那時本書作者在東吳大學地理資訊系統技術支援中心的「文舍」忙碌地規劃辦理全校性 GIS 教學工作，稍歇時習慣性上網發現四川汶川發生驚人的規模 8 的大地震的消息。第一時間大多數人只知中國的四川省，但是「汶川」在何處知道的人大概不多。當下我就要求中心研究助理用 GIS 畫了幾張圖發布於東吳大學 GIS 中心網站 http://www.gis.net.tw/（其中之一如右圖），在空間中找了電子物理空間，用以幫助心靈所繫的關於傷亡的人道精神的位置，也提供例行性的社會資訊服務。但在接下來的差不多半天的時間，網路、收音機、電視就不斷傳來排山倒海的新消息，真真假假很難判斷；就像臺灣人

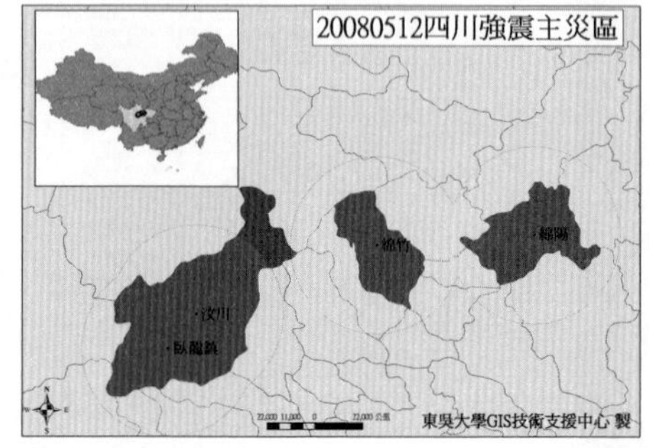

圖 2.1　2008 年 5 月 12 日四川強震主災區

曾經歷過的 1999 年的 9 月 21 日的「九二一大地震」，本書作者曾經這樣寫著：

> 1999 年 9 月 21 日午夜一點四十七分，當我們都在睡夢中時，臺灣發生戰後有史以來最為嚴重的大地震。剎那間，不僅全臺電力霎時中斷，同時其地動天搖劇烈的情況，震撼了全國同胞的心靈。用乾電池才能接收的收音機裡，零星傳來埔里酒廠爆炸的消息，謠言開始如瘟疫般散開，震央時而說是在花蓮，時而嘉義，死傷情況不明。兩點三十分，我望著被震至地上的地藏王菩薩銅像與突然斷裂的念珠，想情況必然嚴重。接近凌晨時，收音機陸續傳來，確定震央是出人意料之外，從未聽過有地震的南投集集鎮附近；臺北市與臺北縣各有一棟大樓倒塌，死傷嚴重等消息。第一道晨曦射入窗櫺，我抬頭，看著九重葛紫色的花朵，承載著一滴滴象徵的露淚（石計生，2000）。

圖 2.2　九二一大地震中寮前街

「謠言開始如瘟疫般散開，震央時而說是在花蓮，時而嘉義，死傷情況不明」。同樣的不確定性過了九年，又在四川發生，本書作者則在四川汶川大地震後十八日又來到了南京講學。但這次比過去任何一次心情都更為沉重，因為在臺北時從媒體所看見的支離破碎的山河與妻離子散的景象烙印在我心裡，已經塌陷成一個無法癒合的傷口，時時隱隱作痛；它像一個通道的起點，會通向無數個人生命史中無法被完成的愛與追求，也通往無邊發生在世界各地的天災人禍，死亡如此面無表情地、緩慢地、迅速地、嘲笑地經由命運或者不留神的間隙奪走珍惜的一切，留下來的踽踽獨行，把烏雲蔽日的天仰望。」「從四川汶川震央同心圓擴散出去的震動，到了千里外的南京已經感覺有限，到了更為遙遠的北京、上海、臺北幾乎沒有感覺。這在人世間象徵意義也是一樣的，時間愈久，這死傷以萬計的苦難，也逐漸退出人們的記憶，模糊化、口號化、政治化、抽象化，直到完全被現代媒體裡每分鐘更新的事件所取代，直到再也沒有人記得、提起，但是災區裡的人們痛苦卻沒有一絲一毫減輕，隨著時間流逝，眼淚隨著長江水沖刷被中和掉，只剩一顆顆破碎了的心與無法收拾斷垣殘壁家園（石計生，2008b）。

資訊媒體在我們生活的網絡時代扮演傳遞訊息的吃重角色，它幾乎無所不在，指導著我們的生活的心情、消費和感覺。不管是 1999 年的九二一集集大地震或 2008 年的四川汶川大地震，那些傷亡與痛苦，我們在當下都經由收音機、電視或網路感受到極大的震撼，但是同時，當代遺忘痛苦的速度恐怕比人類歷史任何一個階段都還要快，「時間愈久，這死傷以萬計的苦難，也逐漸退出人們的記憶，模糊化、口號化、政治化、抽象化，直到完全被現代媒體裡每分鐘更新的事件所取代，直到再也沒有人記得」，其原因究竟是什麼？本章將從歷史向度經由對於社會學理論的古典到當代的論點，去探究資訊社會裡的社會記憶與遺忘。

第一節　資本主義的發展與網絡社會

壹　向工業化轉變：古典三大家理論觀點

自從十九世紀中葉以來，「朝向工業化轉變」(transition to industrialization) 是古典社會學理論家的共同問題意識，以回應當時共同的時代問題：「為什麼世界會變成這個樣子呢？」(Abrams, 1982) 但是因為不同時代的科技發明與技術水準的差異，使得一百年來理論家們的思維向度與理論內涵有很大的不同，如處於資本主義工業化發軔期的古典三大家，各自提出對於時代變動的觀察：韋伯 (Max Weber) 對於**官僚制** (bureaucracy) 的思考；涂爾幹 (Emile Durkheim) 著墨於社會勞動分工與社會道德價值淪喪的**脫序** (anomie) 的探索；馬克思 (Karl Marx) 的強調社會結構（**階級** (classes) 鬥爭的結構）與社會行動（階級的形成）的關連。

韋 伯

就韋伯的社會官僚化與理性化論述而言，他在關於支配的類型論述中，認為確信法令、規章必須合於法律，以及行使支配者在這些法律規定下有發號施令之權利的「**法理型支配**」(legal domination)，其最純粹執行方式，是透過一個官僚制的管理組織來完成。只有組織的最高行政首長是占有、選舉或繼承的方式而享有支配地位，即使他的支配亦只限於法律規定的管轄和權限。在最高權威底下的整個管理成員，從最純粹的類型而言，是由個別任命的官員組成。這些官員依照以下標準行事：⑴他們在私人生活方面是自由的，唯有在公共領域裡，才有服從支配的義務；⑵他們以清楚界定的職位階層制組織起來；⑶每一個職位的權限都由法令清楚規定；⑷職位基於契約 (contract)，因此原則上他是自由選擇的；⑸人員的選擇根據專業的資格。在大多數理性組織中，它由考試或證明技術資格的學位證書加以檢定。這些行政人員是任命而非民選；⑹他們的報酬是貨幣形式的固定薪資；⑺職位 (position) 是在職者唯一的，或至少是最重要的職業；⑻職位就是前途。升遷制度是由上級依據年資與業績，或是兩個標準一起來決定；⑼官員與行政工具的所有權完全分離，而且不得依據該項職位據為己有；⑽在辦理公事時，他必須遵守組織嚴密、有系統的紀律和控制。

這種理性的官僚制，有其發生的社會與經濟的前提作為條件，並且是基於形式主義和功利主義的精神而進行人才的甄選與考核。官僚制的「社會與經濟的前提」必須有貨幣經濟與財政制度作為官僚薪資的支付形式、行政的官僚化意味著行政事務的某種程度的量的擴展與質的變化、官僚組織必須具備技術的優越性、行政手段的集中、社會差異的齊平化等。這些，從歷史上，我們可以發現，只有現代資本主義 (modern capitalism) 中，才有接近這種理念型 (ideal type) 的組織形式。而所謂的「形式主義」表現在官僚化支配的「無愛亦無恨」、沒有感情或狂熱的不受私人因素影響的精神主導，「照章行事」、「不問對象是誰」使每一個人都獲得了形式上的平等對待；官僚體制的支配權力的取得，通常是基於經濟與社會差異的相對齊平化，其發展歷史上有助於身分地位的平等，成為群眾民主的前兆。另外，官僚制的「功利主義」指的是從被支配者的福利觀點，來看待其行政功能，以形式的、規律性的措施表達出來 (Weber, 1978)。「法理型支配」的官僚制是現代資本主義的社會組織管理雛形，其後果，是在一個特殊的意義下，完全發展的官僚制處於一種無惡無善的原則之下。它那種為資本主義所喜的特殊性格，越是讓組織官僚制完全地「去人性化」(dehumanized)，就越能完全地將那些無法加以計算的愛、恨，及所有純粹個人的、非理性的與感情性因素從公務上的事物中消除。這個資本主義時代的命運，生活在一個機械僵化的「鐵的牢籠」(iron cage) 的社會，韋伯認為是源於組織官僚的理性作用，這樣「鐵的牢籠」不可掙脫，這是韋伯對於人類未來的憂心與悲觀結論。

涂爾幹

涂爾幹著墨於社會勞動分工與社會道德價值淪喪的迷惘：他對於工業化對社會的衝擊的關注點，主要是在「**社會整合**」(social integration) 上。社會共識的形成端賴社會整合的成功與否，否則整個社會將陷入他所謂的失去秩序的「脫序」狀態。涂爾幹著眼於「工業社會」(或稱現代社會) 與「前工業社會」(或稱傳統社會、初民社會) 之間的對比，造成社會變遷的支配性與動態元素是「勞動的分工」(division of labor) 的過程；因為勞動分工的分割與專業化而使得前工業社會相對簡單的整合形式遭受侵蝕，但同時新的、更複雜的整合形式於焉被創造出來。勞動分工的進程因此拆解了一種社會而創造了另一個社會。

涂爾幹以他著名的「**機械連帶**」(mechanical solidarity) 和「**有機連帶**」(organic solidarity) 的劃分捕捉了這一對比的社會變化。「機械連帶」是一種由「相似性而形成的連帶」(solidarity by similarity)，集體人格完全吸納了個人人格。個人不帶任何中介地直接屬於社會，社會的「集體意識」在某種程度上而言是由許多群體成員的共同感情和共同信仰所組成。「有機連帶」則與「機械連帶」相反，是一種「分工形成的連帶」(solidarity arising from the division of labor)，這種「連帶」的新基礎根植於專業化的職業間相互依賴 (interdependence) 的認知中。其人與人關係的連帶是以個人的相互差異為基礎，每個人都擁有自己的行動範圍，都能自臻其境，都擁有自己的人格。集體意識為個人意識讓出了地盤，使它無法被歸類的特殊職能獲得了確立，這種自由發展的空間越廣，則團結所產生的凝聚力就越強。一方面，勞動越加分化，個人就越貼近社會；另一方面，個人的活動越加專門化，他就越會成為個人。對於涂爾幹而言，社會整合主要是一種道德樣態——基於個人對集體標準和規則的承諾，而在社會系統中產生對個體活動的整合。

涂爾幹將「社會」比擬成「身體」，人們相互維繫的方式，身體內各個分子之間的引力發生變化，會出現混亂或身體不適的狀態。即會因勞動分工後出現一些反常現象：社會規範的衰微、衝突、含糊或不存在的狀態，這社會體系欠缺共同的規則，無規範等現象，涂爾幹稱之為脫序的狀態，他認為「在任何狀態下，如果分工不能產生連帶，那就是因為各個機構間的關係還沒有得到規定，就已經陷入了脫序狀態」(Durkheim, 1984)。現代社會的有機連帶凝聚功能運作下，仍然存在一個倫理的秩序 (a moral order)，涂爾幹書中所看見的資本主義的資本家與雇傭勞動者之間的衝突，他認為是因工業化而帶來的分工的擴展，但是勞動分工並非是衝突的真正來源，而是經濟功能的分化一時淩駕於適切的道德規律的發展所造成結果，「脫序的分工」(anomic division of labor) 因此產生。如果規範體系的各種社會功能自發形式的關係構成一個確定的形式，只要這些機構能夠得到充分的接觸，並形成牢固的關係，脫序狀態不可能產生。但是，正是因為經濟功能的分化使雙方產生了某種隔閡，只有具有一定強度的刺激作用才能使它們恢復溝通。如果它們之間的聯繫很少，就很難經常重複，也產生不了確定的形式。「脫序的分工」因此是一種道德的危機，而非經濟上的問題。而另一種涂爾幹稱為「強制性分工」(forced division of labor) 的反常現象，即資本家與勞工間的契約關係，不以道德的規則為依據，而取決於高壓武力的實行，造成有等級的勞工，階級與社會問題，致使有機連帶功能運作所欲導出的規範性律則也無從產生。但涂爾幹認為以經濟因素為基礎的「強制性分工」並非現代社會的真正危機，而是「脫序的分工」的道德危機；因此，要解決社會轉型之後，人們存在的失去規範的焦慮，主要還是必須在新的時代中「我們自己確立一種道德」。

涂爾幹呼籲「我們自己確立一種道德」已經不再是傳統社會的全面性作用，而是現代社會中的從僅存的集體意識中找尋，我們與社會發生連帶關係時，社會是由一些特別而又不同的職能通過相互間的確定關係，結合而成的系統的有機連帶。勞動分工，一種存在掙扎的結果，對於涂爾幹而言，是一種愉悅的宣示：社會分工，讓人們從集體意識中被解放出來，但在職業的相互依賴和職業道德的系統中被重新整合回社會，這樣解決了個體的過於個人或過於連帶的矛盾，取得了平衡。

馬克思

馬克思強調社會結構（階級鬥爭的結構）與社會行動（階級的形成）的關連。馬克思辯證唯物論 (dialectical materialism) 主張「經濟先行」，強調在社會變遷中三元層次的「經濟先行的整體觀」，馬克思用辯證唯物論來研究歷史，其之所以稱為「唯物」，是指下層的經濟結構因素在歷史的社會變動中是先行發生的；而之所以稱為「辯證」，是指此先行的經濟因素並非單方面決定著歷史的發展，而是和意識型態、階級等因素交織而成，共同決定著社會世界之變動（石計生，2009）。反省資本主義朝向工業化轉變所帶來的社會問題，階級革命乃是經濟結構出現矛盾後的必然現象，因此馬克思說：「社會的物質生產力發展到一定階段，使同它們一直在其中活動的現存生產關係或財產關係發生矛盾。於是這些關係便由生產力的發展形式變成生產力的桎梏，那時社會革命的時代就到來了。隨著經濟基礎的變更，全部龐大的上層建築也或快或慢地發生變革」(Marx, 1973)。

有階級鬥爭的社會必是個對抗性的社會，而對抗性的社會則表現在對抗性的生產方式上，即「下層建築」所發生的矛盾的對抗性。從辯證法來看，馬克思「經濟先行」的理論特色，「下層建築」的經濟結構的「生產力」

與「生產關係」的矛盾會引發一連串的辯證反應：一方面，是「技術推動」的「下層建築」與「上層建築」的直接變化，影響所及，是「上層建築」的政治與法律等意識型態勢必自行調整，以適應新的經濟結構關係，即「下層建築」與「上層建築」的結構自我調整；另一方面，這個結構自我調整通常是不完整的，因為「下層建築」同時也會產生「階級推動」的「下層建築」、「階級」與「上層建築」的連鎖反應。因為擁有「生產資料」與否而產生了「矛盾」的階級關係，形成了理論分析層次上的兩大階級：「資產階級」vs.「無產階級」，這是內在於經濟結構的矛盾而產生的階級矛盾，即前述馬克思所言「整個階級在它的物質條件和相應的社會關係的基礎上創造和構成這一切」；同時，作為軸心的「階級」，也在「上層建築」的意識型態上成為「一部分階級利益之表現」，分為「資產階級的意識型態」與「無產階級的意識型態」，雙方形成一種對峙狀態，一個新的辯證關係又蘊含其中。但反抗資本主義的階級革命的不成功為何？作為「實踐」的辯證唯物論，馬克思集中在對於無產階級革命失敗原因的論述。農民為何既是又不是一個階級？他在《路易波拿巴的霧月十八日》(*The Eighteenth Brumaire of Louis Bonaparte*) 書的著名段落說明了他的看法：「千百萬戶家庭所處的經濟生活情境，分離了他們的生活模式，他們的興趣和文化，使他們和別的階級不同且將之處於對抗的局面，於是他們是一個階級。而當他們只是一小群農民的區域性互動且不把他們的興趣和任何社群、國家及政治組織連繫認同時，他們不是一個階級；他們不能用自己的名義要求階級利益，他們不能代表他們自己，他們只能被代表」(Marx, 1978)。

從上述歷史事件的結構分析所獲得的階級理論，就是階級的構成，必須為生產關係的共同體，和這些聚集起來的人發展關於其共同利益的意識（階級意識）。農民成為一個階級是因為相同的「經濟生活情境」所形成的「生產關係的共同體」；農民不是一個階級的原因是他們沒有共同的「社群、國家及政治的認同」，欠缺「共同利益的階級意識」。正因為欠缺階級意識，所以當時法國的農民只是一種「自在階級」(class-in-itself)，一個不完整的階級狀態，未能形成馬克思所謂的掌握自己集體的命運代表自己，領導自己去對抗壓迫他們的其他階級的「自為階級」(class-for-itself)，因此農民不能代表自己，他們需要被代表，需要一個比政黨還大的力量來保護他們，例如一個無限的政府權力，一個光輝的記憶，或一個國王：路易・拿破崙・波拿巴 (Louis Napoleon Bonaparte)。馬克思所描述的 1848 年的法蘭西戰爭是如此，1920 年代社會主義革命的失敗也是如此，階級形成的困難度顯得越來越高，特別是當代資本主義產生了更多的變化，從生產型到消費型社會的變化，讓我們進行社會學探討時必須有更新的概念與思維。

雖然古典社會學理論家對於資本主義工業化有不同的感受與詮釋。但是總的來說，從馬克思主義強調「技術面」、「經濟面」的「生產型社會」的論述傳統來看，「工業化」是人類逐步脫離勞動價值與自然的過程，人類憑藉科技，企圖掙脫生產力的束縛，宰制自然，創造理想世界。科技發明的演進與作用，沿著「機械生產」、「自動化生產」、「資訊化生產」的軌跡前進，這個過程與十八、十九世紀的兩次工業革命，和二十世紀的資訊技術革命相關。古典三大家所處的時代，已經發生了十八世紀的工業革命，知識與資訊的創新造成了技術的進步，機器如紡織機、蒸汽機之發明，導致圈地運動、長距離運輸的鐵路蒸汽火車出現，人與自然分離，人們蜂擁而至城市工廠中工作，當時的「機械生產」成為社會變動的最顯著特徵，並深深影響著西歐人民的生活方式；這種區域性的社經變化，很快地隨著十九世紀的工業革命四處滲透，科學知識在 1850 年之後，對於維繫與引導技術發展，具有決定性的意義 (Castells, 1998)，電力的發展、內燃機、電報、電話的發明造成新的溝通技術而傳播到世界各地，「自動化生產」成為資本主義新的動力標籤。

馬克思在英國倫敦大英博物館閱覽室撰寫劃時代的巨著《資本論》(*Capital*) 之前，曾經在 1857 至 1858 年間，先寫了一本後來才被集結成冊的《經濟學手稿：政治經濟學批判導言》(*Grundrisse: Foundations to the Critique of Political Economy*)。這份厚重的手稿，記載了馬克思心路歷程——對於資本主義制度的異化人性的憂心，與對於商品冷血邏輯理性決斷的剖析——它成為《資本論》的序曲與青年馬克思的人道思想的最佳連結

(Tucker, 1978)。馬克思在該書的 G 部分，以「資本主義、機器，和自動化」(Capitalism, Machinery, and Automation) 為題，驚人地預言在未來將進一步發展機器取代人類進行生產的過程，直到生產本身根本不需要勞工的參與也可以進行，這就是「自動化生產」的樣態：「勞動表現為不再像以前一樣被包括在生產過程中，相反地，表現為人以生產機器的監督者和調節者的身分，和生產本身發生關係。……於是工人不再是生產過程中的主要當事者，而是站在生產過程的旁邊」(Marx, 1973: 705)。

當人本身成為工作的監督者或旁觀者時，資本主義是以怎樣的新的型態繼續存在？可以想像的是，馬克思的勞動 (labor) 是構成人的價值與商品的價格的唯一來源的勞動價值學說 (theory of labor value) 馬上遭受到挑戰。「如果科學是生產力，基礎與上層建築的區分是否還站得住腳？……腦力勞動和體力勞動的斷裂是資本主義制度下勞動分工的一個主要成分，這一斷裂該如何論斷？」(Poster, 1990: 47) 馬克思的生產力 (productivity) 所指涉的是否包括創造力與知識等「腦力勞動」的部分，是一個有分歧觀點的問題。

除了少數學者，如功能論派的馬克思主義者科罕 (Cohen, 1984) 外，大多數人皆認為馬克思的辯證唯物論將「腦力勞動」排除在生產力之外。如果我們把生產力指涉為「人和物（技術方法、生產資料及勞動工具）的關係，而生產關係是人和人（勞動的社會性質、生產過程的合作與分工的結果）的關係」（石計生，2009），生產力和生產關係兩者就構成了馬克思的下層建築／經濟結構 (infrastructure/economic structure)。理論上看來，《資本論》裡論斷的資本主義生產方式，是以人的勞動時的必要勞動時間來衡量生產力，則應指涉的是「體力勞動」的時間，而「腦力勞動」部分的衡量有其現實計算上的困難 (Böhn-Bawerk, 1987)，但偏偏在資本主義工業化的過程中，「腦力勞動」取代了「體力勞動」逐漸成為主流。這樣說來，資本主義工業化的過程，機器取代人類進行生產的過程的「自動化」階段，是造就了更多馬克思的理論所無法衡量的「腦力勞動」，到了二十世紀中葉年間的資訊技術革命，資本主義「自動化生產」階段又被更為徹底的「資訊化生產」所取代。

貳 科司特：資訊技術革命

發軔於 1950 年代，進展於 1970 年至 1990 年間的「資訊技術革命」(informational technology revolution)，是一種過程取向 (process-oriented) 的資訊處理與溝通的技術的創造、發明與應用 (Castells, 1998)，其對於人類的經濟、社會與文化的衝擊與影響是無遠弗屆的。這裡所謂的「技術」(technology) 是一種物質文化 (material culture)，它使用科學的知識，以一種可以複製的方式，來路徑化做事情的方法，它不好也不壞，也不中立，它是一種力量；而「資訊」(information) 則是充滿意義，有一個主題，資訊是關於某事或某人的情報或指令 (Webster, 1995)，進一步講，「資訊」在技術的支援與提升上，是數位化的符號 (digitalized sign) (Castells, 1996)；「資訊技術」(informational technology) 則包括微體電子學、電腦、電子傳訊／廣播電視、電子視訊、遺傳工程等技術的聚合組成，即能將符號數位化的技術。表 2.1 整理了「資訊技術革命」的歷史與內容 (1950–1990)。

關於「資訊化生產」，當代社會學理論家科司特 (Manuel Castells) 指出，二十世紀的資訊技術革命使「資訊」成為一種原料 (materials)，是由技術直接作用於資訊之上；現在的問題不是以知識與資訊為中心，而是如何應用這些知識與資訊，使得知識生產（創新）與資訊處理／溝通（創新使用）的機制間，產生一種累積性的反饋 (feedback)。這是歷史上第一次，「腦力勞動」非常清楚地成為一種馬克思料想不到的東西——人類的心智直接成為一種生產力——電腦、溝通體系、基因解碼與程式設計都是人類心智的延長，我們的思考，都能表現為商品、服務、物質與知識產出。心智的活動可以像食物、運輸、教育等一樣被消費，心智與機器之間日益整合。這個在 1970 至 1990 年間建立的新資訊體系，將宰制的機能，全球不同的社會群體與領域連結起來。於是，「資訊社會」(information society) 成為一種科司特所謂的「網絡社會」(network society) (Castells, 1998)，一種由電子交換的媒介所構成的社會 (Poster, 1990)，它不再只是馬克思主義的「生產型社會」的考量，還應從「消費型社會」合併思考。在當代而言，「網絡社會」很難不是一個跨界 (cross-border) 的概念，它直接和全球化 (globalization) 相關連。

表 2.1　二十世紀中葉後資訊技術革命的歷史

微體電子學 (micro-electrology)	
1947	電晶體
1951	晶片 (chips)，即半導體 (semiconductor)／矽谷
1957	IC 板技術爆炸
1971	微處理器 (microprocessor)，附在晶片上的電腦
電腦 (computer)	
1946	ENIAC 第一臺電腦
1964	創造性毀滅
1975	利用 1971 年發明的微處理器 (microprocessor) 做出 Apple I
1976	微軟公司 (Microsoft) 電腦
1981	個人電腦 (personal computer)
1984	蘋果公司的 Macintosh 電腦
電子傳訊 (telecommunication)	
1956	傳輸電話線
1970	積體電路
1990	整體寬頻網路 (integrated broadband networks) 光纖數位化低功率無線電話 (digital cellar telephone)

資料來源：科司特 (M. Castells)，1998。

參　阿爾布勞、羅斯瑙、莎森論全球化

英國學者阿爾布勞 (Martin Albrow, 2001) 指出，**全球化** (globalization) 主要是指「世界各民族融合成單一社會的社會變遷過程，並以一種相當不穩定的方式來影響不同的地方、國家乃至個人」。因此，全球化可以被理解為或多或少同時發生的一系列相互強化的社會轉型，這些轉變包括了：(1) 人們對時空概念的變化。受到電子媒體所推動的時空壓縮為人們帶來史無前例的生活體驗，自二十世紀以來，大量的電視和衛星已經將世界各地的生活透過影像管傳播使人類社會成為地球村，使得人們都能「盡可能的體

驗到來自不同地方的大量圖像，把世界空間分解成了螢幕上的一系列圖像」。二十世紀末網絡生活化之後，虛擬的網路世界更擔負電子政府、電子銀行以及電子購物等人們各項生活事務之重任；(2)世界各地的文化交流以前所未有的數量、速度和頻率增加。在人類歷史長河中，文化和知識主要是在家庭、學校和教堂或社區中獲得和成長的。現在的人們比以前的任何時候都能迅速獲得和接觸到不同來源的各種文化意義。因此將原來社會環境中提煉出來的文化意義轉輸到其他社會中的可能性越來越大；(3)出現不斷增長的網絡組織以及來往各地的跨國行動者。根據《經濟學人》(*Economist*) 期刊的報導，與 1970 年代的 1.59 億人次相比，1996 年的國際旅遊人數已經達到了 5.93 億。包括記者等媒體工作者以及音樂體育人士、公司員工和廠商以及興趣各異的群體如學生、飛行員、毒販等等。網絡組織所形成的商業交易以及非政府組織團體和各式各樣的組織也在興盛發展。

全球化是一種連結，圖像、思想、旅行者、移民、價值觀、時尚和音樂等都不斷沿著全球化的道路流動著。另一方面，全球化的金融流動不僅使得銀行和跨國公司從開放的部門中獲利，也使跨國犯罪機會大增。除了金融洗錢和詐騙以及逃漏稅，其中最大宗是毒品的走私。還有人口販賣、網絡犯罪和色情等也因全球化而使情況變得複雜，國際司法的引渡和國際警察等社會監控組織也是全球化潮流新生事務。

美國當代社會學家羅斯瑙 (James Rosenau) 則認為，所謂「**全球化**」是一種疆界擴張的過程 (a boundary-broadening process) (Rosenau, 1997)，至少有六種元素可以跨越疆界而流動——即人員、貨物、資訊、資本、價值、行為模式等。這些元素流動的速度與強度，其實全都仰賴資訊技術革命的作用。而這裡所說的「疆界」(boundary) 指的是兩種疆界：第一種是地理可以界域的疆界，我們稱之為「地理疆界」，如國界、縣界、省界、鄉界等；第二種是地理所不能界域的疆界，我們可以稱之為「超地理疆界」，如網際網路、心靈邊界等。並且，全球化的發生可以透過四個途徑：(1)雙向活動：如電話、傳真、e-mail 等；(2)單向電子傳播：電視、收音機等；(3)模仿：

經由主流世界的電影、奢侈品、電視等的模仿，如麥當勞速食店的模仿；⑷趨同 (isomorphism)：全球各式各樣的趨同過程，包括互動方式、傳播，特別是面對全球化壓力時所產生的功能上需要的趨同調整，如自由企業經濟在共產與自由國家中的趨同。

這些「全球化」發生的元素與途徑，無法脫離「資訊技術」進步的範疇，更是「網絡社會」的基本表現形式。所以，總的來說，探討「網絡社會」有兩個特點：⑴即使我們在分析單位 (unit of analysis) 上，將當代「社會」視為是一個在「民族國家」(nation state) 範疇之下的「資訊社會」，也必須注意「資訊」的跨越疆界的特性，除了「社會內」(intra-societal) 的部分議題，也需注意「社會間」(inter-societal) 的網絡社會問題，「社會內」與「社會間」的界線，會隨著資訊全球化的蔓延過程而逐漸模糊；⑵因為網絡社會既是「生產型社會」，也是「消費型社會」，必須超越馬克思主義的論述傳統，以多元的理論基礎解析網絡社會。

第二節 網絡社會的問題與理論探究

壹 生產型社會與消費型社會

網絡社會的問題與理論探究歷史意義上的「工業化」，在我們生活中扮演的角色，隨著技術的進步與歷史的演進而產生變化，它已被更精確的「資訊化」(informationalization) 所取代。如科司特所言，當代「資訊化生產」創造出一個無法與「資訊化消費」分離的新世界樣態，傳統馬克思主義的論述立刻陷入分析的困境，新一代的帶有馬克思主義色彩的社會學家，如莎森 (Saskia Sassen)、麥吉 (Terry G. McGee)、紀登斯 (Anthony Giddens)、羅斯瑙、波斯特 (Mark Poster) 與科司特等，某種程度上，皆力圖延續且突破馬克思的思路，從技術面、經濟面的「生產型社會」出發，探討資訊化對於社會的諸多形貌的衝擊與影響，如民族國家與監視、國家力量的衰退、權威活動、全球化城市的興起、資訊方式、真實虛擬文化、第四世界的黑洞與社會排除等；另一方面，另闢蹊徑的後現代主義 (post-modernism)、後結構主義 (post-structuralism) 與後精神分析 (post-psychoanalysis) 的社會學家：羅蘭巴特 (Roland Barthes)、德勒茲 (Gilles Deleuze)、傅柯 (Michel Foucault) 與布希亞 (Jean Baudrillard) 等人的理論，探討當代文化面的「消費型社會」問題，諸如消費文化與神話、內在殖民、權力與性慾消費，與消費社會等如何滲透到生活的其他面向。

這兩條以當代社會學理論解釋網絡社會的徑路，是在面對資本主義的「資訊化」進行中的發展的理論理解，而「生產型社會」與「消費型社會」並非涇渭分明，事實上，就當代社會學理論家，當然沒有一個人只承繼馬克思的思想路線，在當代，我們只能說具有「馬克思主義色彩」的馬克思主義者。當代社會學理論家的特質在於，一種思想的開放性與綜合性。所謂的「思想的開放性」是說當代社會學理論家可以同時承襲各式各樣的思想路線，如馬克思、韋伯、涂爾幹等古典三大家，甚至後現代的思潮；「思想的綜合性」指的是當代社會學理論家的揉合各家之長，獨創一格的能力。這樣的當代思想特質的形成，無法避免地和「資訊」／「知識」經由電子傳播（特別是電腦的圖書資料庫的交換）的快速移動相關，因為取得各式思想是那麼容易，所以，「思想的開放性與綜合性」越來越變得輕而易舉。所以，理論家本身的派別標籤越來越模糊，在理論層次，「生產型社會」與「消費型社會」兩者有著相互過渡的關係，重點是思考的網絡社會議題本身是落於怎樣的範疇。當我們拿「生產型社會」與「消費型社會」和「社會內」與「社會間」的聯繫一併探討時，就得出表 2.2 的網絡社會的問題類型。因為理論家「起手解」的不同，可以看到其基本特色的差別，這就構成理解網絡社會的重要線索。

表 2.2　網絡社會的問題類型

	生產型社會（技術面、經濟面）	消費型社會（文化面）
社會內（國內）	＊民族國家與監視社會 ＊國家力量的衰退 ＊權威活動	＊社會心理的內在殖民 ＊消費符號與神話學
社會間（跨國）	＊全球城市 ＊第四世界的黑洞 ＊社會排除	＊消費社會來臨

從上表的問題類型看來，由 1970 年來資訊技術革命所創造出來的當代資訊社會，基本上有幾個重要的問題類型：⑴對於國家 (state) 角色的探討。這涉及網絡社會中的國家能力 (state capacity) 興衰：如監視國民、管理市民社會、管制經濟活動、控制資訊流、面對跨界貿易的調整能力。進而，國家角色的探討，在網絡社會中，無法和全球化 (globalization) 力量分離。兩者交織構成網絡社會中的地球的集體幸福或災難：全球化城市的興起造成的資本聚集型態的變化、傳統「國家—市民社會」二分概念的褪色、地球上大量人口因為無法取得資訊，而被社會排除 (social exclusion) 於正常職業之外，成為失業者或無業遊民，這種因為「資訊取得與否」而造成的「資訊落差／數位落差」(information-divided/digital-divided) 的二元世界的現象，形成人類史上一個可怕的黑洞——第四世界；⑵對於癱瘓任何革命潛能的消費文化的探討。這涉及網絡社會中的人類如何在「網絡」、「電子交換」、「享受」與「休閒」之中集體智力下降：因為波斯特所說的當代**資訊方式** (mode of information) 的形成，人的心智淹沒於一種傅柯所說的無所不在的權力、一種德勒茲所說的內在殖民 (interior colonization)、一種羅蘭巴特所說的消費符號與神話學、一種布希亞所說的消費社會 (consumer society)、一種科司特所說的真實虛擬 (real virtuality) 文化中。這樣的消費型社會，伴隨著商品化的全球侵略的過程，就徹底模糊了表 2.2 之中「社會內」與「社會間」的界線，而且，他們或多或少都是以馬克思為其主要論敵，或以馬克思為其原創後現代思想發展所必須跨越的稻草人。

貳 「社會內」的生產型社會

紀登斯：國家力量與監視社會

馬克思主義者普藍扎斯 (Nicos Poulantzas) 指出：「資本主義國家的特性，在於它吸納掌控了社會的時間和空間，建立起時空軸線的矩陣，並且壟斷時空的組織架構；在國家力量的介入下，時空組織成為一種控制的網絡和權力，而所謂現代國家正是這樣國家權力的產物」(Poulantzas, 1980)。然而，隨著網絡社會的形成，全球資本、貨物、服務、技術和資訊的流通，國家對時空的掌控卻越來越弱。因為國家的歷史正當性受到多元認同的質疑，國家只好通過跨國組織宣稱它的能力，並盡量紓解中央的權力到區域和地方，以使人民更能親近政府。因此，全球資本主義競爭下，強調民族國家的意識型態紛紛瓦解，而所謂「民族國家」——這個現代的歷史產物，它的權力正在喪失當中 (Castells, 1998)。就網絡社會的國家角色的探討而言，紀登斯在《民族國家與暴力》(*The Nation-state and Violence*) 中定義：「民族國家，存在於其他民族國家的複合體中，乃是一組治理的制度形式，保有具特定邊界的領土的行政壟斷，並透過法律以及對內與對外的暴力工具的直接控制，以確保其規則」(Giddens, 1985: 121)。「民族國家」的信仰者相信，由國家主導經濟發展，以貿易為刺激發展主軸，伴隨著現代化的直線進步路線，會帶領經濟有同樣高度的發展軌跡，增進國家財富為目標並維持穩定的金融。這個發展論的神話，必須倚靠國家的暴力以致之，正如紀登斯所言：「一般而言，只有在現代民族國家中，國家機器方可成功地訴求對於暴力工具的壟斷；也只有在這種國家中，國家機器的行政範圍直接與前述訴求所聲稱的領土界線一致」(Giddens, 1985: 18)。

確實，正如其所論證的，「民族國家乃是一有疆界的權力承載體，現代年代中的卓越的權力承載體」(Giddens, 1985: 120)，此權力載體有能力監視其社會的各個面向與子民。因之，當面對全球化力量衝擊而使界線崩解，當載體本身成為被載時，國家究竟怎麼了？國家的力量怎樣衰退了呢？這正是在現代網絡社會中，所謂的「國家」所碰到的活生生的問題。就「社會內」的考量而言，國家能力有三個已經衰落的主要面向，其他衰落的方面也幾乎全都附屬於這三個部分，這包括：(1)社會的安全：保衛國家的安全，使其免於暴力；(2)金融機構的保護：被視為一種交換利益單位和價值貯存（這個對於市場特別必要，與國家的計畫經濟是同樣的重要）的可靠方法；(3)社會福利：保證社會弱勢的絕大部分利益，這在資本主義市場是特別地需要，因為資本主義體系傾向使富人更加富有，而這拉大了他們與弱勢者的鴻溝 (Strange, 1997)。

羅斯瑙：權威的活動

「社會內」的國家能力的衰弱，直接衝擊著人們對主權 (sovereignty) 的看法，傳統上主權被認為是經由類似韋伯 (1985) 所說的歷史權威或神聖性所建立的合法性，它在領土的統御上有著絕對的權力，這看法在二次世界大戰後有所轉變，民族國家的主權是基於人民的意志以建立政府的政治合法性，對於領土亦有至高無上的主張；再者，現代國家的主權概念，則在全球化的衝擊下有著進一步的轉變，國家主權的建構，一方面，一種新的**「權威的活動」**(spheres of authority; SOAs) 將取代傳統的國家權威而成為主流 (Rosenau, 1997)。傳統的國家一市民社會的對立思維，被各式各樣想要合縱連橫的，躍躍欲試的活動者所取代。這種新的 SOAs 包括許多群雄並起的活動者 (actors) 在其中，如傳統的國家、企業家、跨國公司、地方議員、媒體、環保人士、教師、宗教慈善團體、學生領袖、社會運動者、勞工領袖、文化保育人士、運動家、流行音樂明星等；另一方面，領土的完整並非一定要相關連的，如超國家組織的出現 (Sassen, 1996)。於是，我們進一步看到了因為「資訊化生產」而造成的「社會間」的國家角色的變化。

參 「社會間」的生產型社會

莎森：全球城市

莎森 (Sassen, 1996) 認為全球化的讓資訊、資本、人員、商品的跨越疆界的活動，從空間經濟來看，它會造成一種「權力的新地理」(a new geography of power)，它包括以下三個元素：⑴全球化會落實在真實的領土上，並會產生特殊的機制和過程；⑵全球化的作用會產生新的法律系統，以管理日趨複雜的跨國的經濟活動；⑶全球化的經濟活動是在高速 (high speed) 下進行的，因為它發生在電子空間 (electronic space) 上，它會跨越現有的領土範圍。進一步說，現代經濟活動空間的離散與全球的整合 (spatial dispersal and global integration)，造就了今日主要城市的新的策略角色——**全球城市** (global city) 的角色。超越了長久以來作為國際貿易與金融中心的侷限，全球城市有四個新的功能：⑴它在世界經濟組織中，扮演高度集中的發號施令的指揮點；⑵它是金融與專業化服務公司（即生產者服務業）的關鍵的位置 (key locations)，並且生產者服務業已取代傳統製造業成為主要的經濟部門；⑶它是這些領導產業的生產的場所，包括創新產品的生產；⑷它是這些產品與創新生產的銷售市場 (Sassen, 1991)。全球城市集中控制大量的資源，然而金融與專業化服務產業已經重新建構了全球都市社會與經濟秩序。

全球化所造就的權力的新地理，是關於抽象的全球化落實在全球城市的過程，與全球城市的新型作用機制與活動型態的理論。當這些集中化的地理分布，偏頗地集中在第一世界的大都會時，我們說它們是所謂的全球城市，如美國的紐約、日本的東京、英國的倫敦等。全球城市的集中功能，不僅表現在它們是最核心、最頂端的公司組織總部 (headquarters) 所在，同時也是集金融、法律、會計、管理、執行與計畫的功能於一身的核心功能操作，以便使得該公司組織能夠從事跨國的合作與競爭。是以，全球城市裡常見許多公司服務集團 (corporate services complex) 能夠在金融、法律、會計、廣告和其他法人服務公司之間，形成跨越國度的共同服務網絡，這些網絡隨時伴隨著全球化的快速腳步而修正其策略、創新服務內容與力求進步。

和羅斯瑙的 SOAs 一樣，莎森的全球城市事實上是以一個新變項 (a new variable) 的姿態挑戰著傳統的國家一全球 (state-global) 的二分的概念，它展現一種地域集中性 (place boundedness)：全球化的表徵之一，即是集中全球重要的資源（如固定資本等）於策略性的地點——全球化城市；國家的規制能力展現在配合全球城市發展的基礎建設——如光纖、寬頻有線的架設、雄偉設備完善的辦公大樓、到專業商業特區的規劃等。其次，既然我們所談論的全球化，不是天馬行空的東西，它的策略性功能，都必須落實在全球城市的範疇、國家的領土之上。在面對這樣的新形勢的變化時，國家必須有創新的法律形式 (legal innovation) 以資應對。這個創新法律，即是所謂的「去管制化」(deregulation)。國家到底是主動還是被動地面對這整個變化其實不是重點，重點是國家在全球化的浪潮下沒有選擇地必須調整其法律系統。「由於空間上的重組會造成國家主權的概念上的根本轉變，特別是在財產所有權的系統，會有著嶄新的內容與地理位置的展現」(Sassen, 1996: 14)。有些學者認為，這種國家的國際參與雖可以增進法律的全球適用性，但是，另一方面，可能造成國家主權的部分喪失（如臺灣加入世界貿易組織，必須修改國內法而開放臺灣的菸酒與農產品市場)。

但是，莎森的觀點是，「去管制化」指的並非國家力量的衰退，而是國家已成為一個關鍵的機制，以處理對於國際事務的國內共識並追求全球化，國家的法律仍然是主要的，是能夠保障人民私有財產和維持契約有效的系統。即傳統上，一國的法律是用以保障投資廠商的私有財產權和契約的有效性，這些，在全球化的經濟下都沒有消失；但是，對於私人公司的全球活動而言，新增的保障，諸如私人的國際商務仲裁與機構、債信安全、債券匯率的代理等，都是必須的。「去管制化」是國家想要進一步全球化和保障全球資本權力的工具，「去管制化」及其相關政策建構了國家，以追求進一步全球化的共識為基礎的新的法制。再則，傳統「國家一全球」的二分的概念，強調的是：(1)國家的工業產出而非其所牽涉的生產過程；(2)國家產品的立即傳播世界的能力，而非這能力的基礎建築；(3)國家之日漸無能管制這些產出，以及超越民族國家的侷限的可能。莎森強調，速度 (speed)／經濟空間虛擬化 (virtualization of economic space) 是全球化時代另一個嶄新的變項，因為在網際網路等新資訊技術革命下的技術與產品的世界高速流轉，絕非個人或國家所能控制，它只能被專業化、分工合作的在地公司或組織（例如，前面所說的公司服務集團）所捕捉與傳播，這些在地組織所在的區域，即前面所說的在全球城市。

全球城市在全球經濟生產的複雜性，表現在「全球控制的實踐」(the practice of global control)：經濟趨於集中的條件下，以針對全球的生產體系和金融市場進行生產和再生產的組織與管理 (Sassen, 1996)。這種全球控制的實踐是表現在生產的過程而非生產的產品上，即所謂的「**生產者服務業**」(producer services) 上，它們是為不管是私人公司或政府機構的組織提供服務的產業，不是為了經濟流通過程的最後的消費者服務，它是為組織服務，它是一種中間產出 (intermediate outputs)，並常常是以商業與消費市場的混合體出現，包括主要的資訊產業和現代的合作型服務業，如國際金融服務、保險、銀行、房地產、法律諮商、會計、專業協會等。生產者服務業生產過程和區域如何在經濟全球化中作用，它是一種非常專業化的服務，是一種生產過程中的服務訴訟、保險、廣告、房地產、金融等出現和傳統不同的合作型的服務產業 (corporate services)。以現代的合作型服務業之一的保險業——保德信 (Prudential) 為例，它雖有遍及全球五大洲的營業與銷售公司，但是其管控總部是坐落在全球城市芝加哥 (Chicago)，因為芝加哥是全球金融期貨中心，亦有完善的捷運、現代化多功能的辦公大樓，與有效率的電子空間等基礎設施，芝加哥的先進的電子和通訊把城市的地理距離，轉變為全球傳播和長距離管理的節點 (node)。生產者服務業這種集中化於全球城市的控制與管理，卻是建立在地理上的分散的工廠、辦公室和服務，這是和華勒斯坦的世界體系的「核心—邊陲」的分析相當不同的地方。

在經營上，保德信保險業的合作型的服務 (corporate services) 在於，它可以和如西北國際航空、旅館、汽車旅館、連鎖飲食業、花店等全球服務結合，這都需要集中化的服務和行政結構。全球城市的集中化控管生產者服務業的事實，使我們可以說它是聚集經濟 (agglomeration economies) 的一種型態，這正是全球化的一種區域特性，它表現在城市作為經濟聚集的中心。如紐約市在 1992 年聚集了全美國的 35% 生產性服務的盈餘。這種聚集在城市的特性因此建構了生產的複雜性，說明了全球化下的經濟活動不但和區域、國家市場有著經常性的關連；同時，這種活動也伴隨著經濟體的全球城市的總部，利用經濟空間的虛擬性而成為指揮中心，以因應日益複雜的世界市場的競爭，與日新月異的技術創新壓力；而「生產者服務業」本身的高資訊能力要求，同時也是造成科司特所謂的社會排除的根本原因。

所以，我們可以說，經濟全球化和資訊產業的影響是地理的新權力——全球城市的興起。全球城市一方面挑戰著傳統民族國家的權威，又必須依賴國民國家的新法律——去管制化的協助。傳統而言，一國的主要成長部門和國家整體的經濟成長有著高度的相關；但是，今日看到的新情況是，全球城市的產業成長卻是伴隨著國家內的其他區域的同樣產業的衰退，與政府外債的堆積。舉例子來說，英國在 1984 年時從事商業服務業的勞工占了整個英國的 5%，而在倫敦市卻高達 10.2% (Sassen, 1991)。這說明全球城市不再是國家的一個函數，就莎森而言，全球城市已把自己創造成一個在傳統的全球一國家二分概念之外的中間分析單位；進而，全球城市也能轉換戰後的大規模、靜態的國際組織，至全球公司網絡、服務操作和市場，它是由跨國的合作和銀行主導。最後，我們可以說，莎森的全球城市分析，是把焦點放在區域與生產過程上，這有利於解構全球化這樣一個抽象的概念。抽象的全球化落實在在地的城市運作，城市提供全球化的網絡與服務運作至地方。是以，全球化可以在一個跨國的地景上被重新建構，地方建構全球化金融和其他專業化服務的基礎建築，所以，國家的管制才有其空間，國家的去管制化才有空間。

科司特：第四世界與社會排除

莎森所論證的全球化城市的興起造成的資本聚集型態的變化，證明了「全球化力量是選擇性地前進產生了資訊、財富與權力的網絡，將不同的經濟與社會區段接納於內或排除於外，造就了新的支配系統」(Castells, 1998: 164)，國家在此，越來越處於配角的角色。在資訊時代裡，當資訊與資本的全球網絡迴避了國家的制度的控制，民族國家以及在工業化時代建立的市民社會制度產生了危機，社會的重組將不只是造成一國之內的不平等與貧窮，「還包括因全球資訊化經濟支配的利益觀點下，受到排擠的人們與地方，將移向結構上不相干的位置。這種蔓延、繁雜的社會排除任意發展的過程，若以宇宙星球間關係來做隱喻，那就是它將導致資本主義資訊化黑洞的形成」(Castells, 1998: 164)。地球上大量人口因為無法取得資訊，而被社會排除於正常職業之外，成為失業者或無業遊民，這種因為資訊取得與否而造成的「資訊落差／數位落差」(information-divided/digital-divided) 的二元世界的現象，形成人類史上一個最可怕的黑洞——**第四世界** (the fourth world)——它包括遍及這個星球因社會排除而造成的各式黑洞，存在於撒哈拉以南的非洲國家、拉丁美洲、亞洲國家裡崩毀的鄉村；也包括美國、英國、日本城市裡的貧民窟，地球上沒有一個國家可以倖免於難。

面對科司特所謂的「人類史上一個最可怕的黑洞——第四世界」，非常弔詭的是，當代網絡社會並沒有像馬克思那個時代，發生任何大規模社會革命。革命潛能的被癱瘓，與「網絡社會」本身同時也是一個「消費社會」有關，這涉及資訊社會中的人類如何在「享受」與「休閒」之中集體智力下降。現代人成為行動失落的原因，和一種「現代的洞穴」(modern cave) 有關。柏拉圖 (Plato) 曾在《理想國》(*The Republic*) 中提及「洞穴說」，說明人若能離開那個腳鐐走出山洞，就能不再只是看著燭火的幻影，而能看到洞外的真世界。「現代的洞穴」是由資訊的魔力所構成的「螢幕」(screen)，如電視、電影、電腦等，它發揮「偉大」的商品拜物的功能，「甚至不需要那些外在的枷鎖，人們就會盯著螢幕看，沉溺感官享受，而無法自拔」(Hang,

1986: 46)。

波斯特的資訊方式(the mode of information)理論，即模仿馬克思的「生產方式」(the mode of production) 思路，但引進符號學 (semiotics) 的論述，提出作為一個歷史的範疇，資訊的表現方式，是以符號交換的形式進行，它是從「面對面口頭媒介的交換」(符號的相互反應，人處於交流的位置)、到「印刷的書寫媒介的交換」(符號的再現，人是一個行為者)、再到「電子媒介的交換」(資訊的模擬，人處於去中心化、分散化與多元化的狀態) (Poster, 1990)。當代網絡社會既處於資訊的模擬，處於人的去中心化、分散化與多元化的「電子媒介的交換」的時代，「資訊」本身，就像科司特談過的，就是一種數位化的符號，就有生產力，就是一種權力 (power)。人之所以面對「現代的洞穴」無法自拔，和「螢幕」千方百計喚醒人們「動物性慾望」——「性慾」(sexual desire)、「窺淫癖」(voyeurism)、「使年輕化」(rejuvenation) 的慾望有關 (Haug, 1986)。這種由螢幕所創造的慾望深淵，傅柯認為是一種權力關係，正是因為人的心智淹沒於一種傅柯所說的無所不在的權力。傅柯在《性史》(*The History of Sexuality*) 一書中說權力為「無所不在、又看不見的整體 (omnipresent, invisible unity)，它在每個時點、每個空間都作用著；權力為無所不在，不是因為權力擁抱所有的東西，而是因為世上所有的東西都是從權力而來。」因為權力無所不在，所以反抗也無所不在。

肆　「社會內」的消費型社會

德勒茲：社會心理的內在殖民

傅柯從微觀權力 (micro-power) 中所發展出來的個人式反抗、性的解放與自我的追求，德勒茲與葛塔瑞 (Deleuze and Guattari, 1983) 從精神分裂分析的角度達到類似的結論。拉岡 (Jacques Lacan) 謂經由語言，人類進入象徵符號的世界，文化秩序於焉產生。人類主體性在其中成形。兒童在遊戲階段 (play stage)，自我 (moi) 被拋擲在遊戲中，經由遊戲，我 (Je) 也形成。

但是此時亦發現他人／父親 (other/father) 之間的親密關係，其中陽具意指 (the phallus signifier) 是關鍵，此時察覺性別的分化，佛洛伊德 (Sigmund Freud) 所說的弒父據母的伊底帕斯情結 (Oedipus complex) 逐漸形成，但是父親的強大力量使兒童產生閹割焦慮 (castration)，經由內化父親的形象焦慮雖得紓解，卻也會過早關閉 (foreclosure) 其慾望 (Richard, 1991)。這個精神分析式的論點面臨德勒茲與葛塔瑞 (Deleuze and Guattari, 1983) 的嚴厲挑戰。伊底帕斯情結不但預設我們情慾的來源，是來自對母親之愛的壓抑，還告訴我們解決之道，除了佛洛伊德式的躺在精神分析師的床上接受催眠與治療外，就是拉岡式的慾望的缺口，永遠在意指鍊 (chain of signifiers) 中流浪的真實世界的喪失。這些都不是在現代面對情慾的好方法。

德勒茲在《反伊底帕斯：資本主義與精神分裂》(*Anti-Oedipus: Capitalism and Schizophrenia*) 一書中提出：伊底帕斯情結就是沉默大眾 (the silent majority) 的情結，它是一種被壓抑的情結，知道何時閉嘴、何時不要忘記講話、何時等待、何時保持幽默、何時自我欺騙，此即佛洛伊德式的閹割焦慮情結，一個無法完成弒父據母的象徵情結。德勒茲稱這是一種人類獸性的本能——想要由別人來引導自己的慾望、由別人來為其生命立法的慾望，這同時也是歐洲法西斯主義 (fascism) 興起的根源。在現代，伊底帕斯情結更在人類社會環境中大肆開拓疆土，德勒茲稱為伊底帕斯的領土 (the oedipal and oedipalized territorialities)，包括家庭、教堂（寺廟）、學校、國家等。伊底帕斯成為帝國主義的名義上的領袖 (the figurehead of imperialism)，它的殖民地在現代已不在地理疆界的開闢，而是在於內在殖民 (interior colonization)：它就發生在家庭之中，一個接一個、一代接一代地發生，它是我們親密的殖民教育，在我們還來不及拒絕之前就已經完成。伊底帕斯化 (oedipalization) 創造了一個受苦的新意義——內在的受苦 (internal suffering)，如幽魂、如鬼魅、如影隨形的壓抑慾望的內在受苦，跟隨我們一輩子，不管你的表面看來多麼幸福、富有、正常。伊底帕斯無所不在，這壓抑的聲調，無時無刻地投射入我們的潛意識，投射進入每一個人的家裡、學校、工作地點，我們時時刻刻都在臣服，時時刻刻都被鎮壓，被法西斯化。所以，我們所需要的不是精神分析 (psychoanalysis)，而是精神分裂分析 (pschizoanalysis)。我們表面看來正常、內在瘋狂，此即精神分裂的症候。

德勒茲認為，精神分裂分析，一方面結合革命的馬克思與布爾喬亞的佛洛伊德，視政治經濟 (political economy) 與原慾經濟／慾望之流 (economy of libido/the flows of desire) 是同一件事，它們都是社會生產的潛意識表現：在每一次時間、利潤和資本的投資的背後，都是一種慾望的投資。另一方面，進一步，精神分裂分析結合革命家馬克思與哲學家尼采 (Friedrich Nietzsche)，認為精神分析之無用，在於當精神分析解析原慾經濟時，只會化約慾望為家庭情結 (the familial complex)，這無濟於事。精神分析只會研究神經症與閹割，精神分裂分析則企圖在精神崩潰與復原上找尋出路。德勒茲認為，慾望的精神分裂過程 (the schizophrenic process of desire) 是確實發生的，我們總是在極端的慾望中擺盪：從妄想症到精神分裂、從法西斯到革命、從崩潰到復原、從 0 到 n^{th} 層權力（0：我從來沒說過要出生，所以別管我／沒有器官的身體 (the body without organs)；n：我是所有的存在，我是歷史上的所有姓名)。

精神分裂分析主張發展我們的**反伊底帕斯情結** (anti-Oedipus complex)，鼓勵我們去旅行，經由自我喪失的旅行 (the journey through ego-loss)，逃離禮教、規範、爬藤糾葛，去做全方位的逃離：讓自己成為孤兒（沒有父—母—子的關係)、讓自己成為無神論者（沒有信仰)、讓自己成為游民（沒有習慣，沒有領土)。看起來我們因此而發展空無的意志，正朝向虛無主義 (nihilism)。其實不然，反伊底帕斯讓我們發展一種即時在地的虛無 (nihilism in here and now)。慾望的政治首先看到了寂寞與沮喪，然後發覺慾望和父母無關，慾望就是來自莫可名狀的壓抑，它是實質的、普遍的，並且是危險的，它在資本主義社會中，是一種被剝削的存在。在現代，我們應該成為一個主體群體 (a subject-group)，我們對於原始慾望的投資是革命的，它能讓慾望穿透社會的領域，使慾望生產的政治權力臣服。慾望以其有力的，生產性的擁抱把握生活。

網絡社會中的消費社會價值，人的「反抗」除了對於「身體」或「性」「即時在地的虛無」的自覺之外，有沒有其他的較為「社會性」理論途徑或思維？羅蘭巴特與布希亞是好例子。

羅蘭巴特：符號消費與神話學

羅蘭巴特認為，符號學是對於符號的結構主義式研究。語言作為一種符號系統，已經無法完全承載當代社會的複雜符號現況；我們發現，在人類的語言之外，存在著大量傳統語言理論無法界定的符號系統，所以，巴特主張超越索緒爾 (Ferdinand de Saussure) 的語言學範疇，將非語言學的對象——如社會學、人類學、文學批評等——納入符號學的研究，因此，巴特建立了自己的結構主義符號學的系統。巴特主張，文化是一種語言，它們都是由符號所構成，其結構和組織形式與語言本身的結構和組織形式是一樣的（以藝術符號為例，如詩是用聲音所造成的一種暗示作用的符號；建築是用建築材料打造而成的一種象徵性的符號）。既然文化是解釋人類經驗的特殊符號形式，所以結構主義符號學主張人是符號的動物 (symbolic animal)。

巴特在 1972 年的《神話學》(*Mythologie*) 一書中指出，**神話**首先是一種說話的方式 (myth is a type of speech)，神話是一套溝通系統，是訊息，是符號化的模式 (mode of signification)，它是由論述 (discourse) 來表達，所以，日常生活的每件事都是一樁神話。我們常以語言來傳播神話，神話因而會隨著語言的起伏而生死。但是神話的內容是什麼呢？巴特認為，我們必須擴充語言的定義，所以，神話語言包括口語、文字、攝影、電影、繪畫、海報、儀式、電視報導、廣告、運動、劇場、物體等等均是。其次，神話是一種符號學系統 (a semiological system)，神話有兩個系統：⑴語意系統 (a linguistic system)，它是由語言一客體 (language-object) 構成，因為語言能讓神話建構自己的系統；⑵超語言系統 (metalanguage)，因為它是能夠說明第一系統的二度語言。所以，神話是特殊的系統，它是一種二度建構 (second-order) 的符號學系統，它會造成一連串的符號鏈 (a semiological chain)。第一系統裡的語言的符號 (sign)，在第二系統的神話中只是意指 (signifier) 而已；這是神話語言被神話捕捉後被化約的結果，我們只能看到諸多符號的總和 (a sum of signs)，一種全球通用的符號 (a global sign)。

在這裡，巴特指出，這個處於神話的二度建構系統最前線的「意指」(形式)，同時也是神話的一度建構最尾端的「符號」(意義)，事實上兩者之間是有歧義性 (ambiguous)，是會被扭曲的 (distorted)，巴特稱之為符號化 (siginification)。今日神話 (myth today) 的產生是將神話學運用至實際社會中，即是符號學向意識型態挺進的過程。但是，和馬克思主義者的揭露意指與符號間的歧義的批評家作風不同，巴特主張，我們該做神話的讀者 (a reader of myths)——意指與符號間、形式與意義間的解不開的整體，使得讀者以看故事的方法，瞭解神話的歧義性，其中的虛幻與真實，以動態的方式消費神話。神話的消費者視符號為一套事實的系統 (a factual system)，一套符號學系統，而非馬克思主義式的視符號為一套價值的系統 (a system of values)。最後，神話是一種去政治化的言說 (a depoliticized speech)。今日神話是把社會歷史作一朝向自然的調整 (a natural justification)，使得偶然看來是永恆，神話在人類溝通的層次中，扮演「虛擬物理」(pseudo-physics) 的角色，這正是資產階級意識型態 (bourgeois ideology) 的作用。這個作用，連資產階級，在真實世界的自然意象產生後，自己也消失了原有的意義；同樣的，神話的建構，來自於事物的歷史特質的失落，在神話中，事物喪失了它們曾有的記憶。神話的功能在於掏空真實 (to empty reality)，把真實徹底翻轉過來，把事物的屬人的特質抹除，而用符號平面化人性，蒸發掉人類差異；是以，神話把世界打造成一個處處可見欠缺 (a perceptible absence) 的樂園。神話並非否定事物，神話不但談論事物，而且還要淨化它，使它看起來非常純真，神話給予事物自然而永恆的調整，神話組織了一個沒有矛盾的世界，因為它沒有深度 (Barthes, 1972)。巴特所謂的「一個沒有矛盾的世界」，就是布希亞 (Baudrillard, 1998) 的「消費社會」(the consumer society)。

伍 「社會間」的消費型社會

布希亞：歡迎來到象徵交換的世界

早期布希亞深受馬克思與結構主義影響，他首先從馬克思主義的生產面轉換至消費面，而關注文化理論；次而，他運用結構語意學對消費社會進行分析。他認為十九世紀是生產社會，而二十世紀是消費社會，特別美國是消費社會的總家鄉，他認為需要和消費是生產力的組織化的延伸，消費並非只是資本周流的附屬，而是資本本身的關鍵生產力。他視資本主義的廣告基礎是消費客體與溝通體系，它們構成一系列象徵的符碼 (a code of signification)。消費客體被形塑為符號 (signs)，其價值是被懲戒性的符碼 (a disciplinary code) 決定。**符碼** (code) 因此是布希亞此時的核心概念，它指的是能把一系列穩定買賣關係的組合轉換為訊息的規則系統 (The code in its most general sense is a system of rules for combinations of stables sets of terms into message.)。

就馬克思而言，人們在資本主義市場上是消費商品 (commodities)；但就布希亞而言，人們在資本主義市場上是消費客體 (objects)，即消費符號 (signs)。消費，是一種系統性的宰制符號的行為，為了成為消費的客體，客體本身必須先成為符號。布希亞想要解構傳統的主體／客體區分，即我要去買衣服，事實上，我們並不是去買什麼東西，而是符碼控制我們的購買欲。我們只能在消費世界中做有限的選擇客體和符號，而非自由自在。布希亞認為消費也和傳統所謂的真實 (reality) 無關，相反的，消費是系統的、無限地對於客體—符號的消費，「客體—符號」以及其符碼均非真實的存在：我們去麥當勞買麥香堡並非去買食物，而是去採購麥當勞的麥香堡對於我們的意指。

是以，就當代網絡社會而言，我們都活在一個客體的紀元 (a period of objects)。客體（馬克思稱為商品）不再因為其有用性、其效用（如使用價值）而有意義，也不再在人際的真實關係中扮演任何角色；反而，任何客體的意義是來自和其他客體的「因果、關連或區隔」(to, and/or) 的關係。消費時人們沒有對錯可言，只是從事一種象徵交換 (symbolic exchange)。如同美國經濟學家韋伯倫 (Thorstein Veblen) 所說，現代社會已經成為一個消費與富裕所共謀的社會。布希亞在 1975 年的《生產的鏡子》(*The Mirror of Production*) 中認為，馬克思以深刻的政治經濟學批判了資本主義社會，但是，他仍然以政治經濟學的形式進行批判；在《資本論》中，他創造了照明資本主義社會的鏡像 (a mirror image)，此鏡像也描繪了取代資本主義社會的轉圜可能，但是，此鏡像本身卻被資本主義嚴重形構與扭曲。所以，分析上布希亞和馬克思決裂，另闢蹊徑。布希亞的蹊徑是象徵交換。他認為，馬克思聚焦在經濟交換 (economic exchange) 的思維，而區分「抽象勞動」與「具體勞動」以分析資本主義經濟，使得他陷入困境；因此，布希亞提出，當代資本主義社會的問題在於「象徵交換」與「工作」之間的斷裂。布希亞認為，人類的歷史有三個階段：第一，無政府和封建社會時代，只有物質性生產的剩餘價值拿來交換 (C → M → C)；第二，資本主義時代，對整個工業產品的價值進行交換 (M → C → M′)；第三，當代是對原來以為不會異化的東西進行交換 (如美德、愛、知識與意識等)。他認為當代是一個超政治時代 (a trans-political era)，已經超越會造成顯著結果的異化論述，而是因異常 (anomalies) 而導向不知後果為何的精神錯亂 (aberrations)。以恐怖分子脅持人質為例，布希亞認為生活在今日的資本主義網絡社會，我們既是恐怖分子，也是人質。隨機的、荒謬的、無意義的關連取代了資本家／勞工——剝削者／被剝削者的異化關係——異化不再是主題，恐怖 (terror) 才是主題，它比異化還糟，但至少它能帶領我們走出自由的鄉愁，與所謂的歷史發展的規律，是以，一個超政治時代才開始。

象徵交換的定義：指涉一個拿取／歸還、給予／接受的循環的、可以逆轉的過程 (the general and reversible processes of taking and returning, giving and receiving)。象徵交換 (如以美德、愛、知識、與意識等進行交換) 的特徵是：(1)它是非生產性的 (相對於資本主義經濟的生產交換)；(2)它是朝向自我毀滅的 (相對於資本主義經濟的強調商品交換的周轉流動)；(3)它的互惠性是持續且無限制的（相對於資本主義的商品交換的選擇性）；(4)它的商品交換是有嚴格限制的（相對於資本主義的商品無限制的交換與生產）。亦即「象徵交換」與「資本主義經濟交換」的差別在於，象徵交換是在交換符號，它由符碼所控制，它可以存在語言之中，存於詩中，也存於象徵汙染 (sign pollution) 中；資本主義經濟則在交換商品，它存於物質性物體上。就「資本主義經濟交換」而言，控制生產工具即控制了一切；但就「象徵交換」的「超政治時代」而言，控制創造符碼的媒體才能控制這個世界。

第三節　小　結

馬克思強調象徵與真實的辯證，布希亞則認為象徵與真實的連繫已然斷裂，作為媒體、資訊的「客體」，其所創造出來的「模擬的超現實」(hyperreality of simulations) 比現實更為真實，因而能夠去生產與定義一個新的真實。這種「真實」與「不真實」之間模糊不清的「超現實」，使得本章一開始所談的從媒體得知的 2008 年「四川汶川大地震」看來很不真實，即使事後我們用 GIS 製作數位化地圖嘗試去捕捉它的現實意義。作為消費社會的特徵，「媒介即訊息」意味著「電視、廣播等傳播媒體提供的、被無意識地深深解碼的並「消費了」的真正訊息，並不是通過聲音影像展示出來的內容，而是與這些傳播媒體的技術實質本身關係著的，使事物與現實脫節而變成互相承接的等同符號的那種強制模式。」媒體訊息和符號製造四處散播，滲透到了社會領域，意義在中性化了的訊息、娛樂、廣告以及政治中變得平淡無奇，因為，「我們所生活的世界：資訊愈來愈多，意義愈來愈少。」

自從十九世紀中葉以來，「朝向工業化轉變」是古典社會學理論家的共同問題意識，以回應當時共同的時代問題：「為什麼世界會變成這個樣子呢?」但是因為不同時代的科技發明與技術水準的差異，使得一百年來理論家們的思維向度與理論內涵有很大的不同，如處於資本主義工業化發軔期的古典三大家，各自提出對於時代變動的觀察：韋伯官僚制的思考；涂爾幹著墨於社會勞動分工與社會道德價值淪喪的脫序的探索；馬克思強調社會結構（階級鬥爭的結構）與社會行動（階級的形成）的關連。而 1970 年代的資訊技術革命創造了新的資本主義型態，物質與心智同時成為生產力的同時，超越了馬克思在十九世紀末的想像，生產關係雖然仍然是剝削者與被剝削者的關係，但是由於網絡社會的新型生產力創造的彈性生產 (flexible production)——不需固定的生產時間與地點的「生產個人化」(individualization of production)——直接衝擊傳統生產的固定機器廠房設備等固定資本 (constant capital)，與要求在一定勞動時間在指定工廠上班，然後支領工資的可變資本 (variable capital) 的觀念，於是生產關係也開始不穩定化，傳統勞工運動所追求的正義，在時空壓縮的過程中，因為抗爭對象的隱形化與流動化，遂喪失了著力點。於是網絡社會崛起的影響，是「全球城市」的出現 (Sassen, 1991)、「流動空間」(space of flows) 取代了「地方空間」(space of place)，與「第四世界」的時代 (Castells, 1998)。

經由這些理論的分析，無論是馬克思主義的論述傳統或批判的徑路上，我們所感受到的這個網絡社會時代，已經是由「生產型社會」轉向「消費型社會」，是一個羅蘭巴特的「神話學」時代、一個布希亞所說的「象徵交換」世界，是一個「現代的洞穴」，外在的真實被「螢幕」內在的虛擬所「誘惑」、「併購」與「翻轉」，一個科司特 (1998) 所說的「真實虛擬」網絡社會消費文化狀態。一方面，可怕的第四世界的黑洞真實存在於我們的社會之中，我們或許會像布希亞所說的以「在地即時的虛無」解放自己，或如傅柯所言對於所有這些無所不在的「微觀權力」進行反抗，但是至於結構性的破壞或革命在現代似乎極為困難，網絡社會的高資訊流動並沒有使全世界的受苦者更形團結，反而創造了全球化的浪潮，從而，一向是炯炯有神的社會福利「救世主」形象的國家本身也是奄奄一息，國家最後或將成為跨國資本主義的一個函數；另一方面，「資訊化生產」所造成的「社會排除」讓我們的世界的人被「資訊／數位落差」一分為二：「受過教育、且擁有金錢與時間能夠親近資訊的人」、與「沒有受過教育、欠缺金錢與時間能夠親近資訊的人」。如果是前者，我們這些受過教育、且擁有金錢與時間能夠親近資訊的人，就會很容易對於後者，沒有受過教育、欠缺金錢與時間能夠親近資訊的人視而不見。世界的苦難還是在那裡，消失的卻是我們入世的熱情的輪廓，我們慶幸自己已經從「被剝削者」成為「剝削者」(即使自己不承認)。我們在 2008 年四川汶川大地震或辛樂克颱風橫掃臺灣的劫難中看著電視，哀嘆幾聲然後繼續看麥當勞的廣告，或轉臺看 HBO、日劇，最多良心發現捐幾個錢，就希望自己和「那個世界」(資訊 / 數位落差的那方)無關，隔天繼續上班、上學，一樣的星期一。這些現象顯示，絕大多數的處於「資訊落差」勝利的一方的人相信，世界並非是「黑洞」般萬劫不復，但我們可能只是日復一日「無力地快樂著」，透過電視、電影、電腦等「螢幕」的由金錢堆砌起來的「太平盛世」，無力而快樂地活著。資訊越來越多，意義卻越來越匱乏。

參考書目

1. 石計生著，《馬克思學：經濟先行的社會典範論》，臺北：唐山，2009。
2. 石計生，〈創傷依然在，奮起中寮時——告別 1999 大地震的田野手記〉。網路後石器時代文章：http://www.cstone.idv.tw/index.php?pl=793&ct1=86，2000。
3. 石計生，〈我佛終宵有淚痕〉。網路後石器時代文章：http://www.cstone.idv.tw/index.php?pl=793&ct1=86，2008b。
4. M. Albrow 著，高湘澤等譯，《全球時代：超越現代性之外的國家和社會》，北京：商務，2001。
5. M. Castells 著，夏鑄九、黃慧琦等譯，《網絡社會之崛起》，臺北：唐山，1998。
6. M. Weber 著，康樂編譯，《支配的類型》，臺北：允晨，1985。
7. A. Giddens: *The Nation-state and Violence, A Contemporary Critique of Historical Materialism*, Cambridge: Polity Press, 1985.
8. B. Richard: *Death and Desire, Psychoanalytic Theory in Lacan's Return to Freud*, New York: Routledge Press, 1991.
9. E. Durkheim: *The Division of Social Labor in Society*, W.D. Halls (trans.), London: Macmillian Press, 1984.
10. G Deleuze., F. Guattari: *Anti-Oedipus, Capitalism and Schizophrenia*, Minnesota: University of Minnesota Press, 1983.
11. G. A. Cohen: *Karl Marx's Theory of History, a Defense*, Oxford: Oxford University Press, 1984.
12. J. Rosenau: *Along the Domestic Frontier: Exploring Governance in a Turbulent World*, Cambridge: Cambridge University Press, 1997.
13. J. Baudrillard: *The Consumer Society: Myths and Structures*, London: Sage Press, 1998.
14. J. Baudrillard: *The Mirror of Production*, Mark Poster (trans.) St. Louis:

Telos Press, 1975.

15. K. Marx: The Eighteenth Brumaire of Louis Bonaparte, In: *The Marx-Engels Reader*, Robert C. Tucker (ed.), Norton Press, 1978.
16. K. Marx: *Grundrisse: Introduction to the Critique of Political Economy*, Martin Nicolaus (trans.), NY: Random House, 1973.
17. M. Weber: *Economy and Society: an Outline of Interpretive Sociology*, G. Roth, C. Wittich (trans. and eds.), Berkeley: University of California Press, 1978.
18. M. Poster: *The Mode of Information*, UK, Oxford: Blackwell Publishing Ltd., 1990.
19. N. A. Poulantzas: *The Communist State and Social Classes*, London: Verso, 1980.
20. P. Abrams: *Historical Sociology*, England, Somereset: New York: Open Books, 1982.
21. Plato: *The Republic*, Benjamin Jowett (trans.), New York: The Modern Library, 1941.
22. R. Barthes: *Mythologies*, A. Lavers (trans.) NY: Hill and Wang Press, 1972.
23. S. Sassen: *The Global City: New York, London and Tokyo*, Princeton, N.J.: Princeton University Press, 1991.
24. S. Strange: The Erosion of the State, *Current History*, November 1997.
25. W. F. Haug: *Critique of Commodity Aesthetics, Appearance, Sexuality and Advertising in Capitalist Society*, London: Polity Press, 1986.

名詞解釋

官僚制 (bureaucracy)

韋伯的理論術語。指由個別任命的官員組成的制度性機構，官員依照以下標準行事：⑴他們在私人生活方面是自由的，唯有在公共領域裡，才有服從支配的義務；(2)他們以清楚界定的職位階層制組織起來；(3)每一個職位的權限都由法令清楚規定；(4)職位基於契約，因此原則上他是自由選擇的；(5)人員的選擇根據專業的資格。在大多數理性組織中，它由考試或證明技術資格的學位證書加以檢定，是任命而非民選；(6)他們的報酬是貨幣形式的固定薪資；(7)職位是在職者唯一的，或至少是最重要的職業；(8)職位就是前途。升遷制度是由上級依據年資與業績，或是兩個標準一起而決定；(9)官員與行政工具的所有權完全分離，而且不得依據該項職位據為己有；(10)在辦理公事時，他必須遵守組織嚴密、有系統的紀律和控制。

脫序 (anomie)

涂爾幹的理論術語。指社會規範的衰微、衝突、含糊或不存在的狀態，這社會體系欠缺共同的規則，無規範等造成人的日常生活失去秩序的狀態。

階級 (classes)

馬克思的理論術語。形成階級的群體必須一方面是生產關係的共同體，另一方面這些聚集起來的人也需發展出關於其共同利益的階級意識。

法理型支配 (legal domination)

韋伯的理論術語。認為法令、規章必須合於法律，以及行使支配者在這些法律規定下有發號施令之權利的支配形式。

社會整合 (social integration)

涂爾幹的理論術語。主要是個人對集體標準和規則的承諾的一種道德樣態，其效果是能使社會系統對個體活動的產生整合。

機械連帶 (mechanical solidarity)

涂爾幹的理論術語。是一種由相似性而形成的連帶，集體人格完全吸納了個人人格。個人不帶任何中介地直接屬於社會，社會的集體意識在某種程度上而言是由許多群體成員的共同感情和共同信仰所組成。

有機連帶 (organic solidarity)

涂爾幹的理論術語。是一種分工形成的連帶，這種連帶的新基礎根植於專業化的職業間相互依賴的認知中。當勞動越加分化，個人就越貼近社會；個人的活動越加專門化，他就越會成為個人。

全球化 (globalization)

阿爾布勞的理論術語，是諸多關於全球化解釋的一種。指出全球化是世界各民族融合成單一社會的社會變遷過程，並以一種相當不穩定的方式來影響不同的地方、國家乃至個人，因此，全球化可以被理解為或多或少同時發生的一系列相互強化的社會轉型。

全球化 (globalization)

羅斯瑙的理論術語，是諸多關於全球化解釋的一種。他認為全球化是一種疆界擴張的過程，至少有六種元素可以跨越疆界而流動——即人員、貨物、資訊、資本、價值、行為模式等。

資訊方式 (mode of information)

波斯特的理論術語。作為一個歷史的範疇，資訊的表現方式，是以符號交換的形式進行，它是從面對面口頭媒介的交換、到印刷的書寫媒介的交換、再到電子媒介的交換的過程。

權威的活動 (spheres of authority; SOAs)

羅斯瑙的理論術語。指的是取代傳統的國家權威而成為新的主流的各式各樣群雄並起的活動者，其中包括國家、企業家、跨國公司、地方議員、媒體、環保人士、教師、宗教慈善團體、學生領袖、社會運動者、勞工領袖、文化保育人士、運動家、流行音樂明星等。

全球城市 (global city)

莎森的理論術語。全球城市指的是具備使現代經濟活動在空間上能離散與控制上實現全球的整合的城市，它有四個功能：(1)它在世界經濟組織中，扮演高度集中的發號施令的指揮點；(2)它是金融與專業化服務公司的關鍵的位置，並且生產者服務業已取代傳統製造業成為主要的經濟部門；(3)它是這些領導產業的生產的場所，包括創新產品的生產；(4)它是這些產品與創新生產的銷售市場。

生產者服務業 (producer services)

莎森的理論術語。生產者服務業不是為了經濟流通過程的最後的消費者服務，它是為不管是私人公司或政府機構的組織提供服務的產業，它是一種中間產出。

第四世界 (the fourth world)

科司特的理論術語。因為地球上大量人口無法取得資訊，而被社會排除於正常職業之外，成為失業者或無業遊民，這種因為資訊取得與否而造成的「數位落差」的二元世界的現象，形成人類史上一個最可怕黑洞的真實世界。它包括遍及這個星球因社會排除而造成的各式黑洞，存在於撒哈拉以南的非洲國家、拉丁美洲、亞洲國家裡崩毀的鄉村；也包括美國、英國、日本城市裡的貧民窟，地球上沒有一個國家可以倖免於難。

反伊底帕斯情結 (anti-Oedipus complex)

德勒茲的理論術語。伊底帕斯情結就是沉默大眾的情結，它是一種被壓抑的情結，知道何時閉嘴、何時不要忘記講話、何時等待、何時保持幽默、何時自我欺騙，此即佛洛伊德式的閹割焦慮情結，一個無法完成弒父據母的象徵情結。而反伊底帕斯情結則是一種即時在地的虛無。慾望的政治造成了寂寞與沮喪，然後發覺慾望和父母無關，慾望就是來自莫可名狀的壓抑，它是實質的、普遍的，並且是危險的，它在資本主義社會中，是一種被剝削的存在。在現代人應該成為一個主體群體，人對於原始慾望的投資是革命的，能讓慾望穿透社會的領域，使慾望生產的政治權力臣服。慾望以其有力的，生產性的擁抱把握生活。

神話 (myth)

羅蘭巴特的理論術語。神話是一種說話的方式、一套溝通系統，是訊息，是符號化的模式，它是由論述來表達，所以，日常生活的每件事都是一樁神話。我們常以語言來傳播神話，神話因而會隨著語言的起伏而生死。其次，神話是一種符號學系統。神話有兩個系統：⑴語意系統，它是由語言—客體構成，因為語言能讓神話建構自己的系統；⑵超語言系統，因為它是能夠說明第一系統的二度語言。第一系統裡的語言的符號，在第二系統的神話中只是意指而已；這是神話語言被神話捕捉後被化約的結果，我們只能看到諸多符號的總和，一種全球通用的符號。

符碼 (code)

是布希亞的核心概念，指的是能把一系列穩定買賣關係的組合轉換為訊息的規則系統。

第三章
社會階層化與社會不平等

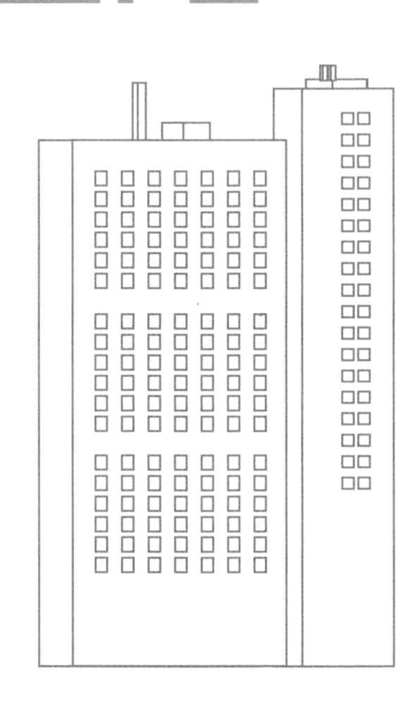

- 社會階層化基本概念
  - 中產階級
  - 社會階層化與社會流動
- 社會階層化的理論
  - 馬克思對社會階級分化的分析
  - 韋伯對社會階級分化的分析
  - 功能論與衝突論對社會階層的看法

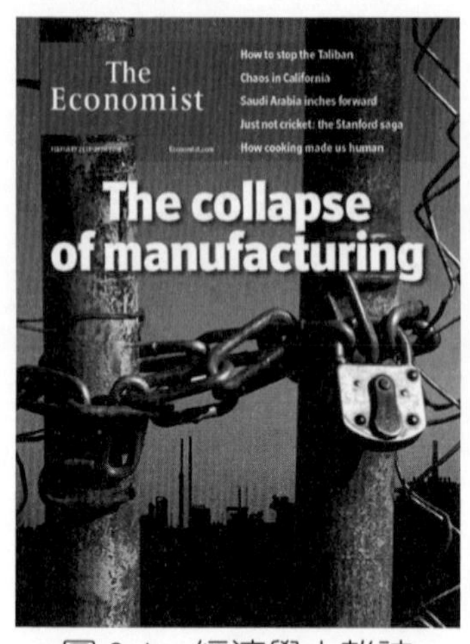

圖 3.1 經濟學人雜誌

2009 年 2 月號的英國《經濟學人》(*Economist*) 雜誌，其主題「製造業的崩潰」中，刊出一篇由該雜誌編輯部整理的文章：〈新興市場裡的新中產階級：增長迅速的布爾喬亞〉(The New Middle Classes in Emerging Markets: Burgeoning Bourgeoisie)❶，被韓國《朝鮮日報》節錄引用，以一個相當聳動的標題：「中產階級人數，首次超過世界人口一半」❷，並放在臺灣蕃薯藤中文搜尋引擎首頁上，供人瀏覽。2 月 18 日的這天，剛好新學期大一社會學開始上課，我就把這份中英文完整報導影印於課堂發放討論，因為，今天討論的主題，就是「社會階層化與社會不平等」。這份報導之所以特別引起我的注意，是因為相對於 2006 年 10 月日本經濟戰略學家大前研一發表的《M 型社會：中產階級消失的危機與商機》書中「原本人數最多的中等收入階層，除了一小部分能往上擠入少數的高收入階層，其他大多數淪為低收入或中低收入，原本的中間階層凹陷下去，變得很小，於是，社會像個被拉開的 M 字」的說法，有很大的落差。於是「社會階層化與社會不平等」課堂上第一個問題就是：「當今世界是一個貧富落差很大的 M 型社會，還是中產階級已經超過世界人口一半？臺灣的情況如何？」

在課堂熱烈的討論過程中，我們逐漸發現了問題所在。韓國《朝鮮日報》的節錄有錯。所謂「在人類歷史上，世界中產階級人數首次超過總人口的一半。巴西、中國和印度等發展中國家的快速發展大大推動了中產階級增加」的聳動說法，在《經濟學人》的原文中有一個前提，是針對發展中國家的中產階級定義「一天收入在 10 至 100 美元之間的人」計算，才有

❶ 該文網路電子檔：
http://www.economist.com/specialreports/displaystory.cfm?story_id=13063298。

❷ 該文網路電子檔：
http://chn.chosun.com/site/data/html_dir/2009/02/16/20090216000020.html。

這樣的結果。而且根據此定義，中國、印度與巴西等國的快速發展才是推動了中產階級增加的主要因素。但《經濟學人》也指出，如果採取別種定義，如用義大利與巴西之間的平均所得計算，則並未能達到該「超過世界總人口的一半」的中產階級標準。所以，可以這樣說，因為採取了特殊的中產階級定義，才得到《朝鮮日報》為了新聞效果而下的標題，事實上並非《經濟學人》的原意。該文章重點在於強調「新興市場裡的新中產階級：增長迅速的布爾喬亞」，指的是亞洲的中國、印度等新興市場於二十世紀末崛起，產生了許多的新中產階級的事實，而西方國家的中產階級卻在同時沒落了。「從中國的情況來看，1990 和 2005 年間，中產階級人口數量由 15% 增加到 62%」、「另外，與亞洲的中產階級人口暴增相反，西方的中產階級人口在 1950 年以 70% 達到頂峰後，持續下跌，到 2006 年已下跌至 20%」（同❶）。用這全球化下的國家與區域間的差異與變化比較眼光來看，我們也可以清楚看到大前研一的「M 型社會」主要是以日本本身戰後二十年的經濟結構與社會階層的轉變來看，如高長 (2006) 指出，「經濟結構改變導致中產階級收入降低，大多數人卻不願意面對現實，仍然被『中產社會意識』拖著走，買屋、購車等無謂的高消費帶來沉重負擔，因而，社會上日常生活覺得煩惱和不安的人口不斷增加。同一期間，不少工商企業忽略了中產階層萎縮、中下階層擴大等結構變化現象，未及時調整經營策略以為因應，則面臨被淘汰的命運」❸，整個社會所得兩極化於焉慢慢形成。大前研一並且於書中以三個生活感覺的問題方式定義中產階級：「一、房屋貸款造成你很大的生活壓力嗎（或是你根本不敢購置房產）？二、你打算生兒育女嗎（或是你連結婚也不敢）？三、孩子未來的教育費用讓你憂心忡忡嗎（或是你連生孩子也不敢）？這三個問題，只要你有一個的答案是肯定的，那就意味著你不算是、不再是中產階級了，富裕和安定，正離你愈來愈遠」，而得出日本已經是一個富者越富，貧者越貧的社會。但臺灣，西方或者其他國家是否適用於這樣鬆散的心理學式定義，是否中產階級消失的危機是真正

❸ 高長，〈日本經濟長期衰退經驗的借鏡與啟示〉序言，大前研一，《M 型社會：中產階級消失的危機與商機》，臺北：商周，2006。

產生了？中產階級消失是否是「危機」？還是它本來就會消失？還是有新市場中產階級就會持續增加？這就不僅僅是一個經濟上的問題，更重要的是，它是一個社會學的問題。

對於社會學而言，關於社會階層的論述一直是分析的核心之一，其為社會學家分析社會的形成與分工，甚至討論的範疇更涉及社會資源的分配與社會正義的問題，而在接下來的部分，主要介紹一些關於社會階層議題的基本概念、社會階層化的理論，最後並以臺灣的實際案例作為小結。

第一節　社會階層化基本概念

壹 中產階級

前面我們討論的中產階級究竟是消失還是增加，它其實不是一個抽象的學術探討，而是深深地和社會中每一個人的生活息息相關。所謂的「**中產階級**」(middle class) 一般通俗的講法等同於「**白領階級**」(white-collar class)，是西方工業化之後所出現的族群，社會經濟地位較高，他們多半從事用腦力付出的工作，上班服飾多規定穿著深色西裝，白襯衫加領帶，因此，泛稱坐辦公桌的上班族為白領。這些人職業領域分布很廣，可以是官僚制裡的政府或軍中單位主管、也可以是公司企業經理或學校教師，主要還是在第三產業的服務業 (service industry) 裡，特別是臺灣人喜歡說的「軍公教」鐵飯碗。而「中產階級」的原始意象應是來自馬克思 (Karl Marx) 所說的「小資產階級」(petty bourgeoisie)，指的是「以生產資料的個體所有和個體勞動為基礎的社會集團。主要包括中農、小手工業者、小商人、自由職業者等。」小資產階級占有一小部分生產資料或少量財產，一般既不受剝削也不剝削別人，主要靠自己的勞動為生。但是，其中有一小部分有輕微的剝削。作為勞動者，在思想上傾向於無產階級；作為私有者又傾向於資產階級，極易受資產階級思想的影響。而「小資產階級」隨資本主義的發展職業類別進一步分化，今日的說法是「中產階級」，具有專業技術，或管理他人的經理能力，或具有半自主性的受雇者。他們的特徵是具有較高的教育程度與技能，乃能比從事體力勞動的「**藍領階級**」(blue-collar class)——某種意義下的「無產階級」占據社會中更好的位置，具有更多的發言權。「藍領階級」指社會經濟地位較低的勞動人口，因過去西方社會，在工廠從事勞力工作的工人，多半以耐磨耐穿的牛仔布料為工作服裝，所以，即以藍領泛稱穿著藍色工作服的勞動階級。因此，我們可以說「中產階級」是社會經濟地位介於中間的階層，並沒有像資本家擁有龐大的財力與權力，也沒有像工人的勞動受人操控，他們的收入與生活是穩定的，大體而言，不太會因為金錢過於煩惱，是具有一定程度經濟獨立的人口。

書評：《史尼茨勒的世紀——布爾喬亞經驗一百年：一個階級的傳記(1815-1914)》❹

◎石計生 撰

通往未來的道路是位於別處。——Peter Gay

曾為佛洛伊德立傳的彼得・蓋伊，這次又運用了精神分析的手法與其豐富的史學涵養與知識，以奧地利劇作家史尼茨勒 (Arthur Schnitzler) 的日記為引子，針對被公認生活風格為「拘謹」、「扭捏造作」的「布爾喬亞」(bourgeoisie) 誕生的時代，所謂的「維多利亞時代」，展開長達一百年的文化經驗的追索與重構。

對「維多利亞時代」的顛覆性的反省，蓋伊並非第一人，法國社會學家傅柯 (Michel Foucault) 在《性史》(*The History of Sexuality*) 一書的開宗明義章節，早就以「我們是『另一類維多利亞時代的人』」直接挑戰資產階級的「壓抑假設」。但有別於傅柯，並非經由系統性的論證，本書所表現的是一種旁徵博引的合併同類項與精彩說故事的綜合能

❹ 原文載於 2004.02.01《誠品好讀》。

力，使得讀者在閱讀時能夠經由和自己現實生活相關的事項，如各章節所示的家庭、性愛、政治、焦慮情緒、宗教信仰、工作、生活品味和自我追尋等，很容易地融入（雖不一定完全瞭解）作者所意欲鞏固的文化視野，即今日成為主流價值的，在全球普遍存在的中產階級是如何崛起與生活的。

「布爾喬亞」一辭的多義複雜性，使得本書一開始就必須加以細細釐清。「布爾喬亞」可以是「資產階級」（如馬克思的掌握有生產工具的階級的指涉），也可以是「中產階級」，其差別是在擁有一定量財富的金字塔的尖端或者底層而已。他們可能是富有的、有教養的、有權力、有聲望的，但其基礎不是來自封建世襲的貴族或仕紳，而是經商或者工作的資本積累，他們是作者眼裡等同於十九世紀的維多利亞時代的都市生活的重要特徵之一，「人數龐大、意見分歧和對立強烈」(p. 5)。「布爾喬亞」作為一個充滿差異的複數存在，bourgeoisie(s)，也在不同的城市的氛圍中展現歧異的樣態：南轅北轍如英國曼徹斯特的衝勁十足類型和德國慕尼黑停滯類型的中產階級，其他城市如維也納、巴黎、倫敦、柏林等則混合兩種類型。可以這樣說，蓋伊所認為的「布爾喬亞」的內容豐富而多義，但生活形式上仍然可以找到「某種規則化的圖案」(p. 42)，劇作家史尼茨勒的日記所透露的，就是那些日常生活的有跡可尋，深具代表性的圖案。

中產階級的拘謹魅力首先展現在家庭之愛上。一切都是為了鞏固、增強「家」這個形式與內容。今日根深蒂固的中產階級的「小家庭制」，正是維多利亞時代人把它「從一個事實轉化為一種意識型態」(p. 46)。史尼茨勒的醫生世家一家四口，那些針對他的交友、隱私權、生活態度、和未來職業選擇的父子衝突，都是中產階級的典型，因為再怎樣也逃離不了，維多利亞時代的布爾喬亞家庭「是一個人無法把耳朵摀起來的回音室」(p. 57)。而蓋伊筆下患了「性飢渴」、「精神官能症」、「患了現代文明病：神經衰弱」(p. 166) 的史尼茨勒，當制約他的父親逝世之後，其日記中的與不斷更換的情人的性愛狂喜與荒涼的記載，提供了作者意欲重構十九世紀中產階級拘謹魅力的證據。他說，作為劇作家，「史尼茨勒的生活與作品念茲在茲的都是性，但卻是一種較為布爾喬亞類型的性。他的專長是不忠」(p. 90)。而儘管比較奧地利、英國、與法國的性愛觀有著顯著的差異，史尼茨勒的對於處女的無比渴望，也是和我們這個病態的二十一世紀相互銜接的「處女情結」(virginity complex) 的隔代象徵。

另一個重構是在中產階級的藝術品味上，蓋伊於書中清楚指出，不論是音樂、繪畫、小說、文學評論上，布爾喬亞固然有其「循規蹈矩生活」(p. 291) 的品味態度的一面，但是，作者舉支持印象派畫作為例，中產階級「對於新藝術的欣賞與支持度，仍然足以令人驚愕」(p. 326)，說明了「原地踏步的布爾喬亞與大膽創新的探索者之間的界線是千瘡百孔的」(p. 291)，也就是說，中產階級拘謹的魅力包含著支持新奇的部分。

中產階級的趨向保守的政治態度與以資本主義為宗教的態度也是在維多利亞時代確立。托克威爾 (Alexis de Tocquerville) 在其名著《美國的民主》(*Democracy in America*) 中的觀察十分鞭辟入裡，以中產階級為主流價值的民主社會，「其所剩唯一的熱情就是追求安寧」，以一種心安理得的看穿，史尼茨勒是一個和平主義者，「反對個人侵略性」與「鄙夷英雄崇拜」(p. 133)。而十九世紀那像尼采 (Friedrich Nietzsche) 一樣，紛紛對上帝發出訃文的論點比比皆是，轉而去投身像史尼茨勒的醫生父親所強調的「醫生的宗教就是人道」(p. 205) 的世俗人文主義就成為主流。在「律己」(p. 253)、「工作是罪的防腐劑」(p. 249) 的信條下，信仰「工作的福音」，入世禁欲，累積資本，把經濟與工業的進步結合到福音書裡，一種理性的宗教，「一種沒有基督的資本主義：布爾喬亞基督教」(p. 227)。蓋伊於書中也讓讀者瞭解，十九世紀的工作福音觀同時弔詭地產生了韋伯倫 (Thorstein Veblen) 所謂的「炫耀式消費」的富人鄙夷工作的態度,「對於炫耀財富的堅持也讓他們更奮勇地堅持休閒」(p. 259)。而當整個社會生產力提升至大眾消費成為可能時,資本主義的宗教商品膜拜,就由布爾喬亞的品味擴展至一般民眾的仿效風,當代消費社會因此來臨。

透過以上大略的布爾喬亞生活風格的多元內容的描述,彼得・蓋伊另闢蹊徑地象徵性地指出,十九世紀是維也納劇作家史尼茨勒的世紀,雖然有些舊的價值被保留,但大體上是一個經濟實力取代貴族世襲、科學取代神學、個人慾望取代社會扭捏的布爾喬亞的世紀,這中產階級拘謹魅力的重構,這布爾喬亞文化經驗一百年,適足提供我們反省當代生活的處境,以面對通往的道路或許是位於別處的未來。

貳 社會階層化與社會流動

而所謂的「**社會階層化**」(social stratification) 就發生上述這些階級分化之中,在我們深入討論之前可觀察到,因為所得收入、教育程度、技能或生產資料的擁有與否,在一個社會中的團體或隸屬於團體的個人,會出現不平等的現象。這些不平等的階級分化,不同理論家賦予不同名稱與衡量標準,但是各個階級間的團體在不同的社會經濟地位的階層之間,若能產生社會位置的移動變化,則可稱之為**社會流動** (social mobility)。我們可以舉以下本書作者在南京大學講學時的見聞例子,進一步說明社會階層與社會不平等的理論論述。

說起南京這旅次的真正起點,是在空間設計前衛又藏書豐富的先鋒書店,廣州路五臺山旁北京烤鴨店前所見。門推開的心窗卻閉合著,迎面而來一張皺紋滿面哭喪著的臉,斷了左手的穿著毛裝的老乞丐,他帶著一頂我在臺灣大學森林系唸禁書時也曾有過的帽子,背著破舊包袱拄著枴杖。認真地從紅色轎車前方逼近過來,右手並且拿著個薄錫的飯盒,遞出。老人家眼眶眩著淚光與我的眼神產生了觸動心弦的交會。屬於先鋒書店裡一整排一整櫃乃至溢出由地下停車場改裝成的展場界線，找尋出路的書和人的光芒。

「但老師，你怎麼知道他是真的乞丐呢?」舉手發問。從言語之河的對岸聲波隨著波浪襲來，慢慢漫過我在南京大學講授班雅明 (Walter Benjamin) 閒逛者理論姿態所啟迪的觀看之道，漏斗般逝去又重新聚集的時光。而我逛書店的眼神，完全無法停止於任何一本那知識的貪婪，一如臺北公館溫羅汀的鞋子每日帶我去的地方，一種陌生的熟悉感。臺北城的乞丐其實更多，在現代化的過程中。我已先行在臺北體驗過，不合時宜的穿著、徬徨眼神、舉止、情感，和活著。馬克思稱為產業後備軍。現在叫做沒工作的人。失業者、乞丐、對社會沒有貢獻的人。他們不斷地被從火柴盒式摩天大樓像擠牙膏般，從胡同或傳統市集中擠出，大量製造，像蟑螂一樣被厭惡著。光鮮亮麗的 mall。不准進入，「空間就是資本。地段就是成功。」咒語般的當紅廣告招牌，兩層樓高漢口西路上鼓舞著城市的日日再出發。發展、發展、發展、沒有人會反對的進步。伴隨著的是選擇性的遺忘、消失的左翼理想、社會正義、平等。在城市的每一個轉角。地下道、公園、板凳、夜市、候車亭、路旁。這種複製，像雨落在全世界的屋頂上般落在所有現代都會上。像淚水滑落臉龐般為地心引力導引從簷角滴落。城市，比我們想像中更有感情記錄著這一切。

「在我看來，不論是真的乞丐，還是假裝行乞以騙錢，都是以金錢為公分母衡量一切價值成為價格的意識型態，現代化都市更新過程中的資本化的後果，所以都是真乞丐。」感謝上蒼。關閉的心還是有些門窗開向，我路旁所觀察到的南京人，多了一份同情。不是漠然的擦肩而過，薄錫飯盒中總是能承載著叮叮噹噹的迴響。在來不及認識任何一個此地的人之前，我卻認真認識了這個想是老解放軍的人，想像他曾經和我父親的國民革命軍並肩作戰抗日，為了各自信仰的主義對峙。然後他因活得夠久，從文化大革命中倖存，卻躲不過商品拜物教的邊緣化。從單位社會中被放逐，共產的暖爐被冷冷澆熄。熱到二十八度的那日的城池，我的心是降八度音的寒冷。父親很幸福地在 1993 年得癌症早逝，沒看見他所信仰的一切價值在若干年後的政黨輪替後崩解，那是比流落街頭更為錐心之痛的無意義存在。

死亡、永生、回眸、只有背影、記憶的、眼前的、一朵早早綻放的白色梅花。就這樣不經意地和豔紅的桃花交會。在這古稱金陵，今之名南京的古都。大學裡熙攘找尋自我與未來的學生。我和他們比肩，走過，古色古香的飛簷畫棟。南北朝的，民國的，現代摩天大樓的，建築，一個矯健的身體拋出美麗的弧線。破網而入的籃球，隨著溝渠的方向滾落。在日復一日跑步的操場，而夕陽也消失在知識的討論中，而遠方的摩天樓霓虹燈亮了。無法釋懷的印象，那老丐黑暗中拄杖不知所終地隱沒❺。

第二節　社會階層化的理論

壹　馬克思對社會階級分化的分析

馬克思主要是以生產資料的擁有與否來分析社會階層，其所使用的語詞為「**階級**」(class)。馬克思將人類於歷史中的社會關係進行整理，並且將其分類為不同的歷史階段，在解說其分析歷史階段之階級轉變前，要先介紹馬克思的分析工具，一為生產工具 (means of production)，指的是用以從事生產的工具，例如在農耕時代，生產工具便是指農耕時會用到的各種器物，包括犁、馬、牛，甚至是田地。二為生產模式 (modes of production)，指的是運用生產工具以產生生產價值的模式，在農業時代，運用農耕器具

❺ 引自《人間福報》副刊，石計生專欄〈心見集〉，〈南京老丐的聯想〉http://www.merit-times.com.tw/NewsPage.aspx?Unid=83006。

以謀生，便是一種生產模式，若是在現代，運用資訊科技網絡以進行商業活動，並產生價值，也可以稱為一種生產模式。三為生產關係 (relations of production)，指的是擁有生產工具者與不擁有生產工具者之間的關係，例如在封建莊園經濟時期，地主與佃農之間的關係便為生產關係。而其歷史階段共分為五個，一為原始共產社會——為狩獵採集社會，各盡所能、各取所需；二為古代社會——以羅馬為例，敘述農業為主的社會，已有剩餘價值出現，漸漸有統治與被統治階級之分，社會上也有初步的勞動分工現象；三為封建社會——以西方中古社會為藍本，為莊園經濟式的生產模式，當時社會中的領主與農奴是一種互賴的上下階級關係，而當時的農奴若是離開土地、莊園便成為遊民、乞丐；四為資本主義社會——其以十八、十九世紀的英國為例，描述工業化的發展以及生產工具、生產關係的巨大改變，並且導致生產模式的轉換；最後一個時期為共產主義社會——由於馬克思在分析生產模式的歷史性演變時，認為資本主義社會必定會因其內在矛盾而崩解，而最後由無產階級發動革命，並且創造一無產階級專政的共產社會，其間消弭私有財產，並且將生產工具社會化、國有化。

從馬克思的對社會階級分化的分析來看這「南京老丐的聯想」，我們首先注意力聚焦在兩個階級：老乞丐本身所屬的「無產階級」與進行「空間就是資本，地段就是成功」的以大量投資改造南京城的「資產階級」。階級的解釋其實不一，且依社會環境與時代背景而有差異，馬克思眼裡的階級，是一種根據經濟領域的劃分所界定的角色位置，並且集體（或其中的個人）角色位置表現在市場的生產關係上，在具有共同利益的意識下，是對於集體（或其中的個人）掌控和擁有生產工具能力的取決。亦即，階級構成的充分條件為生產關係的共同體，必要條件為這些聚集起來的人發展關於其共同利益的意識，即階級意識，它有隱勢與顯勢之分。馬克思與恩格斯 (Friedrich Von Engels) 於《德意志意識型態》(*German Ideology*) 中指出，個別的個人之所以形成一種階級，只是因為他們必須從事於對抗另一階級的共同作戰；否則的話，他們彼此之間亦如同競爭者一樣，處於敵對的狀態（蔡伸章，1993）。當階級意識是存在而不顯露，是隱勢的時候，其階級為

「**自在階級**」(class-in-self)；當階級意識處於顯勢，能對抗其他階級時，乃「**自為階級**」(class-for-itself)。自在階級被別人代表，被操弄，被領導；而自為階級則掌握自己的命運，代表自己，領導自己去對抗壓迫他們的其他階級（石計生，2009）。例如，十九世紀的法國農民並不是一種階級，因其未將彼此視為是同一個團體，對於自身處在的環境並無自覺，同時也沒有團結起來，向統治階級抵抗，也就是說其缺乏了馬克思所謂之「自為階級」，故其不可稱之為一種階級。

而資產階級與無產階級的劃分，馬克思是以生產工具的擁有與否為基準。**資產階級**（又稱布爾喬亞階級 (bourgeoisie)）：指的是擁有並操縱生產工具的階級人口，即在市場機制中，依靠勞動階級賺錢、剝削他們的勞動力，以累積和擴大私有資本，這些人就是所謂的資產階級。現今用法也泛指有文化涵養，財富能力較高的族群階層。布爾喬亞階級是指在資本主義社會中，由資本的擁有者所構成的社會階級。馬克思理論認定在資本社會裡，凡擁有生產工具的，如：資本家、地主、財主等都是資產階級（蔡文輝，1995）。因此資本家主要是一個經濟的範疇，而布爾喬亞則是一個社會的範疇。研究社會階層化的非馬克思主義社會學研究法，傾向於不使用這個詞，其原因不只是因為環繞著二十世紀資本主義的管理革命 (managerial revolution) 的論爭，引出了以資本擁有權為基礎的社會階級到底還存在與否的問題。在更通常的用法中，布爾喬亞這個詞常用於描述中產階級的生活方式。

資產階級的具體化就是**資本家** (capitalist)，是資本主義的市場機制下，握有龐大生產工具資源並從中獲取資本利益的人。以上述南京例子來說，資本家就是那些以「空間就是資本，地段就是成功」為口號，運用各種手段與方法，去掌握城市空間的黃金地段蓋樓創設商圈的人。對於資本家而言，「南北朝的，民國的，現代摩天大樓的，建築」南京作為「六朝古都」的意義只有在於是否能以之創造更多利潤，而非基於保存古蹟的文化記憶考量。**無產階級**（又稱普羅階級 (proletariat)）指的則為沒有擁有生產工具的勞動階級，即在市場機制中，完全投入自己的勞動力當作商品販賣，依靠勞力賺錢換取工資（金錢）以維持生計，這些人就是所謂的無產階級。南京老丐作為一種典型的無產階級，是藉著「一張皺紋滿面哭喪著的臉，斷了左手的穿著毛裝的老乞丐，……背著破舊包袱拄著枴杖。認真地從紅色轎車前方逼近過來，右手並且拿著個薄錫的飯盒，遞出」的身體勞動的行乞來獲得金錢，不合時宜的穿著、徬徨眼神、舉止、情感，和活著。馬克思稱為產業後備軍。現在叫做沒工作的人、失業者、乞丐、對社會沒有貢獻的人。他們不斷地被從火柴盒式摩天大樓像擠牙膏般，從胡同或傳統市集中擠出，大量製造，像蟑螂一樣被厭惡著。光鮮亮麗的購物廣場，不准進入。無產階級在資本主義的社會裡，基本上是被認為不具有社會生產力的邊緣人。

進一步，我們也從「老解放軍人」到「乞丐」的南京老丐身上看到了「社會流動」。「社會流動」指人或是團體在不同的社會經濟地位的階層之間，產生社會位置的移動變化。至少在過去仍是社會主義色彩濃厚的單位社會 (unit society) 的中國，「老解放軍人」背後的故事我們無從得知，但可以想像他可能多有戰功，官拜尉校，配有房屋加給，生活衣食無缺；但在文化大革命與經濟改革之後，隨同中國逐步走向了資本主義道路的社會變遷過程，「老解放軍人」可能於文革中失去了財產與家人，在經濟改革後的商品世界裡失去了最後的作為人的尊嚴，拿著薄錫的飯盒街頭行乞。從「老解放軍人」到「乞丐」，於是我們就觀察到這樣一個人在社會位置中的變化，從社會經濟地位的較高的階層流動到最低的階層。當社會流動的社會位置移動變化是由上往下的，我們可稱之為**「向下流動」**(downward mobility)；反過來，若當社會流動的社會位置移動變化是由下往上的，則可稱之為**「向上流動」**(upward mobility)。另外，現代社會裡還有**「垂直流動」**(vertical mobility) 與**「水平流動」**(lateral mobility)：前者指的是一個人的社會位置的流動，其前後兩個社會階層位置相距甚遠，即其社經地位相差甚大，稱為垂直流動。「南京老丐」個人的從「老解放軍人」到「乞丐」因此既是「向下流動」也是一種「垂直流動」；反之，若一個人的社會位置的流動，其前後兩個社會階層位置相距很近或相當，則為水平流動。社會流動的研究還包括「**代內流動**」(intragenerational mobility) 與「**代間流動**」(intergenerational mobility)：前者指的是一個人在其勞動生涯內的社會位置向下或向上移動的變化，這是代內流動；而若考慮一個人的小孩的社會位置，和其父母或祖父母間的差異則稱之為代間流動。如果「南京老丐」有小孩，他當然希望小孩能脫離他目前在社會底層的困境，受到高等教育，進入中國經濟改革後的市場經濟，獲得較好的社會位置，「向上流動」，這是代間流動。而且，通常「代間流動」的流量可以反映個人受原生家庭的社會階層影響程度，也象徵了當時社會的變遷程度。它可能是趨向開放，如中國社會的從共產制度走向民主的過程，代間流動流量很大；但也可能趨向封閉，如古巴於 1960 年代從開放的資本主義社會轉向共產主義，代間流動流量也很大，但社會卻是趨於封閉過程。

貳 韋伯對社會階級分化的分析

另一重要對於社會階層的分析來自於韋伯 (Max Weber)，他認為分析社會階層的要素不只是階級，還包括地位 (status) 以及政黨 (party) 等相互獨立又有關連的觀點，韋伯的多元化 (multidimensional) 社會階層觀因此明顯與馬克思不同。韋伯認為社會是對於權力與資源的競爭與追逐，而馬克思兩極化社會階級的分析並無法完全掌握社會的真實。階級，對於韋伯來說有不同的定義，指的是具有相似的所得收入水準的個人 (Schaefer and Lamn, 1993)，並且這不一定如馬克思所言和財產法權相關，而也可以是和個人在市場位置 (market position) 有關。社會階級裡個人所擁有的資源還包括具備市場導向的個人技術，信用與品質，這都構成個人的市場位置，並決定了人的生活機會 (life chances)(Giddens, 2006)；那是因為韋伯認為社會關係僅僅存在於可以標明其意義方式的社會行為的機會 (chances) 之中（石計生，2006）。從而，韋伯的上述觀點，我們可根據所得與市場位置在階級上分出下層階級 (under class)、中間階級 (middle class) 與上層階級 (upper class)。從這個向度來看，上述南京例子裡的成為「乞丐」的「老解放軍人」，依靠行乞，沒有穩定收入，不具市場位置，生活機會很低，就是下層階級的人。

韋伯除了提出地位，也說明身分團體 (status group) 指的是一群人擁有相似的聲望 (prestige) 或生活風格 (life style)，這是探究社會階層的獨立於其階級地位之外的面向 (Schaefer and Lamn, 1993)，通常可以用他人眼裡的食衣住行的品味、說話的方式或職業衡量。在上述南京的例子裡，以下部分值得注意：南京大學的學生問「但老師，你怎麼知道他是真的乞丐呢?」舉手發問。這他人眼光裡的「一張皺紋滿面哭喪著的臉，斷了左手的穿著毛裝的老乞丐，……背著破舊包袱拄著枴杖。認真地從紅色轎車前方逼近過來，右手並且拿著個薄錫的飯盒，遞出」，充滿著不同的食衣住行的品味、說話的方式或職業衡量。畢竟作為中國大學排名前五大的南京大學學生，就身分團體的生活風格雖然因為學生來源態度上會有差異，但基本上是以優越感看著老乞丐的行乞生活。兩個不同的世界。無法理解為何要身著不合時宜的毛裝，與拋頭露面不顧羞恥地乞食，甚至懷疑可能是集團控制的假乞丐。南京大學學生本身也可能因其年級的身分不同，而形成不同的文化、身分團體，擁有獨特的次文化，其生活態度與重視的價值與其他身分團體大異其趣，並具有團體的特定語言，與其他團體，如乞丐團體有其區隔。另外，「地位」的取得可以分為「先賦地位」(ascribed status) 與「取得地位」(achieved status)，也可以稱為先天地位與後天地位。先賦地位是一種指派的地位，無關於個人的天賦能力與特質，唯一考量的是他的出生地、種族背景、性別、年齡。這種地位的指派會因文化的背景差異而不同。例如：在封建時代，個人的先賦地位可能包含著其為什麼樣的階級、需要從事的工作等，但是在現代，個人的先賦地位，則主要是種族、性別或是出生家庭等。而取得地位則是要靠著個人的努力才能維持的，例如要取得律師的地位，則必須要具備律師這個地位的才能、能力，參加律師的考試，並取得證照。就例子中的南京老丐而言，「取得地位」是可能轉變的。他若能破除心理上對於社會變遷的障礙，再加上適當社會工作上的輔導，他有機會能夠脫離本來就不是的乞丐社會位置，而獲得較好的工作職位。

而社會階層的第三個獨立要素為政黨，它是權力 (power) 的一個重要面向。權力意指把個人的意願強加在他人的行為之上的能力，即是一種使別人完成自己意志的能力，在廣義上指的是個人能在互動過程或是互動關係中，影響他人的行為，並且完成自己的目的時，便是在行使權力的過程。而政黨可被定義為基於共同的背景、目標或利益的個人組成的群體(Giddens, 2006)。這樣的政黨乍看之下和上述馬克思定義的階級的必要條件——階級意識——相當類似，但事實上是有所不同的。簡單地說，政黨可以等同於具有階級性的政黨，如毛澤東時期的中國共產黨，代表著無產階級利益的政黨；但政黨也可以是基於宗教或其他理想而成立，如以基督教立黨的德國基督教民主黨，以伊斯蘭教立黨的黎巴嫩真主黨或德國的基於環保意識而成立的綠黨等。在政黨之內的社會階層化思考，它甚至可以打破階級的界線，吸納各種人進入該黨。以臺灣來說，兩大黨中國國民黨與民主進步黨的支持者基本上比例可能不同，一般認為中產階級比較支持國民黨，下層階級支持民進黨，但仔細觀察會發現，為了擴大選民基礎，兩黨均不斷調整政策與原來統獨的意識型態，以便確保能夠吸引不同階級的人進入該黨。就當代而言，普遍來說，政黨的階級屬性就不會那麼明顯。以南京老丐來說，從前的「老解放軍人」作為共產黨一員，受到中國共產黨的照顧屬於正常，但在社會變遷過程中，「老解放軍人」雖然還是共產黨員，但是他在中國資本主義化、私有化的過程中，政黨雖然還在，卻已經無法繼續為這位老先生解決生活問題，終而淪為乞丐被拋擲街頭，自生自滅。

總結韋伯的觀點，階級主要為經濟層面的所得考量，而地位則為文化層面的生活風格因素，而權力則是指政治層面的權力參與展現，三者相互獨立又互相關連。而個人的社會階層會受到階級、地位以及權力的影響而不同，而這三部分運作的強弱消長，也決定了個人於社會系統中的位置。例子中的南京老丐，從前作為「老解放軍人」時，不管經濟、文化與權力參與均有一定的強度，從而維持住自己在社會階層中的位置；而現在淪為「乞丐」後三者均被嚴重削弱，甚至掏空，所以就決定了他在社會階層中最為底層的位置。

參 功能論與衝突論對社會階層的看法

功能論的觀點

古典功能論的觀點認為，社會中部分的存在是為了維持整體社會的生存，即部分對於整體的生存皆是有貢獻的，並且各個部分是為了要維持其穩定才建構而出的。例如，涂爾幹 (Emile Durkheim) 便提出宗教在團體中即是扮演著增強團結情感的角色。而現代論點主要是來自於戴維斯與莫爾 (Davis and Moore, 1945) 的針對社會階層所提出的解釋，而認為社會階層化有其功能上的必要性。其首先的提問是社會中有人獲得的資源比其他人多，是誰獲得的多？又得到什麼？並且為什麼呢？而他們的論證為，社會資源有限，但人的慾望是無限的，故社會上的資源必須進行分配，而在這之中，個人的聰明才智是不均等的，或是說天生才智的天賦是不均的，而針對社會結構而言，某些結構的功能是大於其他的，也就是結構中也有其功能重要性的差別，而其主要是依據其替代性的高低，及能為整體提供的貢獻大小而定，然而在社會演進的進程中，不斷的分化以及專業化是必然的，故在結構中，具有較重要功能的工作或是位置，就應該由較聰明的人來擔任，而且因為其工作有其重要性的差別，就應該設計出差別的待遇 (differential reward)，而這樣的差別待遇事實上對社會有其運行維持的功能性。然而差別的待遇，就會引發社會的不平等，也就形成了社會階層。社會不平等指的是社會中的成員擁有不同的財富 (wealth)、聲望 (prestige) 與權力 (Schaefer and Lamn, 1993)。而布勞與鄧肯 (Peter M. Blau and Otis D. Duncan) 在 1967 年出版的《美國職業結構》(*The American Occupation Structure*) 書中，提出「**地位取得模式**」(status attainment model)，以美國社會中，出身背景對教育、職業成就之影響，為社會流動經驗研究奠定基礎，亦引發社會學界的廣泛注意。主要來說，地位取得模式同時考慮成就因素——「取得地位」，如教育取得，和繼承因素——「先賦地位」，如家庭所得。一個人的社會地位取得受到父母親的社會地位，自己的努力和能力與幸運等因素的綜合影響；在階級社會中，因此，一個人可以產生向上或向下的社會流動。例如，在教育範疇中，地位取得模式假設父母親的社會地位會影響小孩的教育程度的獲得，接著會影響其職業和社會地位，因此代間的社會地位也會受到影響。基本上，他們運用各種社會統計學方法（如因徑分析 (path analysis)）探究家庭背景（父親職業及教育）、個人教育等對個人職業地位取得影響力之大小，但學界各研究有不同的關注點。有的注意到不同階級的地位取得模式的差異，有的注意到省籍、性別與地位取得之關聯，有的特別側重教育與人口結構變遷對社會流動的影響，有的以韋伯階級情境的概念去建構階級結構。

衝突論的觀點

衝突論者則認為功能論者的說法，多以維持社會運作為由，但是若只強調對於社會的重要性，便無法瞭解社會中不平等的狀況，並且認為差別待遇的不公平之處在於是誰決定了待遇的差別，又是誰可以決定差別的多寡。最早的衝突論如上述的馬克思論點，資產階級掌握了生產工具是社會不平等的主要原因，進一步，現代衝突論者認為資產階級除了掌握了生產工具之外，更掌握了訂定社會秩序、規範的機制，使得資源的分配無法藉由社會機制得以分配出去，創造麻醉普羅階級的大眾文化，使得階級革命無法實現，故其反對功能論者對於社會階層的合理化說法。但從社會階層化來說，階級多元化在產業和職業群上的表現，我們論說一個消費社會／工業社會或「後工業社會」的存在，指的是資訊的占優勢和科學—技術的支配與過程，這樣的社會、服務業、醫療、保健、教育、娛樂的就業及服務人員，專業及技術人員都有長足的年平均增長；而農業及製造業大致上呈負成長，生產性勞工也呈負成長，馬克思主義可以用資本有機構成 (K) 的增加來解釋生產性勞工減少的趨勢，但卻無法有效論述以服務業為主的中產階級蓬勃發展的現象。機器取代勞工確實發生了，但這些勞工卻大部分為服務業所吸納。當代壟斷資本主義社會，從金融資本時代開始的經理和行政人員，仍維持一定的年均增率，但更大的增長是在於「從事模式、模擬、決策、系統分析等對未來進行預測的以資訊 (information) 技術為主的專業人員和技術人員 (professionals and technicians) 的增加」(Bell, 1989)，他們廣泛分布於服務性產業中，後工業產業是其較為集中的表現場合（如衛生保健、教育、研究、政府、娛樂及金融、保險、房地產等生產性服務）。

但這些區分倒也不是太重要的事，因為服務業的許多內容都是原來就有的，就服務業而言其實沒有什麼新奇及革命之處，許多服務業的形式（像家僕、鞋匠和酒保）在前工業時期就有；有些則先後誕生於工業化的結果（如運輸業、公用事業和批發），其他則源於福特主義 (Fordism) 的大量生產和消費(如零售、市場化、消費性金融和廣告)等 (Esping-Anderson, 1990)。不過，這些「過渡的小資產階級」並沒有消失，他們反而日益壯大，服務業間的消長只是隨著全球化、資本主義世界市場化、跨國企業、壟斷資本的發展而傾向於社會性服務（保健、教育和福利）、個人的服務（休閒和餐廳等）及生產性服務（商業服務金融、保險及房地產仲介）等範疇，相對而言，運輸、零售及公用事業等傳統服務業之發展乃較停滯。總的來說，這些通常在流通領域及某些再生產領域中從事經濟活動的中產階級，大都對其產品沒有擁有權，有些能監督別人（像經理），有些則也是像生產性勞工一樣，是工資賺取者。馬克思的勞動價值很難適用的地方是：它涉及的是勞務生產而不是商品生產，它的大多數勞動力是從事白領工作而不是體力勞動的職業，這些工人中許多人都是從事專業、管理或技術工作的雇員，原來的工人階級正在消失，工業社會的許多階級衝突也隨之消失了。以地位和消費為基礎的新的組合正在代替以工作和生產為基礎的舊的組合。但馬克思的勞動價值又很能夠適用的地方是：這些「中產階級」的工資賺取者事實上大都只是「資本的雇工」，他們也出售其勞動力，他們的工資是根據其勞動力的再生產的成本，對資本家而言，其勞動表現為可變資本的交換；但從社會資本及其整體再生產而言，其薪資是非生產性的費用。他們只是幫助資本家降低實現剩餘價值的成本，他們是處於自我剝削 (themselves-exploited) 的一群；因為他們的服務並未改變任何經濟關係，他們是非生產性勞工，他們只是在一定平均利潤率下對資本的剩餘價值進行

重分配而已 (Poulantzas, 1979)。中產階級所接受的是來自資產階級迂迴的剝削，在這點上有別於生產性勞工直接面對來自資本家的敲詐，而歷史的趨勢是前者日益增多後者日益減少，它的意義是資本在流通領域實現其剩餘價值的比重遠大於在生產領域的實現，所謂的「消費社會」的物質基礎即是在此。

而現代衝突論者如萊特 (Erik Olin Wright) 則觀察到階級構成的當代變化，如圖 3.2 所示，十九世紀末馬克思看到小資產階級的存在，這些人包括圖中的「小生產者」和「半自主生產者」，是以生產資料的個體所有和個體勞動為基礎的社會集團。主要包括中農、小手工業者、小商人、自由職業者等，他們在資本主義發展過程中，最終會被吸納入資產或勞工階級之中，是以，馬克思的分析仍是以兩大階級來劃分。而二十世紀的萊特則以對於投資／貨幣資本、生產工具和勞動力的控制三方面去探討所謂的「中產階級」的形成，包括圖中所示的高級主管，經理與監督人員等。在當代資訊社會而言，這些人遠比十九世紀時更為穩固地存在，雖然其階級屬性的矛盾性非常明顯：作為勞動者，在思想上傾向於無產階級，作為私有者又傾向於資產階級，極易受資產階級思想的影響。萊特分析其原因在於：(1)相對於勞工階級，中產階級有比較優勢享受和權威的關係，樂於在意識型態上親近資本家上層，以表現忠貞執行上層要求控制勞工階級，從中獲得更多利益；(2)具備專業化技術與管理能力而與勞工階級區別，並因此獲得差別化的薪資與獎賞 (Giddens, 2006)。

中產階級在所有權、生產關係、剝削及組合上的矛盾性格，表現在當代資本主義生產模式的階級關係內的矛盾位置。他們大多受過良好的教育，但在商品邏輯主導的生活取向上，卻十分被動地被「大眾文化」所宰制。現代消費社會的主體，表面上是為數眾多的白領階級及資產階級在從金錢競賽之餘，所進行的彰明較著的有關消費——其時間消耗於不生產是由於感覺到生產工作的無價值，及用以證明在金錢方面足以供應閒散生活 (leisure life) 的能力 (Veblen, 1969)。但事實上，消費文化是一種假象，它是壟斷資本的擴大再生產領域上的擴張所造成的後果，經由「廣告，商品外

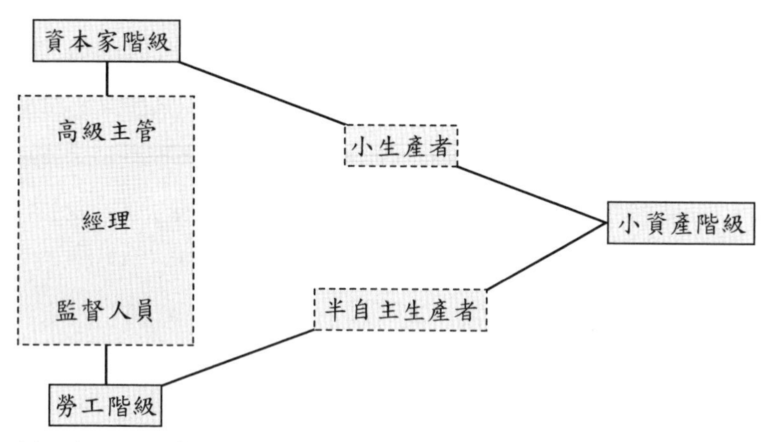

圖 3.2　階級構成的當代變化

資料來源：石計生，2009，引自 E. O. Wright, 1985 並修改。

表的變化，包裝，『有計畫的汰舊』，模式變動，分期付款等銷售努力，而達成其目的」(Baran and Sweezy, 1966)。在二十世紀的全球化世界圖像下，時間降低為空間的一個向度，「資本主義創造了一個同質性很高的抽象空間，在國家與國際的層次上反映了商業世界，以及貨幣的權力和國家的政治。這個抽象空間有賴於銀行，商業和主要生產中心所構成的巨大網路」(Lefebvre, 1979)。具有普遍性的消費文化即存在於資本主義空間的消費社會中。壟斷資本透過廣告對中產／資產階級（也包括被激起的無產階級）的慾望和需求進行多方面的開發。用馬克思的術語來說，大眾文化中的消費商品的使用價值只是一個餌而已，它最終指向讓人想去購買那有誇張外表的商品，從而，資本家能從潛藏在商品中的交換價值轉化為貨幣。我們從**品牌** (brand-name) 就可看出消費文化的商品拜物形式。品牌的存在是提供產品異質以提高其販賣價格的標幟，任何有利於商品的格調的、審美的、視覺的、語彙的溝通皆集中在一個名字的特質上，即物品的使用價值在私人企業的掌握下，藉由廣告而標準化商品的使用價值——品牌。在品牌的商譽需求下，為了使使用價值絕對化的高品質，資本家將不惜壟斷各種技術、知識，甚至是審美的創新能力，今日，「藝術的價值視其在成為商品的過程中可被利用的潛能而定」(Haug, 1986)，是以表面化、性慾及廣告形構而成的資本主義商品社會，是由非專業的大量群眾在媒體的支配下的「快樂」浮世繪，我們通稱之為**大眾文化** (mass culture)。另外，亦是重要的概念有馬克思主義如戴維斯 (James C. Davies, 1962) 的 J 形曲線，如圖 3.3 所表示的「**相對剝削感**」(relative deprivation)，從歷史與心理感受提出人們在消費社會中的焦慮：以 Y 軸為滿足程度，X 軸為時間，從社會心理角度，人們在長時段的生活歷史裡，當經濟發展與生活期待升高，卻突然面對實際上的一個短期而明顯的下降時，人們感覺眼前的幸福或滿足會永遠消失的恐懼，這就是相對剝削感。這是來自人們期望的狀況（期望線）和實際的狀況（實際線）有明顯差距時的不滿與恐懼，已經到了無法容忍的地步。對於不平等的不滿是比較出來的期望值落差，它遠勝於實際的狀況。當這種相對剝削感持續越久，其社會就有可能爆發暴動或革命等社會運動。「相對剝削感」賦予人們能夠脫離「大眾文化」的偽意識的基於經濟生活感受上覺醒之可能。

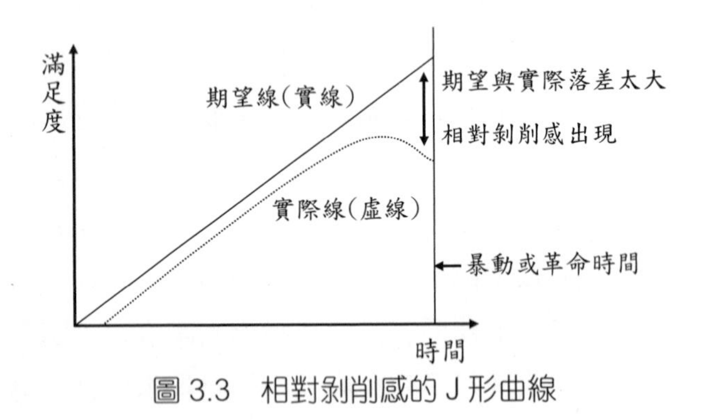

圖 3.3　相對剝削感的 J 形曲線

功能論與衝突論的不同

最後，我們可以舉例闡明功能論與衝突論的論點不同之處。以社會上的職業為例，若是社會大眾認為「醫師」的社會功能最重要，其對於醫師此職業的薪資、待遇便比其他的工作來得優渥，而這樣的優渥也會使得其在招募成員（考試）的同時，競爭也較激烈，而最後競爭而出者，也都是較優秀的個人。而若是社會價值轉變，轉而認為「律師」是能為社會帶來最多功能的職業時，待遇以及人才也會因為社會價值轉變或是社會需求轉變而改變。雖然說社會的分化是因應社會的多元性發展，但是在社會價值的轉變上，是否具有其獨立意志？再者，醫師或是律師的待遇是由什麼人所決定的？而這樣的待遇與一般白領職員的差別，是否有其確定的衡量準則？而在功能論者的看法下，只要社會維持運行，模式便是成功的解釋社會中的現象，但是對於衝突論者而言，大部分的差別待遇皆是不公平的待遇，假借對於社會重要性以及天賦的差異，而對大眾進行剝削。功能論的問題因此乃在於它是一個靜態分析，而衝突論的動態掌握社會階層化，有時也會被批評過於強調變化而忽略大多數人的對於穩定性的保守需求。

第三節　小　結

回到本章一開始的討論，聚焦於臺灣，我們應思考：臺灣究竟是一個貧富落差很大的 M 型社會，還是中產階級社會？現在的臺灣的經濟結構改變是否導致中產階級收入降低，整個社會所得兩極化而形成 M 型社會？或者這只是大前研一的日本經驗，臺灣事實上還是有堅強的中產階級存在？回答這些問題事實上就是回答在承認臺灣本身作為一個階層化社會，其社會不平等的程度如何，而一般實證層次上，是以吉尼係數來衡量。所得收入以家戶為單位來計算其**吉尼係數**，係數越高，表示該社會的不平等情況越嚴重。

蘇國賢 (2008) 利用吉尼係數繪製出臺灣所得不平等之長期趨勢圖式 (1964–2006)，臺灣所得不平等在經濟發展初期，維持穩定下降的趨勢，直到 1980 年才開始向上攀升，直到 2000 年之前，所得差距呈現十分穩定、持平的線性成長趨勢。2000 年時所得差距雖有明顯的躍升，但期後又拉回至線性趨勢的水平。整體趨勢而言，從 1980 年之後，最高所得組與最低所得組的倍數每年增加約 0.08 倍。吳惠林 (2007) 也證實，臺灣這四十年來，從來就沒有超過吉尼係數的 0.4，也就是說，以國際經濟學一般定義而言，臺灣一直都是所得分配很均衡的國家，中產階級是存在的。這些實證證據基本上讓我們無法接受臺灣是一個社會所得兩極化而形成 M 型社會的說法，至少在 2008 年末全世界經濟金融危機席捲之前，臺灣基本上並非是一個 M 型社會。

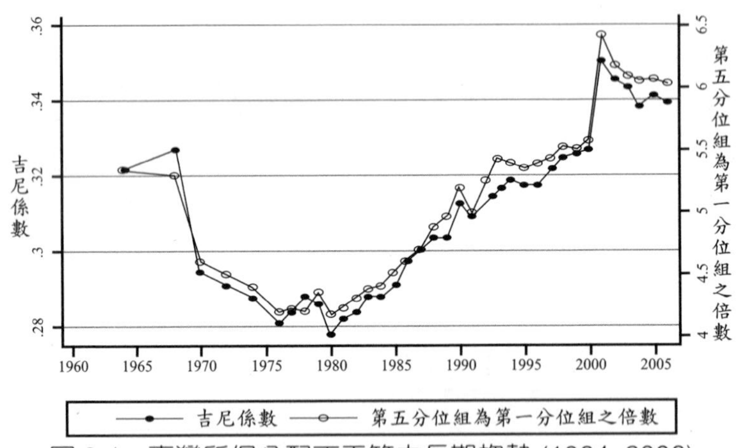

圖 3.4　臺灣所得分配不平等之長期趨勢 (1964–2006)

資料來源：蘇國賢，2008。

但對這說法我們也要保持小心思考，這並不意味著臺灣是一個社會平等的地方。從上述各社會理論家的觀點，所得收入並不能完全判斷一個社會階層化的程度與不平等的情況，如韋伯及其繼起者指出，其他如地位、政黨、教育等因素均會影響其判準；同時，也應該考慮馬克思主義的「相對剝奪感」，即使表象看來中產階級仍然存在於臺灣社會，對於貧富差距的感受卻是日趨強烈；而這也隨著 2009 年以來日趨嚴重的全球金融風暴，實質上經濟狀況的惡化，失業率節節上升之時，成為我們面對臺灣的階層化社會的不平等的思考基礎。

概念辭典

＊吉尼係數

係測量洛倫滋曲線 (Lorenz Curve)，即戶數累積百分比為橫軸，所得累積百分比為縱軸之所得分配曲線）與完全均等直線間所包含之面積對完全均等直線以下整個三角形面積之比率，此項係數愈大，表示所得分配不均等的程度愈高，反之，係數愈小，表示不均等的程度愈低。常用以測度家庭所得分配差距之指標為「五等分差距倍數」及「吉尼係數」(Gini's Coefficient)。

1. 五等分差距倍數係將全體家庭所得由小到大排列後，所得最高 20% 者，與所得最低 20% 者之比值，數字愈大表示所得分配愈不平均。
2. 吉尼係數為測量洛倫滋曲線與完全均等直線間所包含之面積對完全均等直線以下整個三角形面積之比率，此項係數愈大，表示所得分配不均等的程度愈高。其中洛倫滋曲線係以橫座標為數量累積百分比，縱座標為所得累積百分比，將實際所得資料以此對應描繪出之曲線，若所得分配為完全均等時（如 10% 家庭擁有 10% 所得，80% 家庭擁有 80% 所得），其為一條四十五度角直線。

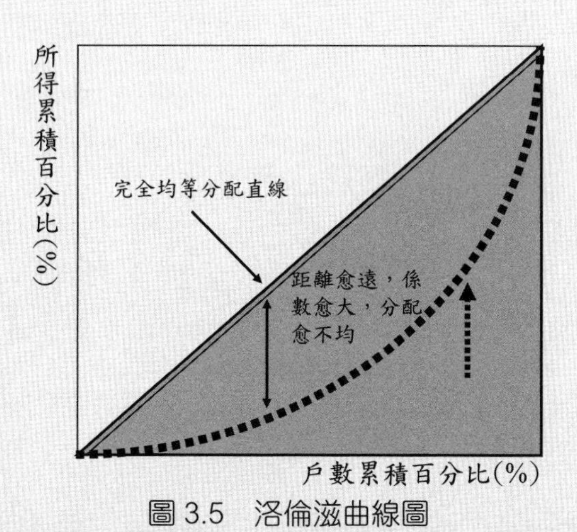

圖 3.5　洛倫滋曲線圖

3. 由於吉尼係數衡量每個百分點家庭所得變化狀況，與所得差距倍數僅比較頭尾兩組各 20% 所得者差距，忽略中間組及個別所得不同，內含資訊量及代表性較高，不易受極端值影響，為國際間最常用之指標。（參行政院主計處網站：http://pda.dgbas.gov.tw/ct.asp?xItem=971&ctNode=2330）

參考書目

1. 石計生，《馬克思學：經濟先行的社會典範論》，臺北：唐山，2009。
2. 石計生，《社會學理論——從古典到當代之後》，臺北：三民，2006。
3. 吳惠林，〈社會福利、掃除貧窮、中小企業、尤努斯和微型貸款——兼論對中小企業信保基金的啟示〉，《信保通訊》，331 期，2007。
4. 蔡文輝，《社會變遷》，臺北：三民，1995。
5. 蔡伸章，《馬克思學說導讀》，臺北：巨流，1993。
6. 蘇國賢，〈臺灣所得分配與社會流動之長期趨勢〉，收錄於王宏仁等編，《跨戒：流動與堅持的臺灣社會》，臺北：群學，2008。
7. D. Bell 著，高銛等譯，《後工業社會的來臨》，臺北：桂冠，1989。
8. T. Veblen 著，趙秋巖譯，《有閒階級論》，臺北：臺銀經濟研究室，1969。
9. A. Giddens: *Sociology*, 5th edition, Cambridge: Polity Press, 2006.
10. G. Esping-Anderson: *The Three Worlds of Welfare Capitalism*, NJ: Princeton University Press, 1990.
11. H. Lefebvre: Space, Social Product and Use Value, In: *Critical Sociology: European Perspective*, Freiberg J. W. (ed.) pp. 285–295, New York: Irvington Press, 1979.
12. J. C. Davies: Toward a Theory of Revolution, *American Sociological Review*, Vol. 27, Feb. 1962.
13. K. Davis, & E. M. Moore: Some Principles of Stratification, *American Sociological Review* 10: 242–249, 1945.
14. N. Poulantzas: *Classes in Contemporary Capitalism*, Lowe & Brydone Press, London, 1979.
15. P. A. Baran, & P. M. Sweezy: *Monopoly Capital, an Essay on the American Economic and Social Order*, Monthly Review Press, U.S.A., 1966.
16. P. M. Blau, & O. D. Duncan: *The American Occupation Structure*. New York: John Wiley & Sons, Inc., 1967.

17. R. T. Schaefer, & R. P. Lamn: *Sociology*. 5th edition, McGraw-Hill, 1993.
18. W. F. Haug: *Critique of Commodity Aesthetics: Appearance, Sexuality and Advertising*, Polity Press, New York, 1986.

名詞解釋

中產階級 (middle class)

指社會經濟地位介於中間的階層，並沒有像資本家擁有龐大的財力與權力，也沒有像工人的勞動受人操控，他們的收入與生活是穩定的，大體而言，不太會因為金錢太過煩惱，是具有一定程度經濟獨立的人口。

白領階級 (white-collar class)

是西方工業化之後所出現的族群，社會經濟地位較高，他們多半從事用腦力付出的工作，上班服飾多規定穿著深色西裝，白襯衫加領帶，因此，泛稱坐辦公桌的上班族為白領。

藍領階級 (blue-collar class)

指社會經濟地位較低的勞動人口，因過去西方社會，在工廠從事勞力工作的工人，多半以耐磨耐穿的牛仔布料為工作服裝，所以，即以藍領泛稱穿著藍色工作服的勞動階級。

社會階層化 (social stratification)

因為所得收入、受教育程度、技能或生產資料的擁有與否等因素，在一個社會中的團體或隸屬於團體的個人，會出現不平等的現象。

社會流動 (social mobility)

指人或是團體在不同的社會經濟地位的階層之間，產生社會位置的移動變化，稱為社會流動。

階級 (class)

是一種根據經濟領域的劃分所界定的角色位置，並且集體（或其中的個人）角色位置表現在市場的生產關係上，在具有共同利益的意識下，是對於集體（或其中的個人）掌控和擁有生產工具能力的取決。其構成的充分條件為生產關係的共同體，必要條件為這些聚集起來的人發展關於其共同利益的意識，即階級意識。

自在階級 (class-in-self)

當階級意識是存在而不顯露，是隱勢的時候，被別人代表，被操弄，被領導。

自為階級 (class-for-itself)

當階級意識處於顯勢，能對抗其他階級時，能掌握自己的命運，代表自己，領導自己去對抗壓迫他們的其他階級。

資產階級（又稱布爾喬亞階級 (bourgeoisie)）

指的是擁有並操縱生產工具的階級人口，即在市場機制中，依靠勞動階級賺錢、剝削他們的勞動力，以累積和擴大私有資本，這些人就是所謂的資產階級。現今用法也泛指有文化涵養，財富能力較高的族群階層。

資本家 (capitalist)

資本主義的市場機制下，握有龐大生產工具資源並從中獲取資本利益的人稱為資本家。

無產階級（又稱普羅階級 (proletariat)）

指沒有擁有生產工具的勞動階級，即在市場機制中，完全投入自己的勞動力當作商品販賣，依靠勞力賺錢換取工資以維持生計，這些人就是所謂的無產階級。

向下流動 (downward mobility)

當社會流動的社會位置移動變化是由上往下的過程。

向上流動 (upward mobility)

當社會流動的社會位置移動變化是由下往上的過程。

垂直流動 (vertical mobility)

指的是一個人的社會位置的流動，其前後兩個社會階層位置相距甚遠，即其社經地位相差甚大，稱為垂直流動。

水平流動 (lateral mobility)

若一個人的社會位置的流動，其前後兩個社會階層位置相距很近或相當，則為水平流動。

代內流動 (intragenerational mobility)

指的是一個人在其勞動生涯內的社會位置向下或向上移動的變化，這是代內流動。

代間流動 (intergenerational mobility)

一個人的小孩的社會位置，和其父母或祖父母間的差異則稱之為代間流動。通常「代間流動」的流量可以反映個人受原生家庭的社會階層影響程度，也象徵了當時社會的變遷程度。

地位取得模式 (status attainment model)

以出身背景對教育、職業成就之影響，探究社會流動的經驗研究。地位取得模式同時考慮成就因素，如教育取得，和繼承因素，如家庭所得。一個人的社會地位取得受到父母親的社會地位，自己的努力和能力與幸運等因素的綜合影響；在階級社會中，因此，一個人可以產生向上或向下的社會流動。

品牌 (brand-name)

是提供產品異質以提高其販賣價格的標幟，任何有利於商品的格調的，審美的、視覺的、語彙的溝通皆集中在一個名字的特質上，即物品的使用價值在私人企業的掌握下，藉由廣告而標準化商品的使用價值。

大眾文化 (mass culture)

以表面化、性慾及廣告形構而成的資本主義商品社會，是由非專業的大量群眾在媒體的支配下的「快樂」浮世繪。

相對剝削感 (relative deprivation)

戴維斯的 J 形曲線理論。以 Y 軸為滿足程度，X 軸為時間，從社會心理角度，人們在長時段的生活歷史裡，當經濟發展與生活期待升高，卻突然面對實際上的一個短期而明顯的下降時，人們感覺眼前的幸福或滿足會永遠消失的恐懼，是為相對剝削感。

吉尼係數 (Gini coefficient)

係測量洛倫滋曲線 (Lorenz Curve)，即戶數累積百分比為橫軸，所得累積百分比為縱軸之所得分配曲線與完全均等直線間所包含之面積對完全均等直線以下整個三角形面積之比率，此項係數愈大，表示所得分配不均等的程度愈高，反之，係數愈小，表示不均等的程度愈低。

第四章
全球化下的政治與經濟

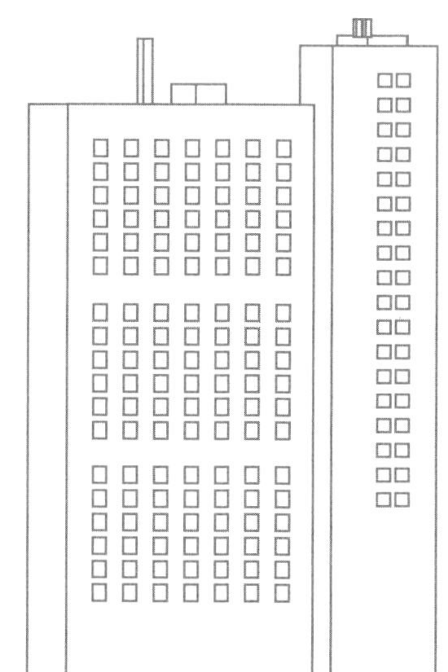

傳統政治與經濟的關係

- 政治與經濟：權力的場域
- 社會經濟制度的首要性：自由、民主、資本主義
- 政治權力的首要性：平等、共產、社會主義
- 「第三條路」的權力政治與經濟
- 資本主義世界體系

當代全球治理的政經脈絡

- 國家權力式微與全球新經濟
- 全球治理的必要性
- 有在地思維的全球治理：以環境經濟為例

臺灣實例：全球化思潮下的臺灣行政區重劃原則

圖 4.1　2008 年總統大選，馬蕭贏 17%

2008 年 3 月 22 日晚上 8 點：「臺灣中選會的中央選情中心在今天晚上 7 點 45 分左右現場響起一片掌聲，計票中心已經完成總統大選計票工作，在計票板上顯示馬蕭總得票數為 7,658,724，得票率為 58.45%，而長昌得票數為 5,445,239，得票率為 41.55%，馬蕭贏了長昌將近 17 個百分點，中選會稍候將召開記者會正式對外宣布結果❶。」當這則全球矚目的新聞或類似報導在 2008 年當時的電視，收音機，晚間報紙和網路強力放送時，臺灣立刻陷入了非常極端的情緒。支持原來執政長達八年的民主進步黨正副總統候選人謝長廷、蘇貞昌（長昌配）的「親綠」民眾如喪考妣，許多人在電視上都流下淚來；而原來在臺灣二次世界大戰後長期執政的國民黨，在喪失政權八年後，終於奪回權力，正副總統候選人馬英九、蕭萬長（馬蕭配）以囊括超過兩百萬票極大的差距當選總統與副總統後，「親藍」民眾的欣喜狂歡❷，均覺一吐怨氣。從臺灣政治的過程來看，這藍綠消長實有跡可尋。早在 2008 年 1 月 12 日臺灣立法委員選舉結果，基本上是對民進黨陳水扁政權的執政投下了不信任懲罰票，政黨票只得 361 萬票，遠遜於國民黨的 501 萬票，民進黨遭受空前慘敗，立委席次只得 27 席，國民黨得 81 席，加上泛藍席次，共有 86 席，超過國會席次的三分之二，這應是國民黨自從蔣經國總統 1987 年解除戒嚴以來的最大勝利。陳水扁因此辭去黨主席一職，而國民黨馬英九團隊則十分低調聲稱「只高興一晚就好」。投票率相對較低的 58.5%，單一

---

❶ 資料來源：http://www.chinareviewnews.com。

❷ 關於「親綠」、「親藍」所隱喻的「親民進黨」、「親國民黨」來自政治圖騰的顏色。民進黨的黨旗與活動主要色調為「綠色」；而國民黨的黨旗與活動則以「藍色」為主，媒體乃以顏色區分不同政黨屬性的民眾，久而久之就因襲成為通俗說法，為一般大眾所接受。

選區兩票制消滅了所有小黨，變成國民黨一黨獨大，一種平常的嗅覺與知識告訴我們，這結果極可能不是喜歡曾經施行戒嚴，想像力羸弱與派系也是林立的國民黨，而是痛恨民進黨政府的貪腐、故步自封、跳樑小丑當道，與倒退臺灣經濟與生活水準的無能，才含淚選擇性遺忘一些小黨與優秀獨立參選人而進行結構性零和投票。從臺灣民主平衡角度來看，這種傾斜說明了「人心思變」的歷史轉變，特別值得注意的是，被稱為「民主聖地」的宜蘭縣，民進黨連一席立委都保不住，從縣長到中央民意代表全面潰敗，倒退至國民黨獨大狀態。而 2008 年 3 月份「馬蕭配」的為國民黨贏得總統大選，讓「人心思變」徹底實現。

但是，從 2009 年的 8 月回顧國民黨重返執政的一年多發現，那時政治上「親藍」的民眾的歡欣鼓舞，很快在接下來發生的全球性的經濟金融風暴、肆虐全球方興未艾的新流感 (H1N1)❸等問題中盪到谷底，因為股票狂跌、失業率攀高，馬英九的聲望一度狂跌至三成以下。而莫拉克颱風所造成的「八八水災」，造成多人死亡和失蹤，國民黨政府被批救災不力，馬英九在 CNN 8 月 17 日的民調中，竟有高達 79% 的民眾要求他下臺以示負責。

失業 (unemployment) 是指個人雖有工作願望但卻不能從事有酬勞動

❸ 甲型流感病毒 H1N1 亞型（記作 A (H1N1) 或 H1N1），也稱 H1N1 病毒，是人類最常感染的流感病毒之一。一些 H1N1 的種類可以在人類間傳播，包括 1918 年的流感大爆發，另一些可在雀鳥和豬隻間傳播。這種病毒的遺傳組成存在爭議。根據它的血凝素蛋白和神經氨酸酶的類型，科學家同意這是一種 H1N1 病毒。它是由人、豬和禽流感的遺傳物質組成，而世界衛生組織認為它主要是由豬流感的基因組成的。H1N1 新型流感（豬流感）原是一種於豬隻中感染的疾病，屬於甲型流感病毒。美國疾管局資料顯示，美國以前即曾有人類感染豬流感之病例。目前墨西哥與美國爆發的豬流感疫情，即為 H1N1 病毒所引起，但目前對此種結合豬流感、人類流感的新病毒的流行病學瞭解很少。2009 年 3 至 4 月，墨西哥爆發 H1N1 疫潮，導致過百人感染。疫情其後傳播到全世界。2009 年 4 月 30 日凌晨，世界衛生組織把全球流感大流行警告級別提高到第五級。參維基百科：http://zh.wikipedia.org/wiki/H1N1。

或獨立經營的事業。失業是市場經濟重要的特徵之一。在工業化國家，失業始終是經濟學家和社會學家關注的重要議題。二十世紀 1930 年代，英國的失業率曾經高達 20%；幾乎在同樣的時期，美國也經歷了工業化以來的最大蕭條，30% 左右的勞動人口失去了他們的工作。為此，經濟學家凱因斯 (John M. Keynes, 1936) 曾經提出透過國家干預的方式來刺激需求，進而增加生產、提高勞動力市場的需求，以達到增加就業的目的。第二次世界大戰以後，凱因斯主義曾經成功地保持了工業化國家的經濟成長，降低了失業率；但在進入 1970 年代以後，失業率又重新攀升，使得失業問題重新成為工業化社會不得不面對的重要社會議題。馬克思主義認為失業是資本主義制度下特有的一種社會現象，及無產階級中的一部分人喪失勞動機會，成為產業後備軍的組成部分，失業是伴隨著資本主義政治和經濟制度而產生的根本弊病之一。它集中地暴露資本主義生產方式的基本矛盾，是資本主義制度無法解決的經濟問題和社會問題。

全球性的金融風暴 (global financial crisis) 經濟問題之發生，是 2008 年 9 月 10 日，美國華爾街五大金融公司的雷曼兄弟 (Lehman Brothers)，受到次級房貸風暴連鎖效應波及，在財務方面受到重大打擊而虧損，致使股價下跌到低於一美元，陸續裁員 6,000 人以上，並尋求國際間的金主進駐。2008 年 9 月 15 日，在美國財政部、美國銀行及英國巴克萊銀行相繼放棄收購談判後，雷曼兄弟公司宣布申請破產保護，負債達 6,130 億美元❹；

❹ 雷曼兄弟控股公司 (Lehman Brothers Holdings Inc.) 於 1850 年創辦，是一家國際性金融機構及投資銀行，業務包括證券、債券、市場研究、證券交易業務、投資管理、私募基金及私人銀行服務。亦是美國國庫債券的主要交易商。主要子公司包括 Lehman Brothers Inc.、Neuberger Berman Inc.、Aurora Loan Services, Inc.、SIB Mortgage Corporation、Lehman Brothers Bank、First Heights Bank 及 Crossroads Group。環球總部設於美國紐約市，地區總部則位於倫敦及東京，在世界各地亦設有辦事處。雷曼兄弟被美國《財富雜誌》選為財富 500 強公司之一。2008 年名列美國第四大投資銀行。資料來源：維基百科：http://zh.wikipedia.org/wiki/%E9%9B%B7%E6%9B%BC%E5%85%84%E5%BC%9F。

再加上同樣受到次級房貸引發的金融風暴影響的已有九十四年歷史的世界最大的金融管理諮詢公司之一的美林公司 (Merrill Lynch & Co.)❺，2008 年 9 月 14 日週日晚間，以大約 440 億美元的價格被美國銀行 (Bank of America Corp.) 收購，同樣超過七十五年歷史的美國第六大投資銀行貝爾斯登公司 (Bear Stearns Cos.)❻也因財務問題被收購。華爾街五大金融公司消失了三個，2008 年 9 月 15 日後已經不是昔日的華爾街。而這由美國開始的房地產市場飆升至高位後大幅回落引發房貸危機等等所形成的「金融風暴」，全球受到影響。風暴席捲全球，導致冰島破產，全球股票下跌，布希 (George Walker Bush) 與歐巴馬 (Barack Hussein Obama) 美國兩屆總統先後投入萬億元的資金救市，企圖幫助世界最大的金融機構、保險機構以

❺ 2008 年 9 月 14 日週日晚間，已有九十四年歷史的美林公司 (Merrill Lynch & Co.) 同意以大約 440 億美元的價格出售給美國銀行 (Bank of America Corp.)。二者的合併將造就一家業務範圍廣泛的銀行巨頭，觸角幾乎涉及了金融領域的各方面，遍布信用卡、汽車貸款、債券和股票承銷、併購諮詢和資產管理各個方面。美林證券是世界領先的財務管理和顧問公司之一，總部位於美國紐約。作為世界的最大的金融管理諮詢公司之一，它在財務世界響叮噹名字裡占有一席之地。公司創辦於 1914 年 1 月 7 日，當時美瑞爾 (Charles E. Merrill) 正在紐約市華爾街 7 號開始他的事業。幾個月後，美瑞爾的朋友，林區 (Edmund C. Lynch) 加入公司，於是在 1915 年公司正式更名為美林。1920 年代，美林公司紐約辦公室坐落於百老匯 120 號，並且它在底特律、芝加哥、丹佛、洛杉磯和都伯林都有辦公室。美林集團是全球領先的財富管理、資本市場及顧問公司，其分公司及代表處遍及全球六大洲 37 個國家與地區，雇員達 60,000 人。資料來源：http://wiki.mbalib.com/wiki/Merrill_Lynch。

❻ 貝爾斯登公司 (Bear Stearns Cos.)，成立於 1923 年，總部位於紐約，是美國華爾街第六大投資銀行，是全球 500 強企業之一，是一家全球領先的金融服務公司，為全世界的政府、企業、機構和個人提供服務。公司業務涵蓋企業融資和併購、機構股票和固定收益產品的銷售和交易、證券研究、私人客戶服務、衍生工具、外匯及期貨銷售和交易、資產管理和保管服務。Bear Stearns 還為對沖基金、經紀人和投資諮詢者提供融資、證券借貸、結算服務以及技術解決方案。在全球擁有約 14,500 名員工。資料來源：http://wiki.mbalib.com/wiki/%E8%B4%9D%E5%B0%94%E6%96%AF%E7%99%BB。

及關係到美國經濟命脈的產業龍頭解困，提供資金幫助周轉，以避免倒閉潮進一步擴大。全球各國也卯盡全力避免金融危機進一步加深，全球性經濟集團如 G20、國際貨幣基金 (International Monetary Fund; IMF) 以及經濟大國的政府也竭力對抗金融風暴，力求把危機對各國經濟造成的影響減少到最低限度，但迄今仍是一個方興未艾的過程。

從 2009 年觀察，2008 年 3 月 22 日，馬英九所帶領的中國國民黨贏得總統大選後，要沿襲過去 1970 年代蔣經國時代國民黨老套的「經濟發展」掛帥（實則為民主政權的最低標準，不幸的是 2000 至 2008 年的陳水扁民進黨政權連這個低標都達不到），不去考量政黨再輪替後藍色 700 萬人與綠色 500 萬人間的「七五」持續價值分裂戰爭與歷史意涵（如下文〈蘭陽平原的雨月四十八日——臺灣政治「宜蘭幫」的緣起：黃煌雄、游錫堃與陳定南〉❼所示，事實上藍綠之間的對立歷史十分長遠），與已然集體迷失於「以形象創造形象」的媒體虛假意義的當代新文化經濟與生活氛圍，則他們會發現，當社會結構已經揉成一團後，又面臨假全球化之名的實質兼併時，用過去舊藥方與老人政治來治理今日臺灣是沒有用的，而蔣經國時代所創造的「經濟奇蹟」在今日將一去不復返。政治與經濟間的連動關係，從這裡我們可以看到全球化下其關係密不可分。正因為 2008 年發生的金融海嘯，也讓國民黨馬英九政權吃足了苦頭，說明今日看待一國或地方政治無法從全球向度中脫離。據此，本章乃從社會學裡的傳統政治與經濟的關係下手討論，比較社會制度向度進一步討論兩者關連，最後以全球治理作為本章的終結。

蘭陽平原的雨月四十八日——
臺灣政治「宜蘭幫」的緣起：黃煌雄、游錫堃與陳定南

◎石計生　撰

---

❼ 引自後石器時代網站：http://www.cstone.idv.tw/entry/Untitled427?category=34。

人創造自己的歷史，卻無法隨心所欲地創造；他們不能在自己選擇的環境下產生，而是直接得到，給予和從過去繼承而來。

——Karl Marx

馬克思 (Karl Marx) 以這段話，評論偉大的拿破崙一世的「頭腦簡單、四肢發達」的姪子路易・拿破崙・波拿巴 (Louis Napoleon Bonaparte)，如何能籠絡並代表各方勢力當上法國皇帝，主要是在一個結構上政經衰頹的亂世，利用其家族歷史的光環、黨派之間的合縱連横，虛應地建立法國「第二共和」，旋即又以真正想要的「第二帝國」毀滅「第二共和」。1846 年以來的法國當時失業率高、工資下降、貨幣市場崩潰、股價慘跌等經濟蕭條現象嚴重；在包括擁護波旁王室的保皇黨派、溫和共和派、社會黨人 (左派共和派)、擁護拿破崙王室的波拿巴派、和考量其生存經濟條件與社會連帶層級形成「是又不是一個階級」的農民等競逐權力下，1848 年 12 月，路易波拿巴獲得廣大農民的支持，以囊括 75% 選票的五百萬票當選法國「第二共和」總統，卻又在一年後背叛農民與工人政變稱帝，「逮捕 300 名市議員、在巴黎殘殺 400 名工人、大動亂，70,000 農民與城鎮居民起義、法國 32 個省宣布戒嚴 (共 130 個行省)、26,000 人被逮捕，10,000 人充軍。」(Sauvigny, Bertier and PinKeny, 1989) 希冀民主共和的「人民的力量」化為泡影。馬克思的這本政治社會學名著《路易波拿巴的霧月十八日》(*The Eighteenth Brumaire of Louis Bonaparte*)，以經典的辯證分析說明了人在政治的開創與限制性質，主要是受到「結構與事件」(structure and event) 兩方面力量的過程和交互影響：政治與經濟等結構式問題與客觀現實，會和由人所發動的事件與運動的主觀意圖交織，產生有機的變化；但意圖的行動卻常常產生非意圖的結果。因為歷史的幽魂總是飄盪在結構、人的意識與實踐的天空深處，讓那錯綜複雜的政治權力競逐與社會變化顯得益發弔詭與戲劇化。

而「人民的力量」在臺灣卻曾十分成功地展現，雖然從「黨外」到「民主進步黨」，拉長歷史距離後現在看來，昔日無私奉獻的理想今日也戲劇化呈現傾頹腐敗之勢。

如果說，「權力是對社會有深遠影響的強制性決定的社會能力」(Power is defined as the social capacity to make binding decisions that have far-reaching consequences for society.) (Orum, 1989)，則我們這裡所研究的，是權力如何在社會場域裡被競逐與運作。只不過是從馬克思筆下的法國總統／皇帝大位，轉換為宜蘭地方縣長／省議員的具備「強制性決定的社會能力」的權力追逐而已。1981 年 9 月 27 日，一個選在宜蘭縣羅東鎮鄉下的看來微不足道的地方所召開的選舉協調會議，歷史卻顯示，那現在幾乎被遺忘與淹沒的「廣興會議」及其在四十八日後所產生的結果，是從臺灣的東北部所升起的巨浪，呼應著 1979 年臺灣西岸南邊的美麗島事件所在地的高雄呼嚎，成為顛覆國民黨戒嚴體制，整體黨外民主運動大浪潮的最關鍵性戰役之一；其前後發展過程中，開啟了二十四年的宜蘭綠色執政與民主進步黨的取得中央政權，並且，因緣際會地，直接或間接產出了許多全國性政治人物：林義雄、黃煌雄、游錫堃和陳定南等，他們分別擔任或曾經擔任民主進步黨主席、監察委員、行政院長和法務部長等黨政要職，功在國家。然而，在今日弊案頻傳，民怨四起的新政治形勢下，岌岌可危的民進黨政權，似乎陷於一種我們可稱之為「權力的高度均衡陷阱」——政治人口的利益需求高於合理的資源分配現象——使得派系的共生共犯結構傾向，無法在黨政利益與人民期盼間做出理想回應。首先看出這個問題的人是林義雄，他毅然選擇離開了民進黨；而昔日為清廉、進步象徵的其他幾個人，陳定南爾今罹患癌症重病在床，游錫堃續任民進黨主席卻顯得優柔寡斷建樹有限。這時，幾乎這幾年來算是最為潛沉的黃煌雄，卻由其主持的臺灣研究基金會策劃以一本書《人民的力量》(臺北：玉山社出版，2006)，把那蘭陽平原的雨月四十八日的記憶重新喚醒，在這曾由黨外主導，人民希望之所託的臺灣民主運動風雨飄搖之際，產生了震聾發聵的作用，本質上透過對於「廣興會議」的歷史回顧問了一個石破天驚的問題:「那黨外的無私奉獻精神今日何在?」

歷史並非由一個人創造，偉大的精神也是，或許我們該這麼說，是集體意識所匯聚的一群人創造了歷史。但這段歷史由黃煌雄來問這個問題極為合理，雖然之後的二十年目前歷史主角似乎轉向擔任更具實權公職的游錫堃等人。文獻顯示，黃煌雄從為林義雄因美麗島事件入獄而巡迴臺灣演說的 1980 年開始政治生涯，他這個人曾經擔任過三屆立委、一屆國大代表、一屆監察委員，問政的認真與嚴謹向來被稱為是「立法院的模範生」，但是，他介於「學者」與「政治家」間的個性，在民進黨內總是被視為是不結盟的「孤鳥」、「獨行俠」。而其被「邊緣化」的歷史弔詭，卻在二十年後顯示出其「真金不怕火鍊」的價值。令人不勝欷歔的是，他竟和林義雄一樣，成為現在的民主進步黨少數拿得出來的清廉、進步和有理想形象的人。黃煌雄其堅持原則與理想，給人略顯單面向與沉悶印象，有點「古代人」意味的一貫性格，數十年不變；而在當今民進黨一片重拾創黨精神的緊急呼籲中，這書中他的角色，卻又給人與時俱進的樣貌。我們發現，原來在今日後現代社會中，保持「原則」是一件歷久彌新的事情。而從《人民的力量》書中，雖然出場人物眾多，如果細讀會發現，作為這場會議「關鍵貢獻者」(key trigger) 的黃煌雄，究竟怎樣將其力量貫注於並贏得這場關鍵戰役呢？那蘭陽平原的雨月四十八日的記憶，還需要更多的細緻分析。

可以這樣說，從歷史角度來看，沒有一個人是完美的。凡是完美的人格就是握有詮釋權力的作者針對文本的美化，會喪失真實性，也早晚會被翻案。所以近來許多重拍歷史偉人，如電視劇《大漢風》的項羽和劉邦的楚漢相爭、西方電影《亞歷山大大帝》等，均顯露了經典人物的致命缺點和其面對的悲喜劇方式。如性好漁色市井粗魯但為人豪邁能「用人不疑」、有「容人之量」的劉邦，若沒有呂后的節制與道家高人張良戰術上指導，體察社會局勢與民心需求息兵養生，則不可能成就霸業；而剛愎自用卻有著高超品德真情至愛的項羽，擄獲了天下美人虞姬之心卻因暴戾脾氣，不能察納雅言徒有百萬大軍失了江山。這些歷史中的人物，啟迪我們的是，除了主觀的意圖外，如馬克思在《路易波拿巴的霧月十八日》中所言，並且是受制於政治、社會與經濟結構，和歷史的幽靈作用的。因此，若說起《人民的力量》這本書的弱點，就是在於欠缺對於出場人物性格的立體描繪，讀者讀來總是少了那麼一點情感澎湃起伏的故事性，這或許是這些人都還健在的緣故；但其優點卻是，以忠於歷史原貌的「學術式」訪談和敘述，將幾乎隨老成凋零的民主運動重要一頁保留了下來，並且透過當時的場景紀錄 (field record) 活靈活現地呈現了選舉過程的焦慮、緊張與幽默，從一些細微的部分，也讓讀者見到了所謂無私奉獻的「黨外精神」。如：

……林和國繼續說道：「我們如果叫你不要選，你會不會硬是要選?」陳定南無奈答道：「當然不能硬選。」林和國於是提議：「這樣好，你剛才說認同我們二十四個代表，現在我請你去選縣長。」「對對對……」與會代表一窩蜂鼓掌叫好，陳定南抱起六法全書不情願的說道：「這不是叫我去做犧牲打嗎?」

「我問陳定南他過去曾不曾演講，他說不會，不得了……」擔心這場選舉不知道怎樣選下去。在當天演講的過程中，臺下的觀眾也不斷提供陳定南演講改進意見。

幾位老師也經常親身參與文宣張貼工作，在當時情治單位的嚴密監控下，為避免身分曝光，他們多半是頭戴帽子身著雨衣悄悄的進行著這項工作。

吃國民黨投黨外……在游錫堃競選總部中，由於便當數量有限，菜色也只能算是尋常，常常不能滿足助選人員的需求，某日中午，……整批助選人員，浩浩蕩蕩的走到附近國民黨縣長候選人李讚成競選總部的用餐地點，抵達時，一群人就著桌子拿起碗筷就開始大吃特吃起來，整桌的飯菜比起游錫堃競選總部便當裡的飯菜當然好上很多，大家都吃得津津有味，意猶未盡。之後持續吃了一段時間後，終為李讚成競選總部人士所發覺，面對這一批食量頗大的黨外不速之客，李讚成競選總部頗感吃不消，後來遂將整個競選總部工作人員用餐地點遷移，才總算結束這種尷尬的場面。

在 1981 年縣長選戰過程中，當時擔任黨外縣長候選人陳定南競選總幹事的黃煌雄，手上經常有處理不完的大小選舉事務，有一次，黃煌雄的太太吳月娥碰巧由臺北回到宜蘭，到陳定南競選總部走走時，正好看到黃煌雄要陳定南早點回去休息，以儲備明日行程所需的精力，接著又繼續忙著交代總部相關人員後續相關事務。深夜三、四點回到家時，吳月娥打趣的跟黃煌雄說：「煌雄，是你在選縣長還是定南在選縣長……」

從人物的個性來說，以上書中片段所提供的，雖嫌扁平，仍可勾勒出「廣興會議」這一歷史事件的主要演出者的特色。從馬克思《路易波拿巴的霧月十八日》所啟迪的研究方法來說，「人物」是創造「事件」的施為者 (agency)，是一切事情發生的開始。即使有再悲慘的經濟蕭條，社會的戒嚴與動盪，若沒有不滿現實的先行者發出第一聲怒吼，與規劃行動的智慧，則社會結構永遠也不會轉變，世界還是在腐爛，不公義的軌道自我蒙蔽地運行。

《人民的力量》書中的這群先行者：已經是當時在宜蘭唯一一席

黨外立委的黃煌雄，是理所當然的有全國性聲望的在地領袖。他對於要把將要選省議員的游錫堃、新參選宜蘭縣長的生澀新手陳定南、和新生代的省議員參選人張川田擺在怎樣的政治層次思考，對於這宜蘭黨外，乃至整個臺灣民主運動而言，至為重要。讀者從書中的紀實敘述可以發現：黃煌雄的考量是拉高到一個全國層級的戰略高度，考慮的是「最大勝選，最小成本」避免分裂的面面俱到因素，而沒有從在宜蘭縣政治實力消長的一己之私角度思考。可以反面思考地說，如果當時黃煌雄並非從臺灣民主運動全局考量，他事實上可以為了保全自己之實力而虛應故事支持陳定南，當一個假的縣長競選總幹事，只讓有地方經營實力的游錫堃當選省議員後收為己用，而發展其蘭陽平原的政治影響力；這點，相較於《路易波拿巴的霧月十八日》裡的路易·波拿巴，其以權謀和稱帝私心過河拆橋殘殺異己，顯得格外「過於理想地」醒目。黃煌雄其堅持原則與理想，有點前面說過的「古代人」意味的一貫性格讓他在「廣興會議」中，堅持主持最大勝選可能、無私避免分裂的大局：陳定南選縣長，游錫堃選省議員，也歡迎張川田參選。以當時的政治實力而言，黃煌雄的決定一言九鼎。雖然競選過程衝突不斷，各方勢力也因忌憚黃煌雄的影響而未敢過度逾越。但現實是，黃煌雄承襲分量過重的蔣渭水以降的歷史責任感，這少了一份權謀，多了一份品格的決定，我們可說乃其政治性格上「下不了重手」的弱點，讓陳定南崛起，游錫堃壯大；黃煌雄在接下來的二十年在宜蘭的影響力逐步被吞噬，所以轉戰臺北縣與中央。而這裡我們要思考的是：「品格」是否是政治場域中的第一原則？還是「權謀」才是？還是兩者必須交互應用？項羽和劉邦的楚漢相爭，劉邦爭得了一時，而今日讓人掬一把同情之淚的項羽是否爭得了千秋？在沒有完美人格的政治人物的今日，當民進黨政權陷入空前危機，「品格」、「清廉」、「道德」和「操守」又被推上政治前線時，《人民的力量》一書所敘述的人物類型，值得讀者深深思索。

而從結構面思考，或許更能看出「廣興會議」的馬克思歷史分析的「意圖的非意圖結果」(intentional-unintended consequence)。從書中我們會發現，在後美麗島事件的第二年，當時整個臺灣可以說仍處於風聲鶴唳的肅殺氣息中。全國黨外領袖黃信介、張俊宏、林義雄、姚嘉文、施明德、呂秀蓮等均鋃鐺入獄，現在的總統陳水扁當年是後生晚輩、年輕的辯護律師之一，而政治與社會結構處於保守、恐懼和噤若寒蟬的狀態。從書裡可以看到國民黨當時趾高氣昂的相信，取得宜蘭縣長與省議員的席次是輕而易舉之事。這事不但國民黨相信，事實上，連當時的黨外所有人，包括領導的黃煌雄，和參選的游錫堃、陳定南、張川田都心知肚明，勝過擅長打組織戰的國民黨是件非常困難的事。

但正如本書書名《人民的力量》所顯示，宜蘭作為一塊臺灣「民主聖地」有其特殊性。就在全國各地因美麗島事件大逮捕而懼不敢言時，曾經在日據時代出現抗日英雄蔣渭水，也於國民政府統治初期產出過郭雨新等黨外先輩的宜蘭，人民反而因為高雄這壓制民主的作為而累積了抵抗的能量。這股能量所等待的，就是不怕死的「揭竿而起」、奮不顧身的「登高一呼」！這點，我們認為，在「廣興會議」時事實上並不知道的，或者說是模糊不清的；證據是，從書中描述的當時的各自盤算可以知道：意圖上當時沒有人相信可以當選。如陳定南覺得自己是「犧牲打」、游錫堃力阻張川田參選，因為省議員黨外基本盤不可能當選兩席、當時民眾也曾傳出黃煌雄要出馬選縣長，結果也沒行動、黃煌雄雖從黨外民主發展角度有堅強意志力協調保持和諧，但也必須承擔讓張川田參選後的游系不滿，對於陳定南的輔選勝選也完全沒把握等。

因此，從馬克思的「結構與事件」歷史過程分析方法來看：從 1981 年 9 月 27 日召開「廣興會議」至 11 月 14 日的投票日的四十八天，臺灣最著名的，時常陰雨綿綿的蘭陽平原的政治局勢，也產生了天翻地覆的轉變。政治結構上是國民黨已經從二次戰後連續三十年在地方執政，可說是盤根錯節，牢不可破。而整個臺灣的社會經濟形勢，也因為美麗島事件大逮捕後，人民雖然政治上有白色恐怖，但是經濟狀態處於繼續成長、日常生活作息也趨正常的情況。而臺灣民主力量之所以能夠增長，以媒體輿論為主體的市民社會 (civic society) 得以形成，弔詭地卻是因為人民在經濟上是從生存的滿足朝向生活的追求轉變，衣食足而知榮辱，也要言論自由與出版自由。而 1982 至 1985 年間，白色恐怖的箝制亦深入大學校園，我們在臺大的學生運動參與，和許許多多的同學產生的集體意識，「那時代的理想青年，憂心戒嚴的烏雲罩頂不知何時解脫的痛苦」(石計生，2006)，也作出了校園言論與出版自由的要求，正是這整個大的臺灣社會結構轉變下的市民社會先行呼聲。

地方客觀結構上而言：1981 年 10 月 13 日選舉截止登記，創造「事件」的施為者，出場的人物包括：⑴縣長部分，應選一名，登記三名：李讚成（國民黨)、陳定南、許仁修（無黨籍)；⑵省議員部分，應選兩名，登記五名：陳泊汾、官來壽（國民黨)、張川田、游錫堃、張文鵠（無黨籍)。而國民黨部分的主導，是由當時的縣長李鳳鳴與立委林坤鐘、國大代表羅文堂與監委許文政、前縣長陳進東和代議長陳進富等三股力量中的諸人操刀；無黨籍（黨外）則單由唯一黨外立委黃煌雄主持大局。這份領導名單，可以看出一個事實：國民黨因為長期地方執政而產生政治派系的結構功能分化嚴重，所以想於選後分一杯羹的各股勢力多元而複雜；黨外則因為是新興的政治力量，在林義雄身陷牢獄的情況下，顯得同仇敵愾而相對單純，黃煌雄的指揮與運作效率上相對有效。更重要的是，宜蘭地方因為「民主聖地」歷史傳統特殊性，則更能嗅及大政治與經濟等結構式問題與客觀現實，從而能匯合由人所發動的事件與運動的主觀意圖交織，產生有機的變化。

但可見的是，當時黨外的選舉政治並非「精英—人民」二元施為者，而是「精英一中間一人民」的集體運作。屬於檯面上的政治「精英」：黃煌雄、游錫堃、陳定南、張川田等，說實話，除了前二者比較經驗老到外，其他人都屬剛剛嶄露頭角，在與人民之間顯有鴻溝，難以成事；必須依賴「中間」層級的「次精英」——如黨外志工、中學老師等——的宣傳戰略討論、行動執行與衝突轉圜排解；這些如李清煌等不支薪的黨工與地方傑出知識分子徐惠隆等的在地無私加入，宜蘭黨外的「空前」團結，終究使得人民的熱情被喚醒。選舉過程仍然暗潮洶湧，衝突不斷，雖然不應如書中被過分高估其影響力，但事實是，建立在「廣興會議」價值倫理約束力共識，確實使得「精英一中間一人民」的三位一體產生「非意圖」連結或共振，終究是讓國民黨在宜蘭經歷有史以來最為嚴重的慘敗。

這場精彩追逐「深遠影響的強制性決定的社會能力」的地方權力大戲的戲劇張力在於「事件」的發生：當黨外的精英們在宜蘭街頭巷尾，開始散發由競選總幹事黃煌雄設計的聲東擊西的「打破國民黨三十年縣長專賣局面」的陳定南競選縣長的傳單時，當由中央請來的助講團和地方名嘴結合溪南溪北到處演講時，奇妙的化學作用開始了。到 1981 年 11 月 12 日投票前，已經經過多次政見發表洗禮的陳定南，在「精英一中間一人民」的三位一體運作啟蒙下，終究展現他的個人演說魅力，也看到他日後連任縣長與擔任中央要職的實力。如《人民的力量》書中訪問稿所述，他邀國民黨縣長候選人李讚成出來發誓不買票做票，去溪北礁溪帝君廟發誓，去溪南羅東城隍廟發誓，對著國父遺像下跪發誓等戲碼，均是宜蘭未曾見過的戲碼，也使得人民從家中、鄰里、學校和工作地站出來了；黨外的演講場子幾乎場場爆滿，擠得水洩不通。黨外到今日民進黨選舉時所最擅長的「宣傳戰」，在當時看到了驚人的成效，聲勢看漲後，就這樣蘭陽平原的雨月四十八日後徹底擊垮了國民黨的「組織戰」。其原因無它，因為當時宜蘭執政的國民黨的貪汙腐化已經到了極點，組織早已經僵化生鏽了；而當時形象清新的黨外參選集體就因為點燃了民眾的積壓的對於全國性的大逮捕不滿與對於宜蘭地方新局的開創熱情，將縣長與省議員政治權力的權柄，第一次不交給國民黨，而是當時的由黃煌雄所組織，領導的黨外。「廣興會議」意圖上勝選的沒把握，選舉的「非意圖結果」卻是黨外大獲全勝：陳定南以90,380票當選縣長，游錫堃如願以41,631票為黨外搶下一席省議員，張川田雖然以29,215票敬陪末座落選，卻也如願累積了政治實力，逐漸在宜蘭地方嶄露頭角，目前是宜蘭民進黨籍立法委員。勝選當天，蘭陽平原的雨月四十八日終於有了政治上象徵雨過天晴的這一天，如《人民的力量》書中所述，黨外志工和地方知識分子

> 「徐惠隆的日記裡記載著1981年11月14日晚間勝選時人聲鼎沸的情景，當時鞭炮煙硝瀰漫，助選員一個個走上臺上演講並接受歡呼，說出彼時心情，高鈴鴻紅彤彤的臉上滿堆著笑意，邊越過人群邊說著：『倒下去了吧！騙我不懂，選久了，國民黨也會倒下去。』」

> 黑格爾在某個地方曾說過，一切偉大的世界歷史事變和人物，可以說都會出場兩次；但是，他忘了補充一點：第一次是作為悲劇出現，第二次是作為滑稽劇出現。——Karl Marx

「霧月十八日」，嚴格來說，應是「十八霧月」，按法語習慣，先說日期，後說月份。它指的是法國第一共和八年的霧月十八日，即1799年11月9日，是拿破崙一世發動政變，改共和體制為軍事獨裁，取得第一執政頭銜的日子；1851年12月2日，路易・波拿巴效法他的叔父拿破崙一世發動政變，使得馬克思在書中，就借用「霧月十八」，這個法國共和曆紀元，被稱為「霧月」(brumaire) 的日子，作為「政變」

的代名詞，並有藉以諷刺庸碌的路易·波拿巴的意味。今日，當我們以這篇長文評論發生於二十五年前的「廣興會議」與其所激發的人民的力量時，再重讀馬克思經典名言時，有著特別深刻的感觸。歷史的「悲劇—滑稽劇」所引發的弔詭思考在於，前面所述，慶祝黨外空前勝利的話語:「倒下去了吧！騙我不懂，選久了，國民黨也會倒下去。」在2005年的宜蘭縣長選舉中，變成了「倒下去了吧！騙我不懂，選久了，民進黨也會倒下去。」出場兩次的「黨外—民進黨」，第一次是「喜劇」，第二次是「悲劇」。

從1981年陳定南勝選開始，經歷游錫堃、劉守成等數任執政長達二十四年的「黨外—民進黨」地方政權，竟然又終結在已經擔任過兩屆八年縣長，從法務部長職位辭官執意回宜蘭參選，不願世代交替的陳定南手裡。三十年國民黨手裡腐化專權的宜蘭地方政權，歷史輪迴地讓人民重新做出了選擇，以選票質疑僵化了的綠色執政、欠缺世代交替決心的民進黨地方政權。但這並不是偶發事件，環伺其地方乃至全國的氛圍，宜蘭地方的社會經濟失業率排行全國前五名，而陳水扁總統政權目前正面臨弊案纏身，貪汙腐化的人民嚴厲質疑，連支持綠色政權最有力的中央研究院院長，諾貝爾化學獎得主李遠哲也說出「政績有限、弊案不少」的譴責話語。而昔日無私奉獻的「黨外精神」，說穿了，就是臺灣人民對於實現一個理想社會所願意出錢出力、奮不顧身，寄託政治精英在民主選舉中實踐的精神。從前，國民黨令人十分失望，所以，「黨外精神」就出現了；但是，宜蘭地方的二十四年綠色執政，中央的民進黨政權的六年執政，結果卻是令人民更為失望的地方無能發展，中央結黨營私、上下交相利的貪汙腐化現象。民主的可貴在於，可以經由選票的力量讓喪失品格與理想的一方下臺反省。我們或許可以重複馬克思在《路易波拿巴的霧月十八日》的經典話語:「人創造自己的歷史，卻無法隨心所欲地發生；他們不能在自己選擇的環境下產生，而是直接得到，給予和從過去繼承而來。」以此說明，蘭陽平原的雨月四十八日現在成為一個鮮明的印記，過去黨外的「結構一事件」的過程、「精英一中間一人民」的集體運作，「意圖的非意圖」結果，過去並非完全過去，它會成為一個陰影，一個幽魂，時時纏繞著現在的施為；大凡不能以史為鑑者，面臨唾棄是必然，但其中果有高難度的堅持原則與理想，既能高超品德、又能「用人不疑」、有「容人之量」者，終能在與時俱進的自我學習中，掌握人物本身的價值，伺時而動，融入歷史洪流，在潮起潮落間，與大海共處成為陽光溫暖照耀。

參考書目

1. 石計生，《就在木棉花開時，公館／溫羅汀的那個年代》，臺北：歷史智庫，2006。
2. Anthony M. Orum: *Introduction to Political Sociology: The Social Anatomy of the Body Politic*, Englewood Cliffs, N.J.: Prentice Hall, 1989.
3. De Sauvigny G. de Bertier, & Pinkney, David H. 著，蔡百銓譯，《法國史》，臺北：五南，1989。
4. Karl Marx: *The Eighteenth Brumaire of Louis Bonaparte*, Selected from The Marx-Engels Reader, Robert C. Tucker (ed.), Norton Press, 1978.

第一節　傳統政治與經濟的關係

壹 政治與經濟：權力的場域

政治與經濟的關係是一個權力與制度操作的關係，它們構成人類文明社會的根本存在和發展結構。以下我們就從政治社會學角度，研究權力如何在社會場域裡運作。根本上，**權力** (power) 可以給予兩種定義，一種是揉合古典社會學理論大家，如馬克思等人的觀點所提出的人是「理性主體」(a subject of reason) 的權力觀點：「權力是對社會有深遠影響的強制性決定的社會能力」(Power is defined as the social capacity to make binding decisions that have far-reaching consequences for society.) (Orum, 1996, 2001)。美國當代社會學家奧羅姆 (Anthony M. Orum) 這個簡潔定義直接指出權力之所以人見人愛，是因為擁有它之後所做的決策可以「影響深遠」。「社會能力」指的是集團或集團一分子的個人，而非單個個人，即權力必須和社會地位結合（角色）。「強制性決定」這說明權力是由「集團」或「集團中的個人」所行使的社會能力，經濟上的決策就是屬於權力的「社會能力」中的一個重要面向。但是，權力的執行，涉及服從的意志，「強制性決定」是對服從權力的人要執行這些決定，問題是從屬者能抵制或拒絕嗎？這個問題的回答十分複雜，通常權力的執行是以法律規章、傳統風俗習慣或個人魅力為從屬者服從權力的基礎，這就是古典社會學理論家韋伯 (Max Weber, 1993) 所說的**權威** (authority) 的三大類型：法理型 (legal)、傳統型 (traditional) 與奇理斯瑪型 (charismatic) 權威。而韋伯認為**科層體制** (bureaucracy) 則為其組織有明確管理的規章辦法，並運用高度的勞務分工，使每個人皆負責所屬職務工作，而職務的結構亦有階層的關係以達上下的監督控管，行政上一切藉由理性化計算的方式，有效率的獲得最大的組織效益。

另一種權力觀，後現代主義 (post-modernism) 對權力提出一種「無所不在」之論述，總的來說，服從不一定是表面上的「強制性決定」，它可能和非理性的潛意識 (sub-consciousness) 與慾望 (desire) 有關。這是一種立基於當代消費社會的後現代思維，如法國當代著名思想家傅柯 (Michel Foucault) 所關心的是如何瞭解「權力的微觀政治」(the micro-politics of power)——不像馬克思主義的追求深度、終極的真理——傅柯認為世界的理解像洋蔥，有很多層，我們應該去探索那些微觀的、凝聚世界看起來正常的控制技術的多元面向。「微觀權力」是視「權力是無所不在 (omnipresent)、但又看不見的整體 (invisible)，它在每個實點、每個空間都作用著。權力無所不在，不是因為權力擁抱所有東西，而是因為世界上所有的東西皆自權力而來」(Foucault, 1978)。傅柯直接挑戰馬克思，認為反抗無關乎大歷史的解放，而是必須注意反抗的多元化與每個案例的特殊性。十七世紀以降，權力以兩種方式對於生活進行宰制：⑴對於人體本身的解剖學，此規訓為以增加對人體效能的理解；⑵人口的生物政治，控制出生、死亡率與健康。生活本身已成為政治控制的客體。性，成為親近身體的生活與人種的生活的工具。傅柯提出慾望主體 (a subject of desire) 取代古典的理性主體 (a subject of reason)，研究：⑴性科學的形成；⑵權力系統對性的規制；⑶個人自我認同為慾望主體的過程 (Foucault, 1978)。

貳 社會經濟制度的首要性：自由、民主、資本主義

研究政治與經濟的權力場域，有以下的基本論述：即研究社會秩序和政治秩序之關係，事實上是權力鬥爭，問題是在什麼場域進行？國家？市民社會？國際？或全球？從歷史來看，十七世紀封建時代是一種王朝／國家對於天下的獨霸狀態，所謂君權神授，朕即國家；十八、十九世紀之交的工業革命，創造了國家與市民社會 (civic society) 的二元社會，市民社會的興起，就韋伯來說：人類社會的變化是來自於 bürger，所謂 bürger 指的是市民，在當時的社會中，是以身分、地位 (estate) 作為劃分基礎的。在當時的封建體系中，有特殊身分地位者，經過時間的轉換之後成為布爾喬亞（baurgeoisie，即中產階級），最後促成了城市 (city) 與資本主義社會的興起。資本主義社會的政治與經濟是服從社會經濟首要性的邏輯。

社會經濟制度的首要性而言，根本上是在「自由」、「民主」、「資本主義」的意識型態與社會制度下，循著一個「經濟」→「社會經濟」→「社會經濟制度」的邏輯發展。首先，自由派的經濟學鼻祖，英國的亞當・斯密 (Adam Smith, 1909) 的著名的「看不見的手」(the invisible hand) 的國富論述，首在尊重「市場機能」(market mechanism)，排除任何人為的干預（包括政治權力的經濟面行使），讓市場中對於人、事、物的供給與需求自然達到一個均衡的價格與數量，充分就業與人類福祉才能達成。這個看法十分理想，但是在實踐上有很大的困難，1920 年代的世界經濟大蕭條徹底摧毀了「看不見的手」的神話。凱因斯的「一般理論」則提供了「一個充分就業是例外，而失業的存在是常態的經濟分析」（石計生，2009）。原來被視為干擾市場的政治權力，成為「混合經濟」的重要解救經濟崩盤的變項：

國家的新職能、預算赤字、公共債務和貨幣創造等政府的財政與貨幣政策，被納入經濟自由市場之中思考。談論當代資本主義社會的「新體質」，最好的著眼點就是從它如何克服 1920 年代的經濟危機及其衍伸出來的經濟理論和制度，顯然，眾所周知，凱因斯，這個在馬克思去世那年誕生的經濟學家的理論扮演重要的角色。

從歷史來看，1930 年代，凱因斯所面對的資本主義世界所遭遇的經濟問題是薩伊法則 (Say's law) 的失效。充分就業 (full employment) 並不能如古典學派預期般發生，反而大蕭條是失業的普遍且長期的存在。古典學派在相信工資可以完全調整 (flexible wages) 的情況下，其勞動需求和供給可瞬間調整，所以當降低工資時即可以增加就業；而有失業就會降低工資，故勞動市場透過可調整的工資不論如何都能達到充分就業。這種總供給線為垂直的狀態的古典理論認為失業是暫時的現象，就像「供給創造需求」的薩伊法則認為生產過剩是暫時現象一樣，它們都已無法合理解釋 1930 年後的現實經濟狀況。凱因斯理論之所以「受到歡迎，因為它似乎填補了經濟分析與大蕭條以後現實世界的問題之間的巨大的裂口」(Hoover, 1991)，這個「巨大的裂口」就是失業在古典經濟分析是例外，現在則成為常態。凱因斯的「一般理論」(the general theory) 即是提供一個充分就業是例外，而失業的存在是常態的經濟分析（但他所使用的仍是古典的邊際均衡的概念，達到充分就業仍是他的首要目標)。如凱因斯首先觀察到的是，勞動市場的工資並非像原來古典學派想像的那麼有彈性，可以完全調整；實際上，工人會抵抗工資的減少，特別是貨幣工資（即名目工資，money wages or nominal wages）的減少。工資的這種向下僵住 (downwardly rigid wage) 的特性，即「勞工願意接受名目工資的提高，但不接受名目工資的減少，這種假設下所獲的總供給曲線 (aggregate supply curve)，即凱因斯的總供給曲線」（郭婉容，1984)。根據凱因斯的觀察，在經濟蕭條或不景氣的時候，工人對於貨幣工資調低的抗拒遠大於實質工資（real wages；以 W/P 表示，其中 W 表貨幣（名目）工資，P 表物價水準)。這意味著「工人寧可失業也不願意降低名目工資」（郭婉容，1984)，更重要的意義在於「對工人而言，上街頭罷工總比對抗物價上漲來得容易」(Mattick, 1969)。

進一步，凱因斯注意到，古典學派由於相信薩伊法則，故也沒辦法明瞭，失業的發生事實上是有效需求 (effective demand) 不足所造成。因為供給（生產）既能確保需求（銷售、消費）的發生，則賣和買的行為就不會有停滯或斷裂的現象，貨幣的作用，在此時，就像馬克思所分析的前資本主義時代；溝通媒介居多（C → M → C′）。凱因斯和馬克思的經濟思想的相似點，一開始即是在對薩伊法則的批判及對貨幣的看法上（雖然他們對兩者的看法有不同面向的發展）。馬克思比凱因斯早七十五年指出「薩伊的市場法則 (Say's law of market) 是全然的廢話。當我們目睹社會的所謂的理性考慮的生產需求和資本擴張的利潤需要之間的矛盾，及實際社會需要和資本主義的社會需求之間的矛盾時，馬克思指明資本的積累已隱含著失業的產業後備軍 (industrial reserve army of unemployed) 的存在」(Mattick, 1969)。而對貨幣的見解，凱因斯在基本上充分體認到金融資本 (finance capital) 的貨幣的資本性格，貨幣在凱因斯的「企業型經濟」(entrepreneur economy) 概念下，它展現一種十分類似馬克思風貌的看法，他甚至使用馬克思的術語來說明自己的貨幣理念。凱因斯指出:「馬克思說明了實際世界的生產本質，並非如（古典）經濟學所想像的，是 C → M → C 商品（或勞務）的交換為主體，這是以個人消費的立場來看。但 M → C → M′ 則是企業的態度，商品（或勞務）的生產是經由貨幣去獲得更多的貨幣。」(Keynes, 1979: 81–82)。奧地利經濟學家熊彼得 (Joseph A. Schumpeter, 1939) 進一步強調建立經濟制度的重要性，特別必須標舉企業家精神 (entrepreneurship) 在經濟生產元素中的特殊性。諾貝爾經濟學獎得主諾斯 (Douglass C. North, 1990) 則提出「**交易成本理論**」(transaction cost theory) 在人和人之間存在著訊息不對稱 (asymmetries of information) 的情況下，建立有效率的制度有賴於非正式限制（價值文化的傳遞）與內在政治程序中的交易成本（行動者在選擇時的自由度）的降低。諾斯的「交易成本理論」認為，訊息的成本是交易成本的關鍵。交易的成本包括衡量交換事物之價值成分的成本及保護權利、監督與執行合約的成本。人和人之間存在訊息不對稱：專業的一方比另一方知道一些有價值的特性，也可以隱藏訊息而坐享其成。因此，不論制度如何安排與設計，仍會出現某種程度的市場不完全。所以，「制度的建構」是專設在特定的制度限制範圍內，制度限制會因時因地而產生差異。「自覺的制度結合」：考慮訊息成本之外，須掌握個人在處理資訊和下結論決定選擇所用的主觀思想構成概念。「觀念與意識型態」產生影響，而制度扮演主要角色，決定它們的影響大小，因此，建立有效率的制度：非正式限制（價值文化的傳遞）與內在政治程序中的交易成本（行動者在選擇時的自由度）是必要的 (North, 1990)。

總的來說，對於經濟本身或社會經濟制度的強調，是在一個自由主義的民主意識型態下的產物，而資本主義社會制度的私有財產權制正是能讓經濟上的交換與生產能夠順利進行的保證。是以，經濟思維無法脫離「政治權力」操作，凱因斯以降，熊彼得、諾斯、至社會學家紀登斯 (Anthony Giddens)，從社會民主、企業型態、財產所有權制，與國家政策等向度，逐漸形成一個模糊原來涇渭分明的「資本主義」與「社會主義」的「第三條路」(the third way) 政治經濟論述。

參 政治權力的首要性：平等、共產、社會主義

政治權力的首要性而言，根本上是在「平等」、「共產」、「社會主義」的意識型態與社會制度下，循著一個「政治」→「社會經濟制度」（第三條路）的邏輯發展。首先，馬克思在批判性地理解了資本主義經濟學的「政治」與「經濟」關係之後發現，亞當・斯密的「看不見的手」事實上開啟一條資本主義交換經濟剝削人類的康莊大道，「邊際效用學派」(The Marginal Utility School) 繼承亞當・斯密，強調「個人」與「主觀慾望滿足」的觀點，為資本家侵占剩餘價值 (surplus value) 提供社會心理與經濟實踐的基礎，從而，忽略了客觀的社會價值的重要性。所以，馬克思認為，以「政治權力」廢除私有財產與市場經濟制度是從根本上瓦解資本主義的手段，因此提倡共產主義。社會主義國家具體表現為集體所有制 (collective ownership) 和經營生產性企業。福利國家從它的單純形式說，沒有這種所有

制和活動，它是在私人所有制 (private ownership) 和市場指導經濟的作用下實行一套集體決定的強制性的收入和財富轉移辦法 (Buchanan, 1988)。就這點而言，希爾弗汀 (Rudolf Hilferding) 和列寧 (Vladimir I. Lenin) 犯了相同的錯誤是：他們以為壟斷資本主義社會就快要轉型至社會主義社會了，因為他們假設「那伴隨著資本集中的社會組織形式等同於生產的社會化」(Mattick, 1978)。事實上，大不相同也。資本主義社會的發展趨勢乃朝向由國家控制剩餘價值的生產和國家對市場進行干涉；而社會主義革命，是朝向廢除「資本—勞動關係」，且試圖影響市場經濟轉型至基於社會需要的經濟型態 (an economy based on social needs)，到了那時，國家是進一步要被廢除的東西 (Mattick, 1978)。

在沒有階級剝削的理想社會下，國家沒有存在的理由，理論上「這樣的社會是不需要社會權威以及公權力來維持基本的社會秩序，但具體的社會主義實踐當中，其政治心態只有兩種可能，一是絕對的獨裁，二是主張到了無階級社會，人的意識得以彰顯，成為主動的、無私的人，所以不需要任何代理人。政治的制度，應該實施全面性的，完全的直接民主；而在經濟上面，則以工人自主的企業作為經濟的主體」(楊世雄，1992)。具體的社會主義國家我們不幸看到的是絕對的獨裁的政治統治心態（如瓦解前的蘇聯）居多，這種近乎極權統治的國家在社會主義社會制度中普遍存在，從一個理想型來論述，其經濟制度實施國家計畫經濟產生的後果，即是所謂的「短缺經濟」(economics of shortage) (Kornai, 1980)。以下我們就從理論上談論馬克思心目中理想的廢除商品生產的價值律後的社會主義經濟制度在實際上的怪異面貌。

短缺經濟，通常所指的是需求超過供給、投資市場緊張、國際收支的長期赤字和外匯短缺等。在社會主義的計畫經濟中，特別是在實行經濟改革之前的傳統社會主義經濟管理體制，短缺的具體所指是材料或勞力缺乏的問題。就如同失業是分析資本主義的核心焦點一樣，短缺在理解社會主義社會也起著決定性的作用。但為什麼社會主義是一個短缺的經濟？就社會主義作為一個中央計畫的賣方市場 (seller's market) 而言，我們從生產面開始觀察；生產者，根據科奈 (Janos Kornai) 的分析，可以有瞬時調節，短期調節（如三個月）和長期調節（如幾年）的作法，使企業能針對出現的經濟情況進行調整。不考慮短、長期而直接看瞬時調節即可看出短缺經濟的來龍去脈。在社會主義的經濟體制下，企業的生產計畫是既定的，它或是來自上級的指令（如季度或年度總量生產計畫），或是自己考慮的結果；並且它採用的投入產出組合也是既定的，使得社會主義經濟表現為一種資源約束 (resource constraint) 的特質；不論是材料、半成品、零件存貨、能立刻投入工作的工人、機器設備等都是受到限制的。並且，在社會主義的計畫經濟中，它是一種有效約束 (effective constraint)，所以科奈稱之為「資源約束型體制」，這種體制之下，由於消費者無權過問商品價格，所以消費需求 (demand) 也被視為既定的，它對生產車間的影響是間接的，因為生產車間是依靠企業領導的指示或銷售部傳達的訊息來決定消費需求，市場的價格機能在此無用武之地。再加上其企業的軟性預算約束 (soft budget constraint) 使得它可以盡可能獲得更多的投入，以避免短缺成為生產的障礙，但在銷售上，它也碰上消費需求無法滿足的困境。於是，當我們考慮資源、需求、和預算的約束之後，以現有的資源的一定構成下，在現存的瓶頸狀態（企業作為生產者，在需求約束通常無效下，價格不能反映真正的消費需求）和既定管理能力和組織下，不可能進行更多的生產；這造成，有計畫的生產水準通常會低於消費者準備接受的水準，亦即，有「需求超過供給」的短缺的經濟現象，生產車間的「日作業計畫」，包括計畫規定的產量和工藝，不能獲得實現。

所以，我們可以看出，勞動短缺並非失業，它是在計畫經濟下，由於投入產出組合的失調所造成的現象。有些工人找不到；更有些工人有工作卻沒有事幹，這種在職失業，或所謂內部滯存，正是勞動短缺越是頻繁和嚴重的結果。而強制調節產出，不僅無法製造上級交付應該製造的東西，且往往造成「缺貨」的短缺現象。這種瞬時強制調整，就是我們看到社會主義社會中貨物品種不全，不能與顧客需求相適應的原因之一。這種產品脫銷和供給不確定的現象，和前面所說過的生產車間的日作業無法實現，及勞動短缺的現象，就是短缺的經濟；它是因為賣方市場、資源約束、軟性預算，和強制替代的調整所共同造成的結果，這構成社會主義的計畫經濟的特點。社會主義的計畫經濟能提供一個轉圜的餘地嗎?「軟性預算約束」(soft budget constraint)，它使社會主義制度下的企業喪失市場競爭的意願及能力。意識型態上是因為馬克思典範力圖廢除商品生產，規避剝削的生產關係，故企業脫離市場供需法則，依照中央計畫指令生產有其理論邏輯上必然的結果，但東歐及中國大陸實踐的結果證明這是一項災難，它不但沒有生產力提高，反而由福利來填補企業的長期虧損這個無底洞。集體所有制在政治上表現為獨裁的集體經濟分贓，「集體」並非人民並享，而是由科層官僚中的共黨領導計畫經濟集團對於人民的需要進行獨裁 (dictatorship over needs) (Feher, A. Hellner and G. Markus, 1983)，本來在馬克思理想中應被過渡的國家變成無與倫比龐大的壓榨人民的工具，這是歷史的最大嘲諷。

肆 「第三條路」的權力政治與經濟

基於歷史教訓的反省，捷克經濟學家齊克 (Ota Sik, 1976) 在整體經濟秩序與社會倫理的考量之下，提出既「人文」又「民主」的結合「國家計畫官署」與「合作社式自主企業」的「第三條路」政治經濟制度主張（楊世雄，1992)。未來「資本主義」與「社會主義」的政治經濟關係將日漸趨同，走上這種回歸「社會經濟制度」調整的思考，二十一世紀政治與經濟間的操作主流:「混合經濟」的道路。

從馬克思主義的立場來看，史達林式國家社會主義的計畫經濟的瓦解在短期深深打擊著馬克思典範的效度；但是長期來看，從馬克思解放人類的國際性格「因為國家社會主義的死亡將把馬克思主義從腐蝕的蘇聯馬克思主義中解放出來；而資本主義既然其本身也無法解決其非理性的問題，它仍然會繼續尋找社會主義式的答案，另外，馬克思主義將繼續提供對資本主義內在矛盾及動態發展的豐富洞察」(Burawoy, 1992)。所謂的「第三條路」(the third way) 思潮即是「為了擺脫古典自由市場經濟與中央計畫經濟之間的進退維谷困境」(Utz, 1991)。

不過，真正從馬克思主義哲學出發，嘗試重構馬克思經濟社會學的，首推捷克的齊克 (1976)，他不同的地方是：**齊克的「第三條路」**不僅是財產所有權及企業型態的調整改革而已，它是從整體考量經濟秩序以及社會倫理價值下針對從「社會衝突的角度，提出一種未來的經濟制度，這種經濟制度的特徵他自稱是人文的、民主的。其稱之為人文的，主要仍在消除勞雇之間的利益衝突……，又稱之為民主的，根據該模式的生產工具財產概念，企業財產歸所有企業成員，所以企業之運作，由所有成員以民主方式共同決定，而國家的計畫官署的形成，也由各地區、各企業部門所推選出的代表構成。齊克的這種模式嘗試在合作社式自主企業的結構中，將私利與公益結合為一」(楊世雄，1992)。我們就從這個架構來分析齊克的「第三條路」的馬克思主義革新。首先，從馬克思主義經濟學向來強調的生產面來看，計畫經濟那種透過國家由上而下的指令型經濟 (command economy) 當被廢除，即齊克的想法先「拋棄馬克思主義的列寧主義特徵——根據馬克思列寧主義 (Marx-Leninism) 思想，國家是生產部門唯一的決定權」(Utz, 1991)，而朝向「合作社式的自主企業」。和西方的資本主義制度下的「合作社」比較，齊克的合作社並非像西方那樣具有自主的法人，具有私有財產權，對資本及其實現有支配權力；齊克的合作社是計畫官署下的單位，人對於產品有管理和支配的關係而不必擁有，故合作社的自主企業可以在計畫內創造利潤，自己決定投資基金的儲蓄，擴張及分配 (Sik, 1976)。這樣的設計和「市場社會主義」最大的不同是可以直接規避科奈所謂的「效率原則和社會主義倫理的矛盾」。因為在資本主義的私有財產制其市場經濟的利潤極大化造成商品拜物，即人的工作價值商品化，這是馬克思典範首欲消除的東西。「市場社會主義」無力解除此一問題，而齊克的想法是「在經濟生產範疇中，合作社式的自主企業是社會化的資本，企業成員不但是工作者，同時也是企業的共同擁有者」(楊世雄，1992)，它的倫理基礎仍然立足於集體，但個人的需要也得以在合作社的自主生產獲得的利潤中獲得滿足。即「個人的自由必須仍歸屬於社會公共福利的權力之下運作」(Utz, 1991)。總的來說，齊克生產面的經濟活動，讓我們引發馬克思

「生產者管理」的聯想，透過合作社式的自主企業由下而上形成計畫官署，以維持市場的經濟秩序及社會公共福利及私人福祉的調和，這是齊克「第三條路」和中央計畫經濟及自由經濟首先的不同。

再來，就消費面和市場而言，指令經濟既然消失，就沒有資源約束的問題，也就不存在一個賣方的市場，不過，下一個問題是：「第三條路」對市場的態度是什麼？即消費者是否有能力影響市場價格？齊克毫不猶豫講的一句名言：「大眾最強烈的經濟旨趣即是消費的興趣」(Sik, 1976)。也就是他充分瞭解生產貨物的流通和交換必須在市場中完成，消費既是最重要的經濟行為，那麼供給和需求的均衡追求市場機能勢必又成為「第三條路」的價格機能及基本原理，而這點「短缺經濟」毫無能力。齊克的「旨趣」（志趣）(interest) 指的是「一種行為主體的努力，他有意識地將自我利益和公共福祉進行結合」(Sik, 1976)。務慈 (A. F. Utz, 1991) 曾批評，這種有關人類學的人性假設一開始就具備社會性的意涵，此推論失之草率；個人和社會間透過合作社組織使其有規範上的一致性，顯然過於樂觀，因值得懷疑的是「企業的成員是否能夠有足夠的時間精神以及知識參與企業的公共決定，來實現公益和私利合一的理想呢」（楊世雄，1992)？若能夠克服這點，我們才能接受齊克進一步區分「經濟旨趣」(economic interest) 及「非經濟旨趣」(non-economic interest)；前者如追求消費、金錢收入等志趣的、工商金融的經濟活動；後者如藝術文化醫療等人性需求的活動，而齊克所謂的「社會主義的市場和計畫」(plan and market in socialism, 1967) 即在於，在承認市場的必要性和商品特徵的存在的前提下，讓市場處於競爭狀態，使企業能以經營績效（這是資本主義的心理分析），即追求最大（最適）利潤的心理經濟動機，產生企業利潤，齊克接受這點（Utz, 1991)。從社會整體來看，齊克的社會民主制度是朝向消費和生產的總體結構的長期轉換，即企業在市場制下的合作社式自由生產，其大量剩餘價值（利潤）得以積累，它得以被用於非經濟旨趣的活動，這使得因商品生產而產生的價值律問題得以降低（或侷限）在經濟旨趣活動轉換的可能性，除了前面我們談過的對「旨趣」本身可行性的懷疑及計畫官署的根據「各種不同志趣的地區及部門完全組織化的整合起來以訂立計畫」(Utz, 1991) 外，它還建立在齊克的「共有資本」(collective capital) 的概念上 (Sik, 1989)，即合作社的自主企業中的個人必須接受生產工具的共同所有權，且能「共同決策，利益分享」。齊克的財產所有權利是非馬克思式也非資本主義式，因為此模式「固然反對生產工具的私人占有，而且也反對生產工具由國家占有的共產國家之國家資本主義」（楊世雄，1992）。唯有接受共有資本，則旨趣活動的轉接才能夠順利進行，這是齊克模式仍然是在社會主義旗幟下的原因。

齊克的特殊觀是，異化並不用和資本主義剝削劃上等號（這直接反對馬克思典範）「異化，從廣泛的角度來理解，它也可以擁抱非經濟的關係，甚至和人類心理有關」(Sik, 1976)。生產工具的社會化是社會主義的基本要求，只是齊克把它放在合作社的自主企業下，他企圖透過利潤在經濟／非經濟部門的轉移降低異化的程度，使商品拜物現象在可以控制的範圍，這是他的「一種未來經濟體制」(Sik, 1989)。

伍 資本主義世界體系

當代社會學者華勒斯坦 (Immanuel Wallerstein) 於 1970 年代初期發展出**世界體系理論** (world systems theory)，以解釋資本主義，工業革命，以及「第一」、「第二」和「第三」世界之間複雜的連結關係等現象之起源。「現代世界體系」起源於約五百年前的西歐 (Wallerstein, 1979)，是以跨國的資本主義貿易為基礎，所以也稱之為「資本主義世界經濟」(capitalist world-economy)。資本累積的動力，促使資本主義下的生產者為了勞動力、原料及世界而相互競爭。當這種競爭隨著一再重複的「生產過剩危機」而有所盛衰時，世界的不同地區也相繼被併入此一不平衡擴展的世界經濟。不平衡的發展將世界分為三種相互連結的社會型態。中央（核心）社會專事工業的生產及分配、具較強的國家 (states)、強大的資產階級、大量的薪資勞工階級，同時深深介入非核心社會的事務。就另一極端來看，邊陲地區的社會則專事原料的生產、國家較弱、具有少數資產階級及大規模的農民階級，同時深深受到核心社會的影響。介於兩者間之社會形式「半邊陲」

地區，同時具有核心和邊陲社會的特色，通常，半邊陲社會或是指上升中的邊陲社會，或是指沒落中的核心社會。

世界體系理論的基本預設之一，就是必須就一個整體來研究世界經濟，對於體系中任何組成元素之社會變遷的研究（組成元素可為民族、國家、地區、種族團體、階級），首先都須將此一元素在體系中定位。在分析上典型的組成元素是「國家」。因此，形成了世界體系理論二重的研究課題。一方面，該理論檢視其組成元素（如國家）內的動態變遷，對於體系的演化和體系中其他各種元素的運轉有何影響，另一方面，該理論檢視世界體系本身的動態變遷，對於其各種組成元素的內部動態和社會結構有何影響。但是，我們從以下的當代全球治理的政經脈絡將說明，世界體系論因過於執著類型化世界版圖而顯得解釋力較為羸弱，國家在受到全球化經濟脈絡衝擊下，傾向於弱化，新的權力布局必須思考，而一國如何因應也需新的思維。本章一開始所論及的 2008 年 3 月後執政的國民黨馬英九政權面對全球金融海嘯顯得左支右絀，原因其實和其意識型態上一直想以 1970–80 年代蔣經國的「十大建設」擴大內需為行動典範有關，事實上，這並不足以因應全球化時代裡的變化。

第二節　當代全球治理的政經脈絡

壹　國家權力式微與全球新經濟

對於全球化的時代的主權國家和新地理的思考，史傳司 (Susan Strange, 1997) 與莎森 (Saskia Sassen, 1995) 是其中重要的學者。史傳司直接提出國家力量的衰退 (the erosion of the state) 的論點。反對全球化者提出 “globaloney”（全球胡化），他們否認全球化的事實，而且宣稱這並沒有什麼真正的改變。其理由為：⑴國家仍然存在；⑵企業仍屬於一特定的國家；因其企業總部往往設於他們所活躍的國家領土之內；⑶企業主管幾乎都具有一個獨特的國家背景特性；因為他們的公司文化都清楚地不同於其他的國際公司。但史雋司認為「全球胡化」是一種對世界經濟的鴕鳥心態，全球化在很多層面上是存在的，並改變了許多事務，如：⑴物質生活：生產結構決定人類社會製造出什麼樣的物質商品和服務，以供人類的生存和舒適所需。現今許多國家增加生產是為了世界的市場 (a world market)，而非傳統的地方性市場；⑵財金結構：如今交易已跨越國與國的領土疆界，在全球的市場中被電子化地連結到一個單一系統之中；⑶理解、信仰、想法、及判斷：全球的均化 (global homogenization) 過程使得個人的敏感性與易受傷的特性獲得改善。這層面是全球化所帶來最顯著的影響。第三層面往往被認為有誇大之實——來自「國際關係」學派的說法。因為全球化的影響導致許多其他的因素被用於國際關係的討論上，相形之下「國際關係」學派對國與國之間衝突的討論就顯得過時與落伍了。史雋司同時也認為全球化面對三種困境，而使得如果全球化不能倒退或甚至抵抗的話，它至少應該被減緩下來。三種困境為：⑴經濟的困境：市場經濟需要一種權威中心，但無論是早期的支配者或國際組織皆無法達成此任務；⑵環境的困境：因為經濟發展所造成的對於地球的毀損和汙染；和⑶政治的困境：國家的權力式微，無力面對全球化帶來的種種變化。因此，國家必須能在科技的要求、準備進入流通迅速的資本社會、品牌和分配網絡系統使其能進入富有的美國及歐洲市場等三種關鍵上具備能力，並有對世界經濟和政治的重要性的「新外交政策」(new diplomacy)：國家結合公司，如同主權在國家和全球的經濟發展過程上實行其權力。主國和外來公司間權力的平衡，多依靠主國市場的大小及外來公司所具有的商業類型來決定。公司間合作性的接管 (corporate takeovers) 和策略上的結盟 (strategic alliances)，這增加了其對於經濟成長、雇傭關係和貿易等未來趨勢的決定能力。公司權力提升的面向——「國家—公司」和「公司—公司」，這兩者在外交政策上的重要性增加了。

國家主權在世界經濟和社會中的消減，從長遠來看，或許多元的國家主權才是常態，這世紀國家政府權力的集中現象可能只是一種偏離值，但我們也無法預知這種消減是否會持續下去。可以確定的是，在全球化衝擊下被侵蝕的國家主權包括三個領域：⑴社會安全防衛系統的削弱，除了對油田及水的需求和民族統一這三個特殊的原因外，他國將不會有占領鄰國國土的需求。獲得世界市場的資源分享是較好的生存方式，這取代了對領土的奪取。現今軍隊的存在除了武器貿易競爭的需要外，主要是為了維護文明的秩序，這可由徵兵制的削減看出；⑵財務金融的一套可信賴機制的降低，當今貨幣價值的快速消失，因為面臨貨幣不穩定的三要素高漲：兌換率 (exchange rates)、利息 (interest rates) 和通貨膨脹率 (inflation rates)。而貿易不平衡，引發市場反應，進而改變兌換率。除了美國和瑞士外，許多國家都將無法抵抗外來的交易市場。國家可以控制利息，過高的利息會導致金錢的流入，這會強加成本在小額交易上，也會使得兌換率過高導致出口過剩。科技（信用卡、數位金錢和數位購買）阻擾了政府試圖控制金錢供給的努力；和⑶福利的提供，已經無法確保老弱殘貧者也能獲得財富所帶來的好處，達到縮減貧富差距的目標。全球化為多元國家和許多個人打開了逃稅的大門，導致國家收入變差，福利大量減少。國家靠賣出國營企業來提高收入，使用貿易保護政策來對抗國外的競爭，以及用補助安全網絡來幫助那些正在消失的產業（例如農、漁、礦業等）。但全球的看法是國際的保護主義是錯的，而自由放任才是對的，保護無效率和無競爭力會因此得到反效果。如果國家權力提供經濟和金融上的穩定、保護弱者以及維護環境，社會將會處於一種仁慈的經濟環境之中。

莎森則認為，過去主權一詞是指「有權勢的個人的屬性，它的合法性是跨越地理區域的……它是依賴在將權力委由統治者或牧師上」。第二次世界大戰戰後，基於「人民意願的主權意涵，變成一個政府建立的政治合法條件之一。」1948 年聯合國大會通過並公布的世界人權宣言第 21 條第 3 項：人民的意志是政府權力的基礎，這一意志應以定期的和真正選舉予以表現，而選舉應依據普遍和平等的投票權，並以不記名投票或相當的自由投票程序進行。這表示在國際上的法律中，君權主義已經被完全的廢棄了。而國家治理系統的演變，現代國家主權是被建立在相互獨占的區域和國家中的主權集中上。治理的系統不見得需是以領土來界定的 (territorial) 的，如某些種基於親戚關係的系統；它也不見得需是固定疆域的，如游牧民族；或者雖然疆域固定但不見得是獨占的。總的來說，在現代國家的治理從絕對的國家主權出發，並涵蓋到它的國家版圖。並且，從地理空間向度來看，在同一時間的不同空間往往存在著各種不同的治理系統，如：中世紀有在西歐的集中君主國，在義大利的城邦和在德國的城市聯盟。當區域獨占的國家和主權國家開始出現的時候，其他可選擇的形式也還是在這時生效，例如，義大利城邦和北歐的漢薩同盟，即使是現在，還是有集權和其他治理系統的繼續形成，例如，非地理區域的或者非獨占系統的，天主教教宗和所謂的阿拉伯國家。

然而現今，經濟全球化已經降低了國家狀態的重要性。要解釋這些問題，需要對那些對新地理力量有貢獻的經濟全球化之主要觀念進行檢視。首先是全球經濟的領地 (territoriality in a global economy)，這關係到很多全球化得以實現的機構和作業流程的實際領土上。全球公司的工廠、辦公室，服務性大賣場和市場的地理分散——經濟全球化最被注意的外顯面貌。**跨國公司** (transnational corporations) 的主要特徵是它不只在一個國家而是在很多國家運作，其附屬工廠、銷售科研等在很多地方同時進行。跨國公司是經濟活動在全世界流動的一個重要力量，跨國公司控制了世界就業、生產和貿易。日本和美國有一半以上的公司都是跨國公司。自 1960 年代起，跨國公司實現空間優化的方式就是在發展中國家建立加工出口區 (export-processing zones)，政府則提供特別的優惠措施以鼓勵外資投資勞力密集產業。由於具有出口的潛力，這些地區的工業生長相當迅速。儘管有些負面的影響，臺灣高雄的加工出口區、中國大陸的「經濟特區」以及墨西哥的邊界工業計畫等確實創造就業機會和經濟的成長。

自 1990 年代起，金融風暴席捲中南美及亞洲地區，說明了跨國企業和金融流通越來越不受官方的約制，由於網際網路的便捷，也造就了全世界重要的企業總部聚集在全球城市 (global city) 當中，透過網路管理下單及行銷使得生產線更佳彈性化，創造更多彈性工作的機會，相對工會和國家的力量也越來越薄弱，工人變成了隨時可替代的工人，因而失去了工作的穩定性和傳統的保障。例如 2008 年全球金融風暴，讓美國華爾街的雷曼兄弟等跨國金融企業宣布破產倒閉。而「離岸工作」(off-shoring) 則可從國家的角度，具體表現在高度已開發國家的狀態，離岸工作造成了一種超過國家規章傘的空間經濟，在這方面，國家在弱化 (denationalizing)，國家的意義在下降中。在一個整合的共同系統裡的工廠，辦公室和服務業務是地理分散時，特別是其中有一集中的高階控制時，那就在集中功能方面還有發展。簡單來講，一個越全球化的公司，他們的集中功能就越成長：在重要度、在複雜面，和在交易的數量方面。在高度已開發國家的國家領土內這些集中功能是不均衡的，要知道集中功能不只包含高階總部，而是包含在一或多個國家內營運的一家公司機構的所有高階財務、法務、會計、管理、執行和計畫等功能單位。其次關係到一個新法律政體 (new legal regimes) 在管理跨國境的經濟交易時的優勢：一種對於合法性（以及律師）特有的熱情驅使著共同經濟的全球化，並且在全球化成長的同時造成了大量的法律革新。法律革新和改變往往被視為是**解除管制** (deregulation) 的特徵，在大部分的社會科學裡，「解除管制」是國家重要性低弱的另一個名字。以往跨國企業只要在經濟上確保國家領土內的功能執行，比如確保適當的權利與契約。然而現在經濟的全球化卻將這個問題擴展到超出國家疆界的情況，因此過去的保證便顯得備受威脅。事實上，全球化已經伴隨著新法律政體的創建，並且跳過國家法律系統的舊形式。然後是**經濟活動的虛擬化** (the virtualization of economic activity)：在電子空間內日益增多的經濟活動數量，電子空間逐漸推翻所有已經存在的領土管轄權。新地理力量是數位化科技帶來的電子市場交易的巨量成長，其中的挑戰這不只是對國家既存管理機構的挑戰，對於隨著新科技所增加的私人機構也是挑戰。代表另一種新的經濟活動型態的成型，也反映出這樣的現象很難在被監控下操作的。這樣的現象也從沒在非國家型態的組織管理治理的文獻中出現過。

非政府組織 (non-governmental organization; NGO) 則是在全球化的浪潮下，跨國企業、跨國政府組織以及國際性的非政府組織成為世界權威活動的三個重要力量。這些權威活動藉由策略聯盟達到組織或企業的目的，並產生既競爭又合作的關係。例如慈善機構經常募款的對象是企業團體，不同企業團體亦需經常在跨國的政府組織中角力。非政府組織是一個不對政府負責的自治組織，一般而言，它們是為了共同的利益或者是出於明確的道德和政治因素考量而積極地去激發世界的輿論。1950 年代以來，國際性的非政府組織的數量以驚人的速度激增，活動的內容極為廣泛，包括宗教、商業、勞工、政治、環保、女權、教育、體育和休閒等等。著名的非政府組織如歷史悠久的紅十字會、綠色和平組織。臺灣最具國際知名的非政府組織團體就是財團法人慈濟基金會，在全球許多地方都有分會並積極推動會務和發展組織的目標。1980 年代中期全球約有 17,000 個國際性非政府組織。隨著網路無國界的聯繫和溝通，也有越來越多原屬於一國之內的非政府組織進行全球接軌，而使得國際性的非政府組織多到難以計數。非政府組織往往都能利用媒體來廣泛引起公眾對其見解的關注，並影響政府或企業的作為，例如發源於中國大陸的「法輪功」成員經常藉由靜坐抗議來引起世界的關注。通過抵制消費、抗議稅收和遊行以及電子郵件和光碟發送來表達意見，值得注意的是非政府組織的成員和被召喚的參加者身分，已經不再具有資本家或勞工階級的壁壘分明性格，而是將各式各樣的人因為某種目的而集合在一起，因此，參加者也可能同時具有多重的身分。

綜上所述，國家／政權的重組或重新分配 (the state reconfigured) 因此成為全球化下的國家權力式微與全球新經濟必然現象。從幾個方向來看，許多國家都正在參與新興的跨國組織。為了扮演這樣的角色，加入的國家必須經歷自我的改變與接受所謂的新合法政策等所帶來的種種影響，而其中許多國家的政策的是增長促進全球的發展和力量經濟。只從經濟領域來分析，每個加入分子的立場角色不同，經濟跨國組織到底是幫助很原始不進步的國家來成長為目的，還是有助於法律規章的加強來形成合法的差異化競爭。而參與國際化的組織往往導致主權的喪失，從美國的例子來看，許多人對於**世界貿易組織** (World Trade Organization; WTO) 的喜好遠大於**關稅暨貿易總協定** (General Agreement on Tariffs and Trade; GATT)。另外再也沒有人希望政論仲裁的大權都由像美國這樣的國家來主導大局。跨國經濟組織與單一國家的利益與得失從概念上詮釋下就已經是相背而馳，在人權、公權與資本市場相互矛盾衝突。全球化經濟與國家的互不相容是非常清楚的：除非各國之間經濟能力差異縮小、涉獵的規範議題不能只有資本市場上的議題。

概念辭典

＊世界貿易組織

是現今最重要之國際經貿組織，迄至2008年7月共擁有153個會員，另有30個國家或獨立關稅領域正申請加入該組織。WTO會員透過共識決或票決之方式，決定WTO各協定規範之內容及對各會員之權利義務，將多邊貿易體系予以法制化及組織化，各會員並據此制定與執行其國內之貿易法規。此外，WTO為會員間討論如何建置經貿規範之論壇，監督會員執行及遵守相關協定之規範，並協助會員進行執行協定之技術合作。WTO各會員可將任何與WTO協定相關之貿易爭端訴諸具準司法性質之爭端解決機制，且其裁決對於各會員具有拘束力，故WTO實質上，可稱為經貿聯合國；另WTO透過與聯合國及各個專業性國際組織如國際貨幣基金、世界銀行、世界關務組織、世界智慧財產權組織等之密切合作，實際上已成為國際經貿體系之總樞紐。其功能主要有五：(1)綜理並執行WTO所轄之多邊與複邊協定；(2)提供進行多邊貿易談判之場所；(3)解決貿易爭端；(4)監督各國貿易政策；(5)與其他有關全球經濟決策之國際組織進行合作。以各會員簽署協定來達到合作與競爭的目的，包括關稅暨貿易總協定、農業協定、食品衛生檢驗與動植物檢疫措施協定、紡織品與成衣協定、反傾銷協定、技術性貿易障礙協定、原產地規則協定、關稅估價協定、防衛協定等。

我國自1990年1月1日正式向關稅暨貿易總協定祕書處提出入會申請以來，已於1992年9月間獲得理事會通過受理我國入會案，同時授予我國觀察員之資格，而能列席關稅暨貿易總協定理事會及其所屬機構之會議。我國加入世界貿易組織成為會員後，除可利用世界貿易組織之爭端處理機制解決貿易摩擦，取得與各國法律上平等互惠之地位外，並可參與多邊貿易談判，避免遭受他國單獨對我實行不利之措施。另一方面，由於入會後我國必需確實遵守各項世界貿易組織所屬協定之規定，履行我國於入會雙邊及多邊諮商之承諾事項（載錄於工作小組報告及入會議定書），並配合修正國內不符合世界貿易組織規定之各項相關法規及行政命令，所以政府對產業之保護將相對降低，短期內難免對部分產業造成影響。就工業而言，以外銷為主或具外銷潛力之產業將因世界各國關稅降低及市場更開放而受益；以內銷為主之產業則因我國工業產品平均名目關稅稅率，將由目前之 6.34%，調降至執行降稅計畫後之 4.34%，而需面臨更大的競爭壓力。在農業方面，則因農產品平均名目關稅稅率，將由目前之 20.02%，調降至執行降稅計畫後之 12.90%（不考慮關稅配額項目），及非關稅措施之撤除，將使得農產品之進口量增加，而導致國內部分農產品之產量及產值減少。1999 年 WTO 的西雅圖會議及 2000 年華盛頓會議，會場內衣履光鮮的財經領袖對全球經濟走向具一言九鼎的影響力，但會場外集結了環保、人權、勞工等社會運動人士亦理直氣壯地與之對抗。正說明了 WTO 在政治經濟和環境議題上所帶來的負面衝擊。

*關稅暨貿易總協定

是在布雷頓森林 (Bretton Wood) 協定中規範，為了促進自由貿易發展的國際協定。1930 年代正值經濟大蕭條時期，「貿易保護主義」作為造成二戰的原因之一，此時也被提出反省，使得更加順暢的國際貿易能夠實現。在 1944 年布雷頓森林協定的框架下，再加上國際貨幣基金 (IMF) 和國際復興開發銀行（IBRD，即世界銀行）的協助，許多國家在 1947 年 10 月簽署了 GATT，並在隔年（1948 年）正式生效。GATT 的原則是自由（GATT 第 11 條：將貿易限制措施轉為關稅，以及降低關稅稅率）、無差別（最惠國待遇、本國民待遇）、多元化，必須在這三項原則下進行自由貿易往來。透過實質關稅減讓、消除量的限制、管制某些非關稅障礙而達到貿易自由化。透過實踐最惠國待遇條文達成貿易非歧視性原則，對區域經濟整合、對發展中國家的優惠待遇，與貿易具彈性，並促使其願意加入 GATT（第 24 條）建立及鞏固貿易發展的基礎，為達此目的要確保貿易進行時有最大程度（或某種程度）的透明度。透過協商解決貿易爭端，以免傷害到會員國間的貿易利益，並解決其他引起的相關紛爭。

貳 全球治理的必要性

近年來一些變化發生，增加了全球化影響人類實踐活動的範圍。隨著全球治理的發展，難以再將國家視為重要經濟與社會關係的適當權力容器 (power-container)。當今發生的事件，如北極冰層融化（環境）、新流感（公共衛生）、全球金融危機（經濟）等變化讓我們提出兩項問題：以社會為核心概念的傳統理論發生了什麼樣的變化？依然有「社會」存在嗎？如果有的話，又變成了什麼形貌？還有所謂的國家經濟嗎？那是臺灣經濟？英國經濟？即使這一切都改變了，全球化過程是否被過度論述了？全球化與在地化過程沒有相互平行嗎？如果有的話，應該發展的理論意涵為何？民主國家以國家命運共同體 (national community of fate) 為前提，然而近年來的一些轉變說明了這樣的共同體已不再具有絕對地位。如莎森 (Sassen, 1995) 指出，這些轉變包括：(1)經由資本、貨幣、財貨、服務、人員、資訊科技、政治、理念、影像及管制措施的流動，跨國實踐活動 (transnational practices) 的發展超越了單一國家。這些跨國實踐活動或流動並不僅僅源於單一國家，甚或單一地理區域；(2)這些跨國實踐活動並非平等地產生在世界各地，全球化是先進資本主義國家的全球化，是北大西洋邊緣國家（G8 工業國：英國、加拿大、法國、德國、義大利、美國、俄羅斯和日本）所制定的霸權規則，這些跨國實踐活動視其特殊地理位置而有不同的發展與影響力；(3)國家已逐漸無法控制這些跨國實踐活動所推動的跨界流動，因為全球相互依賴，國家的政策工具逐漸失去效力，而導致國家空洞化 (hollowing out of the state)；(4)在此高度相互依賴的全球秩序下，許多國家活動的傳統領域若不與他國合作皆無法有效執行，這牽涉了處理與它國的關係，更重要的是與跨國實踐活動的關係。國家亟需提高與它國政治整合的層次以抵銷因全球相互依賴而產生的不穩定後果。如世界貿易組織、全球貨幣基金、世界銀行、OAS、EC 和石油輸出國組織 (Organization of the Petroleum Exporting Countries; OPEC)；(5)一個有著跨國行政體系、國際代表組織以及其他國際機構組成的全球治理模式已發展出來，國家的權利義務，權力能力都必須再定義；(6)不同形式的社會空間實體 (socio-spatial entities) 將會出現，現有的民族國家社會框架 (nation-state society framework) 並不適用於這些組織，民族國家模型不再具支配地位；和(7)「西發利亞式的民主」(Westphalia model of democracy) 可能被「世界性的民主」(cosmopolitan democracy) 所取代。全球秩序由多重且重疊的權力網絡所組成，在此秩序下產生的群體及組織是世界性民主的構成基礎，如此將朝向「世界市民社會」(cosmopolitan civil society) 前進。全球化世界中新興行動者及其挑戰，自由化與全球資本市場的整合，讓國家對於跨越邊界的資本快速流通顯得招架無力。經濟的自由化與整合，造成缺乏完整福利體系國家內部的貧富差距不斷擴大。而新興行動者，如：(1)私部門：其創造貨幣及緊急市場安全貿易部門以外的利益中心；(2)非政府組織：被視為「全球的公民社會」；和(3)具有一定分量的「地區性」非政府組織等均在國家弱化後產生一定影響力。**全球治理** (global governance) 的概念因此被提出 (Held, 2002)：治理與政府兩者皆涵蓋某些規範系統與執行機制，經由執行機制，其權威的運作是為了確保體系保持其一致性，並能朝向設定的目標邁進。世界事務可以被概念化為透過一個分成兩部分的系統來治理，我們可以將這個系統成為世界政治中的兩個世界，其中一個世界是由世界及其政府所構成的跨國家 (interstate) 體系，這個體系長期以來便主宰著事件的發展；另一個世界則由其他多樣的集合體所組成的多核心 (multi-centric) 體系。

參 有在地思維的全球治理：以環境經濟為例

上世紀初的組織化資本主義 (organized capitalism) 的特徵之一在於認為經濟與社會問題應在國家層次加以解決，如貧窮、健康、環境等議題應由國家政策處理，特別是本章前述之凱因斯福利國家應辨認與回應此組織化資本主義的風險。但這樣的一個解答如今已不復見，去組織化資本主義 (disorganized capitalism) 瓦解了這樣的一個國家策略，重要的原因之一在於全球化歷程。當代的問題與解答同時是全球的與在地的，本節將重新描繪全球與在地的關係，藉此抽取其複雜的意涵，並且詳細說明「全球思考，在地行動」(think globally, act locally) 的含義❽。我們似乎很容易瞭解關於社會與自然關係的主流政治爭論——人類活動影響自然環境（例如排放碳化物造成溫室效應），自然環境影響人類活動（例如車諾比爾核變經由氣候影響英國湖區的養羊業）。然而，社會與自然間的關係要比這複雜多了。首先，人類應被視為自然中不可分割的一部分。十七世紀視自然為外在的、可掠奪的、附屬的；十九世紀視自然為有敵意應被征服與控制的。現代性 (modernity) 涉及了人類進步應可以用支配自然的程度來加以衡量與評估的信念，而不是轉換人類與自然的關係，此觀點是以「人類例外主義」(human exceptionalism) 為前提。這種支配自然觀不僅源於資本主義工業化，也源於國家間的競爭與追求最大的經濟成長。

此一說法的缺失在於，並不存在單一實體可被稱之為「自然」，自然的一些概念是由歷史與地理所構成的，不應視自然的限制為固定的或永恆的，其限制視其特殊的歷史與地理因素而定，更進一步說，自然同時是限制也是推動的。當代經濟與社會關係的全球化如何轉變社會與自然的關係，分析此議題時需避免經濟化約主義 (economic reductionism)，自然是由經濟、文化與政治共同生產出來的，社會與自然的關係依歷史與地理的特殊社會

❽ 可參 Susan Clarke and Gary Gaile: Local Politics in a Global Era: Thinking Locally, Acting Globally, In: *The ANNALS of the American Academy of the Political and Social Science*, May 1997, pp. 28–43.

實踐而定，包括觀光與遊憩。觀光定義了土地成為休閒資源之一的形式，重新組織了人類與自然的關係。自然的解讀與產物是需要經過學習的，學習過程依不同社會、不同時期、不同社會團體而有所不同。環境問題是兩項進程的結果：數以百萬計家庭的決策集體生產環境損害，而政府無力控制；複雜的社會與政治程序成功地創造了，並且將環境問題置於不同的地方、國家與國際議程中，儘管只是有限度的成功。自然的社會建構與其消費的轉變包括：(1)人們逐漸視文化為自然的一部分，而非對立的；(2)反思性引領西方科學方法，視科學為問題而非解答；(3)自然是全球的或全部的；和(4)後代子孫擁有環境品質的繼承權利。環境政治則有三個層次需加以區分：(1)保存特定自然環境或自然特徵或環境免於變化，特別是被視為現代性 (modernity) 的衍生物；(2)經由立法、加稅、改變消費型態而改良對環境有害的社會活動；和(3)生態轉變，存在於工業社會、工作倫理、西方消費主義的本質中。環境議題與全球化的連結愈來愈複雜。「全球思考，在地行動」涉及兩項進程：在地方層次的環境問題有著全球層次的起因，需要國際協議補救和許多大問題需要在地解決。

紀登斯認為全球化與時空延展 (time-space distanciation) 有關，因為全球化可以說是時空的延伸作用，能夠將不同社會脈絡或區域連結成一個橫跨地球表面的整體。哈維 (David Harvey) 則認為影響文化與政治變遷的主要歷程是時空壓縮 (time-space compression)。全球化涉入了在新的全球向度上的形象循環積累，亦涉入了其形象是全球的。這樣的一個形象特別吸引了反都市主義 (anti-urbanism) 的運動，因為鄉村似乎表示著與自然親近，無擁擠的人群、非機械性的環境、未經計畫的，但這些都跟西方社會的鄉村無關，因為農業是最理性化的產業，且受制於廣泛外部管制的支配。哈維認為全球化產生了在地化，空間障礙的崩解並不代表空間重要性的減少，時空障礙愈不顯著，廠商、政府與一般大眾對於跨越時空的地方差異性的敏感度愈增加。但對不同的社會團體而言，其在地的利益是分歧的，總而言之，其利益大致分成兩種：便利性 (amenity) 與保護性 (security)，這二者時常是衝突的。基於在地的全球治理，針對環境問題，可以提出以下看法：

(1)全球環境問題的發展說明了既然任何單一政府無法造成差異，所以國家政府通常不願意單獨行動。然而，如果其他國家願意採取相同的必要行動，那麼國家可扮演重要的角色；(2)如果說服大量的個人致力於其個別地方的行動，則國家政策才能成功，人們的承諾與利益影響著大批民眾在地行動的可能性；(3)國家政府受到全球化與在地化的擠壓，他們受限於全球變遷，這是無法個別控制的風險社會，他們在組織在地性亦有困難，因為環境是當地居民的在地性之一，所以國家的意圖常會受到挑戰與拒絕；和(4)不只是居住 (lived) 而是拜訪（visited）所在，居住所在中有一部分是由拜訪者所形塑，更多拜訪者帶來的影響是為了更好的改善環境運動。

從在地思考全球化，**反全球化與全球社會運動** (anti-globalization and global social movement) 必然發生。贊成此論者認為，全球化的電子流動使得全世界的政治、經濟、文化必須重新訂定遊戲規則，直接衝擊的是人們的日常生活的各個領域。因此反對全球化的運動以及以全球連結為主軸之社會運動日趨興盛。近年來在有關世界自由貿易的會議召開的城市，總有來自歐美各地的反全球化的示威遊行。先後在西雅圖、布拉格、魁北克等城市都爆發了示威者與警察的尖銳衝突，反全球化運動隨之聲名日盛。加州南灣的一些反全球化團體 2000 年在聖荷西舉行講座和集會，討論他們所說的全球化帶來的負面作用：本地政府權利的削弱、使發達國家居民喪失工作機會同時奴役發展中國家居民。參加的團體包括一些宗教組織、和平組織、勞工組織以及幫助第三世界國家免除債務的組織。他們的另一個擔心是全球化帶來了移民潮，湧入發達國家的移民從事低收入沒有健康保險的工作，承受剝削，而大公司以此牟利。同時，大公司到發展中國家投資，而使發達國家的工人失去工作，同時，他們以最低廉的工錢付給當地的工人，對於惡劣勞動條件置若罔聞。社會學家科司特 (Manuel Castells, 1998) 認為網絡社會來臨，流動的空間快速地瓦解地方空間的歷史感和地方感，而二次大戰以來民族國家所建立起來之民族認同亦隨領域將屆之破陣而被摧毀。新世紀的認同將會環繞在環境正義、女性主義和自我的認同之上。全球化是不可避免的趨勢，我們沒有地方可以躲避；但是全球化應該是按照有利於環境有利於民眾的方式進行。

第三節　臺灣實例：全球化思潮下的臺灣行政區重劃原則

自從 1997 年前總統李登輝領導的國民黨政府提出憲政改革計畫以來，「行政區域重劃」一直是改革計畫中重要的、但尚未落實的一環，其原因大抵涉及計畫本身展現的保守性格，與朝野諸多政治與地方派系的角力與利益衝突。在該行政區調整的憲改構想中，中央政府經由總統民選的政治與制度邏輯，進一步集權；區域的部分則在「精省」之後，對於縣市等區域層次的協調功能萎縮，1999 年的九二一大地震，政府救災步調落後於民間慈善團體，直接暴露由中央政府垂直指揮縣市政府的緩慢窘境；地方的鄉鎮長擬改為官派，其考量與其說與人民公共利益有關，倒不如說是朝野的政治利益盤算考量，所以，1997 年國民黨地方選舉慘敗之後，就束之高閣。1999 年行政院研考會委託學者研擬《我國行政區域劃分問題分析報告》，提出三個直轄市（臺北、臺中、高雄），與將臺灣省劃分為 24 個縣市（黃德福，1999），亦被批評為「這種眾多小的市與縣，是最適合中央集權的體制」（夏鑄九、成露茜，1999）。

2000 年政黨輪替以來的民進黨政府，力圖在此改革計畫的基礎上，繼續思索並推動重劃工作。然而，不同於上個世紀，面對的是臺灣與國際新形勢：長久以來的重北輕南所造成的南北對立問題，與重西輕東的東部落後問題在大選之後被凸顯；新竹—臺北帶作為全球城市的金融貿易與全球接軌，其發展型態與傳統下濾型分工有著本質上的轉化；高高屏原本是臺灣製造業的重心，現在也面臨企業出走全球分工的挑戰，必須以高雄港作為競爭出口軸心；臺中新興都會帶擁有最多臺商、人口最年輕、地價最便宜、中產階級最多的特色，加上與中國大陸距離最近，因此在未來兩岸產業交流發展上，創造了一個新的優勢；此外，金門馬祖等離島地位，在此新的世紀也有不同往昔的角色，由戰地轉為兩岸貿易最前哨；然後，原住民自治區的呼聲也在全球差異文化下崛起。因此，逢此二十一世紀的臺灣區域新局勢，全球化 (globalization) 的浪潮席捲一切，如何能以之超越傳統「民族國家」(nation state) 規劃行政區的舊思維，成為主要關照點。在此不擬提出具體行政區劃分的決策，而是從全球化的向度解析過去思考之侷限，與提出未來決策時所應考慮的原則。

李登輝國民政府版的行政區重劃的思考陷阱，是來自於發展論 (the developmentist paradigm) 與現代化 (modernization) 思維，以主權 (sovereignty) 為核心概念的民族國家中被理解、制度化，陷入一種國內與國外兩極化的領土陷阱 (the territorial trap) (Agnew, 1994)。從發展論而言，成熟的民族國家體系，融合重商主義，與自由主義的原則，而形成一個新的國際關係系統，它包括以下一些特點：(1)相信伴隨著現代化的直線進步路線，會帶領經濟有同樣的發展軌跡；(2)由國家主導經濟發展；(3)以貿易為刺激發展主軸；(4)以增進國家財富為目標並維持穩定的金融 (McMichael, 1996)。所以，我們可以看到，基於一個歷史選擇，李登輝政府相信民族國家的集權與經濟掛帥，可以維持社會經濟穩定與財富的積累，朝向上述行政區重劃的型態，並不令人感到意外。

然而在面對我國二十一世紀新形勢時，必須考量全球化的思維向度，才能設計一個好的重劃的規劃。全球化是「一種疆界擴張的過程」(a boundary-broadening process) (Rosenau, 1997)，至少有六種元素，如人員、貨物、資訊、資本、價值、行為模式等，可以跨越疆界而流動。以國家為分析與全控單位的思考，是發展論影響下的行政區域重劃觀念，並無法應付當代瞬息萬變的經濟與社會的變動；於是，乘著全球化翅膀而來，衝擊傳統發展論價值觀的「城市—區域治理」(city-regions governance) 或「領域治理」(territorial governance) 新的區域規劃的觀念，就成為我們的另類選擇項。其要義在於：在全球化的過程中，「治理」不再是「國家」的獨家或全部責任，「國家」應拋棄「父權式」的照顧一切、控制一切的集權風格，而應建立一個以地方參與為思考的「分散化的規劃與決策體制」(Friedman, 1999)。亦即，行政區域重劃的「領域治理」觀，直接和「發展論」針鋒相對，不是中央集權，而是「涉及一個地理空間的領域 (territory)，如市、縣、都會區、區域等的正式與非正式的治理（或統理）過程」(夏鑄九、成露茜，1999)。這樣的新思維勢必打破以下幾種傳統行政區域規劃的既成之見：(1)國家—市民社會二分；與(2)城市—鄉村二元。

面對全球化，國家—市民社會二分是過時的看法：「國家」能力 (capacity) 的衰退，表現在國家的角色，在全球化浪潮的拍打下，顯得有氣無力。人口密度的增加，複雜多元的地方結社，永無止境的技術創新，與次級團體追求自主的挑戰等因素的作用，在在造成了國家力量的削弱。國家發現在全球經濟的嚴酷競爭下，在面對世界新秩序時，已縮水為一個國家級的機構 (a national institution)，集中其力量於金融與貿易部門事物的處理，其他如教育、農業、醫療、社會服務等部門。全球政治已面臨分岔的兩種結構並行存在，一是國家中心的世界觀 (state-centric world)，一是多元中心的世界觀 (multi-centric world)。前者指涉的是主權的民族國家 (sovereign nation-state) 的概念；後者是脫離主權的活動者 (sovereign-free actors) 所組成的多元世界——多國公司、族群團體、地方政府和官僚、跨國組織、專業社會、社會運動、政治黨派等。在全球化的浪潮之下，一種新的「權威的活動」(spheres of authority; SOAs) 將取代傳統的國家權威而成為主流。傳統的國家—市民社會的對立思維，被各式各樣想要合縱連橫的，躍躍欲試的活動者所取代。這種新的「權威的活動」包括許多群雄並起的活動者 (actors) 在其中，如傳統的國家、企業家、跨國公司、地方議員、媒體、環保人士、教師、宗教慈善團體、學生領袖、社會運動者、勞工領袖、文化保育人士、運動家、流行音樂明星等。當代一些突發的危機，國家站在處理的最前線 (frontier)，有許多情況已經無能為力，反而需要這些揉合國家與市民社會的「權威的活動」的介入才能解決問題。臺灣的實例就是九二一大地震發生後，國家的應變能力十分不足，反而是如慈濟等民間宗教慈善團體，發揮了最有效率的救災行動。因此，國家—市民社會二元觀是行政區域重劃的第一個必須放棄的舊見，國家必須放棄獨大或全控的心態，以開放的、分散權力的心態讓地方與各式權威活動參與行政區域重劃。

面對全球化，傳統的城市—鄉村、都市—農村的二元對立區域發展觀，已經成為臺灣行政區域重劃的進步障礙。事實上，學者麥吉 (Terry G. McGee) 早已指出，傳統都市發展觀點有其侷限性，「都市變遷」的概念必須被放在各類國家的空間經濟變遷，這樣較為寬廣的典範來看 (McGee, 1971)。以亞洲國家為例，中國、日本、臺灣、印度、泰國、印尼、緬甸和新加坡，我們都可以觀察到幾種類型的「沿著都市中心之間農業和非農業活動高度混合的區域」(McGee, 1991)。這些在亞洲發現的都市化類型，迥異於西方城市／鄉村二分的進化都市觀，我們可以稱之為「衍生型大都會」(the extended metropolis) 或「鄉村城市混合區域」(city-village process; desakotasi)。這種「亞洲中心」的動態都市化過程，應以「地帶」(region-based) 而非「城市」(city-based) 為基礎，在亞洲的國家，諸如日本、南韓、臺灣、印度、越南、中國、泰國與印尼，許多區域演化後呈現：⑴在核心城市之間，有一個混合農業與非農業活動的帶狀走廊；⑵除了人口由農村往都市遷移外，仍有大量在地人口 (in situ population) 存在該走廊或所謂的農村之中。為解釋該空間經濟的特質，城鄉混合都市化理論認為社會變遷，交易、技術進步與全球化會影響此都市化類型的發展。在區域與全球的辯證 (local-global dialectics) 思考下，人口、商品、資本和資訊的區域、國家與國際移動，構成城鄉混合的帶狀走廊可以是發生在區域、國家與國際之間 (McGee, 1995)。城鄉常見的論述如「由於城鄉不均衡發展，使得大量人口及資源集中於都市，壟斷了大部分的財富與發展機會，城鄉發展的不均衡連帶使得地方人文特質喪失，城鄉風格難以塑造」(李永展，1998)。城鄉概念所導引的行政體制，是以人口數為劃分標準，資源集中在臺北市、臺中市、高雄市等人口達百萬以上的大都會區，相對而言，其他的在行政區劃分上屬於鄉村型的縣市則長期忍受「二等區域」的相對剝削待遇。各種政治勢力為了討好選民、或為自己的縣市的發展而喊出「單獨升格」，正是城鄉二元傳統思維的結果。

綜上所述，以全球化思潮的臺灣行政區重劃原則可以歸納為以下幾點：

⑴行政區重劃應拋開「發展論」式的以主權 (sovereignty) 為核心概念的民族國家「中央集權」思維，應以「分散式參與」的方式，讓地方的各式「權威的活動」的力量展現「多元」的地方規劃活力，才能從地方直接面對無孔不入的全球化挑戰。國家的角色不是控制地方或為地方代言，而是在尊重地方差異與社會文化特色的前提下，進行介入輔導發展。

⑵行政區重劃應拋棄城市鄉村二元的現行行政區規劃，而以顧及亞洲特色的「城鄉混合都市化」的真實，以「區塊」、「地帶」為重劃考量，才能打破原來資源分配不均的情況，一勞永逸解決目前從預算到水源的都市之間、與縣市之間爭論不休的「虛假問題」。

⑶行政區重劃應以「領域治理」為方案，讓市、縣、都會區、區域等的正式與非正式的治理（或統理）過程成為真實，整個行政重劃，應該經由地方的各式「權威的活動」對於臺灣整體生態、環境、經濟、與社會的充分討論後，提出「非政治」的重劃標準，讓「區塊」、「地帶」的完整性、永續性與競爭性達到最適境界。

作者認為，政府若能以此全球化思潮導引行政區重劃原則，將是對於臺灣子孫後代的造福，也是終止目前僵化的行政體制下的城鄉落差，與其背後所隱藏的朝野政治鬥爭的務實方法。

第四節　小　結

本章從 2009 年的 8 月回顧國民黨重返執政的一年多發現，那時政治上「親藍」的民眾的歡欣鼓舞，很快在接下來發生的全球性的經濟金融風暴、肆虐全球方興未艾的新流感和死傷慘重的「八八水災」等問題中盪到谷底，因為股票狂跌、失業率攀高，馬英九的聲望一度狂跌至三成以下，並在莫拉克颱風重創臺灣中南部後，竟有近八成民眾因其救災緩慢而要求馬英九下臺。這些現象都讓我們清楚看到，今日所謂的政治絕非一國之內或地方可以任意決斷進行統治，而是需要考量歷史教訓、全球經濟與政治權力競逐後的即時調整、認清國家能力弱化、各式由下而上「權威活動」興起的事實、跨國企業與網路社會的崛起和反全球化的在地意涵等才能達成統治的可能。所以，本章在回顧了傳統政治與經濟的社會制度關連和理論後，提出「全球治理」的思維的重要性：亦即政治世界事務可以被概念化為透過一個分成兩部分的系統來治理，我們可以將這個系統成為世界政治中的兩個世界，其中一個世界是由世界及其政府所構成的「跨國家」體系，這個體系長期以來便主宰著事件的發展；另一個世界則由其他多樣的集合體所組成的「多核心」體系。本章從 2009 年觀察，2008 年 3 月 22 日，馬英九所帶領的中國國民黨贏得總統大選後，要沿襲過去 1970 年代蔣經國時代國民黨老套的「經濟發展」掛帥，不去考量政黨再輪替後的全球化時代的新形勢，則他們會發現，當社會結構已經揉成一團後，又面臨假全球化之名的實質兼併時，用過去舊藥方與老人政治來治理今日臺灣是沒有用的，而蔣經國時代所創造的「經濟奇蹟」在今日將一去不復返，正視「全球治理」與拿捏政治與經濟的全球布局，臺灣的未來康莊大道方有可能展開。

參考書目

1. 石計生，《馬克思學：經濟先行的社會典範論》，臺北：唐山，2009。
2. 李永展，〈國土永續利用與政府再造芻議〉，臺北：國家永續論壇紀錄，1998。
3. 夏鑄九、成露茜，〈歷史之債？臺灣的領域治理與跨領域之社會〉，《城市與設計學報》，第七／八期，頁 57–91，1999 年 3 月。
4. 郭婉容，《總體經濟學》，臺北：三民，1984。
5. 黃德福，《我國行政區域劃分問題分析報告》，行政院研考會委託研究，1999。
6. 楊世雄，〈社會主義人性論之省思〉，《哲學雜誌》，2: 44–57，1992。
7. A. F. Utz 著，楊世雄譯，《第三條路哲學》，*Zwischen Neoliberalismus and Neo-Marxismus: Die Philosophie des Dritten Weges*，臺北：九鼎，1991。
8. J. Friedmann 著，楊友人譯，〈東亞及東南亞城市區域治理體系〉，《城市與設計學報》，第七／八期，頁 45–56，1999 年 3 月。
9. J. M. Buchanan 著，吳良健等譯，《自由，市場和國家》，北京：經濟學院，1988。
10. K. D. Hoover 著，郭建青譯，《新古典宏觀經濟學》，北京：中國經濟，1991。
11. M. Castells 著，夏鑄九譯，〈流動空間〉，《網路社會的崛起》，第六章，臺北：唐山，1998。
12. M. Weber 著，康樂譯，《支配的類型：韋伯選集(3)》，臺北：遠流，1993。
13. O. Sik 著，王錫加等譯，《一種未來的經濟體制》，北京：中國社會科學，1989。
14. A. Giddens: *The Third Way, the Renewal of Social Democracy*, Cambridge: Polity Press, 1998.
15. A. M. Orum: *Introduction to Political Sociology*, New Jersey: Prentice Hall, 2001.

16. A. M. Orum: Political Sociology in the United States, in Baruch Kimmerling ed., *Political Sociology at the Crossroad: Current Sociology*, 44 (3), 1996.

17. A. Smith: *An Inquiry into the Nature and Causes of the Wealth of Nations*, The Havard Class Press, C. J. Ballock(ed.), 1909.

18. D. C. North: *Institution, Institutional Change and Economic Performance*, Cambridge University Press, 1990.

19. D. Held, & Anthony G. McGrew: *Governing Globalization: Power, Authority, and Global Governance*, Blackwell Pub., 2002.

20. F. Feher, A. Heller, and G. Markus: *Dictatorship over Needs*, Oxford:B. Blackwell, 1983.

21. I. M. Wallerstein: *The Capitalist World-Economy*, Cambridge: Cambridge University Press, 1979.

22. J. Agnew: The Territorial Trap: the Geographical Assumptions of International Relations Theory, *Review of International Political Economy*, 1: 1 (Spring), pp. 53–80, 1994.

23. J. Kornai: *Economy of Shortage*, Amsterdom: North Holland Publishing Press, 1980.

24. J. M. Keynes: *Collected Writings*, Vol. XXIX, Macmillian, London, 1979.

25. J. M. Keynes: *The General Theory of Employment, Interest, and Money*, Macmillian Press, London, 1936.

26. J. Rosenau: *Along the Domestic Frontier: Exploring Governance in a Turbulent World*, Cambridge: Cambridge University Press, 1997.

27. M. Burawoy: The Soviet transition from Socialism to Capitalism: Worker control and economic bargaining in the wood industry, in *American Sociological Review, Vol. 57 (February: 16–38)*, 1992.

28. M. Foucault: *The History of Sexuality*, New York: Pantheon Books, 1978.

29. O. Sik: *Plan and Market Under Socialism*, Academic Publishing of the

Czechoslovak Academy of Science Prague , 1976.

30. P. Mattick: *Marx and Keynes—The Limit of the Mixed Economy*, 1969 Extending Horizons Books, Porter Sargent Publisher, Boston, U.S.A., 1969

31. P. McMichael: *Development and Social Change:a Global Perspective*, Thousand Oaks , Calif.:Pine Forge Press, 1996.

32. R. Hilferding: *Finance Capital, a Study of Latest Phase of Capitalist Development*, trans by M. Watnick & S. Gordon, Routledge & Kegan Paul, London, England, 1981.

33. S. Clarke, & G. Gaile: Local Politics in a Global Era: Thinking Locally, Acting Globally, In: *The ANNALS of the American Academy of the Political and Social Science*, May 1997, pp. 28–43.

34. S. Sassen: The State and the Global City: Notes Towards a Conception and Place-Centered Governance, *Competition and Change*, Vol. 1, pp. 31–50, 1995.

35. S. Strange: The Erosion of the State, *Current History*, November, pp. 365–369, 1997.

36. T. G. McGee: I. M. Robinson (eds.), *The Mega-Urban Regions of Southeast Asia*, University of British Columbia Press, Canada, 1995.

37. T. G. McGee: The Emergence of Desakota Regions in Asia: Expanding a Hypothesis, In: *The Extended Metropolis: Settlement Transition in Asia*, N. Ginsberg, B. Koppel, T. G. McGee (eds.): pp. 89–112, Honolunu: University of Hawaii Press, 1991.

38. T. G. McGee: *The Urbanization Process in the Third World, Explanations in Search of a Theory*, London: G. Bell and Sons, Ltd., 1971.

名詞解釋

失業 (unemployment)

是指個人雖有工作願望但卻不能從事有酬勞動或獨立經營的事業。馬克思主義認為失業是資本主義制度下特有的一種社會現象，即無產階級中的一部分人喪失勞動機會，成為產業後備軍的組成部分，失業是伴隨著資本主義政治和經濟制度而產生的根本弊病之一。它集中地暴露資本主義生產方式的基本矛盾，是資本主義制度無法解決的經濟問題和社會問題。

權力 (power)

權力是對社會有深遠影響的強制性決定的社會能力。

權威 (authority)

對人民有影響力並獲得人民認可的正當權力威望，是一種制度化的合法權力。

科層體制 (bureaucracy)

由德國社會學家韋伯提出。其組織有明確管理的規章辦法，並運用高度的勞務分工，使每個人皆負責所屬職務工作，而職務的結構亦有階層的關係以達上下的監督控管，行政上一切藉由理性化計算的方式，有效率的獲得最大的組織效益。

交易成本 (transaction cost)

諾貝爾經濟學獎得主諾斯提出「交易成本理論」(transaction cost theory)，他認為在人和人之間存在著訊息不對稱 (asymmetries of information) 的情況下，建立有效率的制度有賴於非正式限制（價值文化的傳遞）與內在政治程序中的交易成本（行動者在選擇時的自由度）的降低。訊息的成本是交易成本的關鍵。交易的成本包括衡量交換事物之價值成分的成本及保護權利、監督、與執行合約的成本，因為「訊息不對稱」，專業的一方比另一方知道一些有價值的特性，也可以隱藏訊息而坐享其成。因此，不論制度如何安排與設計，仍會出現某種程度的市場不完全。

齊克的第三條路 (the third way of Ota Sik)

捷克思想家齊克主張，透過合作社式的自主企業由下而上形成計畫官署，以維持市場的經濟秩序及社會公共福利及私人福祉的調和。

世界體系理論 (world systems theory)

華勒斯坦理論。就一個整體來研究世界經濟，對於體系中任何組成元素之社會變遷的研究（組成元素可為民族、國家、地區、種族團體、階級），首先都須將此一元素在體系中定位。在分析上典型的組成元素是「國家」。因此，形成了世界體系理論二重的研究課題。一方面，該理論檢視其組成元素（如國家）內的動態變遷，對於體系的演化和體系中其他各種元素的運轉有何影響，另一方面，該理論檢視世界體系本身的動態變遷，對於其各種組成元素的內部動態和社會結構有何影響。

跨國公司 (transnational corporations)

跨國公司的主要特徵是它不只在一個國家而是在很多國家運作。其附屬工廠、銷售科研等在很多地方同時進行。跨國公司是經濟活動在全世界流動的一個重大力量，跨國公司控制了世界就業、生產和貿易。日本和美國有一半以上的公司都是跨國公司。

解除管制 (deregulation)

一種對於合法性（以及律師）特有的熱情驅使著共同經濟的全球化，並且在全球化成長的同時造成了大量的法律革新。以往跨國企業只要在經濟上確保國家領土內的功能執行，比如確保適當的權利與契約。然而現在經濟的全球化卻將這個問題擴展到超出國家疆界的情況，因此過去的保證便顯得備受威脅。

經濟活動的虛擬化 (the virtualization of economic activity)

在電子空間內日益增多的經濟活動數量，電子空間逐漸推翻所有已經存在的領土管轄權。

非政府組織 (non-governmental organization; NGO)

全球化的浪潮下，跨國企業、跨國政府組織以及國際性的非政府組織成為世界權威活動的三個重要力量。非政府組織是一個不對政府負責的自治組織，一般而言，它們是為了共同的利益或者是出於明確的道德和政治因素考量而積極地去激發世界的輿論。

世界貿易組織 (World Trade Organization; WTO)

是現今最重要之國際經貿組織，迄至 2008 年 7 月共擁有 153 個會員，另有 30 個國家或獨立關稅領域正申請加入該組織。WTO 透過與聯合國及各個專業性國際組織如國際貨幣基金、世界銀行、世界關務組織、世界智慧財產權組織等之密切合作，實際上已成為國際經貿體系之總樞紐。其功能主要有五：(1)綜理並執行 WTO 所轄之多邊與複邊協定；(2)提供進行多邊貿易談判之場所；(3)解決貿易爭端；(4)監督各國貿易政策；(5)與其他有關全球經濟決策之國際組織進行合作。以各會員簽署協定來達到合作與競爭的目的，包括關稅暨貿易總協定、農業協定、食品衛生檢驗與動植物檢疫措施協定、紡織品與成衣協定、反傾銷協定、技術性貿易障礙協定、原產地規則協定、關稅估價協定、防衛協定等。

關稅暨貿易總協定 (General Agreement on Tariffs and Trade; GATT)

是在布雷頓森林協定中規範，為了促進自由貿易發展的國際協定。1930 年代正值經濟大蕭條時期，「貿易保護主義」作為造成二戰的原因之一，此時也被提出反省，使得更加順暢的國際貿易能夠實現。透過實踐最惠國待遇條文達成貿易非歧視性原則，對區域經濟整合、對發展中國家的優惠待遇，與貿易具彈性，建立及鞏固貿易發展的基礎，為達此目的要確保貿易進行時有最大程度（或某種程度）的透明度。透過協商解決貿易爭端，以免傷害到會員國間的貿易利益，並解決其他引起的相關紛爭。

全球治理 (global governance)

治理與政府兩者皆涵蓋某些規範系統與執行機制，經由執行機制，其權威的運作是為了確保體系保持其一致性，並能朝向設定的目標邁進。世界事務可以被概念化為透過一個分成兩部分的系統來治理，我們可以將這個系統成為世界政治中的兩個世界，其中一個世界是由世界及其政府所構成的跨國家 (interstate) 體系，這個體系長期以來便主宰著事件的發展，另一個世界則由其他多樣的集合體所組成的多核心 (multi-centric) 體系。

反全球化與全球社會運動 (anti-globalization and global social movement)

全球化的電子流動使得全世界的政治、經濟、文化必須重新訂定遊戲規則，直接衝擊的是人們的日常生活的各個領域。因此反對全球化的運動以及以全球連結為主軸之社會運動日趨興盛。社會學家科司特認為網絡社會來臨，流動的空間快速地瓦解地方空間的歷史感和地方感，而二次大戰以來民族國家所建立起來之民族認同亦隨領域將屆之破陣而被摧毀。新世紀的認同將會環繞在環境正義、女性主義和自我的認同之上。全球化是不可避免的趨勢，我們沒有地方可以躲避；但是全球化應該是按照有利於環境有利於民眾的方式進行。

第五章

社會化與都市變遷

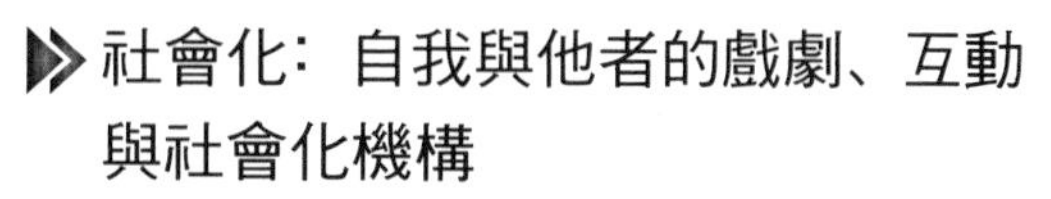

- 社會化：自我與他者的戲劇、互動與社會化機構
  - 自我的建構與他者關連
  - 互動與社會化機構

- 都市化與人口
  - 工業革命時期
  - 工業化和現代化
  - 資訊化時代網絡社會
  - 後都市、網路空間與虛擬城市

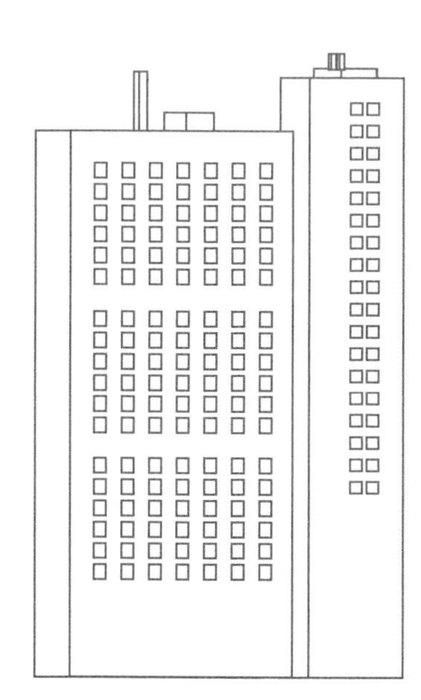

在上一章馬克思理想的無階級社會實現於地球之前，在社會中生活的人們，不分種族、膚色與宗教，從母體呱呱落地後，人的一生都會在階層化社會裡面對自我的成長和他人（包括父母、兄弟姊妹、師長同學、同事朋友、戀人、先生妻子小孩、媒體，甚至是捷運上遇見的陌生人等）間的互動，一幕幕有如戲劇般地演出著，其中喜怒哀樂，悲歡離合，充滿著溫暖與離別的各種張力，無窮無盡直到死亡也來敲你的門為止。一般社會學家用「社會化」三個字來總括人的社會生活中，自我與他者的戲劇與張力。「社會化」可以說是從個人角度所觀看到的社會學的全部，又因為個人觀看的視角無法綜觀全局，本書前述的社會結構的向度遂也十分重要；例如，社會階層化就是社會結構式的集體思考。本章「社會化」的分析單位是從個人出發，去看和他人的關係互動，所以，本章第一部分將先探究包括自我、互動、婚姻、家庭、學校和社區與社群等概念；然後在第二部分將繼續闡釋二十一世紀大多數人所居住的都市及其變遷對於人的影響。

第一節　社會化：自我與他者的戲劇、互動與社會化機構

壹　自我的建構與他者關連

社會化

社會化 (socialization) 指的是一個人從襁褓無助逐漸成長，具備知識和能力去與別人互動，進一步能融入社會文化的過程。這個過程，很多人會以為那是一個線性發展的過程，也就是說當人長越大就越成熟，越具備有和別人互動的知識與能力。但是，事實上不然。人要成為社會的一分子，並不是一件簡單的事。因為人在成長變化，社會本身也在變化成長著，過去曾經被認為理所當然的事情，如儒家的忠孝節義，在後現代的當代社會

裡可能是過時的價值；而過去被視為禁忌的同性戀，在當代則開始普遍被接受，而把人的慾望視為是一種風格取向。於是，社會化觸及的第一個問題就是「自我」及其形成與認同。

皮亞傑：認知發展階段論

關於探討自我 (self) 的理論其實很多，先以皮亞傑 (Jean Piaget, 1983) 的認知發展階段論 (the stages of cognitive development) 為例，他從觀察小孩長大過程以年齡分階段來研究，然後給一個名稱，這是比較行為主義的論斷。⑴感覺動作期 (sensorimotor stage)，其實就是 0 到 2 歲，剛生下來 0 到 2 歲就是感覺動作期，也可說是嬰兒期。嬰兒期的人是怎麼認識這社會呢？基本上是靠觸覺。小嬰兒碰觸物體，去感覺一個東西的存在，用碰觸物體去感覺它們、支配它們，身體展現去探索環境。在嬰兒的時候，個體是靠碰觸東西去感覺環境，這叫感覺動作期；⑵前運思期 (preoperational stage)，是在運用思考之前的時期，個體已經有那個直覺了，可以發展感官的能力，簡單來說就是兒童期，2 到 7 歲，學齡前的兒童，就是我們還沒進幼稚園的時候或剛要進幼稚園的時候。這一段時間主要是運用身體的感官去知道這世界，自我形象，就是在這階段形成的。這怎麼說呢？在幼稚園的時候，2 到 7 歲，一般最喜歡玩辦家家酒，或跟螞蟻說話，這也是一種角色扮演，扮演螞蟻的主人。在前運思期的時候，為什麼會去扮演角色？因為開始想知道自己是誰，這時人們開始有「自我中心」(egocentric) 傾向，但是皮亞傑特別指出，這時的小孩只是用自己的眼光去理解這個世界，但並不具備以他者的角度設身處地看世界的可能；⑶具體運思期 (concrete operational stage)，7 到 11 歲，大概也就是小學階段。小學階段做什麼事呢？就是可以邏輯化思考客體與事件，可以透過特徵進行事物分類，並將之排列成序。對語言文字和符號開始出現敏感度，想要獨立自主，尋找自我。與前運思期的差別在於一個是向外，也就是透過他者來理解自己。例如透過辦家家酒來瞭解自我；一個是向內思考，具體思考什麼是自我，也就是運思期；⑷形式運思期 (formal operational stage)，這是 11 歲以上的少年至青年時期，開始會有抽象思考與系統化驗證假設的能力，會開始在乎假設的，未來的和理念上的問題。簡單來說，認知發展的過程，是由具體到抽象，有個規律，人一定是對具體的東西有興趣才會去對抽象的東西有興趣，這跟人本身受拘於身體這個侷限有關，就像人小時候碰到火會燙，才知道火是可怕的，少年則會慢慢進行抽象思考，皮亞傑強調的是一般人從具體到抽象、從感官到靈魂的逐漸發展過程。但是，皮亞傑對人的認知太樂觀了、太片面了。難道人的自我形成都是按照這種線性方式前進嗎？佛洛伊德與拉岡從自我的多面性回答這個問題。

佛洛伊德：三個自我

根據圖 5.1，精神分析學家佛洛伊德 (Sigmund Freud, 1962)，他以人有三個自我：本我、自我和超我提出個體性驅力論。「潛意識」是沒有時間、永不衰老、永不消失的。它存在於兒童，也存在於成熟的意識中。佛洛伊德認為若把人看做一個未知的、潛意識的心理「**本我**」(id, das Es)，則在它的外表就是從其中心，從前意識知覺系統發展出來的「**自我**」(ego, das Ich)。本我，是一種與生俱來的本能，受性驅力 (libido) 所控制，主張依從快樂原則行事，追求當下的滿足與愉悅。**超我** (superego, das über-Ich) 是受社會規範而來的人格發展，以壓抑慾望來完成自我的道德良心。「自我」並不包括整個「本我」，但只有這樣做才能在一定程度上使前意識知覺系統形成自我的外表。進一步說，「自我」是一個身體的自我，它本身不僅是一個表面的實體，而且它本身還是一個表面的投射，它的重要功能在於把能動的正常控制轉移給自我。所謂的「正常控制」是和社會化或合乎文明道德、宗教與規範相關的「良心的我」或「社會情感的我」、「大愛的我」，佛洛伊德因此假定「自我」之中存在著一個等級，一個自我內部分化的階段，可以稱之為「自我理想」或者「超我」。重要的是，從作用上來說，「超我」和自我一樣，是從聽覺印象中所獲得，因為它是自我的一部分，而且在很大的程度上通過這些語言表現（概念、抽象作用）與意識相通；但是，「超我」的這些成分的貫注能量 (cathectic energy) 並非源於聽覺（教學、讀書等），而是起源於「本我」，原始慾望的我。

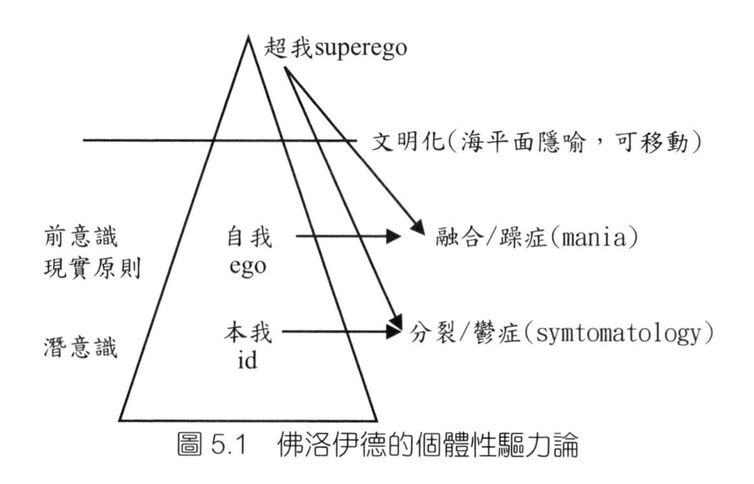

圖 5.1　佛洛伊德的個體性驅力論

「自我」的形成是由認同作用 (identification) 而起，「我是誰?」這個問題的答案有賴「與另一個人產生情感關連的認同作用」(Freud, 1962) 的取代「本我」的貫注（如力比多與伊底帕斯情結)。「超我」的出現，確實說明了人體不只是只有性本能存在，還有更高級的人格存在，它是我們父母關係的代表，在我們很小時就知道了，超我是「伊底帕斯情結」的繼承者，因而把最重要的對象結合至自我之中。**「伊底帕斯情結」**(Oedipus complex)，又稱「戀父情結」，是佛洛伊德根據希臘神話中預言實現的「殺父據母」的故事所發展出來的心理情結，意指人在幼年時的與父親和母親之間的三角關係。在年齡很小時，「小男孩」就發展了對他母親的一種對象貫注，最初是和乳房有關。在對母親的性願望變得強烈之後，就會把父親視為他們之間的障礙，而引起了「殺父據母」的伊底帕斯情結。對父親採取敵視的認同，從而演變成想要驅逐父親以取代他對母親的位置。此後和父親的關係就有了心理上的矛盾；在認同作用中的對於父親的矛盾態度和對母親的那種充滿純粹深情的對象關係構成了小男孩身上的簡單積極的伊底帕斯情結內容。要注意，佛洛伊德並未忽略「小女孩」的「伊底帕斯情結」。顛倒過來，小女孩將父親作為戀愛的對象，敵視母親的類似過程，佛洛伊德稱之為「愛列克特拉情結」(Electra complex)。重要的是佛洛依德的推論，伊底帕斯情結是雙重性:「在兩種性別中，男性素質和女性素質的相對強度是確定伊底帕斯情結的結果將是一種以父親認同還是以母親認同的作用。這是雌雄同體藉以取代後來發生變化的伊底帕斯情結的方式之一」(Freud, 1923)。

本我，是跟慾望有關，原慾。如果限制不了本我，就會被慾望支配，就會陷入肛門期。自我，是一個自我肯定的人存在，受到超我影響，而超我是受到道德、價值、社會規範的影響，如果你把它想像圖 5.1 冰山海平面這條線，就是文化力量。這條線是會動的，每個人的心靈結構，從佛洛伊德來說，每個人的這條線位置都不一樣，舉例來說，一個人如果是宗教性較強，這條線就會往下面點，上面的文明化制約力量就會大點；而慾望較強，這條線就會向上面一點地方移動，文明化制約力量就小些。表面上看來，宗教性強的人本來應該跟慾望無關的，但看起來慾望都蠻強的，這是為何呢？佛洛伊德的解釋，稱為躁鬱症。什麼是躁症？就是原始慾望很大，這個本我受到超我的節制，而那個節制的力量不及本我的力量，所以變成躁症。鬱症是什麼呢？鬱症就是剛好顛倒過來，超我，道德力量太強，本我也很強但不敵超我。而佛洛伊德的冰山理論打破皮亞傑的自我線性說法，重要的是說出「自我」的可憐處境。自我是深受天地挾持的，「天」就是超我，「地」就是本我。人在很多情況中，有時戲劇互動論者所說的印象管理 (impression management) 不一定有用。社會文明化會加上一堆社會規範，希望人看起來正常，所以自我是很可憐的存在深受天地挾持，受到「超我」與「本我」的規範或激勵，用冰山海平面來譬喻，因為冰山的海平面這條文明化的規範說不能逾越，在社會化過程就是有良心在作用，「自我」乃很不穩定，不如皮亞傑線性發展，人的成長其實就自我而言，是很不穩定的。

拉岡：兩個自我

如圖 5.2（引自石計生，2006）顯示，拉岡 (Jacques Lacan) 以「鏡像階段」與圖式 L 說明社會化語言作用的結果，「自我」是分裂的，並且「鏡像階段」所顯示的自我是誤解的產物，主體的位置是自我異化的。

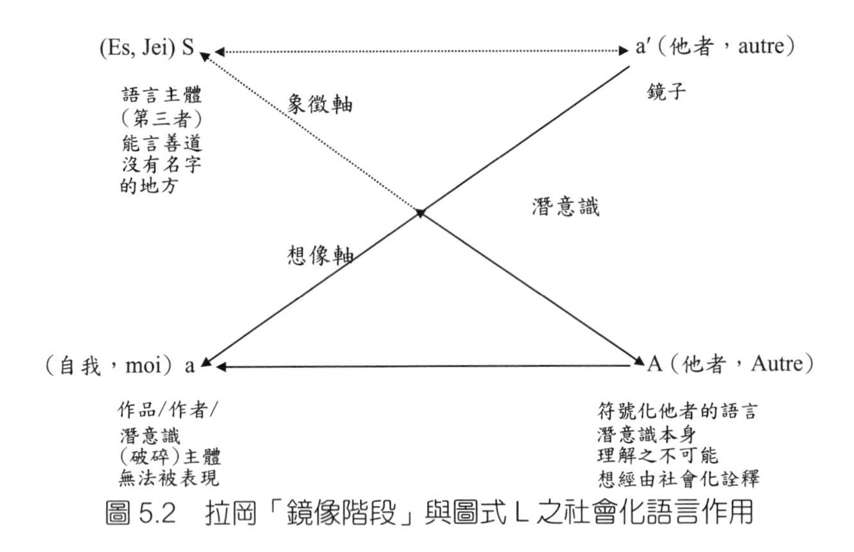

圖 5.2　拉岡「鏡像階段」與圖式 L 之社會化語言作用

從學術進程來看，1956 年之後，拉岡回到了孩童的歷史開始把「鏡像階段」視為存在一主體與鏡像間的緊張關係，產生了「分裂的自我」的可能。主體為了化解緊張，會認同鏡中之我，想像中的出場時刻表面上充滿了歡樂，但和全能的母親的支配相比，孩童的遭受壓抑又削弱了歡樂的幻覺。「鏡像階段」所顯示的自我因此是誤解的產物，並且主體的位置是自我異化的。但「鏡像階段」並不因為人長大成人就消失掉了，反而經由語言的「象徵界」作用，進入了他者 (other) 的能指的世界，進一步面對更為不穩定的主體建立辯證關係。線由他者 A 以「實線」出發，但在碰見想像軸 a–a′ 時卻轉而為虛線，因為碰壁，所以他者 A 的向量就轉而順著想像軸往下移動，而被送回小寫字母的自我 a。這個過程，就充分顯示了拉岡的主體是：經由他者而建立自我認同理論及其隱含的悲劇性。他者 A 根本上就是潛意識 (unconsciousness) 本身，是能夠展現某種主動性的自我 (Es, Jei, I)，是小寫自我 a 的符號化的代名詞；那虛線代表到達不了主體的 S，他者 A 反而是順著想像軸的實線到達小寫自我 a：這潛意識主體，經由他者的凝視，反映外界語言符號而形成的自戀與慾望的主體，如上所述，它占據一個空洞的位置，是個被動的自我 (moi, me)。主體無法將自己固定在 S 形式上理解，而是需要透過鏡子中的想像所得到的形象，所以 S–A 軸線碰壁後沿著想像軸 a–a′ 而進行自我的尋找。整體來看，S–A 軸線顯示，人無論怎麼走都無法到達（建立）一個真正的主體 S，「只能在想像的鏡像中把握事物並被封閉在鏡像內部。拉岡在圖式 L 中乃脫離了佛洛伊德的原慾決定理論，而在考量社會化的語言力量後，強調主體之建立（拆解）是基於和他者的互動的不穩定過程而完成。

班德拉：社會學習論

但是，上述的對於自我的理論的問題在於，沒有將環境因素以及環境與人的互動等考慮進去。如圖 5.3 所示，班德拉 (Albert Bendura, 1977) 的**社會學習理論** (social learning theory) 進行了人 (people)、環境 (environment) 與行為 (behavior) 三方面關連（簡稱 PBE）的自我理論論述。他認為，人的社會心理行為表現並非只是個體內部驅力之作用，而是具備有學習能力的人、環境和行為之間的交互決定 (reciprocal determinism) 的過程，三者都是作為相互關連的決定因素在起作用的。這些相互依賴的因素所發揮的相互影響，依場合和行為的不同而有不同。有時，環境因素對行為具有強大的限制作用；另一些時候，人的因素則是環境事件發展的絕對調節者。人既不受內部力量的驅使也不受環境刺激的支配。相反，是根據人和環境間的連續交叉互動來解釋心理功能的。其中，符號的、替代性的和自我調節的過程有重要的作用。社會學習理論乃賦予自我調效 (self-efficacy) 能力以突出的地位，相信自我能夠以某種方式表現以完成其設定目標，有其生活的積極面思維。並且，通過安排環境誘因，創造認知支柱，設想自己行動之後果，人們就能對自己的行為施以某些控制措施。自我調效的功能是由外部影響激發的，有時也能由外部影響維持著，但是，真正能影響與持久自我行為控制的，是自我影響在一定程度上決定著一個人將採取什麼行動。社會學習理論可以說是關於自我的理論中相對而言最具社會性，也最相信人的主動性的，雖然在理解人的自我心智的複雜性與深度上面有其侷限性，不如佛洛伊德與拉岡深刻。

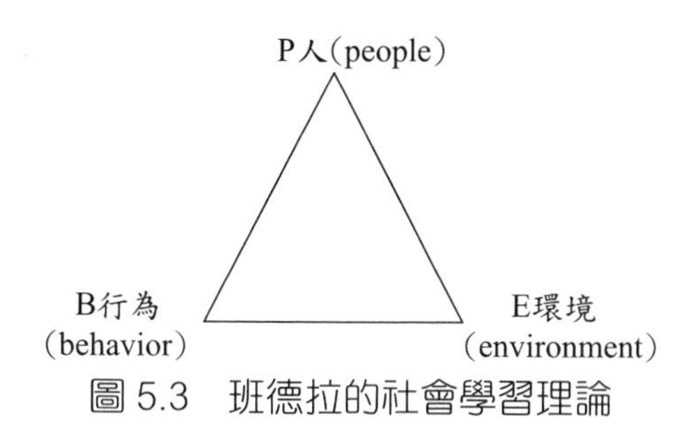

圖 5.3 班德拉的社會學習理論

貳 互動與社會化機構

互動與相關理論

關於互動，對於個人之間與群體的研究，主要集中在微觀社會學(micro-sociology) 的符號互動論 (symbolic interactionalism) 上。如目前社會學時常提到的「兩人團體」(dyad)，沒有獨立存在的團體結構，也沒有比獨立的個體更多的事物與意義，個體皆有高度的自主性；或「三人團體」(triad)，可以獲得一種意義，它超越了所涵蓋的個體成員，會面臨「結盟」或是「多數」的情況，最後個體並主宰支配個體。這些都是齊穆爾 (Georg Simmel) 典型的微觀社會學的研究成果。另外，當然著名的俗民方法論 (ethnomethodology)，也談論很多和互動相關的論點。微觀社會學重視「詮釋」(interpretation) 的作用，這就涉及到反身性，米德 (George H. Mead, 1952) 所說的「自我」(self) 至少具有以下相互關連的特質：(1)「反身性」(reflexiveness)，指的是一個人可以變成其本身行動思考的對象。自我有一種設身處地或是易地而處的能力，能夠隨時隨地的抽出來想像；(2)自我是一種意識過程，是社會經驗的結果；(3)自我是可分為主我 (I) 與客我 (me)，「主我」是衝動的自我，是個體的能動傾向，積極主動具有原創力，但卻是行動者無法查覺該部分的作用時機；「客我」則是一種社會化的我，是被行動者知覺的自我部分，係對他人有組織的制度與概化他人 (generalized other) 的內化。所謂「概化他人」，米德指的是對角色的扮演或是情境中的自我有著一般性的理解，即自我在組織之中的定位與如何把他人組織起來的技巧。「反身性」就是人跟動物的差別，人可設身處地的去想，這個事情是怎麼發生的，這個顏色為什麼這個顏色，把那個刺激經過詮釋之後，這個詮釋是涉及到一個自我，你的自我詮釋，你不可能無端地去詮釋，人是有一個自我的概念在裡面，那這個自我是跟你的心靈相關的，也是跟你的精神活動有關的。

而葛芬柯 (Harold Garfinkel, 1967) 等所提出來的俗民方法論，這個字看起來好像很長，其實它很簡單，你把它切成兩個，methodology，就是方法論；ethno 就是種族、人種、一般人，所以我們翻譯成叫做俗民方法論的意思，就是 ethnomethodology。葛芬柯說「我之使用『俗民方法論』一辭是為了檢驗索引式表達的理性特質和其他偶發進行事件的實踐完成，或每日生活中的組織化的人所刻意創造的實踐。」他相信「在日常生活中最為普通的活動裡，也有著一種秩序」。社會秩序是這樣建構的，他就直接去挑戰帕森思 (Talcott Parsons) 的結構功能論 (structural functionalism) 講法，說他認為帕森斯的講法是錯的，社會絕對不是什麼先於個人，社會秩序的建構絕對不是因為有個價值共識，埋藏在自己心裡，然後你就去服從，然後這個社會就這樣建構起來，他說絕對不是這樣的，不是靠規則去建構的，社會秩序，絕對不是一個先於個人存在的東西，而是在個人之內。經過個人跟別人互動所產生的，這個觀念就涉及到非常有名的**情境定義** (situation definition)。所有的社會秩序，所有的社會出現，是跟你所處的那個情境有關的。在人跟人的互動當中，會創造出一種情境，當這個情境被接受，只要個人或兩個人以上，你們創造一個情境，你們都承認這個情境是存在的話，是發生的，那結果就是真的，所以只要因是真的，它的結果也會是真的，這就是情境定義。湯瑪斯 (William I. Thomas) 的「情境定義」——「如果人們將情境定義為真實時，那麼在其所產生的後果中，這些情境就是真實的」——為立論基礎。「情境定義」的真實情境是被互動的人所「定義」出來的真實，儘管它可能和客觀真實有所不同，我們與他人互動，根據別人主觀所透露出的訊息知道對方的期望，然後見機行事做出反應。這種充滿彈性的互動理論，就是為了要證明「表演」這件事對於日常生活的秩序維繫的重要性。這種情境定義是怎麼樣呢，就俗民方法論而言，它透過兩個重要的部分來探究，一個叫破壞性實驗 (breaching experiment)，一個叫談話分析 (content analysis)，那兩個一個是負面的破壞，一個是正面的分析。破壞性實驗：這是葛芬柯發展舒茲 (Alfred Schutz) 的想法，即社會行動者必須假設互為主體的一般命題，以檢驗日常生活中所成就與保持的互動是如何達成的 (Heritage, 1984: 232)；它想要證明，沒有一個東西是高高在上的，然後完全支配我們的，而後我們一直認為價值共識是看不到的，事實上它可證明它的存在，因為當你開始舉止行為和平常不一樣時，那個規則就冒出來了，這是第一個。第二，規則是可被破壞的，而且再建構出一個新的規則出來，這就叫破壞性實驗。

所以，俗民方法論有四個假設，第一個，社會現實本身是一個反身性的活動，這個反身性的活動，它存在，只是大家很少去知覺到它的存在，所以這個要被知道，要經過一些破壞性的實驗，才會凸顯這個東西的存在。第二個，社會現實是互動的結果，而且這種互動是永無休止的，人與人的互動是沒有停止的一天，簡單的講，所以它才會發展出索引鏈。通過社會互動所建立的社會秩序，有兩個核心觀念，一個叫索引性。「索引性」(indexity)，就像一本書後面的索引，我們常常會回去參考，以便知道引用怎樣的知識做應對進退是恰當的；它是溝通行動的結果及所有社會行動的一個特點，即行動者對於意義的共同完成，且是一種未經言明 (unstated) 的假設與共享知識。整個社會生活，可視之為由彼此獨立的索引鏈 (the chain of indexity) 所組成。另一個叫權宜性 (contingency)：人與人的互動，會產生一些行動，這些行動的表達涉及，你為什麼會有這樣一個行動的表達，是因為你有這個索引性在裡面，就是說，人跟人在講話的過程當中，其實你是不斷的變化你的方式，通權達變地去滿足別人到底是想要跟你講什麼，如果你不能夠變化你的講話方式，或滿足別人跟你講什麼的話，基本上別人可能會視你為神經病。所以，這個索引性，講的就是說，人們在所謂的社會秩序或是社會實體怎麼樣被建構起來，其實是沒有什麼結構性與普遍性可說的。權宜性，很明顯就是權宜之計：假裝。每個行動表達，或人跟人的互動當中，經由索引性，還有權宜性，我們會看出索引鏈，一個接一個不斷的被串在一起，它是無止盡的，怎樣把它擋住，我們現在下課或換一個話題，就把這事情擋住。社會秩序有很多可能，這就是葛芬柯的理論。

其實在日常生活的互動關係中，雖然我們會建立一些小小不同新的規則，人們對那些規則，權宜的不同，而在人們的潛意識當中，有一種衝動，想要打破這個規則，破壞性實驗和談話分析是一種無窮無盡的過程。人跟人建立的這個規則，不是說我們共同講好的，其實建立的過程跟結果都是不斷的在流動的，所以這個流動是需要不斷的協調跟妥協的過程所產生的。「談話分析」其研究出發點在於「認為談話具有一些影響互動內容的一般化形式，而把關於意義的問題都會先擱置一旁。」日常生活的談話的互動對於問題的回答不一定是個答案，通常只是一個揣摩之後的插入語，就是不回答也代表一種回答的力量，往返的談話會等待一個收場話的出現而中斷或真正結束進一步的交談。「談話分析」因此是透過人們表面的對話，盡量深入將「認知秩序問題」(cognitive problem of order) 根植於日常生活的實踐之中，直到挖掘出認知秩序能夠成為互動對話中說話程序的承接 (trun-taking) 基礎。而「俗民方法論」所注重的是，人們創造了什麼樣的規則，定義與價值並不重要，因為它早已存在；重要的是人們以什麼方法描述，定義與相互看待共同形塑了這些社會秩序，才是重要的。

另外，關於互動的理論，高夫曼 (Erving Goffman, 1983) 的「戲劇論」(dramaturgy) 或「演技取向論」(dramaturgical approach) 也很重要。高夫曼認為，我們所處的現實是「戲劇化的現實」：個人在他人面前出現時，其行為常常以各式各樣的符號來表現，這種符號的戲劇性突出並描述了種種原來隱晦不彰的確定性事實。這是因為，如果個人希望自己的行為受到他人的重視，那他就必須使自己的行為在互動的過程中表達出他所希望表達的內容 (Goffman, 2004: 33)。高夫曼的「互動」(interaction) 指的是面對面的互動，個人面對面地出現在一起時，對於彼此行為的相互影響 (Goffman, 2004: 16)。戲劇論簡單的來講，就是說，人生如戲。最傳統的演戲方式，我們會有前臺後臺，和演出的人。他的理論就建立在一個我們日常生活 (life world) 裡面完全能夠理解的範疇。前臺 (front stage) 就是一個大家看起來都很正常的地方；後臺 (back stage) 是一個你可以自利的，去針對前臺的表現，你的不滿或者你的瘋狂想法，不合實際的舉止，可以被表現的地方。前臺是必須要正襟危坐的。前臺裡面有兩種人，一種叫作「表演者」(performer)，一種叫作「角色」(character)。人們先成為「表演者」再扮演「角色」。對我們來講，基本上我們都是表演者，老師表演老師的角色、態度，高夫曼在區分時，把表演者和角色區分開來。表演者和角色的差別在於哪裡呢，在於入戲的程度，你要被稱為一個角色有點難。所以表演者是一個備受折磨的印象製造者，他從事於太過人性的表演 (A performer is a harried fabricator of impression involving in the all-to-human task of staging a performance.)(Goffman, 1959: 252)，因而我們為了避免失態，時常要進行所謂的印象管理 (impression management)。

「印象管理」是表演者用以維持特定印象或是形象的技術，和可能遭遇問題的解決方法。人們在這個世界上，只要進入日常生活中，就進入了舞臺，我們現在是這個舞臺，出去的話就是另外一個舞臺，這舞臺的場景是不斷的變化，但是不管他的舞臺怎麼變化，你在裡面就是要表演，表演就是備受折磨的印象製造者，因為表演工作就是滿足別人的對你的印象，而不是要創造自己的印象。基本上，大家在後臺會很輕鬆。所以高夫曼說這世界真的有兩個舞臺，一個是要你表現給別人看的，一個是你完全放鬆。所以社會秩序如何可能，就是在於，在前臺、後臺中間，有一種良好的印象，去透過你自己的管理，把它表現出來。但這是相當弔詭的，人要在別人面前表現一個良好印象，好辛苦。為什麼辛苦？就牽涉到，表演者的後面那段話，表演者是一個備受折磨的印象製造者，因為他從事於太過於人性的表演工作。太過於人性，佛洛伊德的精神分析，講過一句很有名的話，人的精神狀態會存在於一種強迫性的衝突 (compulsory repetition)，為什要「是太過於人性的表演」因為第一次說服自己要當社會所建構的文明化力量認可的好的兒子、女兒、好的學生、好的老師，當你自我說服之後，你就會開始，不斷的自我增強，去做這樣一個表演者的過程。強迫性的重複常常會出現在你的不自主的動作或說溜了嘴。同樣，印象管理，為什麼備受煎熬，是因為強迫性的重複。人們在扮演一個前臺備受歡迎的角色工作的時候，你會不斷的，因為讚揚或獲得好處，會不斷的自我強化，想要變得更好，直到那所謂的「好」反過來壓迫你，窒息你的想像與存在。所以備受折磨的原因是因為，重複太過於人性的。社會地位，可分為繼承性 (ascribed) 的社會地位，成就性 (achieved) 的社會地位。成就地位就是後天獲得的，繼承性的則是先天的。這些地位都會去影響到一個人他在印象管理的時候，他到底要採取什麼樣的印象管理修飾。

社會化機構

在人一生的互動過程，自我的形成，認同，與成長相當依賴「社會化機構」(institution of socialization) 的作用，這至少包括家庭、學校教育、工作場域和社區與社群等。建構家庭來自於婚姻關係，而所謂婚姻 (marriage) 指的是使成年男女雙方透過合法儀式的結婚制度，使產生有親屬的關係。大多數國家法律主張一夫一妻制，所以重婚乃成為一種罪。重婚可定義為「個人在有正式、合法的婚姻關係下，又再與另一名男子或女子結婚」。配偶則是合法婚姻關係下的結婚對象。就婚姻的類型而言，至少包括內婚制與外婚制。「內婚制」指的是只准許在同一群體內結婚的婚姻制度，可能是相同的族群依賴其血緣關係，即同意並支持在同一族群內通婚找尋適當的配偶，禁止與不屬於該族群、階級或地區的人通婚，主要為了鞏固家族成員的代代繁衍。「外婚制」則為只准許在自己的群體之外結婚的婚姻制度，可能屬於不同族群、社會、階級或地區等，即同意並支持與不同族群有婚姻關係，多半因為有價值、利益等因素而實行此項婚姻制度。

婚姻後會建立家庭 (family)。家庭是個人出生後第一個接觸的生活領域，此領域由兩個或兩個以上的人口居住在同一個房子組合而成，並且，男性與女性基於正式的婚姻關係而產生出有血緣的關係，以提供個人生理與心理發展的功能、教育功能、娛樂功能、經濟功能等。中國學者費孝通曾提出「差序格局」論點，用以形容傳統鄉土中國社會中親屬關係遠近親疏的網絡。認為親屬關係好比丟石頭於水中形成的水波紋路，同心圓的水波中心是以自己為圓心層層推廣出去的結構，一圈一圈的水紋說明了親屬的遠近親疏。鄉土中國社會中親屬關係深受儒家倫理影響，是以父系社會為主。父系社會是男尊女卑，重男輕女，以男性為主的社會，家中事務多由父親做決定，財產及子女權等均歸父親所有，且姓氏的繼承以男方為主。母系社會則女尊男卑，重女輕男，以女性為主的社會，家中事務多由母親做決定，財產及子女權等均歸母親所有，且姓氏的繼承以女方為主，在婚姻上，男方以入贅的方式進入女方家庭。鄉土中國社會中親屬關係也深受宗法制度影響。宗法制度即宗族的組織法則，以血緣關係為制度基礎，主要是明確的界定宗族內的長幼次序間的權力與義務關係，並規定以子繼父的繼承秩序。在村落裡通常會有宗祠存在，宗祠又稱為祠堂。視為宗族的象徵，是中國傳統家族中的精神與信仰中心、供奉祖先神主，以進行祭祀的場所，總而來說，即是一切活動的中心所在處。宗祠裡面是宗族活動場域。宗族是一種社會組織，由具有血緣關係的家庭組成並擁有共同的宗祠，是依照宗法的規範下，共同組成的社會群體。宗族也會組織宗親會，指由同宗族的人所舉行的聚會，目的是維繫宗族的倫理以聯絡情感，並籌擬祭拜祖先的事宜、解決族內問題等。

「差序格局」雖說明了傳統鄉土中國的某些家庭關係，但是在全球化過程的當代，這種立基於儒家倫理的家庭關係論點，隨著家庭類型的多元化與都市的興起解釋力逐漸降低。以家庭類型而言，有(1)大家庭，也稱為聯合家庭，即人數較多的家庭型態，多半在傳統農業社會中，成員有祖父母、父母親與子女以及其他的親戚，像是叔叔、嬸嬸等；(2)核心家庭也稱為小家庭，即人數較少的家庭型態，多半在現代社會中，成員只有父親、母親與未婚子女；和(3)折衷家庭，稱為三代家庭，是擷取大家庭與小家庭的優點所形成的折衷型態，家庭的成員由祖父母、父母與未婚子女所組成的三代同堂等。當然，可以另外從夫妻收入型態區分家庭，如雙薪家庭，指家庭內的夫妻雙方，兩人均有工作，即是一個擁有兩份薪水收入的家庭形式。也可能發生重組家庭，指曾經因為喪偶或離婚等因素成為單親家庭的丈夫或妻子的一方，與另一名男子或女子再婚，並且帶著自己的家庭成員，重新組合成一個完整的家庭；或者出現單親家庭，指家庭成員由一位父親或一位母親與其子女組合而成。單親的可能為父母離婚、分居或是父母其中一方死亡等因素。現在有許多國家，為了避開人口壓力，常施行「家庭計畫」，是提供關於家庭生育率的計畫，以擁有美滿的家庭生活。如當今中國大陸的一胎化政策。生育部分，也會因為急於想要有小孩而出現所謂的代理孕母。代理孕母是代替不能懷孕的婦女，來完成其孕育胎兒的女性。因人工生殖醫療技術的進步，將不孕夫婦的精卵植入有生育能力的女性子宮內部懷孕，使他們擁有自己血緣關係的孩子，是提供不孕婦女的一種解決方式。

家庭類型在當代都市化的多元化也產生許多新的名詞，如**頂客族**(double income, no kid; DINK) 是對一種族群的稱呼，指結婚後不想擁有小孩的夫妻，即夫妻雙方有工作、有薪水，但不想承擔養育子女的責任，而不生小孩的族群。也有所謂的「**歸巢族**」（英文 boomerang kid 的字意），是對一種族群的稱呼，指大學畢業後的青年或已成年的子女，仍賴著父母與父母同住並讓父母撫養的族群。或者**飛特族**（為英文 freeter 的音譯，是英文 free（自由）和德文字根 arbeiter（勞動者）結合成的詞彙），是對一種族群的稱呼，指從事的工作類型屬短期的打工性質，工作技術的要求不具備專業經驗，多半依照時數接受薪資，無沉重的工作壓力，是追求自由生活型態的勞動族群等，這些新興族群的出現，多少都暗示著傳統家庭的形式與倫理束縛的衰弱與變化。並且，隨著女權意識的高漲，家務勞動過去被視為是一種「無償勞動」，但是現代婦女常主張「家務有給制」，即家庭內的勞動工作的付出視為需支付報酬的工作。過去傳統社會男女結婚後，女性的角色多半為全職的家庭主婦，在家從事的家務勞動視為理所當然，然而，現代社會因女性進入職場工作，即便角色轉為職業婦女，下班回家卻仍需做家事，為提供兩性在家庭工作上的平等與分工，便提出家務有給制。

而社會化機構的其他機構，如學校一般而言是每個人的必經成長過程，在臺灣制式升學管道包括小學、國中、高中、大學等，基本上是從以培養讀算寫能力開始至具備公民意識與獨立思考能力為教育目標。這些教育過程均可以產生某種社會化印記，如身分團體的概念。所謂「身分團體」，是指擁有相似地位、聲望、文化、語言邏輯和生活風格等的一群人，因而形成具有他們獨有的身分。如七年級生，即指涉七字頭（民國 70 年之後）出生的學生團體。下文的另類教育 (alternative education)——主張身、心、靈並重的**華德福教育** (The Waldorf School)，則是另闢蹊徑，華德福學校揭示靈性的追求不應只是成人的課題，事實上應該從小培養，透過身、心、靈合一的教育，與自然結合，以培養出「自由的全人」。在臺灣一個成功的實驗，就是在宜蘭縣冬山鄉，由張純淑女士所創辦的慈心華德福學校。

靈性教育從小開始——華德福教育在臺灣

◎石計生　撰

在臺灣一片教改聲浪中，實行另類教育的宜蘭縣「慈心華德福教育實驗國民小學」特別令人驚豔。華德福學校揭示靈性的追求不應只是成人的課題，事實上應該從小培養，透過身、心、靈合一的教育，以培養出「自由的全人」。

1919 年在德國開始的華德福教育，以一般人十分陌生但極具創意的「人智學」(anthroposophy) 式身、心、靈合一的課程，帶動了一股全新的教育運動。目前全球五大洲總共有超過六百所的華德福學校(小學到高中)，上千所的幼稚園、治療教育中心、師資培訓學校；而臺灣的華德福教育，也在 1996 年由位於宜蘭冬山鄉的「慈心托兒所」所長張純淑引入，而成為臺灣另類教育 (alternative education) 的先驅。

華德福教育的創始人史代納 (Rudolf Steiner)，有感於工業化之後人性的失落，提出了「人智學」的思想，提醒人們不要被眼睛所見的外在物質世界所迷惑，而應當去追求心靈及精神層面的世界。人智學認為人是由精神、心靈及身體三種要素所組成，其又分屬於神經系統、韻律系統及肢體系統，而分別由頭、心及四肢三個身體部分控制，也分別掌控思考、感覺及意願三種心靈的功能。依據他對人的理解，史代納發展出一套循序漸進的教育理論。他認為人的生命是以七年為週期，一個人在 21 歲時就是一個「全人」，是一個擁有身、心、靈和諧的自由人。華德福學校的教育理論就是在「7 歲週期」的觀點上，根據孩子在每個週期中的特色及發展狀況給予正確的教育方式。華德福學校的成立，可說是因應了歐洲十九世紀末到二十世紀初對學校教育改革的共識，以促發／促進性的教育方式，強調「個別化」，重視個別孩子心理性的意義。

臺灣宜蘭縣冬山鄉的「慈心」是一間坐落在冬山的鹿埔村田間、占地一千五百坪的托兒所的名字，創立迄今已近三十年。所長張純淑在地方上也是一位傳奇人物，早期在戒嚴時期她是宜蘭環保分會的副會長，致力於土地保護之外，也支持反對運動，之後認為政客不可依賴，決定反求諸己，開辦自己理想中的教育。她曾嘗試過許多不同的實驗性課程，一次到英國參訪的經驗，讓她認識了華德福教育，而進一步將托兒所的課程由傳統的讀、算、寫轉型為「人智學」系統的身、心、靈合一課程。

從那時候開始，托兒所慢慢聚集了一群追求相同理念的教師及家長，並於 2001 年正式成立臺灣的「人智學教育基金會」。在歷經兩年多尋覓校地、規劃建校方案的多重困難後，於 2002 年 8 月底在宜蘭縣冬山鄉冬山國小香南分校設立「慈心華德福教育實驗國民小學」，展開小學階段的教育實驗工作。校園環境的設計與教室的布置都融合自然律動，創造一個富有生機循環、溫暖、安全的空間。華德福學校課程的安排有一個很清楚的教育方向設計，即由「圖像走向文字」、「韻律走向概念」的過程。這個過程不仰賴藝術的力量是無法達成的，所以華德福教育的藝術活動滲透入所有年級的課程中。學齡前的兒童強調是「感官體」、給予的是「很少的玩具，很多的想像力」；一到八年級給予圖像與自然相關課程居多；國三至高中階段才施予與文字和概念複雜思考相關的教育內容。他們認為在這樣的教育體制下，學生先學習掌握「人本身」、「人和自然」的精神生活潛能與連帶，進而才能掌握「人和社會」、「人和經濟」、「人和世界」的社會關係。

慈心的課程安排為完整四季韻律的一年四學期制；在一學期十週的大韻律下，十分關注三週連貫的主要課程韻律；週期性的主課程下，慈心關注每天規律的生活作息，這是由於重複的韻律有助於穩定孩子的焦急與不安，開展孩子內在的自由。語文、數學、自然等次序性進行的「主要課程」，可以說是華德福教育課程的核心，引導孩子連結外在感官世界以及內在的觀念和情感世界。「副課程」主要是美學呈現，水彩畫、形線畫 (form drawing)、蜜蠟、泥塑、音樂合奏、韻律舞蹈 (eurythmy) 等藝術性的活動，引領孩子釋放內在生命的力量，滋養孩子的意志力與情感。

史代納的「華德福」學校的建立，試圖超越在西方尚未被實踐過的柏拉圖與盧梭的理想教育，推動合乎人性與現代生活需求的教育體系。它的教育目標，關乎身體、心靈，更關乎個人內心的自由：

一個人透過他的「身體」和「心靈」所表達的「自我」的能力越來越豐富，並且這個「自我」能越有意識地，依自己獨立思考後的決定，來運用各人多方面的天賦，這個人的內心的「自由」也就越大。

(宜蘭慈心華德福學校網址：http://www.waldorf.ilc.edu.tw)

而另一重要社會化機構「**社區**」(community) 則指的是人民在一定的區域內活動和居住所組成的社會群體，除了有地域關係也有血緣、鄰里、朋友等人群的關係。而社區意識則是居民集體對於所屬社區的一種認同感與歸屬感，並視自己為社區的一分子，關心社區事務並盡心改善社區發展。當這社區意識高漲後，就可以經由某種組織化權力分配過程產生集體感，進行社區總體營造。社區總體營造，是一種以社區為規劃的核心，結合人民的參與以改善社區土地、環境、空間等全方位發展的過程，主要目的在於凝聚社區人的情感與共識，並視社區為一種延續性的生命。從個人到集體的行動我們可以看到社會化機構，就社區而言，通常人在其中的社會化過程，不只是一般的鄰里互動，更重要的是參與社區權力的分配。權力 (power)，正如我們在上一章指出，意指能對社會做出，具有深遠影響的強制性決定的社會能力。權力作為一種社會能力 (social capacity) 表明掌權的個人是作為集團的個人，而非單個個人，權力是與個人的社會地位相結合。權力的強制性決定指的是行使權力的人希望其決定對其他個人和集團的活動產生深遠影響。**社區權力** (community/local power)，則意指一個社會中擁有許多掌握各自權力的社會組織與社會關係網；它們彼此之間會連結在一起，並經由這種聯繫以行使或體現它們的權力 (Orum, 1989)。

影響社區權力集中程度的因素：社區權力的類型，依權力的集中與分散情形分為五型：(1)簡單金字塔型，社區權力集中在個人或極少數人手中，是一種單一權力中心狀態；(2)縱向連結的複合金字塔型，社區權力是由少數人所控制且權力的行使必須經由中間階層或已等級化的組織，這些組織各自掌握著社區中的某一方的活動領域，是一種精英集團狀態；(3)橫向連結的複合金字塔型，各個權力中心必須相互承認彼此的權力同等性，才能使其之間的目的與意志達到統一，是一種多權力中心的狀態；(4)無連結的複合金字塔型，在各個權力中心並不存在有控制點或整合的趨勢，各個權力中心行使權力的範圍模糊，所以權力衝突時常發生，是一種多權力中心的狀態；(5)無固定型態的社區權力結構。

社區權力特徵的演進包括：(1)人口數：地區人口的數量和密度增加時，常常會伴隨著較大範圍的職業專門化和各種受創心理的反應。亦即，社區若擁有較多類型的社會資源的大量人口，很可能會產生分散且專門化的權力機構；(2)社區範圍：社區範圍越大則影響力會越分散且專門化；(3)工業化程度：隨著工業化的進程，社區中的統治精英會轉而變得更分散、專業化；(4)外部機制依賴程度：當社區日益依賴其外部機制（如士林地區之依賴臺北市或中央政府)，會導致組織趨於解體，而導向分權或多元的權力結構。特別是當強而有力的外部組織進入社區試圖行使權力，以控制本地區域工業或地方政黨時，會導致社區內原本穩固的組織瓦解，使社區領導層出現分裂的局面。通過上述探究包括自我，互動，婚姻，家庭，學校和社區與社群等概念後，在本章第二節將繼續闡釋二十一世紀大多數人所居住的都市及其變遷對於人的影響。

第二節 都市化與人口

都市 (urban) 的形成主要是受到人類生產方式和經濟發展的影響，從早期的採集和游牧形成部落，演變到以農業為主的村莊，工業革命之後，鄉鎮人口紛紛往都市集中，形成**都會** (metropolis)。雖然，在人類歷史上，也曾出現過很大的城市，如希臘城邦和羅馬古城等。但是從社會變遷和發展的角度來看，**都市化** (urbanization) 是一個歷史性及全球性的趨勢，十九世紀初全世界只有 2.5% 的人口住在都市裡，經過兩百年，全球將近有一半以上的人居住在都市裡。而且，近三十年來，都市人口的成長和集中主要來自開發中國家，墨西哥的墨西哥市 (Mexico City)、印度孟買 (Mumbai) 和巴西的聖保羅 (São Paulo) 都因人口超過 1,500 萬而躋身成為世界前十大都會。所以，都市化是這個時代世界各地多數人生活的共同經驗。

瞭解都市化在不同時期和不同地區的發展，有哪些共通性和差異性是一個有趣的議題。現代都市的特性和共通性，在人口特質方面，包括人口數量大、密度高、**異質性** (heterosity) 高等。而生活特質方面，人際關係較疏離、生活方式較多元，以及思想模式較彈性等。另一方面，都市化發展的差異性，在城鄉發展方面，學者認為亞太地區人口密度較高的國家，城市鄉村發展往往形成帶狀發展，而不似西方國家有明顯的**郊區化** (suburbanization)。此外，都市化發展的新趨勢也和傳統的都市化義涵有所不同，因應資訊和網絡社會的來臨，新型態的工作和生活方式也在改變人們的都市生活模式，所謂的都會帶 (metropolitan area) 已經跨越國界，將許多不同國家和地區的人連結在一起。我們可以說，都市化是工業革命以來，人類社會之地理和歷史的時空變動趨勢。本節將以工業革命、工業化發展和資訊化網絡社會等三個不同的歷史時期來說明世界主要城市或地區的都市發展趨勢和都市化的內涵。

而臺灣自 1970 年代工業發展經濟起飛，都市人口也進入快速成長階段。目前有將近 73% 的人口居住在都市地區。但因人口自然成長的速度減緩，**人口遷徙** (population migration) 所帶來的社會成長，成為都市發展的動力。臺灣地區地狹人稠，在高速鐵路建設、環島公路和都會捷運完成，將會促成臺灣地區各都會人口的消長，並帶動新的都會生活型態。本節亦探討臺灣都市化的議題，除了整理臺灣都市成長和分布模型外，將特別針對臺灣都市文化特色、都市問題以及城鄉研究等議題做詳細的分析和整理。

以下的資料和內容雖不能涵蓋所有關於都市化研究的範疇，但卻能夠提供一個鳥瞰的藍圖，主要的目的為提供關於都市化議題多元的視角。縱向的三個欄位為時間的序列為工業革命時期、工業化和現代化，以及資訊化時代網絡社會，不同時期的都市化議題也有不同的理論偏重和趨向；同時，也將臺灣的都市化發展的研究放在此時間序列上，提供豐富和多元的思考。

壹 工業革命時期

英國城鄉移民和工人階級的生活狀況

如同本書關於社會學理論與方法的第二章所言，馬克思 (Karl Marx)、涂爾幹 (Emile Durkheim) 與韋伯 (Max Weber) 的理論皆是「朝向工業主義」(the transition to Industrialism) 的社會變遷時代問題 (Abrams, 1982)，環繞在一些核心的概念，如馬克思的「階級形成與階級鬥爭」(class formation and class struggle)、涂爾幹的「脫序」(anomie) 和韋伯的「理性化」(rationalization) 等而開展出來的時代觀察與理論解釋，是社會學這條波濤壯闊的長江大河的上游，其思考的基本向度，構成今日所謂的「鉅觀社會學」

(macro-Sociology) 的根本術語，如「結構」(structure)、「功能」(function) 與「過程」(process) 等。而「工業主義」就是從工業革命 (industrial Revolution) 開始，工業革命又稱產業革命，或者稱為第一次科技革命，指資本主義工業化的早期歷程，即資本主義生產完成了從工場手工業向機器大工業過渡的階段。工業革命是以機器取代人力，以大規模工廠化生產取代個體工場手工生產的一場生產與科技革命。由於機器的發明及運用成為了這個時代的標誌，因此歷史學家稱這個時代為「機器時代」(the age of machines)。有人認為工業革命在 1759 年左右已經開始，但直到 1830 年，它還沒有真正蓬勃地展開。大多數觀點認為，工業革命發源於英國的英格蘭中部地區。十八世紀中葉，英國人瓦特 (James Watt) 改良蒸汽機之後，由一系列技術革命引起了從手工勞動向動力機器生產轉變的重大飛躍。隨後傳播到英格蘭到整個歐洲大陸，十九世紀傳播到北美地區。英國作為最早發生工業化的國家，早期的圈地運動 (enclosure) 把耕地轉變為牧地，當時的田野和共有地都被貴族圈起來放牧羊群，以提供新的紡織工廠生產的原料，但其發生的過程卻使成千上萬的農民流離失所；而這大量的農民離開封建領地前往城市尋覓工作的過程，一方面雖如社會學家韋伯所說的「城市的空氣使人自由」，但另一方面，也如社會學家博藍尼 (Karl Polanyi) 的著作《鉅變》(*The Great Transformation*) 一書所言，從英國近代史來看現代人習以為常的「市場」和「社會」的產生過程相當冷酷，博藍尼用「撒旦的磨坊」來形容這種殘酷的變化把人碾成一團的情形，這過程相當漫長也不平順。

馬克思和恩格斯 (Friedrich Engels) 也指出，事實上在封建社會封建地主和農奴間的對抗是一種壓迫階級與被壓迫階級間的對抗，因為農奴只能占有自己部分的勞動力和生產資料,而封建地主卻坐享大部分的勞動果實,這種不平等的社會生產關係，在紡織機發明大規模工業 (large-scales industry) 等生產力突破的連鎖歷史事件中被激化，工業革命，圈地運動，法國大革命等皆推波助瀾，封建／農民原來生產關係的瓦解，農奴和城市手工生產者的階級整合，逐漸形成一股新興的中產市民階級 (bürger) 的勢力，以推翻封建地主為目的。但當因圈地而流離失所的農奴大量湧入新興的城市聚集時，封建社會的法律體系立刻受到挑戰，因為封建生產的特點是將土地冊封給封建主的屬臣，屬臣所經營廣大莊園經濟的法律支柱之一是農奴並沒有自由離開農地的權利。但圈地運動的結果卻是使「大量的人突然被強制地同自己的生存資料分離，被當作不受法律保護的無產者抛向勞動市場」(Marx, 1972)，這種情況使得封建社會的法律體系必須逐漸調整（主動或被動），以適應新的時代需要。英國在 1563 年所頒布的《手工業工人章程》就是一個例子，這個章程企圖透過立法來阻止出身低微的城市流浪農民加入手工業的行列，但是在廣泛的抗議和鬥爭中，1694 年，這些條款在三十一年的階級奮鬥後終被廢止，開始「允許紡織工人無產階級不僅在法律上而且在事實上存在。」

當代馬克思主義學者湯普森 (Edward P. Thompson) 在《英國工人階級的形成》(*The Making of the English Working Class*) 書中選取英國工業革命時期的工人為觀察對象，闡述了他關於階級和階級形成的理論。因圈地運動而被驅趕的窮苦農民到了都市之後，成為湯普森所謂的「被詛咒的亞當」(the curse of Adam)，被資本家剝削的工人。他們所上班的工廠作為一種社會力量的象徵，摧毀自然進程、價值與習慣，如公正、安全保障和家庭經濟等均面臨危險。而工業革命下典型的剝削關係是非個人化的，它不承認勞資雙方有任何長遠的義務關係，也不存在與自由市場的作用相對立的「公平」的價格的餘地，也不允許有受到社會和道德觀念支持的工資的默契，工人變成了單純的「工具」，是投入各種生產成本的一環 (Thompson, 1966: 204)。馬克思和湯普森等進一步曾就都市的工人階級生活狀況做詳細的調查，當時工人的房舍擁擠不堪，廁所在地窖裡，街上到處都是垃圾。新的工業城市連基本的市政服務設施都沒有，飲水和洗滌水都相當缺乏。這種邋遢和擁擠的環境帶來的傳染病，使工人階級的生活更加辛苦。當然，新的工廠所提供的技術工人職位，使得人民的生活獲得了改善，隨著工人越來越多以及自由市場的運作越來越順暢之後，才慢慢出現勞工組織以及保護工人生活的法律。

現在世界還有許多國家在工業化和都市化的過程，都市的環境和條件也沒有比英國早期的環境更好。例如巴西的庫巴陶 (Cubatao)，是拉丁美洲最大的石油化學中心，在這裡畸形兒是工業汙染的犧牲者，居民呼吸著每立方公尺有 1,200 個微粒的空氣，比世界衛生組織認定連續曝露二十四小時就會死亡的量高出兩倍。但是人們還是身處其中默默忍受。這就是高度發展國家技術轉移到第三世界國家，而人民又沒有得到國家政策和法令保障的結果。所以，都市化的艱辛過程，並不是隨著時間的演進而走向美好的明天，而是在不同的地理空間中，我們看到歷史不斷重演。明顯看到的事實是，大量人口向都市集中的結果創造了「城鄉差距」(urban-rural gap)，它指的是城市與鄉村之間整體的發展差距。因都市化的發展過程，使城市區的交通建設、資訊取得、就業機會、教育水準、科技與文化等均有顯著的提升，使得與鄉村區的發展越來越漸趨產生距離，這樣的現象稱為城鄉差距。

文明化的歷程

文明社會指的是一個穩固確立的複雜社會，最重要的特點包括：城鎮和城市的出現；越來越專業化的分工 (division of labor)；貿易、製造業和商業的發展；地方性和全國性政治和法律行政、交通系統、文化教育以及藝術和宗教精英 (elite) 文化的出現。文明化的過程和都市發展也有不可分的關係。德國社會學家伊里亞斯 (Norbert Elias) 從日常生活的研究著手研究「生活態度」的轉換，發現十九世紀後隨著工業化、政治民主和都市化的過程，工人和農民大量湧入城市，使得原先在都市中布爾喬亞階級的文明擴散開來，雖然農民和工人因經濟條件不同而有各自的生活方式，但他們卻都嚮往模仿自宮廷生活的布爾喬亞的生活方式。現在都市文化中普遍的價值，例如自我約制個人主義，強調個人空間和隱私等都是來自於此。現代人常宣稱自己是文明人，事實上，文明化的歷程和都市發展也有不可分的關係。表現在空間上，例如房間的格局，有了私人臥室；餐桌禮儀，強調主從位置關係等。但這種貴族文明也一直受到下層階級文明的穿透，演變成今日的普遍文明，或稱之為「大眾文化」(mass culture)，美國工人階級的牛仔褲，成為全世界青少年的生活文化就是很好的例子。隨著資訊的發展，文化之間的模仿也成為都市之間的競爭方式，紐約的藝術或巴黎的時裝、東京的青少年文化等。所以，宮廷式的貴族文化，現在已經變成流行文化當中的一種選擇或形式而已。

而現在都市所強調的公共衛生和規劃也不是一開始就設定好的，法國社會學家傅柯 (Michel Foucault) 研究十七世紀的「巴黎大恐慌」，發現城市人口的急速擴張，造成都市生活條件惡化，流行病蔓延，使生活其中的人惶惶不安。直到在郊區規劃墳場改變原先將屍體埋在住家附近的習俗，又對水質和家屋進行重整，才邁開都市文明的一大步。一種強調明亮、可見、理性思考方式，取代了過去隱蔽、非理性等傳統，這種觀念上的「翻轉」也宣告一個新時代的來臨。

臺灣城市開發與日治時期的都市規劃

在清代以前，臺灣只有臺南地區可以稱為都市聚落，因為荷蘭人和鄭成功都曾在此建城。到了清代開始有許多大陸移民來到臺灣，在西部和海口建立起繁榮的貿易聚落。例如，臺灣諺語中的「一府、二鹿、三艋舺」。光緒十三年（1887 年）臺灣建省，基隆港和淡水的貨物吞吐超過了臺南，而後在臺北建立省會，臺灣北部開始具備經濟和政治中心的雛形。

到了日治時代，都市化程度普遍提高，奠定了現在的臺北市、基隆市、臺中市和臺南市等大都市的重要地位。日治時期，大量日本人移駐臺灣，集中在首府臺北，以及新開發的政治中心臺中。並在許多鄉鎮規劃移民村，包括了花蓮的吉安和臺東鹿野等地。日治時代都市規劃是以控制與發展以便剝削為目的。以宜蘭為例，宜蘭的三郡時代始於 1920 年，日本殖民者重劃清朝的廳府制，改為州郡制，其目的之一，即是在以宜蘭當時兩個主要都市——宜蘭、羅東為核心，重劃宜蘭地方的版圖為宜蘭郡、羅東郡、蘇澳郡，同時把兩大城市的農業腹地 (agricultural hinterland) 的人口平均分配於三郡之中，一方面便於管理；另一方面也因應許多村落城鎮隨著交通網興起的新形勢。這個重劃宜蘭版圖的律令，造就了五結鄉的出現。1924 年，五結鄉和其他的農業腹地（如圓山鄉、壯圍鄉、礁溪鄉、頭圍鄉、冬山鄉等）一樣，都擁有 16,000 至 17,000 上下的人口。而且，一直到日治末期，這些鄉鎮的人口雖小有成長，但是互相之間的差額比例不大，顯示宜蘭三郡的人口成功的平均分布於各郡之間。依賴理論所言的首要都市 (urban primacy)，並未在宜蘭出現。1924 年，宜蘭市、羅東鎮的人口數依序為 22,256、12,557 人；到了 1941 年，宜蘭市、羅東鎮的人口數依序為 38,922、21,389 人，並沒有超大型都市出現在平原之上。以比例來看，1924 年，宜蘭兩大都市的人口僅占總人口的 22.3%，至 1931 年時仍為 22.3%，而到了 1941 年時，宜蘭兩大都市的人口仍僅占總人口的 27.1%（石計生，2001a）。

貳 工業化和現代化

芝加哥學派對都市型態和發展之研究

1960 年代的美國出現重要的「芝加哥學派」(The Chicago School)。該學派是以芝加哥大學 (University of Chicago) 社會系的柏格斯 (Ernest Burgess) 與帕克 (Robert E. Park) 等學者為核心，面對大量移民進入芝加哥所產生的種族、犯罪、遊民、工作與社區發展等問題，該學派強調實證主義傳統，揉合生物學、人類學和演化理論，企圖以人文區位 (human ecology) 的人口、組織、環境和技術等變項思維構築一個普遍化的都市化空間模型。芝加哥學派主張將都市本身當作一個研究客體，想通過研究都市迷離的表象揭示出其中隱藏的規律性，和社區之間的複雜性。主要是由美國芝加哥大學社會系的幾位重要學者共同推動，直接對芝加哥城市進行實地調查。他們認為城市中的空間分布特徵是人類社會關係的表現形式。以生態學的方法來研究都市中社區生活，也就是同時強調時間和空間的因素對人類活動和生活形式的影響。在人類社區中也有類似動植物生態的優勝劣敗競爭、入侵、繼承和分隔等現象。芝加哥學派關於城市發展型態方面的研究，因移民造成的城市族群問題，社會學者們透過經驗研究，首先提出，在共同考慮都市四大要素「人口、組織、環境、技術」(population, organization, environment, technology; POET) 下，建立一個「和而不同」的都市社會學研究傳統。他們首先提出都市發展的理論，雖然每一個都市有各自發展的歷程，但是在對各個都市的土地使用方式，大多可以簡單的區分成為住宅區、商業區、工業區三種用途，並對其在都會的配置有同心圓區理論、扇形理論以及多核心觀念三種不同的看法：

⑴**同心圓理論** (concentric zone theory)：認為都市土地使用的結構形式，是由同心圓區 (concentric zone) 一層一層的向外發展，中心點區域是商業中心區，這個區域是較大的商店比方百貨公司、戲院、公司、旅館的集中地，所以，是商業、文化、都市生活的中心，也是交通的集中點，這個中心區的外層是次要的商業區，包括古老的批發地區與倉庫棧房地區，這個區域的土地使用不盡相同，而且是變換不定的，所以可稱為過渡區域 (zone in transition)。第三層是工廠的工人及其他工作者的住宅區。第四層是大量的中產階級住宅區。最外一層是收入較高階層的住宅區，它已延伸至**郊區** (suburb)。柏格斯認為這是都市土地使用的一般趨勢，可以用為安排土地使用的參考。這個理論的發展中心是以商業為中心平均向外緣發展，其問題則是現實上不見得是平均的向外發展，見圖 5.4；⑵扇形理論 (sector theory)：認為都市多半是依循主要交通路線而發展，造成星形式的社區 (star shaped community)，城市有如圓圈，從圓中心放射為各個扇形每個扇形，逐漸向邊境發展，其土地使用情形有層次與分化。這個理論的發展中心仍是以商業區為中心，以道路為軸線向兩側發展，其問題則是無法解釋第二都會中心的產生，見圖 5.5；⑶**多核心觀念** (multiple nuclei concept)：此種觀念與上述之單一中心理論相反，認為數個中心刺激各種不同的土地使用，此說有助於說明都市區域內城市的變化，其土地使用情況多元而產生城市的多中心現象。這個理論的特色是強調都市在空間上是多個核心同時發展，見圖 5.6。

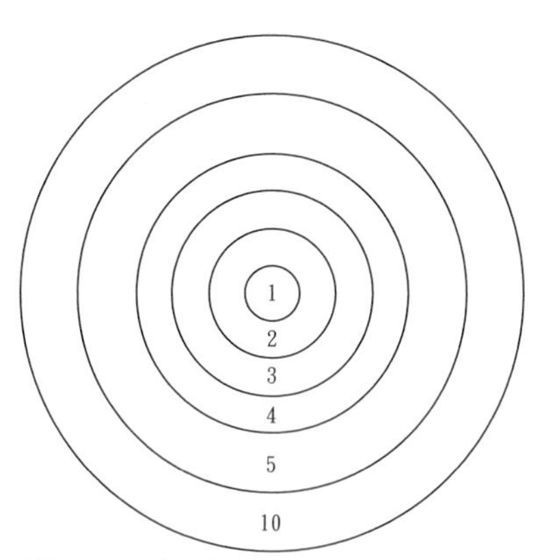

圖 5.4　都市的同心區域空間型態

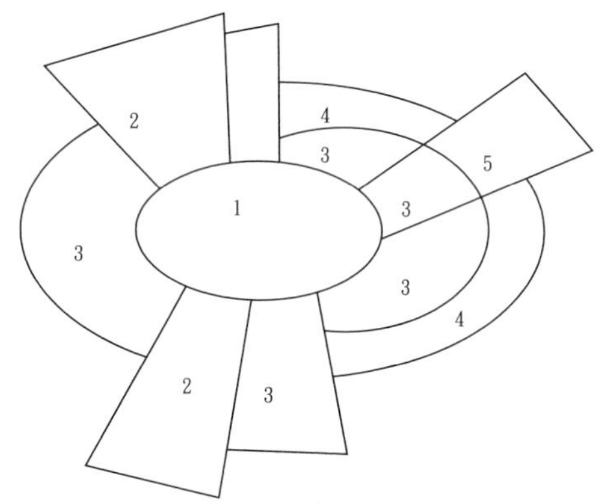

圖 5.5　都市的扇形空間型態

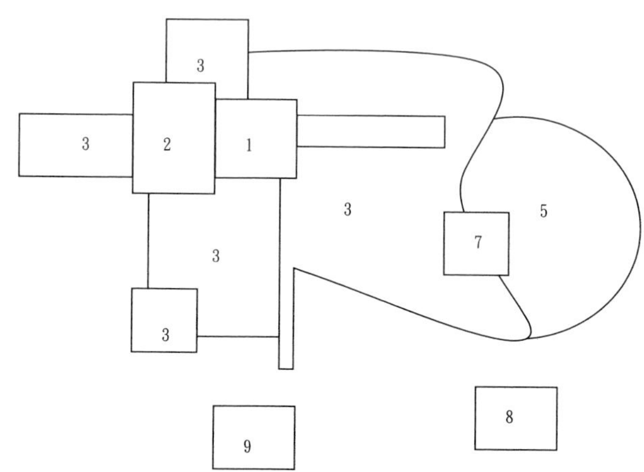

圖 5.6　都市的多核心空間型態

芝加哥學派的上述三種不同的理論，從都市土地使用的安排，有一個共同觀念：即市中心為商業用地，其外圍為輕工業用地，更外圍為住宅區，重工業則置於郊區；而其不同會因區域地方的「人口、組織、環境、技術」的比重變化，而產生城市空間分布上的類型差異。這個差異是透過都市門牌號碼、鄰、里所構成的人文、社會、經濟與政治的關係所形成的單位，也是**人文社會** GIS 的分析起點。從本書以下的章節我們將看見，因為對於空間的敏銳度，芝加哥學派在 GIS 分析上仍然具有重要的地位。

以此人文生態學的觀點，柏格斯 (1967) 提出了都市的一般生態模式，說明芝加哥城市由內而外可以分成五個同心圓，中心區是都市核心，分布著百貨公司和辦公大樓，其外側則分布著批發商業中心。第二環為過渡區，因為有許多工業區，還有一些生活條件不佳的住宅區，是第一代城鄉移民和貧窮犯罪匯聚地。第三環為工人居住地，以技術工人為主，喜歡住在工作地附近，但又不樂意太靠近。第四環則為較佳住宅區，居民以中產階級、自營商和專業人士為主，在這些地帶也零星出現在地的商業中心，以服務當地居民。第五環是通勤區，由一些小都心、城鎮和村落構成，有工作能力的居民白天到中心區商業區工作，夜晚才回到住處。在此基礎之上，分析不同地區得到了不同的空間呈現結果，有人提出扇形說，認為都市可以以中心向外分成好幾個扇面，也有人提出多核心的看法，主張都市裡有好幾個中心，各核心有各自的功能和特色。

人口與都市化

或許是為了控制社會，或者增進生產力，或純粹為了瞭解一國之內的人口分布情況，人口普查 (population censorship) 是重要方法，它的意思是「一個國家在策劃各項服務與建設時，為了能清楚瞭解目前居民相關的數據資料，所進行對全國人口調查統計的過程，例如生育資料、家庭狀況、教育情況等。」臺灣目前負責人口普查的工作隸屬內政部人口普查委員會。而進一步要看出人口的差異分布研究，最常使用的是「**人口金字塔**」(population pyramid)，指的是「人口學研究的範疇。運用圖解的方式呈現，以瞭解一個地區或社會在時間歷程上的人口組成，圖的水平軸表示男女性別的比例，垂直軸表示各年齡層的組別，用來表示人口的性別年齡結構，此外，利用人口金字塔呈現出的圖形，可以推測一個地區、社會或甚至國家的發展狀況。」當一個地區、社會或甚至國家的人口呈現高齡化時，即「是一種在人口年齡結構上所顯現的社會現象，表示 65 歲以上的人口，即老年人口的比例越來越高，超過總人口的 7%」表示其已經邁入了老年社會。

人口金字塔是按人口年齡和性別表示人口分布的特種塔狀條形圖，是形象地表示某一人口的年齡和性別構成的圖形，水平條代表每一年齡組男性和女性的數字或比例，金字塔中各個年齡性別組相加構成了總人口。人口金字塔圖，以圖形來呈現人口年齡和性別的分布情形，以年齡為縱軸，以人口數為橫軸，按左側為男、右側為女繪製圖形，其形狀如金字塔。金字塔底部代表低年齡組人口，金字塔上部代表高年齡組人口。人口金字塔圖反映了過去人口的情況、目前人口的結構，以及今後人口可能出現的趨勢。人口金字塔可分為三種類型：年輕型、成年型和年老型。它們的形狀各不相同。年輕型：塔頂尖、塔底寬；成年型：塔頂、塔底寬度基本一致，在塔尖處才逐漸收縮；年老型：塔頂寬、塔底窄。從人口年齡結構對今後人口增長速度影響的角度，又可將人口金字塔分為增長型、靜止型和縮減型，分別與年輕型、成年型和年老型相對應。

人口金字塔可以用 1 歲年齡組的數據繪製，如圖 5.7 的 1995 年日本人口金字塔，也可以用分年齡組的數據來繪製。日本人口金字塔最底部的條形表示 1995 年 1 歲以下人口的百分比。可以看出，金字塔底部每年都有新的出生同批人增加進來，而其他年齡組同批人則往更高年齡組移動。隨著同批人年齡的增長，由於死亡的影響，人數將逐漸減少，遷移也會使人數增加或減少。45 歲以後，這個人口減少的過程加速，以致所有的金字塔都有一個狹窄的頂部。這樣的人口金字塔能使我們在短時間內瞭解某個人口的許多情況。例如，可以看出在最大的年齡組中，女性占了絕大多數。在大多數國家，女性都比男性長壽（參美國人口諮詢局《人口手冊》第四版）。放眼世界人口狀況，根據當代都市社會學者麥吉 (Terry G. McGee) 的研究指出，在聯合國的長期研究計畫裡，2000 年全球擁有 60 億的人口，但到了 2030 年，全球人口數將成長到 82 億 7,000 萬人。而人口增加最快速的地區將是都會區，未來三十年內將從 28 億 6, 000 萬人成長到 49 億 8,000 萬人。這其中有一個值得注意的現象，便是原本的發展中國家將囊括其中 90% 的快速都市化發展地區，而且多數集中在亞洲。換句話說，從 2000 到 2030 年這期間，亞洲將占有 58% 的都市化人口（13 億人口數），尚屬都市化初期發展的國家包括印尼、巴基斯坦、孟加拉共和國、印度，亦將占有其中 80% 的高度比例。但真要達到這個標準，也不過是占有世界上 58% 的比例，而前提是上述國家必須確實擁有其中 80% 的都市化人口比例（United Nations, 2002，轉引自 McGee, 2005）。

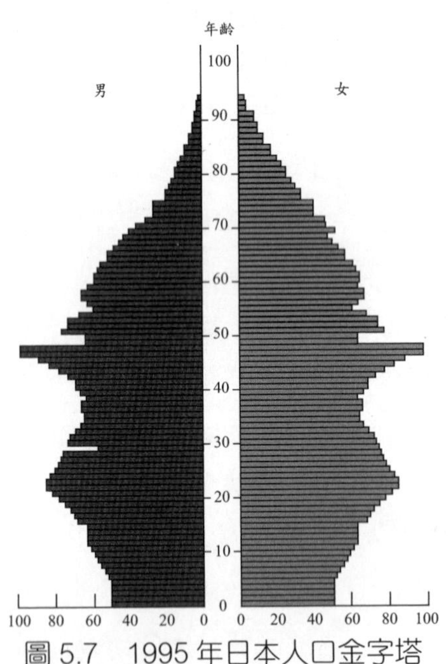

圖 5.7 1995 年日本人口金字塔

資料來源：引自百度百科 http://baike.baidu.com/view/806930.html。

表 5.1　亞太都市區域居住人口比 (2000–2030)

	2000	2010	2020	2030
東亞	40.6	47.7	53.7	59.1
中國	34.3	42.3	49.1	55.2
北韓	62.8	66.7	71.0	74.7
香港	95.7	96.4	96.8	97.2
日本	78.9	80.9	83.2	85.3
澳門	98.8	99.0	99.1	99.2
蒙古	63.5	68.4	72.4	76.0
南韓	86.2	91.2	92.7	93.6
東南亞	36.9	43.5	49.4	55.0
汶萊	72.2	76.9	80.1	82.6
柬埔寨	23.5	29.7	36.2	42.8
東帝汶	7.5	8.4	11.1	15.0
印尼	40.2	48.9	55.4	61.0
寮國	23.5	29.5	36.0	42.6
馬來西亞	57.3	63.6	68.5	72.5
緬甸	27.7	33.4	40.0	46.6
菲律賓	58.6	65.5	69.9	73.8
新加坡	100.0	100.0	100.0	100.0
泰國	21.6	26.2	32.5	39.1
越南	19.7	22.1	27.3	33.7
亞洲	37.6	43.6	49.6	55.2

資料來源：麥吉 (T. G. McGee) 訪問東吳大學社會系演講稿 (2005.07.15)。

然而，在引用聯合國的全球人口預估數據要十分謹慎，因為反都市化的人將以此作為佐證，列舉出都市化將導致的行政管理、環境汙染、資源消耗、社會過度負荷等問題。同時也要瞭解的是，這些人口預估數據是來自於過時的測量依據，根源於城鄉分明的發展模型，並不適用於不同政治背景的國家都市化過程。

當代的全球化現象，可為都市化與人口流動提供更進一步的假設及推論；我們寧願以宏觀的角度檢視全球化與都市化之關係，而非單就全球化定義之辯論。一個地區在都市化過程中如何從人口數量增加到減少，以及運輸流量、資訊傳遞方式的轉變，是觀察社會變遷模式的大方向，也是我們解釋從傳統社會過渡到現代社會的主要面向。英國、威爾斯、墨西哥、中國在都市化的演變過程有一些共同點，例如中國被預估從 2000 年到 2020 年將擁有與美國一樣多的汽車數量。我們可看到在美國經歷一百年才到達的水準，在中國卻只要費時二十年。由此可見轉變與連結的腳步越快，建構國際化社會型態的速度也越快，而這乃是全球化的主要特徵。通常談到社會變遷的理論，總認為社會的變化需要花費很長一段時間，但是當代的全球化浪潮，卻使得轉變的時間大幅縮短。本章無法從所有面向盡述社會如何快速變遷，但是基於現實的性質，要有一個基礎概念，就是以新的角度思索都市化的空間性。之所謂「都市化的空間性」指的不是正式官方或政治上的定義，而是以列斐伏爾 (Henri Lefebvre, 1979) 所提出之空間的生產，作為當代都市化進程的釋義。在列斐伏爾空間的生產當中有主要三個面向：(1)空間的實踐 (spatial practices)，指的是人類在空間裡的活動 (activities in space)；(2)空間的再現 (spatial representations)，指的是人類生活的場所 (lived spaces)；和(3)再現的空間 (spaces of representation)，是人類想像與抽象的空間 (conceived and abstract spaces)。列斐伏爾的概念可以幫助我們從地理的角度瞭解都市化過程中，從國與國、國家本身和國內某一個地區，都市空間所展現的繁複多樣性。舉例而言，官方正式定義的「國家」(再現的空間)，或許不等同於「空間的再現」裡都市空間的呈現；因為人們在非鄉村地區的活動，極可能是跨越時間的非同步行為，就空間的實踐而言，已經顛覆傳統的空間定義，亦即，我們所探討的空間的呈現，應視為正在不斷變化的空間。

都市狀態作為一種生活方式

「都市狀態」(urbanism) 一詞指的是一種特殊的人類社區或生活方式，也就是工業革命後，多數人集中在都市中生活所呈現的生活樣態。「都市狀態作為一種生活方式」由美國社會學者沃茲 (Louis Wirth) 提出後，此名詞就日漸流行，並且成為都市社會學家闡述都市特性時的爭辯焦點。根據沃茲的看法，都市狀態的主要特徵包括：(1)複雜的分工，有各種特殊的職業結構，以便形成社會階層的主要基礎；(2)有很高的地域及社會的流動性；(3)人口分工上有高度的依賴性；(4)人際的互動上呈現匿名性，角色之間的互動只是部分的人格表現而已；(5)依賴社會中正式的控制和規律；(6)人們的道德標準不一致，有較高的容忍度。這六個特點是說人在都市之中，受都市影響所形成的生活方式和態度，但並不是說每一個個體私人的人格特質。在這個學說的基礎上，有許多學者針對這些特性再提出修訂或補充。例如 1960 年代，美國學者甘斯 (Herbert J. Gans, 1991) 研究墨西哥式的農村移民並不受大都市生活方式的顯著影響。每一個大都市都會面臨人類共有的生存問題如食物、安全、住宅、衛生等。另外也會有其各自特殊的問題，例如市政、運輸、社會福利、娛樂等，還有都市生活的緊張、孤立、犯罪等問題。**都市問題** (urban question) 究其範圍，有狹義和廣義的看法，廣義而言，凡都市社會中足以發生危害全體或部分市民之安全或對其生活不利之任何情況都可稱為都市問題。社會學者所關注的則是狹義的，多半專指所謂的「社會病態」，例如犯罪、賣淫、貧窮、自殺、離婚等情形。隨著全球化的分工和發展，許多都市也要面臨外籍勞工和各國移民的問題。為了處理新的電子資訊技術造成社會斷層的問題，成人教育和終身學習也成為都市政策的重心。此外，為了吸引外國資本的投資以及觀光旅遊人潮，各國都市治理開始朝向「永續發展城市」的規劃方向邁進。

臺灣現代化與都市化

1970 年以來，臺灣社會的工業和經濟快速成長，導致了都市化和大都市的發展，在亞洲地區從事都市研究三十年的都市社會學者麥吉提出衍生型大都會區理論 (extended metropolitan regions; EMR, desakotasi theory)，主張研究亞洲的都市化，應以「地帶」(region-based) 而非「城市」(city-based) 為基礎，在亞洲的國家，諸如日本、南韓、臺灣、印度、越南、中國、泰國與印尼，許多區域演化後呈現：(1)在核心城市之間，有一個混合農業與非農業活動的**帶狀走廊** (belt-corridor)；(2)除了人口由農村往都市遷移外，

仍有大量在地人口 (in situ population) 存在該走廊或所謂的農村之中。分析層次：為解釋該空間經濟的特質，城鄉混合都市化理論認為社會變遷，交易、技術進步與全球化會影響此都市化類型的發展。在區域與全球的辯證 (local-global dialectics) 思考下，人口、商品、資本和資訊的區域、國家與國際移動，構成城鄉混合的帶狀走廊可以是發生在區域、國家與國際之間。此衍生型大都會區理論，以臺灣西部走廊的沿線發展最為明顯。臺灣工業化和都市化發展的過程，固然有城鄉發展的落差，但卻沒有像西方國家的許多城市產生所得分配的不平均發展，和農工混合型態發展很有關係。臺灣的農業於 2000 年底之後，面臨世界貿易組織市場自由化的競爭壓力，鄉村地區產生十萬名左右的失業農民，雖然，休閒農業和觀光產業已加速推廣，農村地區能否轉型也將進一步影響臺灣都市發展的型態。

而就臺灣的都市問題而言，臺北地區主要是交通擁擠和房價太高，高雄則是嚴重的工業汙染造成生活品質下降，近年來臺中地區結合了中部地區的產業經濟和消費，以較低的房價和較佳的生活品質吸引年輕族群，逐漸成為新興活力的城市。臺北在捷運通車之後，交通問題逐漸改善，也漸有郊區化的趨勢。各大都市普遍的問題都是缺乏綠地，以及休閒設施，所以近年來也開始闢建大型的森林公園和巨蛋，使忙碌的城市步調能更悠閒。為了解決青少年飆車和犯罪的問題，各縣市經常於暑假期間在街道上或體育館舉辦大型舞會。相較於此，都市中獨居老人的問題則較缺乏政策面的解決方案。1990 年代以後，垃圾處理問題成為各城市頭痛的問題，解決的方法包括垃圾不落地或隨袋徵收的方案以及宣導廚餘和資源回收等。隨著都市的多元化發展，有些在傳統上被認為是偏差或不被社會接受的行為比例也增加，例如公娼、離婚、同性戀或愛滋病等。社會逐漸能夠用包容的眼光看待這些問題。綠色矽島和高科技產業是臺灣的發展方向和政策，在產業升級的壓力下，製造業和汙染工業出走，使得高雄等南部製造業密集的地區產生了嚴重的中高齡勞工失業的問題，終身學習和成人教育以及失業救濟都成了新世紀的問題。而臺北被認為是臺灣的首善之都，根據 2000 年的調查，在亞洲城市的競爭排名中位於新加坡、漢城和東京、大阪之後，近年來，中國大陸的幾個大城市的表現又急起直追。所以，下個世紀各大都市問題，除了要面對自己內部的問題，還增添了一項競爭力整合和規劃的重大任務。

資訊化時代來臨，網路和數位化的生活直接衝擊原有的都市生活方式，也正在改變都市的生活型態。都市研究者開始討論一種新的都市發展典範 (paradigm) 技術和組織創新藝術、娛樂和文化都被視為活化都市的動能。威廉米契 (William J. Mitchell, 1999) 提出「位元城市」的看法，認為位元城市不是根植於某一特定地點，不是土地或房價而是連線和寬頻創造了它，生活在其中的人，是以別名或代理人的多重身分出現。但是這並不一定否認了傳統城市的存在，以多媒體或寬頻為主的工業和服務業與藝術文化的結合，使得一些城市的中心區擴充和高級化，從事新興行業高所得的工作者，進駐高科技的數位辦公和住宅大樓，以便更加親近都市的數位影像以及周邊服務。但並不是所有生活在資訊時代城市中的人都有這美好的遠景，事實上只有很少數的人可以加入新興的工作行列獲得高收入。大部分的人只能從事其他更廉價的勞動，或兼職做一些非長期的工作。所以，有社會學家如莎森 (Sassen, 1991) 也提出雙元城市 (dual city) 的看法，也就是因為都市生活中貧富差距越來越大，以及都市中許多地方公共設施或建設不足，貧民區和破敗的老社區不斷發生在都市中，和都市的高樓大廈形成強烈對比。這個現象在歐洲的福利國家已經出現。世界勞工組織也發現，第三世界快速擴張的鉅型城市，使都市不平等發展的問題更形嚴重，除了噪音、交通和環境汙染外，還有強烈的種族排斥、性別歧視、童工被剝削以及貧民區的犯罪等問題。

新都市社會學 (New Urban Sociology) 是指採用衝突理論的觀點來思考地方、國家及國際力量的互動力量，特別是全球經濟活動對當地空間所造成的影響 (Gottdiener and Hutchison, 2000)。華勒斯坦指出，幾個特定的工業國家（如美國、德國、日本等）在全球經濟體系的核心占據著支配主導的地位。而亞洲、非洲與拉丁美洲的貧窮開發中國家則位於全球經濟的邊緣，受到核心工業國家的控制與剝削。藉著使用世界體系的概念，新都市社會學家開始以一個全球的觀點來思考都市化的問題。他們不再把城市看成是獨立的、自主的實體。對他們而言，城市是許多政策決策過程的結果，這些決策過程是操縱在一個社會裡的支配階級及核心工業國家的手上。新都市社會學家指出，當今開發中國家內部快速成長的城市是被殖民主義的歷史力量，以及隨著殖民主義而來的核心工業國家及跨國公司主控的全球經濟給形塑而成 (Gottdiener and Feagin 1988; D. Smith 1995)。1920 與 1930 年代的都市生態學家並不是全然忽視大型經濟體系在都市化過程中所扮演的角色，只不過他們的理論強調當地的，而不是國家的或全球的經濟力量對都市的影響。相較之下，新都市社會學家透過廣泛強調社會的不平等及衝突，對以下幾個議題表達興趣：下層階級的存在、跨國公司的權利、去工業化，以及都市的財政危機、住宅的區隔與遊民問題等等（章英華、蔡勇美編，1997）。

參 資訊化時代網絡社會

都市再發展與社區營造

都市再發展 (urban redevelopment) 是在都市發展的自然結果之上，以政策和規劃方案對都市生活條件和環境進行改善。較常聽到的名詞是「都市更新」(urban renew)——即將都市中老舊的社區重建 (rehabilitation)、維護 (conservation) 和開發 (development)。一般是以由上而下的方式由政府執行。但生活在都市中的人，對於自己所住的建築物，周圍環境或通勤購物等，有各種不同的希望或不滿，隨著民主化的程度和資訊交流，民眾參與社區營造的意願往往能夠被社區工作者鼓動並催化，達到民眾參與社區成長的機會。

然而，隨著全球化的腳步越來越快，世界城市之間的競爭也越激烈，有些都市研究者開始討論一種新的都市發展典範，例如除了強調技術和組織創新，藝術、文化及娛樂也被視為都市經濟主要的驅動力。此刻，都市的功能躍升為加入全球經濟的競爭角色。這種策略聯盟可能會打破國界，形成區域城市治理的新模式。

新竹科學園區和高科技產業

近年，海外許多媒體都在關注臺灣的新竹科學園區。《經濟學人》雜誌、《紐約時報》以及《亞洲華爾街日報》等都對它進行過報導。1995 年的 5 月，美國《商業周刊》稱新竹為「亞洲的矽谷」。美國一家有影響的雜誌還把它選為近年來全球發展最快的十大園區中的第一名。成立於 1980 年的新竹科學工業園區是國家為了高科技發展而開發規劃的生產中心，與日本的筑波 (Tsukuba)、韓國的大德 (Daedok) 並列為亞洲三個主要的科學園區。1990 年代新竹科學園區交出亮麗成績單後，新竹科學園區對新竹地區人口成長產生正面的助益，1997 年時，新竹科學園區吸引進駐人口已將近 60,000 人。大約每 13 個新竹市民就有 1 人是因新竹科學園區帶動成長的。因此臺灣各縣市紛紛爭取設立科學園區，例如「臺南科學園區」成為地方成長聯盟積極推動的主要空間發展計畫。

新竹工業園區占地 580 公頃，擁有 265 家大小高科技公司，其中有 103 家是海外留學者回來建立的，共創造了 68,000 多個就業機會，年產值高達 4,000 億臺幣。新竹科學園區的誕生，帶動了臺灣經濟的蓬勃發展，還使臺灣許多科技產業名列世界前茅（僅次於美國、日本）。園區電子產品，像網路卡、影像掃描器、終端機、桌上電腦等產值，均占全島 50% 以上，在世界上也能排名一、二。臺灣地區 IC 產業的製造，包括電路設計、集成電路等，也由該園區壟斷了，由於它的存在，臺灣地區已經成為全世界第四大半導體工業製造者，僅次於美國、日本和韓國。新竹科學工業園區的形成與臺灣的產業結構轉換有直接的關聯。自 1960 年代中期開始，臺灣從事的主要是加工出口工業，當時共有三個主要加工出口區，均以大力引進技術、吸引外國公司投資、增加就業機會和賺取外匯為主要目標。每年都要創造出 100 多億美元的進出口值。1971 年第一次能源危機爆發之後，臺灣的經濟便面臨轉型的問題，而轉型的方向只能是發展高科技。經過多年的探索，臺灣終於決定建立一個科學工業園區。在地點的選擇上，為了得到學校和研究機構的配合，新竹成了最好的候選地點，因為這裡有以產業研發為主要課題的工業技術研究院和兩所著名的大學：清華大學和交通大學。

但從社會學來看，事實上新竹科學園區所帶動的成長和地方居民的生活是兩個不同的世界，甚至在勞動的工人上有產生排擠的效應，早年以製造玻璃化工聞名的竹塹，近年也招募不到在地的高職以上青年加入。另外，高科技新貴在新竹雖然帶來在地百貨業的商機，但對在地性的消費卻沒有太大幫助。這種兩極化的雙元效應，是各縣市爭取設立科學園區時要特別注意和事先防範的。

概念辭典

＊美國矽谷 (Silicon Valley)

是高科技公司雲集的美國加州聖塔克拉拉谷地的詩意名稱。位於加利福尼亞州北部，舊金山灣區南部；一般包含聖塔克拉拉縣和東舊金山灣區的費利蒙市。最早是研究和生產以矽為基礎的半導體晶片的地方，因此得名，後來這個名詞引申為所有高技術企業聚集的地方。現在是當今美國乃至全世界的資訊科技產業的先鋒。此外該地也有一些文化設施，如創新科技博物館。作為美國資訊社會「最完美的範例」，「世界微電子之鄉」，是美國最為成功的高技術開發區之一。矽谷的崛起使美國社會從工業時代過渡到資訊時代，開了人類社會進入知識經濟時代的先河。矽谷不但開拓了新的產業，更重要的是開拓了高科技產業的發展模式：風險投資、孵化器、股份期權、科技園等。矽谷不僅是美國西部經濟第二次開發的典型代表，而且成為世界一流園區的典型代表，是世界其他國家和地區進行高技術開發所效仿的對象。2000年，矽谷地區的 GDP 總值超過 3,000 億美元，占美國全國的 3% 左右。2004 年地區人均收入 53,000 美元，是美國全國人均收入的 1.6 倍。矽谷是跨國公司誕生的搖籃。創造出 10 餘家世界性的跨國企業，如惠普，Intel，太陽微，思科，甲骨文，安捷倫，蘋果電腦等年銷售收入均超過或接近百億美元。2002 年，在矽谷銷售收入超過 10 億美元的企業就達到了 39 家。矽谷是尖端人才的集聚地。矽谷彙聚了 40 多位諾貝爾獎得主、上千名國家工程院和科學院院士、幾萬名工程師。此外，這裡還誕生了許多著名的企業家。

＊日本筑波 (Tsukuba) 科技城

因其先進的管理模式和得天獨厚的智力資源受到世界的廣泛關注，同臺灣新竹科學工業園與美國「矽谷」、美國 128 公路高技術產業帶（俗稱「矽路」）、法索菲亞科技園一起，併稱世界五大科技園。日本筑波科學工業園區的建立與發展。1963 年，日本政府決定在東京東北部 60 公里處的茨城縣興建「筑波科學城」，占地總面積約 2.85 萬公頃。日本科學城，東京的衛星城市，屬茨城縣。位於東京東北約 60 公里處的筑波山西南麓。面積 286 平方公里，人口約 13 萬。位於筑波臺地上，北依筑波山，東臨霞浦湖，地勢較平坦，水源充足，綠化帶寬廣，自然環境優美，接近東京，地理條件優越，為科學城的建立提供了優良的條件。集中了數十個高級研究機構和兩所大學，並以設備精良、人才眾多、研究基礎雄厚著稱。人口職業構成主要是科技人員、大學生及其家屬，其次是有關服務人員。城南的電子技術綜合研究所是全國研究開發電子技術的最大基地。筑波大學是新型國立綜合大學。筑波高能物理研究所是國際上重要的高能物理研究中心之一。市區規劃面積 27 平方公里，其中 15 平方公里為科研、文教機構建設用地，12 平方公里為住宅建設用地。市區中部為服務和商業中心；北部為文教、科研區；南部為理工研究區；西北部為建築研究區；西南部為生物、農業研究區。

＊韓國大德谷 (Daedok) 科學園區

在二十世紀 1960 至 1970 年代，高科技及其產業化在世界發達國家迅猛發展。為了發展本國的高科技事業，增強國際競爭力，韓國政府採取了一系列政策措施，並仿效美國、日本等國家，建立起一批集科研、教育、生產一體化的高科技園區。韓國大德科技園（亦稱大德谷）位於韓國中部的忠清南道大田附近，占地 27.8 平方公里。裡面分布著上百家科研單位、高等院校和近千家高科技企業，集中了韓國電子、宇航、通信、生命科學等高科技領域的近兩萬名精英人才，誕生了數以萬項的科技成果，如動態隨機存取破儲器、6.4 萬位芯片、64 兆位芯片、斷層攝像機、腎臟碎石機、黑猩猩基因組圖、超薄膜分析技術等等。也完成了 CDMA 技術的商業化，在這裡，韓國第一顆科學衛星「阿里耶 1 號」研製成功。大德規劃始建於 1970 年代初期，經過近 30 年的發展，高科技企業近年來在大德得到了快速發展。1995 年只有 40 家，2000 年發展到 500 家，2002 年擴大為 811 家，2003 年則達到了 850 家，2005 年達 2,000 家。大德谷已經成為與美國矽谷、日本筑波相媲美的科學城，是韓國最大也是亞洲最大的產、學、研綜合園區，被稱為韓國科技搖籃和二十一世紀韓國經濟的增長動力。

參考網站：

1. http://www.topo100.com/jszx/hwjs/2006-09-28/4178.html
2. http://chuangye.dudu163.net/html/mqjy/19700101/63036.html
3. http://www.ilib.cn/A-zggxq200409020.html
4. http://zh.wikipedia.org/w/index.php?title=%E7%A1%85%E8%B0%B7&variant=zh-tw

肆 後都市、網路空間與虛擬城市

蘇賈 (Edward W. Soja, 2000) 提出**後都市** (postmetropolis) 的概念，他是針對城市與地域的批判研究後，對於城市想像的擬像再建構，而在超真實的城市空間裡進行旅行探索。城市是雙重存在的，有正式與隱藏的文化、有實體空間也有想像的場所。包含了許多複雜又精緻的網絡，城市的「真實」是多重而非單一的。有關真實與想像的差別的相關討論與面向目前的討論已有許多，不過要精確的定義與標籤化還是困難的，這是個真實的仿冒品 (real-fake)、絕對的仿冒城市 (absolutely fake cities)，是個重新建構的、比真實還真。布希亞 (Jean Baudrillard) 是現今對於超真實的領域與界線分析相當有卓見的學者，主要分析中心為「擬像的過程」(the precession of simulacra)，是用一種表述或想像，漸增式取代真實世界的過程，擬像是一種對於原先存在的完美複製，有時甚至原初物並不存在，例如最初的對於《聖經》中隱喻的分析，例如酒、聖母馬利亞、雕像等。布希亞主張，例如現今我們使用地圖，這些象徵使我們產生出想像，而這往往超過了原本實際地理上對我們的影響。真實不可能被獨立出來或是被證明，對於擬像的超真實主義，是以這種真實本身的爭奪的類似狀況來說明。

以當代的事件來檢視，例如 1990 年 8 月 2 日至 1991 年 2 月 28 日期間，以美國為首的由 34 個國家組成的多國部隊和伊拉克之間發生的波斯灣戰爭，經由美國「有線電視新聞網」(Cable News Network; CNN) 的全球放送，布希亞說戰爭其實並沒有發生，或是說這些都是擬像。布希亞發展出主要的批評「四個想像的成功階段」(一種連續性、用於瞭解的關鍵方法)：第一，捕捉隱喻的鏡子，為基本真實的反射；第二，經由錯誤的偽造和扭曲、迷惑的覆蓋來框限真實的面具；第三，為基本真實的缺席，原有指稱意義的消失與置換，能指、所指的混亂；另外其實布希亞還加入了第四階段，即不需要再去辯論彼此關聯性，擬像是純粹的存在。

網路空間 (cyberspace) 的領域近來創造了許多新詞彙與討論，cyber 是希臘字根，來自於，現在多用此字來統合相關領域，小說家吉伯森 (William Gibson, 1993) 第一個使用，他說虛擬空間是無數正當操作者其日常經驗的交互幻覺，銀行電腦裡人們資料庫系統的一種圖像表示。後來也有許多相關的小說、電腦遊戲與電影談到類似的人工或虛擬真實。吉伯森在其《虛擬之光》(*Virtual Light*) 書中，從舊金山的城市光線發掘後都市，對於公共空間私有化的觀察。瑞格德 (Howard Rheingold) 的書中對於虛擬世界中虛擬市場的討論，以及《虛擬社群》(*The Virtual Community*) 書中，描述舊金山海灣區的虛擬村莊，蘇賈稱之為超真實主義者，一種想像、幻覺經驗的烏托邦，但也避免陷入某種權力說法。固然有些學者用「地理的終結」來形容現在全球化、科技傳播下的狀況，但是當我們在網路上航行時，還是在城市的連結上。而虛擬空間也增加了政治上的運用，從網路上的駭客到現實社會運動，大家都努力爭奪權力與空間、社群、認同等。而在城市這領域的批判與研究是相當努力滋長的。例如在「異度城市的想像真實世界」、「虛擬城市：電子傳播時代的虛擬表述」，波伊爾 (Christine M. Boyer, 1996) 將機器城市從現代帶入了後資訊都市分析，他引用其他學者例如「地理學的氣化」等概念，在顯現的新城市想像中，發展了延遲時間、短暫分裂、殖民的非空間，現在都已充滿在消失中的後都市中心與形式裡。波伊爾用隔離許多潛在有效存在的路徑，擴展了比以前更多解釋和分析的可能。

蘇賈面對後都市，也針對虛擬城市、虛擬市民與超真實產生的危機 (simcities, simcitizens, and hyperrality-generated crisis) 等思考。他用棲息地的小手法 (little tactics of the habotat) 來讓超真實更貼近「家」的分析路徑，並概念化後都市中的許多樣貌來，解釋混合的再建構都市想像，並以著名的電腦遊戲「虛擬城市」來舉例。虛擬城市中有原本的都市版本和理想的都市版本，使用手冊提供各種再建構的方法與資源，這提供了日常生活中的超真實，一個有用的虛擬空間發展，可以是最原始的象徵或是使用者設計出的一切。正式、非正式的安排強化了想像，這個湊合物特殊化了居住社群，比以往族群、階級的分割更有紋理脈絡，可以瞭解更多樣的生活風格、環境樣貌。重新反轉居住地的超真實，可發現新的內都市 (new inner city)，具有世界多重文化、種族混雜聚集的所在，例如加州迪士尼世界（主題公園），CityWalk 這個地區設計了理想中的洛杉磯城市的典型樣貌，一種象徵全球都市的完美模範。另外是橘郡 (orange county) 銀行倒閉的生動例子，告訴我們原有表現美好的政治、政府、市民和美國象徵，需要重新解答。

體驗城市氛圍——搭捷運逛臺北

現代的臺北成為一個足堪閒逛的地方，條件是它必須成為流動空間 (space of flow)。發生的時間是 1997 年捷運雙十路線完整開通後。流動空間，引申科司特 (Castells, 1998) 的用語，是讓臺北的捷運作為一個流動的、

圖 5.8　臺北捷運淡水線

目的地不明、隨機調整甚至無目的和方向性的交通工具，以其快速的移動能力，打破了地方空間的束縛。我們可以在臺北的東區、西門町、公館小吃、士林夜市、天母商圈，東西南北自由進行「點對點」、「跳躍式」休閒移動。

日治時期即已經修築完成的中山北路，連接中正紀念堂以南的羅斯福路，所形成臺北南北交通動脈的歷史重荷，為 1980 年代的建國南北高架橋所舒解，建國南北高架橋的實質象徵意義更是臺北的「東區」與「西區」的區域分野動線所在，今日每日進出百萬人次以上的捷運系統則是現代都市放送個性與光芒的必備交通工具，它並且進一步以快速流動的「超能力」瓦解（重構）了「東區」與「西區」地域的劃分。

臺北的城市氛圍 (city aura) 因此是科技與傳統的混合體，是建築體、自然地形、廣告招牌和交通動線所載動的人的足下經驗的行走，共同構成的神韻靈光，必須仰賴班雅明所說的「感覺力」，對於城市當中發生的「新奇」(novelty) 事物的敏感注意力才能捕捉。「氛圍的經驗是建立在對客觀的或自然的對象與人之間的關係的反應的轉換上。這種反應在人類關係中是常見的。我們正在看的某個人，或感到被人看著的某人，會同樣回望著我們。感覺我們所看的對象意味著賦予它回望的能力」(Benjamin, 1973)。這「回望」人類的都市空間建築體、自然地形和廣告招牌常常以交錯方式顯而易見的，但也會在不易發現的情況出現。臺北地景中，人們現在最易感受到的城市氛圍就是像日商「新光三越」和「臺北 101」等摩天大樓型地標，你幾乎走在臺北盆地的視野無障礙地帶都可以看到與被看到，玻璃的反射陽光、雨季中雲層可以低到貼近頂端的避雷針、觀景臺的望遠鏡俯視、可望不可及的「百萬健身房」，與人群中萬分之一的渺小和匆忙，具象的高樓，是一種如影隨形的安心與焦慮。與走在今日臺北的邊陲地帶：萬華、木柵、南港的偏僻巷弄不同，在地下當中穿梭的捷運如淡水線的民權西路以南段落，都市的「回望」展露鬼魅的氣息，人在其中，彷彿在自己的潛意識中活動，即使看來端坐或站著不動，腦海裡流轉的是何時鑽出地面的念頭與陌生的凝視或張望。這種焦慮是伴隨著來到劍潭站之後海闊天空的光明重見的欣喜。平行的中山北路種植的珊瑚刺桐後面的中山足球場、劍潭古寺與偶而得見的飛機降落松山機場瞬間即過。通常士林站就是舒緩潛意識焦慮的好選擇，因為歷史悠久的士林夜市。若加上淡水線終站的淡水和南邊公館、師大路的小吃則是所有臺北人意識上的食慾，解饞的場所。地下的無意識呆坐很快地就會轉換成地上的無意識閒逛，為琳瑯滿目的商品、南北雜貨陳列、大江南北各式小吃所羈絆的眼睛，直到某種自己知道的因素讓你坐下來消費，然後繼續閒逛，或者繼續自由進行「點對點」、「跳躍式」休閒移動。

今日捷運所延續的是臺北歷史上的火車站核心聚集功能，超越的是流動空間的發散與收斂。1857 年欽差大臣沈葆楨奏請清廷倡議臺灣建省並設置臺北府，後臺灣巡撫劉銘傳，「擬將大稻埕（今延平區和建成區一帶）成為一國際商業區，而將行政機關，全部集中於城內（今城中區）」（黃得時，1981）。所謂的城內，是當時闢建了城牆，將都市圍起來的方整的城牆，四面門：東門、南門、北門與西門奠定了城中區的成為臺北單核心空間結構的發展基礎。而最為興盛的西門商業區，是日治時期在艋舺與大稻埕的低窪地區建構而成的商業中心，俗稱「西門」。日治的 1932 年，臺灣的第一家百貨公司「菊元百貨」即在現在的衡陽路與博愛路交會處的「城內」榮町開幕。而日人建立的火車站就在旁邊，和西門町一起成為當時的消費中心。今日搭捷運來到的「西門站」的出口，「菊元百貨」的七樓建築早就淹沒在更高、更霓虹五光十色的獅子林電影院、紅樓劇院等青少年晃蕩的場域。「西門站」所在的捷運西門支線，從火車站拉出，一方面顯示西門町的歷史地位，另一方面，「支線」也降格了今日西門在臺北的消費位置。捷運的搭乘讓臺北人覺得「優雅」，這相較於巴黎是毫不遜色。冷氣當然可以解決同樣揮汗如雨的七、八月的酷熱，今日的巴黎人在捷運上的感受是看來髒兮兮的吉普賽人的流竄、貓狗等寵物的和人共處、吃東西的香臭味、腳踏車、酒瓶與隨地便溺的站臺；臺北捷運堪稱全世界限制最多，也最乾淨的捷運系統，所以上述巴黎的「自由」在臺北完全被禁止，臺北的「優雅」捷運於是創造了一個完全理性的旅行空間，若坐在車廂內，抬頭所見車體，除了廣告外，就是許多禁止的標誌。打×的標誌。並且一些站臺可見許多的公共藝術，人在其中匆忙出入，注意力的氛圍一瞥，若有所失的美感，激起的是非常個人化的鑑賞與生活的品味。

如果是生活風格的追逐者，由捷運的「臺北車站」站自西徂東搭「板南線」是很好的選擇。「由於製造業廠商總部不斷地在中山北路以東，敦化北路以西的東區集中發展，連帶激勵相關的不動產、金融銀行與國際貿易商群集，成為臺北市經濟發展的動態地區。臺北都市的經濟商業核心，所以隨著臺灣工業化的取代過去農業經濟發展，產生了位移」(周志龍，2003)。東區的興盛繁榮，進一步表現在消費者服務業 (consumer services) 的蓬勃發展，百貨公司（如京華城、微風廣場、SOGO 等）、精品店、綜合服飾、中西餐廳、電影院林立。臺北市的全球化臺北的政策進一步擴張了「東區」的範圍。2001 年市府繼續推出與「飛龍計畫」——以「振興景氣方案」、「推動國際貿易方案」、「市有土地開發方案」、「推動創業投資方案」、「招商投資獎勵方案」五大方案為主的加速臺北成為全球城市的計畫，進一步讓臺北與世界接軌，「臺北 101」就是這個思維的產物。更早的 1987 年，臺北市政府公布「信義副都心」的發展計畫，將市政府遷往該區，並於 1990 年獨立出「信義區」來，華納威秀、紐約紐約、新光三越、Neo19、凱悅飯店等的加入，形成臺北東區的新消費重鎮。2002 年東區捷運地下街完成了開放 17 個出口，將忠孝東路商圈與敦化南路商圈的太平洋崇光百貨一館、二館、明曜百貨、ATT、微風廣場、誠品書店連接在一起，單日就可進出 60,000 人次，創造了所謂的「臺北曼哈頓」的瑰麗想像。從建築體而言，東區的優雅表現在類似班雅明巴黎拱廊街的玻璃和金屬組合成的玻璃建築 (glass architecture)，輔以布爾喬亞階級的精緻設計，作為現代性的工具與化身，玻璃材質建築的魅力「不在明亮，而在透明 (transparency)」。搭配對於

室內 (interior) 表現的裝飾崇拜，班雅明在 1929 年時對於玻璃這個新的視覺建材的文化效果下了這樣一個評語:「所有的東西都拜倒在透明的旗幟之下」(Benjamin, 1989: 581)。臺北東區的消費空間延續玻璃的現代性特質，讓「透明」展現時尚的魅力，並吸引人的目光。

儘管有了壓克力或其他替代品，今日玻璃窗格的妙用和班雅明描繪的十九世紀一樣，在於將凝視阻絕於外，同時卻又不使裡面的商品或人的展覽完全和外在分離，透明，於是就產生了非常微妙的心理距離，一種很遠又很近的感覺，這種感覺的具體呈現，就是「閒逛者」(flâneur, stroller) 的凝視。感謝構成臺北消費空間的玻璃素材，讓新的觀看形式成為可能，可以閒逛，在透明的窗前，讓觀看成為一種藝術。玻璃的透明性，直接使得商品的交換價值衍生出新的價值——展覽價值 (exhibition value)，並不是必須掏錢購買商品的價值交換，而可以是純粹觀看，欣賞商品的新奇與美。這個新的價值，就是經由班雅明所說的「閒逛者」，這在今日臺北的西門町、士林夜市、天母商圈、東區、公館小吃到處都是的人，因為有了可以快閃的捷運，不管風霜雪雨，都可以成為「下定決心」的閒逛族。臺北的閒逛族可以在以捷運的流動空間為主軸所構成的消費空間，自由來往於女帽店、珠寶店、郵票店、古董店、二手書店和小酒館。這些，不只是十九世紀的景象，而且是當代似曾相識的消費雛形。跟隨著班雅明拱廊街的令人印象深刻篇章之間的清晰詮釋，和整個系列的對話，我們不只是將拱廊街當作歷史客體研究，也活在一個視拱廊街為當代的可能的時代。

的確，班雅明所描繪的十九世紀巴黎拱廊街的城市氛圍局部繁榮，在臺北則從地方空間轉變為流動空間，透過捷運的地上與地下流竄銜接，一方面，將臺北的傳統邊陲區域：如木柵與南港，透過捷運「木柵線」和「板南線」加以與臺北的中心區域連結，捷運「內湖線」的完工，更進一步體系化臺北的閒逛系統，「美麗華購物中心」與「內湖科技園區」及其旁的「大潤發」、“Costco”、“B&Q” 等大賣場的親和性也將大大提高，由汽車可及轉變成捷運可及的地方；另一方面，捷運亦將臺北的東區與西區連結，形成橫向「帶狀」的發展，火車站前的新光三越大樓，與信義區內的臺北 101 遙遙相對，標誌著臺北的全球化時代的潛能與未來。

攙雜著招牌、標誌、幹線道路和電線等禁止的理性，「現代化的暴行」與忽略城市當中一些界定不明的，興建建築體之後遺留下來的缺口的「殘餘空間」，感受節奏日益優雅的城池，就搭捷運，來到足堪閒逛的臺北，四通八達的空間人文社會經驗，自由進行「點對點」、「跳躍式」休閒移動，感受城市氛圍的特殊性，在大型購物中心不連續的序列視景中，隱藏著傳統的記憶與新奇的商品交織訊息，更有被視而不見的貧窮，等待有感覺力的人，用差異性的眼光透視玻璃建構的幻景。直到臺北盆地環繞的山陵，於夕陽時分，投以高高低低建築體、基隆河、淡水河、錯綜複雜的道路、人、飛機起降、廣播，和連接一切的捷運，「回望」的一瞥。臺北。一天結束。一天開始。城市的氛圍，全球化的視野規劃，需要更多千變萬化的視覺美感堅持與人道關心。

第三節 小 結

本章「社會化」的分析單位是從個人出發，去看和他人的關係互動，所以，先以皮亞傑、佛洛伊德、拉岡和班德拉等理論探究自我的意義，並通過符號互動論諸學派研究自我與他人互動的機制；再及於婚姻、家庭、學校和社區等概念；然後闡釋二十一世紀大多數人所居住的都市及其變遷對於人的影響。就我們的城市反省而言，都市是建築上的龐然巨物、金錢崇拜的具體體現、官僚體構的權力及金錢的社會地圖。「文化」作為意象記憶的來源，象徵著「誰屬於」特定的區域（建築主題），近來，文化也已成為社會差別與城市恐懼引起的衝突的一個更為明顯的場所。如果我們對城市生活的再現不加質問就接受了這些公共空間（如迪士尼、SONY 廣場），那麼我們就有屈服於一種在視覺上有誘惑力、私有化的公共文化的危險。象徵經濟，相當數量的新公共空間，從文化象徵與企業資本的交織之中獲得了它們特殊的型態。作為組織空間的手段的文化：城市的視覺再現「推銷」了城市的發展。形象，從早期的地圖到有照片的明信片，不僅僅是反映了真正的城市空間；相反，它們是對一座城市的紀念碑性質經過想像的重組。透過明信片回憶，二十世紀視覺媒體的發展，使得相機和電影成了組織城市空間的最重要的文化手段。城市的商業文化成了「娛樂」，目的在於吸引一群流動的文化消費者，這改變了城市的公共文化。新的形象吸收這城市的視覺再現可以是民主的，它可以整合而不是離間社會與種族的集體，它也可以幫助形成新的集體認同。但仍有問題存在，如西班牙蕃茄節的安全、種族與文化問題。公共文化最易受到的威嚇來自於日常的恐懼：人身攻擊、漫無目標的暴力，以及以特殊人群為目標的仇恨犯罪，這些身處公共空間可能碰到的危險徹底破壞了開放的原則。因此人們如想要融入公共文化，城市對於他們來說並不安全。公共秩序：警察、監視器、保全等。事實上，我們可以說，以全球化下當代人的成長經驗裡，不管婚姻，家庭，學校和社區等，其社會化的經驗幾乎都是在都市空間完成，發現自我與社會化不再是心靈的世俗化辯證，它更是與城市空間的對話與辯證關係。是以，對城市生活的公共空間的批判性，思考在後都市網路空間裡的自我為何，應該是新世代的必要社會化歷程。

參考書目

1. 石計生，《宜蘭縣社會經濟發展史》，宜蘭：宜蘭縣政府，2001a。
2. 石計生，《地理資訊系統社會學》，臺北：儒林，2001b。
3. 石計生，〈視覺化的學術世界：「士林人文社會實驗室」的研究紀要〉，《東吳社會學報》，11: 163–173，2001c。
4. 石計生，《社會學理論——從古典到現代之後》，臺北：三民，2006。
5. 周志龍，〈後工業臺北多核心的空間結構化及其治理赤字〉，全球城市研討會，臺北：臺大城鄉所舉辦，2003。
6. 王振寰、瞿海源主編，《社會學與臺灣社會》，臺北：巨流，1999。
7. 黃瑞棋，《曼海姆——從意識型態論到知識社會學詮釋學》，臺北：巨流，2000。
8. 黃得時，《臺北市發展史（一）》，臺北：臺北市文獻委員會，1981。
9. 章英華、蔡勇美主編，《臺灣的都市社會》，臺北：巨流，1997。
10. 蔡文輝、李紹嶸編撰，《簡明英漢社會學辭典》，臺北：五南，1998。
11. 蔡勇美、郭文雄，《都市社會學》，臺北：巨流，1984。
12. D. Popenoe 著，劉雲德譯，《社會學》，臺北：五南，1992。
13. E. Goffman 著，徐江敏等譯，《日常生活的自我表演》，臺北：桂冠，2004。
14. K. Marx 著，中共中央馬克思、恩格斯、列寧、斯大林著作編譯局譯，《資本論》(*Capital*)，《馬克思恩格斯全集》，第二十三卷，北京：人民，1972。
15. K. Polanyi 著，黃樹民等譯，《鉅變：當代政治、經濟的起源》，臺北：遠流，1986。
16. M. Foucault，劉北城等譯，《瘋癲與文明》，北京：生活・讀書・新知三聯，1999。
17. N. Elias 著，王佩莉譯，《文明的進程：文明的社會起源和心理起源研究》，北京：生活・讀書・新知三聯，1998。
18. R. T. Schaefer 著，劉鶴群等譯，《社會學》，臺北：麥格羅希爾，2002。

19. T. G. McGee: Urbanization and Globalization in China（中國的都市化與全球化發展），石計生、林珆如譯，訪問臺灣東吳大學演講書面講稿，2005。

20. W. J. Mitche 著，陳瑞清譯，《位元城市》，臺北：天下，1999。

21. A. Bandura: *Social Learning Theory,* Englewood Cliffs, NJ: Prentice Hall, 1977.

22. A. J. Reiss, Jr. (ed.): *Louis Wirth on Cities and Social Life*, Selected Papers, Chicago: University of Chicago Press, 1964.

23. A. T. Orum: *Introduction to Political Sociology: The Social Anatomy of the Body Politics,* 3rd edition, New Jersey: Prentice Hall Press, 1989.

24. C. S. Stone Shih, and Chi Cheng Lian: *Geographic Information Systems and the Construction of Digital Social Maps—Shihlin's Humanist—Societal Laboratory in Taipei City,* Conference paper at ASIA GIS 2001: Collaboration through GIS in the Internet Era Center for Spatial Information Science. The University of Tokyo. June 20–22, 2001.

25. E. Burgess(ed.):Urban Sociology, Chicago:University of Chicago Press, 1967.

26. E. Goffman: *The Presentation of Self in Everyday Life*, N.Y.:Doubleday Anchor Books Press, 1959.

27. E. Goffman:The Interaction Order, *American Sociological Review*, 48:1–17, 1983.

28. E. P. Thompson: *The Making of the English Working Class*. New York: Vintage Books, 1966.

29. E. W. Soja: *Postmetropolis: Critical Studies of Cities and Regions*, Oxford: Blackwell, 2000.

30. G.. H. Mead: *Mind, Self and Society:from the Standpoint of a Social Behaviorist*, Chicago:University of Chicago Press, 1952.

31. H. Garfinkel: *Studies in Ethnomethodology*, N.J.:Prentice Hall, 1967.

32. H. J. Gans: *People, Plans, and Policies:Essays on Poverty, Racism, and Other National Urban Problems*, N.Y.:Columbia University Press, 1991.
33. H. Lefebvre: *The Production of Space,* Trans, Donald Nicholson-Smith, Oxford. Basil: Blackwell, 1979.
34. J. Heritage: *Garfinkel and Ethno−methodology*, Cambridge , MA:MIT Press, 1984.
35. J. Piaget: *The Relationship between Social and Cognitive Development*, Willis F. Overton (eds.), Hillsdale, N.J.: L. Erlbaum Associates, 1983.
36. M. Castells: *The Information Age: Economy, Society, and Culture,* Volume III End of Millennium UK, Oxford: Blackwell Publishing Ltd., 1998.
37. M. C. Boyer: *CyberCities: Visual Perception in the Age of Electronic Communication,* Princeton Architectural Press, 1996.
38. S. Freud: *The Ego and the Id*, J. Strachey(ed.), J. Riviere(trans.), N.Y.:W. W. Norton Press, 1962.
39. S. Sassen: *The Global City: New York, London, Tokyo,* Princeton, N.J.: Princeton University Press, 1991.
40. T. G McGee: The Emergence of Desakota Regions in Asia: Expanding a Hypothesis. In: *The Extended Metropolis: Settlement Transition in Asia,* N. Ginsberg, B. Koppel, T. G. McGee (eds.), pp. 89−112, Honolulu: University of Hawaii Press, 1991.
41. T. G. McGee, I. M. Robinson (eds.): *The Mega-Urban Regions of Southeast Asia,* University of British Columbia Press, Canada, 1995.
42. W. Benjamin: *Charles Baudelaire, a Lyric Poet in the High Capitalism,* London: NLB, 1973。
43. W. Gibson: *Virtual Light,* New York: Bantam, 1993.

名詞解釋

▶ 社會化 (socialization)

指的是一個人從襁褓無助逐漸成長，成為自覺具備知識和能力去進行與別人互動，進一步能融入社會文化的過程。

▶ 本我 (id)

出自於佛洛伊德的精神分析思想。是一種與生俱來的本能，受性驅力 (libido) 所控制，主張依從快樂原則行事，追求當下的滿足與愉悅。

▶ 自我 (ego)

是從前意識知覺系統發展出來的一個身體的自我，它本身不僅是一個表面的實體，而且它本身還是一個表面的投射，它的重要功能在於把能動的正常控制轉移給自我。

▶ 超我 (superego)

出自於佛洛伊德的精神分析思想。是受社會規範而來的人格發展，以壓抑慾望來完成自我的道德良心。

▶ 伊底帕斯情結 (Oedipus complex)

源於主角伊底帕斯殺死父親，娶母親為妻的希臘神話故事。佛洛伊德在《夢的解析》(*The Interpretion of Dreams*) 一書中提出其詞，闡述兒童時期對於母親的占有與愛戀的慾望，或稱為戀母情結，現今多為精神分析的用語。

▶ 社會學習理論 (social learning theory)

班德拉所提出的，進行了人 (people)、環境 (enviroment) 與行為 (behavior) 三方面關連（簡稱 PBE）的自我理論論述。他認為，人的社會心理行為表現並非只是個體內部驅力之作用，而是具備有學習能力的人、環境和行為之間的交互決定 (reciprocal determinism) 的過程，三者都是作為相互關連的決定因素在起作用的。

▶ 情境定義 (situation definition)

如果人們將情境定義為真實時，那麼在其所產生的後果中，這些情境就是真實的。

頂客族 (double income, no kid; DINK)

是對一種族群的稱呼，指結婚後不想擁有小孩的夫妻，即夫妻雙方有工作、有薪水，但不想承擔養育子女的責任，而不生小孩的族群。

歸巢族 (boomerang kid)

是對一種族群的稱呼，指大學畢業後的青年或已成年的子女，仍賴著父母與父母同住並讓父母撫養的族群。

飛特族

為英文 freeter 的音譯，是英文 free（自由）和德文字根 arbeiter（勞動者）結合成的詞彙，是對一種族群的稱呼，指從事的工作類型屬短期的打工性質，工作技術的要求不具備專業經驗，多半依照時數接受薪資，無沉重的工作壓力，是追求自由生活型態的勞動族群。

華德福教育 (The Waldorf School)

一種另類教育 (alternative education)，主張身心靈並重的華德福學校揭示靈性的追求不應只是成人的課題，事實上應該從小培養，透過身、心、靈合一的教育，與自然結合，以培養出「自由的全人」。在臺灣一個成功的實驗，就是在宜蘭縣冬山鄉，由張純淑女士所創辦的慈心華德福學校。

社區 (community)

指的是人民在一定的區域內活動和居住所組成的社會群體，除了有地域關係也有血緣、鄰里、朋友等人群的關係。

社區權力 (community/local power)

意指一個社會中擁有許多掌握各自權力的社會組織與社會關係網；它們彼此之間會連結在一起，並經由這種聯繫以行使或體現它們的權力。

都會 (metropolis)

是指一個國家的主要都市，人口達到相當規模者，以此都會為中心都市，其四周地區在經濟上和社會都與該都會有著整合的關係，結合而成都會區（王振寰、瞿海源主編，1999)。一個都市由於土地人口的增長，使其原有的市中心被各個不同的住宅區、工業區等環繞成一網絡。都會這個大都市在經濟上、文化上均占優勢，領導著其周圍的城鎮。都會是都會區的中心城市。都會區則指一個城市地區超過法定的都市地域，整個區域在經濟上、社會上整合成為一個單位：經由交通的網絡、電訊的線路結合成功能性的單位。某些都會區發展到包括不止一個，有時包括數個城市及其周圍的衛星都市及其郊區，以大都會為其中心。在政治上，它並非是一行政單位；在美國它的領域可能屬於不同的縣、市，甚或不同的州。

都市化 (urbanization)

是指造成人們聚居於都市，且表現出都市生活型態的過程。所謂的都市化程度，即一個社會或國家中居住在都市地區的人口比率（王振寰、瞿海源主編，1999）。都市的形成主要是受到人類生產方式和經濟發展的影響，從早期的採集和游牧形成部落，演變到以農業為主的村莊，工業革命之後，鄉鎮人口紛紛往都市集中，形成大都會。從社會變遷和發展的角度來看，都市化是一個歷史性及全球性的趨勢，十九世紀初全世界只有 2.5% 的人口住在都市裡，經過兩百年，全球將近有一半以上的人居住在都市裡。而且，近三十年來，都市人口的成長和集中主要來自開發中國家，墨西哥的墨西哥市、印度孟買和巴西的聖保羅都因人口超過 1,500 萬而躋身成為世界前十大都會。所以，都市化，是這個時代、世界各地多數人生活的共同經驗。

異質性 (heterosity)

是指都市化過程的人口混同特質。如歐洲移民大量出現於美國北部城市，這些歐洲移民除了增加都市人口之外，另外的特色就是增高了人口的異質性（章英華、蔡勇美主編，1997）。這些歐洲移民雖然都是以白色人種為主，但是在文化背景上，語言與宗教及生活方式上，都與較早期來自英國的移民不同。另一方面，自第一次世界大戰後，南方黑人也開始大量移入北部的城市。因此美國二十世紀早期的都市化特質，即人口的異質性，是與歐洲都市化的經驗比較不同的地方。這也是為何美國早期都市社會學起源地的芝加哥大學，其研究的領域與關切的課題，會往另一面向拓展，諸如研究貧民窟、遊民、青少年幫派等等（蔡勇美、郭文雄，1984: 22–27）。

郊區化 (suburbanization)

是指人口與一些服務機能向大都市的鄰近地區移動，形成行政上不相隸屬的許多郊區環繞著大都市的過程（王振寰、瞿海源主編，1999）。郊區化是社會變遷形式之一。指從市區向郊區遷移的人口不斷增加，城市的各項地域職能朝向相同方向轉移的趨勢。其動因在於第二次世界大戰以後，尤其是 1950–60 年代以來，各發達資本主義國家的城市社會問題日益突出，生活質量日趨下降。為逃避喧囂、交通擁擠、空氣混濁的都市環境，一些生活較富裕的城市居民便紛紛遷居市郊，以改善生存條件，提高生活質量。而高速公路的迅速發展、空間距離的相對縮短，則為形成一股「遷郊熱」提供了基礎。其結果造成了城市中心密集的人流和能量開始向城市外圍疏散，人口和產業布局向均衡方向發展，並提供了改善生產和生活條件的城市用地。但又因城市平面範圍的擴大，侵吞了農田和耕地，使人口和資本更為集中。

人口遷徙 (population migration)

是指工業社會的人口的移動。遷徙是工業社會的產物，是形成都市化的重要因素之一。遷徙不僅造成都市人口的增加，也形成第三世界過度都市化的問題，造成人口擁擠、住宅短缺、失業率升高、犯罪增加等問題。因此，遷徙者到都市的適應問題，諸如，他們與原居住地的關係以及對目的地的滿意程度就成為遷徙者能否調適成功的重要因素。一般而言，都市人口的增加主要受到兩方面的影響：一方面由於工業革命後需求大量的勞動力，形成就業機會的增加，再加上都市公共設施較為完善，生活水準與品質較佳，因而吸引鄉村人口移入；另一方面，由於鄉村地區就業機會有限，無法吸收過多、過剩的勞力，造成人口大量湧入都市地區尋求發展的情形，因而形成人口都市化的現象，並產生人口遷徙（章英華、蔡勇美主編，1997）。遷徙是一種社會過程 (social process)，因為遷徙者不僅改變居住環境，而面對新的社會環境更是遷徙者必須注意的一大課題。一方面遷徙放棄了舊有的社會關係，形成這些關係較為疏遠的現象，使得遷徙者不僅喪失原有社會網絡 (social networks) 的支持，同時也失去原先所建立的社會規範與價值。另一方面，由於遷徙者到陌生的都市環境後，都市的初級關係薄弱，建立新的社會關係尚需一段時日，因此他們對新的環境產生恐懼與不安，形成社會適應的問題。是故，如何在新的環境中建立和諧而穩定的社會關係，顯然是研究人口遷徙值得注意的一大焦點。

同心圓模式 (concentric core model)

是指都市社會學芝加哥學派所提出的都市生態形式類型之一。該學派主張將都市本身當作一個研究客體，想通過研究都市迷離的表象揭示出其中隱藏的規律性，和社區之間的複雜性。1920 年代時柏格斯提出同心圓理論 (concentric-zone theory)。以芝加哥為例，他提出了一個描述工業城市中心土地利用的理論。中心商業區是位在城市的中心或核心。大型百貨公司、飯店、劇院及商業金融機構占據該區內價格昂貴的土地。圍繞這個中心延伸出一連串的不同區域，它們有著不同類型的土地利用 (Schaefer, 2002)。

郊區 (suburb)

是指一種規模相對較小的社區，它總是靠近並依靠某中心城市。雖然它曾以某種形式出現在歷史上的許多城市地區，但郊區只是在二十世紀才興旺發達起來。郊區是城市飛速發展的產物，而且，正是交通工具，尤其是汽車和公共交通系統的進步才使郊區的存在和發展成為可能 (Popenoe, 1992)。今天，「郊區」這個字已經超越了任何簡單的定義。一般來說，這個字已經被用來描述那些幾乎是與城市一樣大的社區，或者，人口普查局會這樣說，市郊指的是都會區內所有市中心以外的土地。根據這個定義，1999 年時有超過 1 億 3,800 萬的美國人，或者約有 51% 的美國人口是住在郊區 (Schaefer, 2002)。

多核心模式 (multiple nuclei model)

是指都市社會學芝加哥學派所提出的都市生態形式類型之一。由該學派的 C. D. Harris 及 Edward Ullman (1945) 提出了多核心理論 (multiple-nuclei theory)。在他們看來，都市成長並不是從一個中心商業區向外輻射發展；相反的，一個都會區會有許多的發展中心點 (Schaefer, 2002)。這種理論為，在一個城市的歷史過程中要形成許多商業、產業和住宅區的次中心，而這每個次中心都可能——但也未必——按照同心環帶和扇形模式提出的方式向外擴展。這個模式不承認城市的發展是從單一中心區向外輻射，相反，它指出應有許多小型商業區域或核心，波士頓就是這種模式的一個最好範例(Popenoe, 1992)。

人文社會地理資訊系統 (humanist and social GIS)

是指將地理資訊系統 (geographic information systems) 這個原來被高度運用於環境監測、自然防災、與山川河流測量的「屬物」的研究，轉化至對於人所活動的地表的社會行動與人文思想的「數位化地圖」的呈現。舉凡人日常生活的食衣住行的活動，均可以是「社會行動」的一部分，舉凡人所創造的藝術、詩歌、音樂、哲學與其空間呈現（如古蹟、展覽廳等）均可以是「人文思想」的一部分。人文社會地理資訊系統，是將人文社會科學視覺化 (visualization) 的過程。人文社會科學各學門，可以在地理資訊系統這樣的「思想共同操作平臺」，依其對於文明的切入向度，各取所需，各盡所能。人文社會科學的「屬人」的視覺化研究對象，其實就是探究一切和人相關的「人、事、時、地、物」，是研究一種社會關係在空間上的展現。「屬物」的自然科學對象，如山川、地質、等高線、地震脈相與氣候等都將成為「屬人」的視覺化研究對象所搭配的背景說明。人文社會的「數位化社會地圖」(digital social maps)(Shih and Chi, 2001) 就顛倒了原來以自然科學為典範的 GIS 思考，轉而是以人文社會科學的「屬人」的視覺化研究為主體，自然科學「屬物」的對象為輔助。依研究者的研究旨趣 (research interest) 而建構的「主題圖」(thematic maps)，有別於傳統紙製地圖 (paper map) 的固著性，它在地理資訊系統環境中，是一種「數位化社會地圖」。「數位化」意味著是一種需要電腦化的操作與思考，「社會地圖」則意味著地理與空間向度的基礎，是穩定運作跨學門研究的可能保證。

人口金字塔 (population pyramid)

指的是人口學研究的範疇。運用圖解的方式呈現，以瞭解一個地區或社會在時間歷程上的人口組成，圖的水平軸表示男女性別的比例，垂直軸表示各年齡層的組別，用來表示人口的性別年齡結構，此外，利用人口金字塔呈現出的圖形，可以推測一個地區、社會或甚至國家的發展狀況。

都市狀態 (urbanism)

是指一種特殊的人類社區或生活方式。也就是工業革命後，多數人集中在都市中生活所呈現的生活樣態。「都市狀態作為一種生活方式」由美國社會學者沃茲提出後，此名詞就日漸流行，並且成為都市社會學家闡述都市特性時的爭辯焦點。根據沃茲的看法，都市狀態的主要特徵包括：⑴複雜的分工，有各種特殊的職業結構，以便形成社會階層的主要基礎；⑵有很高的地域及社會的流動性；⑶人口分工上有高度的依賴性；⑷人際的互動上呈現匿名性，角色之間的互動只是部分的人格表現而已；⑸依賴社會中正式的控制和規律；⑹人們的道德標準不一致，有較高的容忍度。這六個特點是說人在都市之中，受都市影響所形成的生活方式和態度，但並不是說每一個個體私人的人格特質。在這個學說的基礎上，有許多學者針對這些特性再提出修訂或補充。例如 1960 年代，美國學者甘斯和路易思研究墨西哥式的農村移民並不受大都市生活方式的顯著影響；另外，1970 年，菲雪爾 (Claude S. Fischer) 提出「圈內文化論」則認為，大都會中，易於結集相似社會背景的人群，形成圈內文化，並造成不同的文化衝突。所以都市狀態作為「一種」生活方式的說法，將隨著都市的擴展，不同群體的融合而產生歧異性。

都市問題 (urban question)

是指：⑴都市機能的障礙。例如：交通問題、水源不足等，而影響市民的生活品質，亦使得都市居民的生活福祉後退；⑵都市問題是涵蓋整個都市領域，與全體居民息息相關；⑶都市問題無法由個案來解決，要對都市環境問題作整體的規劃，始克有功；⑷由於都市偏差行動不斷發生，造成都市居民與社會規範重建的問題（葉至誠，2001）。今日的都市問題，無論是住宅、交通、公害等問題，都不是單純地存在於局部的地區，絕大多數住民皆捲入其中。站在社會學的立場，探討現代都市問題，應著重於市民對環境適應能力、市民的一體感、自律性、社會規範等問題，不應僅限定於酒精中毒、色情、違法事件等一些少數人的偏差行為。

帶狀走廊 (belt-corridor)

是指都市化和大都市的發展的一種特殊類型。在亞洲地區從事都市研究三十年的都市社會學者麥吉提出衍生型大都會區理論 (extended metropolitan regions; EMR)，主張研究亞洲的都市化，應以「地帶」(region-based) 而非「城市」(city-based) 為基礎，在亞洲的國家，諸如日本、南韓、臺灣、印度、越南、中國、泰國與印尼，許多區域演化後呈現：(1)在核心城市之間，有一個混合農業與非農業活動的帶狀走廊；(2)除了人口由農村往都市遷移外，仍有大量在地人口 (in situ population) 存在該走廊或所謂的農村之中。分析層次：解釋該空間經濟的特質，城鄉混合都市化理論認為社會變遷，交易、技術進步與全球化會影響此都市化類型的發展。在區域與全球的辯證 (local-global dialectics) 思考下，人口、商品、資本和資訊的區域、國家與國際移動，構成城鄉混合的帶狀走廊可以是發生在區域、國家與國際之間。此衍生型大都會區理論，以臺灣西部走廊的沿線發展最為明顯。臺灣工業化和都市化發展的過程，固然有城鄉發展的落差，但卻沒有像西方國家的許多城市產生所得分配的不平均發展，和農工混合型態發展很有關係。

後都市 (postmetropolis)

蘇賈提出的概念，他是針對城市與地域的批判研究後，對於城市想像的擬像再建構，而在超真實的城市空間裡進行旅行探索。城市是雙重存在的，有正式與隱藏的文化、有實體空間也有想像的場所。包含了許多複雜又精緻的網絡，城市的「真實」是多重而非單一的。

第六章

文化、媒體與宗教

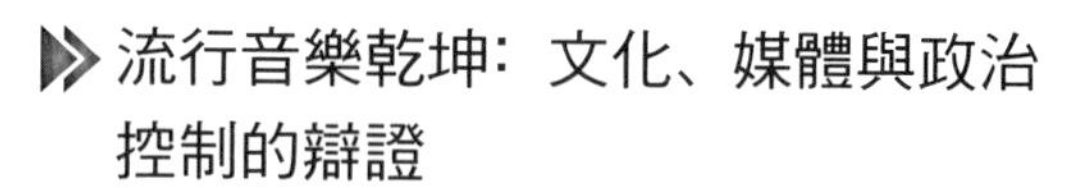

流行音樂乾坤：文化、媒體與政治控制的辯證

- 日治時期大眾媒體與流行音樂文化
- 國民政府初期大眾媒體與流行音樂文化

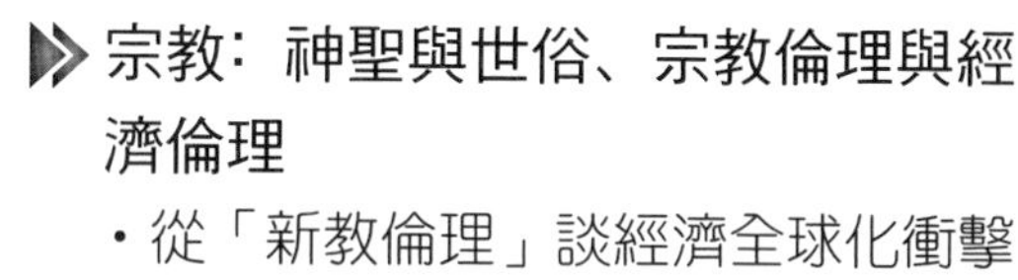

宗教：神聖與世俗、宗教倫理與經濟倫理

- 從「新教倫理」談經濟全球化衝擊下的「儒家倫理」
- 新教倫理的溯源考察及其發展
- 斷裂或連續：經濟全球化衝擊下的「儒家倫理」
- 與全球化結合的「儒家倫理」

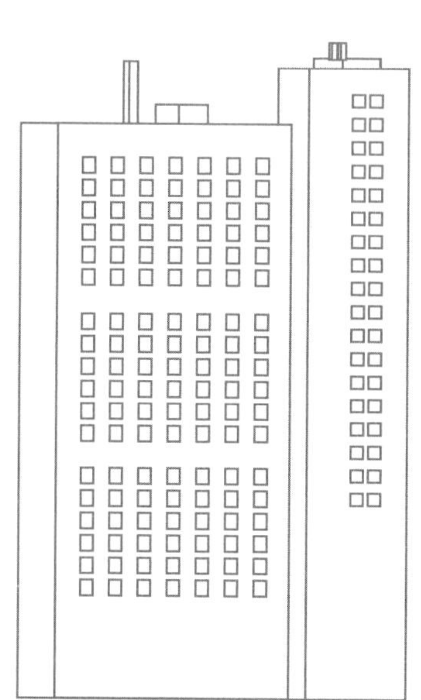

通常文化是指社會群體發展出明顯特定的生活模式，也是他們社會和物質生活經濟經驗的表現形式。文化成為群體「主控」其社會和物質生活經驗的方式或形式，一個群體或階級的文化是某種特定的生活方式，而文化是這種生活的物質性和社會性組織表達其本身的特定形塑。當代關於文化的研究，艾勒 (Martin Allor, 1996) 認為，「文化研究」(cultural study) 一詞本身已經成為文化商品，廣泛散布於全球的論述、觀念、文化與經濟網絡之中。在傳播社會學領域中，「文化研究」這名詞也具有明顯的意義，代表源自美國芝加哥學派社會思想路線的實用主義傳統，近來，文化研究漸漸成為當代理論生態中最混淆不清的辭彙，幾乎淪為「批判理論」(critical theory) 的替身。因此，可以這樣說，不管是社會及文化、意識型態和藝術、相關聯的各種理論，只要和文學理論、人類學、傳播與流行文化的討論有關，便可能延伸成為文化研究。而政治脈絡上而言，文化研究萌芽，立刻和許多歷史經驗交相會合：如二十世紀的 1950 年代，媒體以理想化、資本化、科技化的手段催化了大眾文化的誕生；新左派 (the new left) 的崛起，也是文化研究奠定基礎的特色。而 1960 年代，大眾媒體重要性與日俱增，媒體不僅是一種娛樂形式更是結構馬克思主義者阿圖塞 (Louis Althusser) 所謂的「意識型態國家機器」，事實上，從新聞與紀錄片到娛樂與政治空間，各種次文化以不同方式抵抗宰制性權力結構。1970 年代時，文化研究新趨勢走向身體，性別關係和性別差異為主題作品問世；宰制與順從的二分法分析方式為理所當然。就歷史而言，發生於二十世紀 1960 年代後期至 1970 年代初期：馬克思主義辯證社會學持續將現代性置放於大眾媒體，它也同時重新思考文化權力和抗爭的場域空間。1980 年代後迄今，左派與右派的爭論問題仍繼續存在。

但文化研究最常見的修辭特色便是，由於習慣性在理論及知識上採取反對態度，便常為刻意迴避某些極端立場，不自覺地走向另一個偏鋒。由於文化遭到文本性 (textuality) 和經驗的相互穿透，因此批判的重點在於檢視文本性如何再現經驗。文化研究是經過對某些主要概念和關鍵性策略的抗爭而建構。文化研究關切描述、介入「文本」和「論述」在人類每日生活及社會形制中被生產、嵌入、運作的方式，藉以再生產、抗爭、轉移既存權力結構。文化研究揭露人們並不是出自於本身而寫下歷史，這種結果是經由文化實踐和這些實踐與特定歷史形制的位置所建構的。另外，文化研究往往在某一個立場的交匯點上，研究文化與社會之間的關係，這個交匯點可以以文本和社會結構轉移到整體生活方式或者轉移到感覺結構，如威廉姆斯 (Raymond Williams, 1977) 所建構的「文化與社會傳統」批判思想路線，任務是價值分析、目的是價值判斷。而後現代主義強調它對所分析時勢的接合狀況（對於不同意義、經驗、權力、利益、認同可以多種方式相互接合），它並不能忽視自己的反射立場。後現代主義持續將文化和論述透過它對意義效果的接合而定義，在某種程度上，論述也可以接合於其他效果。我們可以說，文化研究可以將文化的諸多文本是視為一種共生裝配 (conjunctural assemblage)，它複製實踐被定位、接合「異中有同」「同中有異」的方式完成對於社會的觀察。以下，經由文本性和經驗的相互穿透，我們將以流行音樂作為文化對象，檢視其文本性以再現經驗，並進行文化研究觀察。

第一節　流行音樂乾坤：文化、媒體與政治控制的辯證

如果說**文化** (culture) 是「人作為社會成員所獲得的整體，包含知識、語言、信仰、道德、法律、風俗、價值、規範、藝術以及其他的能力與習慣等，是人們生存意義與生活方式的總和」，則每一個人在上一章的社會化找尋自我的過程，都會經歷自己的社會所遺留、所塑造的文化與感動。從社會學來看，通常可以從非常具體的個案中考掘出立體的文化脈絡，而其影響，則從日趨多元化與網絡化的媒體傳播可窺端倪。我們就用 2006 年 10 月 28 日刊登於《中國時報》人間副刊的這篇〈第一唱片行〉的散文展開關於文化的思維❶：

❶ 引自後石器時代，〈第一唱片行〉，http://www.cstone.idv.tw/entry/Untitled470。

圖6.1 第一唱片行

這是屬於跳舞時代被湮滅的記憶，由大龍峒的延平北路與保安街口一間小小的唱片行重新喚醒。奎澤石頭。你和計程車司機忽然聊起天來。因為車上放的臺語老歌。婉轉清亮和曾經的 FM96.6 一樣迷人入室。那地下電臺聽了四個月。沒有廣告。沒有主題。沒有主持人。只有幾百首反反覆覆播放的歌曲。斷訊時失魂落魄不知往何處去。這時老司機說就在「第一唱片行」。這些歌都是真空管錄音。音效很好。然後又過了一個月。斷訊的回覆。卻是充滿政治味的間歇。只剩九首的政治音樂。建國的口號穿插。奎澤石頭你終於受不了了。就這樣殺來轉口。令人吃驚的小小店面。與「第一」的封號背道而馳的印象。而且不打折的頑固。那守在店面已經四十五年的歐巴桑。你驚喜地將位於故鄉高雄的亞洲唱片有限公司灌錄的紀露霞、吳晉淮、陳芬蘭、顏華、洪第七、林英美、文夏等搜刮一空。抱在懷裡有如一朵珍惜長久素白的玉蘭花。這樣聆聽。如此於後現代跌入 1960 年代的滿足。在網路搜尋美麗的，早已全球化的那時的倩影。為國民黨白色恐怖所中斷。你突然比那電臺更瞭解必須激進的原因為何。意識型態的痛恨一個政權，今與昔兩相映照，是基於偏執政治的理由。但是，腰斬一種美妙的臺灣歌謠，吸納本土，日本，英語和中國的文化於一身的完全創意，優雅。活潑。深刻。哀傷。快樂。從那源源不絕的樂音中流出，無法想像的美學高度，這腰斬，是不可原諒的。奎澤石頭。你以終生對抗這樣自由文化的敵人為職志。什麼黨都是敵人。你像個游魂般倘佯。足不出户地反覆。窗外傾頹了的一株老樹，因為吸滿過度的雨水而從根腐爛了一種生的邏輯。陽光曾經努力映照。徒勞的完美，於記憶中刻意操練，旋律中保存，杳然的蹤跡。墓木已拱的再起。

位於臺北市大同區(大龍峒)的延平北路與保安街口的「第一唱片行」，是本書作者在一個偶然的機會接觸到1960年代臺灣歌謠的經驗。你和計程車司機忽然聊起天來。因為車上放的臺語老歌。婉轉清亮和曾經的FM96.6一樣迷人入室。那地下電臺聽了四個月。沒有廣告。沒有主題。沒有主持人。只有幾百首反反覆覆播放的歌曲。斷訊時失魂落魄不知往何處去。到了二十一世紀已經變成臺語老歌，原來是「臺灣歌謠」，指的是1950–60年代之間流行的臺語歌曲，事實上它一直延續到1970年代，卻逐漸沒落。由1950–60年代當時本來是一種「**主流文化**」(main culture)，在那戰後日本殖民政府離開臺灣，國民政府尚未來得及施行其全面控制臺灣的文化與語言政策之際，臺語，在一個社會當中，被多數人所接受、認同的價值和信念的文化，其本身所傳遞出的價值多半就是規範本身。臺語歌、臺灣歌謠、臺語電影、買臺語黑膠曲盤到家裡聆聽、到歌廳聽臺語歌，因此乃就成為「主流文化」。「主流文化」常常同時也是一種「**大眾文化**」(mass culture)，那是由大眾傳播媒體所呈現出整合生活方式的潮流文化，它也可能是「**精緻文化**」(elite culture)，相對於大眾文化，屬於上層階級的文化，是精英等知識分子所追尋賦有生命價值與意義的文化。究竟「主流文化」是「大眾」還是「精緻」取向，除了政治控制的權力擁有者主張外，要看當時掌握主流文化的社會階級結構而定，1950–60年代臺灣歌謠作為主流文化同時是大眾文化，而1970–80年代國民政府提倡的國語流行歌是主流文化，美軍電臺(ICRT)播放的告示牌排行榜流行音樂也是，電視裡的京劇也是。但國語、英語流行歌是大眾文化，大家都唱；京劇不是大眾文化，它是精緻文化，只有少數人能唱，卻為當時掌握政權的國民政府所提倡。而以1950–60年代而言，當時準全球化的「混血歌」當道，一種美妙的臺灣歌謠，吸納本土，日本，英語和中國的文化於一身的完全創意，優雅。活潑。深刻。哀傷。快樂。從那源源不絕的樂音中流出。當時一些偉大的臺灣歌謠演唱家，如寶島歌后紀露霞，以日本和中國為主的各國曲調搭配上臺語演唱的混血表現形式，主要的傳播媒體是收音機裡的音樂廣播，但這種主流文化隨著社會變遷的過程也會退出主流的範圍，其原因為何？傳統的解釋約分為兩派，「政治權力」與「音樂工業」決定。當 1970 年後因為政治意識型態的強勢政策，讓國語歌曲在如電視等新興媒體成為主流時，臺語歌逐漸就淪為邊陲化、少數人傳唱，或在夜市與臺灣中南部電臺一群人地下化的聲音，慢慢會形成**「次文化」**(subculture)：相對於主流文化之外。是在一個社會當中，針對特定團體成員的思想、價值、觀點等生活方式，明顯不同於主流的文化。這其中，特別以臺灣歌謠而言，刻板印象為悲情、低俗的音樂。這次文化完全沒有一般社會學教科書討論次文化所謂的它的產生也是伴隨著主流文化形成，並對於社會有促進文化變遷的動力，反而是政治權力擁有者用以貶抑其他族群語言的工具。

〈黃昏嶺〉究竟是一首怎樣的歌？——一個質化研究歷程

◎石計生　撰

1960 年代寶島歌后紀露霞的成名曲〈黃昏嶺〉膾炙人口，廣為流傳，是公認臺灣歌謠中的經典之一。以當時的的媒介迴路 (media loop) 來看，唱紅的歌不僅僅流傳於歌廳或當時唯一音樂載體收音機裡，也會被製作成臺語電影的主題曲，甚至直接以曲名當作電影名稱。其中男歌手主要就是文夏與洪一峰：如文夏的《媽媽請妳保重》(1964 年，徐守仁導)、《文夏風雲兒》(1965 年，許峰鐘導）和洪一峰的《舊情綿綿》(1962 年，邵羅輝導）等，但這已經是臺語電影第二期 (1962–1970) 的事情了；女歌手部分，根據我對臺語電影名導演辛奇的深度訪談，從臺語電影第一期 (1955–1960) 的近二百部電影裡，其中有三分之二是紀露霞所唱，但其中大部分都已亡佚，沒有保存下來，如電影《桃花鄉》(1957 年，陳列、陳翼青導)、《赤崁樓之戀》(1957 年，李泉溪導)、《瘋女十八年》(1957 年，白克導）和《林投姐》(1959 年，楊道導)等。印證紀露霞直接交給我研究的碩果僅存的兩本歌仔本——

《臺語唱片歌集 9 月號》(1958 年) 和《寶島歌選》(1958 年) 裡的內容，發現至少有還有《苦戀》、《酒瓶花》、《大橋情淚》(與顏華合唱)、《火葬場奇案》、《福州奇案》(幕後張美雲，唱片紀露霞)、《此世之花》、《破網補晴天》、《何日花再開》、《誰的罪惡》、《運河殉情記》、《紗容之戀》、《戀愛三重奏》、《半路夫妻》、《心酸酸》、《愛情保險公司》等電影。

因此，加加總總至少二十部有留下證據的臺語電影的主題曲或插曲是紀露霞所唱，有時一部電影不只唱一首，如歌仔本裡記載《桃花鄉》電影紀露霞唱了〈桃花鄉〉、〈何日春再來〉、〈桃花好比美人粧〉(與李玉娟、陳列合唱)、〈好春光〉、〈香港人〉和〈喳喳〉等八首歌；而《愛情保險公司》則根據徐登芳的收藏，至少有〈愛情保險公司〉、〈春戀〉和〈酒女嘆〉等三首❷。可以想見，若紀露霞婚前最為活躍的 1955–1960 年間，近二百部臺語電影裡，其中有三分之二是她所唱，每張唱片有三到八首歌，則光是電影部分至少唱過五、六百首歌。紀露霞說有時一天可以接受幾家唱片公司邀請錄二十一首歌，若再加上臺語電影第二期的電影主題曲灌唱，與婚後臺南亞洲唱片行與三重、板橋等地的唱片行的邀請等等估計起來，紀露霞唱過上千首歌，應該是可信的。我在別的地方講過，說紀露霞於 1960 年婚後「移居嘉義、退出歌壇」是不可信的說法，這中間隱藏了「臺北中心主義」的偏見，事實上她從來沒有離開過她所熱愛的音樂事業。〈黃昏嶺〉於 1965 年被收錄為第二期臺語電影《悲情公路》(辛奇導) 的主題曲就是一個好例子，不僅是電影公司繼續找寶島歌后紀露霞，1960 年紀露霞結婚後搬至嘉義時期，由各唱片行也陸續邀請紀老師復出發行專輯唱片。如亞洲唱片行出版的編號 AL–475 的《紀露霞歌唱集》裡面一首歌：〈愛

---

❷ 徐登芳的收藏紀露霞主唱的電影《愛情保險公司》曲盤，因為他的黑膠收藏太多，目前只有電腦影像紀錄，還找不到唱片本身。唱片編號 TSL–07–B，為 1957 年台聲唱片出版。其唱片影像紀錄為 B 面，A 面或許還有紀露霞所唱的歌曲。

你只有在心內〉，是「美歌臺唱」的混血歌，1961 年著名歌手 Bobby Vee 美國暢銷歌曲排行金曲 I Love You More Than I Can Say 的臺語版。該曲盤演唱前有一段紀露霞極為少數而珍貴的原音講話：「各位朋友，我是紀露霞，大家很久沒相會啦！在我這麼久沒灌唱片的時間裡，承蒙各位不時的關念，實在真感謝。這次再受到亞洲唱片公司的聘請，來灌幾首新歌，能夠跟各位來相會，我感覺到萬分的快樂！請愛護我的各位老朋友以及新朋友，聽了以後呢給我多多指教，我也十二萬分的誠心，要來歡迎你們的批評。」雖然無法完全確認這首歌的發行日期，但是根據這段話，完全說明了紀露霞與臺灣歌謠的關連，即使是婚後仍然持續不斷，可能錄製時間應該是 1960–1970 年間。

〈黃昏嶺〉作為紀露霞的成名曲，因為被廣為流傳，所以版本很多。以目前可以找到的，我進行研究所收集知道的〈黃昏嶺〉版本依時序如下：⑴歌樂唱片（唱片編號 AR1013 蟲膠 78 轉黑膠，約 1957 年）；⑵《悲戀公路》電影主題曲／紀露霞歌唱集第四首（1965 年）；⑶孔雀唱片（唱片編號 AL–2003 臺北縣板橋孔雀唱片行出版《青春嶺》專輯，1968 年）；⑷亞洲唱片（臺南亞洲唱片行 33/1/3 轉黑膠／《港都夜雨》專輯，難忘的流行歌曲第五集，1969 年 6 月）；⑸亞洲唱片（唱片編號 ATS–158 臺南亞洲唱片行 33/1/3 轉黑膠／《慈母淚痕》專輯，難忘的流行歌曲第十四集，1969 年）。脫離 1960 年代，則有亞洲唱片（高雄亞洲唱片復刻 CD 版，1993 年）和《紀露霞 50 週年紀念專輯》Disc1 第五首（翁清溪音樂工程，紀露霞個人發行，2005）等。

雖然〈黃昏嶺〉作為紀露霞的成名曲，對她意義非凡，大家聽起來也很自然以為是臺灣人自己作詞作曲的流行歌，但在我越深入進行這國科會研究的過程裡，對於這首歌究竟該放在「原創或臺灣歌謠改編」，還是「日歌臺唱」的混血歌的位置，卻感到猶豫不決。就目前臺灣歌謠相關文獻看來，作詞為周添旺是定論，我也直接跟紀露霞查證確認。但作曲說法很難統一，有些記載是楊三郎，有些則說是日本曲。

這事情 2007 年末我直接問過紀露霞老師，她認為絕對不是楊三郎，有可能是日本曲，但是誰作的因為年代久遠，也不記得了。於是，在缺乏文字記載與音樂直接證據之下，〈黃昏嶺〉究竟是一首怎樣的歌，成為一個我心中的學術謎團，也是個關心此事的大眾的困惑。

〈黃昏嶺〉究竟是一首怎樣的歌？這件事情就在我心裡生了根，追尋解答的念頭不時閃過，也不時會問問學生們，請大家幫忙在網路上找。2009 年 5 月 15 日，我忙於幫紀露霞在臺大音樂所舉辦「五十年演歌人生：紀露霞座談會」後不久，我的研究助理，臺大音樂所的碩士研究生跟我說：「老師，找到了，是混血歌。2007 年成大藝術研究所的碩士論文，由陳碧燕指導，廖純瑩所寫的《移植與內化：五、六〇年代臺語翻唱歌曲研究》裡，提及紀露霞所唱的〈黃昏嶺〉是「日歌臺唱」的混血歌，演唱者是日本著名流行歌手美空雲雀。」

聽到此消息時，首先心中浮現一個人影。嗯，陳碧燕，我在芝加哥留學時的老朋友，也指導了這麼好的一個論文。碧燕研究佛教音樂，是個特別的人，美麗而脫俗，靈氣飄逸，在 Windy City 時我們常常一起念經，到芝加哥南區雷藏寺與北區的正覺寺參禪問道，討論在當代何謂「正法」？也常常聊到悟明長老在我研究所時期就已經希望我出家之事，碧燕說那是難得機緣，修幾世才有可能達成。我們常廢寢忘食地討論，碧燕對我可言，可謂難得錚友，我現在手邊珍貴的海峽兩岸的僧團錄音都是來自於她的田野錄音餽贈。輾轉聽說她離開成大到南藝大，上回高雄觀音禪寺住持悟觀師打電話邀請我去來年至位於高雄縣阿蓮鄉淨覺僧伽大學（泰國朱拉隆功佛教大學臺灣分校）開課時，就聽說常和他們來往的碧燕真的離開學院至大陸雲遊修行去了。有點惆悵，她竟然先我而去，但毫不意外的，那是碧燕應該的去處。

而碧燕留下的，竟是我的塵緣裡的一個探索的線索，對於解開〈黃昏嶺〉究竟是一首怎樣的歌的謎團，這確實是令人振奮的消息。雖然論文裡還是沒有說明是誰作詞作曲的，但至少告訴我一個線索，和美

空雲雀 (Misora Hibari) 有關。

「無從正視的光芒，平靜地送行，直到整個黃昏山頭那邊都暗下來了，直到，影子被拉的長長地，直到影子不再是影子。」這天我從這樣的夢境甦醒聽著黑膠曲盤，同心圓漣漪逆向地播放到了〈黃昏嶺〉，發覺自己拙於言語地面對心中的旋律，好端端地，深怕連我也沒聽到最後的一個音，然後就消失了。

當一首歌不再被傳唱時，她就要面對自己的死亡，音符褪色了，樂隊解散了，容顏老了，心疲憊了，或者，在經歷了這一切後，心先於身而死了，留下來的是等待被送行。

或者歌可以安慰自己說，畢竟我也曾風光，街頭巷尾拋著彩帶歡迎我的到來。歡愉地親吻，擁抱，啊，因我的旋律創造著愛，曾經如此。

〈黃昏嶺〉臺語版歌詞裡那個 18 歲離開家鄉的少女，為了生活來到都市找工作，無時無刻想念著故鄉裡的媽媽與黃昏山頭鳥鳴的一切，和著淚水辛勤在陌生化工廠夢想著返鄉團圓的一天。卻不能。事實上她能。從日本翻唱過來的都市流行歌換了個場景。過了若干年，老了的母親，守在家園盼望著歸鄉。有天她毅然走過嘈雜機器運作的守衛室那裡，脫掉了工作服，到宿舍換上花格子村衣，綁好馬辮，跳上公車，風塵僕僕往南，往深奧的南方離去。我們的南方就是北方。東方。西方。與南方。一隻狗搖著尾巴狂吠飛奔向你。彎腰抱起。如同媽媽抱起呱呱墜地的你。家庭。傳統主義裡的有限格局，無限的溫暖。你吸著媽媽吐出的一口氣。黃昏山頭美妙的光暈穿透雲層籠罩著馬背式故厝，扶起風行草偃的稻穗金黃，黃昏嶺的粲然光芒傳遞最高心法給了這名女孩，「我決心要去唱歌!」你終於對母親說。吐出最後一口氣。媽媽微笑點頭。

我曾經幻想紀露霞當年是以這樣的故事情節，反抗都市異化生活而出來唱歌。但並不是。根據我的學生許怡雯更為晚近的傑出深度訪談，紀露霞為一般人所知道的養女生涯其實蘊含著更為深刻的救贖意涵：在南洋工作很少回家的生父，忙碌於養家活口，在一次半開玩笑中，讓最小的女兒竟然真的送給人家的母親後悔莫及。家裡其實也不缺錢。但終歸成為事實的離開臺北長安西路原生家庭。不知怎麼地養母跑了。與嗜賭但愛孩子的養父相依為命。喜歡聽收音機哼哼唱唱但同時也喜歡上學卻被鄰居嘲笑說女孩子找人嫁了算了上什麼學。我就是要上學。我喜歡唱歌，我還要唱歌。我孤單時就去龍山寺跟菩薩說話。禱告。菩薩總是照顧著我。菩薩保佑。我常常穿著學校制服下課回家沒飯吃去，賭場找養父然後依靠在爸爸腿上在昏黃燈光吆喝十八啦、煙醺梟梟的世界裡睡著了。凌晨醒來，就又穿著同樣的衣服去上學。也曾怨過生母為何把我送走。雖然有時吃不飽，但我深刻感受到養父對我的愛。他只是心裡苦、喜歡賭博。跟著養父我們在貴陽街擺攤賣過蚵仔麵線。生意很好。我有學費繼續唸書了。那山嶺的粲然光芒傳遞最高心法給了這名女孩。通過音樂救贖。那天又在路邊聽收音機哼哼唱唱，洪一峰在民聲電臺的姓蔣的樂師經過了，就問她要不要去電臺唱看看。「好啊！」

1952 年，紀露霞 17 歲，是個唸臺北市立商職的學生，那天唱完一首歌後，就開始了寶島歌后的生涯。我還在整理未完全定案的紀露霞年表：1955–56 年於臺北市立商職畢業，至民本、民聲電臺演唱。演唱廣告歌曲如〈撒隆帕斯〉、〈鮮大王醬油〉等曲。幕後主唱臺語片《林投姐》。受亞洲唱片之邀灌錄〈離別傷心曲〉、〈荒城之月〉、〈望春風〉。1955 此年開始至 1959 年陸續在萬國聯誼社、新生社、南陽歌廳駐唱。1957 年歌樂唱片灌錄《黃昏嶺》。拍攝電影《搖鼓記》、電影《誰的罪惡》。演唱電影《赤崁樓之戀》的幕後主題曲。赴港作臺語片《桃花鄉》幕後主唱等。

許多地方等待紀露霞確認，與更多的交叉比對。年表是靜態的。深度訪談是將靜態動態化。通過言說，與日常生活的觀察，找出現象裡的意義。

那山嶺的粲然光芒真的傳遞最高心法給了這名女孩。通過音樂救贖，命運之神眷顧了紀露霞。讓她在喜歡做的事業——唱歌而不是做女工——找到了在都市裡生活的可能，不再愁吃穿，並且可以照顧她心愛的養父。她毅然唱著歌。大紅大紫。寶島首席歌后。萬人空巷愛著她的歌。在收音機時代。作為一個沒有臉龐的歌手。大家想像著她的美麗。造謠著。欣賞著。詆毀著。關心著。她的戀愛與婚姻大事。我在翻閱舊報紙的資料時，發覺紀露霞經歷當今任何一個紅星同樣的困擾：「人言可畏」、「言是道非」。

1960 年，剛出國演唱宣慰僑胞（如越南等地）回來的紀露霞，報載旋將隨李棠華技術團赴日本、韓國和夏威夷等地演出，卻嘎然而止。1960 年 12 月 31 日，與空軍中尉高必達結婚並定居至嘉義市空軍眷村宿舍。「當時有許多人追我，為何選擇一個外省軍官？很簡單，臺灣人很難接受一個下嫁的女孩子還帶著個父親一起，外省人可以，他們多是一個人來臺灣。我愛我養父，我不願我堂皇婚後，他孤伶伶一個人度過餘生，所以我選擇外省人。」

1947 年，228 事件嚴重的省籍衝突記憶猶新，數萬人因此罹難。可以想見，當時紀露霞作為一個臺灣歌謠的首席女歌手，寶島歌后，嫁給外省人，會面臨多大的壓力。但是，正如她的以音樂自我救贖，她的混血婚姻選擇在時間長河逐漸顯露動人的意義：一個深愛她的河北省來的丈夫，婚後攜父移居嘉義，育有兩子，相夫教子，繼續熱愛音樂參與音樂活動，十分幸福。

黃昏嶺的粲然光芒傳遞最高心法給了這名女孩，這是我幻想情節現實的一個變奏。夢想著返鄉團圓的一天。卻不能。事實上她能。只是，作為混血歌的〈黃昏嶺〉本來就有多層次的鄉愁。紀露霞把這首歌唱得多臺灣！多像臺灣歌謠！仿若唱了後就回到了臺灣的城鄉差距，回到了一個 1960 年代的臺灣民間故事。但就像現實生活裡的紀露霞，選擇了一個臺北與河北混血的婚姻，〈黃昏嶺〉是臺灣與日本的混血，主動或不主動，那是屬於臺灣的命運與人生。

臺灣。臺北。長安西路。貴陽街。嘉義。地藏庵。白馬町。空軍眷村。中國。河北省。日本。京都。東京。品川驛。對於紀露霞的流離人生而言，那裡都不是故鄉。那裡都是故鄉。生活裡的穩定的不穩定。漂泊中的定錨。紀露霞音樂裡的鄉愁正是如此。正因為如此，她的音樂竟不受時代侷限，具有世界性。她的聲音像個吸納各種偉大力量的宇宙黑洞，吸納了白光、周璇、美空雲雀、李香蘭、姚莉等等，既不是日本演歌也不是中國唱腔，有種奇特的揉合，自成一格的聲音。世界性之美。「漂泊就是我的美學。」喬伊斯 (James Joyce) 說這話時你要注意，他無論在愛爾蘭還是歐洲各國，總是有個家庭支撐；紀露霞以音樂進行自我救贖也是基於傳統主義之愛，而文學的懷想是跨越國界的，音樂也是。

一首歌當它是被用心傳唱的，它其實不會真正的死去，只是在風的憐憫中飄盪。一首歌的「假死」是因為和它相應的時代主動或被動地消失了，因為政治或意識型態什麼的，歌喪失了聽眾，或者說，聽眾無法再聽到那熟悉的歌，或者說，新的流行的歌，相應新的生活的節奏繼之而起，歌因此變老了，被流傳於也老了的聽眾的腦海，記憶裡，某種交流的密碼，像風中微塵，相遇，分離。一首歌的「復活」可以來自新的編曲與翻唱，但其成功其實更重要的是來自於歌裡的光芒，從黃昏山頭次第傳來的溫暖，從終點回望生命的起伏，用心相印。超越了年代、年紀、國界、種族。〈黃昏嶺〉究竟是一首怎樣的歌？〈黃昏嶺〉是一首這樣的歌。

有時候。噢，不，是所有敏於寫作的人都知道的無時無刻要面對的一件事：當一個問題或困惑之神，或興趣的苗在心中產生時，你就會被這問題追著跑，你假裝不在乎，但那是無用的，夢裡也會念茲在茲，它就是在那裡，看著時針一小時一小時過去，等你回答，直到你讓它長大成樹或者精疲力竭地自我崩解，它才罷休。如我的關於〈黃昏嶺〉究竟是一首怎樣的歌的問題書寫。

〈黃昏嶺〉究竟是一首怎樣的歌？我緊守著陳碧燕留給我的線索在臺北酷熱的空間裡閒逛著，意料之外地找到了答案。

那日照例來找高榮禧，號稱基督徒的主內兄弟，有時偷看《菩提道次第廣論》不敢讓帶領他受洗的廖乃賢知道，數十年如一日的臺電大樓對面的星巴克咖啡裡的端坐讀書與便宜賣書，成為臺北人文風景之一。或許是拜暑假之賜，這天是星期四，而非往例的週末或週日，我們閱讀了一整個午後的《舊約聖經》的〈創世紀〉篇章，和大量與現代藝術美學相關的資料（這種坐在 Richard 身邊瘋狂地唸書行為常常讓我感覺幸福微微），輪流去上廁所或出去這據說是全世界書店密度最高的文化區域晃晃。

該我的時候，我的路線大致上是沿羅斯福路往北走先到 B1 的山水圖書，再折返從巷弄到溫州街一帶的如明目、唐山、若水堂、結構群和誠品等書店再往回走到星巴克。但這天我去第一個習慣性地點就「卡」住了。我走下要往可能是臺北簡體字書最為便宜的「山水圖書」地下一樓的時候，拐角前的那專賣黑膠與舊書的「小高的店」竟然是開著門的！原來它就週末不開，難怪我從來沒進去過。充滿有點霉味的舊書店吸引著我穿行而入其長條形的空間，劈頭就問老闆「有沒有美空雲雀的唱片？」酷酷的小高指著後排左下角的位置說：就在那裡。我的前行有點緩慢。目不暇接的各類有趣書籍黑膠完全吸引我的目光：臺糖的歷史資料集、臺灣經濟史、謝冰瑩的散文集、中國之命運、胡適文集和校園民歌黑膠等。特別是臺糖那本書，我還翻閱了我母親故鄉高雄縣橋頭鄉的日據時期就有的糖廠，黑白照片看來很令人感動，從小回去看阿嬤時都會順道去糖廠吃冰、買巧克力、健素糖等等。我在幾乎僅容旋轉的狹小空間裡蹲下來一張張找美空雲雀，意外先找到臺灣歌謠先驅者呂泉生的兒童歌謠創作歌集，由臺北榮星花園合唱團演唱。嗯。真好！再來映入眼簾的是這麼多的美空雲雀，但翻閱前曲目，卻都沒有夕やけ峠，〈黃昏嶺〉的日本原曲。揮汗如雨的搜尋中，有點失望。翻到那排美空雲雀將盡時，忽然看到一張由臺灣龍鳳唱片（位於臺北縣三重市文化北路118巷9號，早已倒閉）出版發行的《美空雲雀金唱片第二集》黑膠，這張唱片可以說是我解開〈黃昏嶺〉究竟是一首怎樣的歌的第二道鎖。

這麼多年接觸研究臺灣歌謠這個範疇，讓我有一種敏感度，或者說，心中那個問題、困惑之神的作用，靈光乍現地彷彿告訴我說，要注意這張喔！我其實首先被那封面裡的美空雲雀照片吸引：有如鄰家女孩般親切的笑容露出潔白整齊的牙齒、60年代流行的內斂梳理整齊的髮型還繫了個白色髮髻、香肩微露，捧著紅玫瑰與白康乃馨，銀白色珠寶掛飾和同色系的耳環一起把她的身體之美高貴地襯飾著演歌人生；而美空的眼神則流露出一種春秋之間的含蓄氣息，既奔放、又帶點憂鬱，我幾乎就是被那眼神所擄獲地不能動彈，久久才能翻至背面觀看歌詞部分。繼續失望的深淵是沒有〈黃昏嶺〉的蹤跡，但右下角方塊裡的「最新出版十二吋日本最流行金唱片目錄」的《美空雲雀金唱片第一集》黑膠唱片編號：LLP101–B 面的第四首竟然就出現夕やけ峠。這一驚喜非同小可，我更瘋狂地翻閱所剩黑膠，但都沒有第一集，於是我的追尋疊入更深的深淵。過了一個小時，我雖然將這些黑膠買了帶回星巴克，但喜悅有限。我坐下來時，高榮禧微微抬頭一貫冷淡溫暖地問我：「去這麼久？找到什麼好東西？」我說是黑膠，然後把我知道他不會趕到太多興趣地臺灣歌謠的〈黃昏嶺〉追尋簡略又說了一遍，語氣帶著沮喪。「到哪裡去找那第一集呢？」向來是電腦白痴級的 Richard 突然說，「網路世界有可能嗎？」這話讓我展顏而笑。是的，去二十一世紀的網路購物世界尋找！

二十一世紀的網路拍賣世界，據說在被 Yahoo 奇摩、PChome 的市場化運作前，是個有趣的天堂。人們把自己只剩下使用價值的東西拿出來，放在網路上，不一定是為了商品的交換價值而賣，有時是為了交朋友或者看到和自己一樣喜歡收藏這些東西的人而高興地隨意買賣或者就物物交換。有點或者另類地在挑戰資本主義邏輯之外的資本論。但是，這一切在因為網拍交易量越來越大，市場化程度越來越高後，就被以法規制式化改變了。爾今的網路拍賣世界，是另一個服膺供需原則市場機能的虛擬真實世界，物品的使用價值曾經閃爍著的自主笑容收了起來，現在又回到冷冰冰的商品交換價值金錢邏輯。但即使如此，我覺得網路世界裡的買與賣，雖然和現實世界一樣有欺騙和剝削，但它的匿名性與同類項裡的無邊無際的提供，幾乎是過去人類所達不到的購買境界：如我在 7 月的那天，終於在電腦裡的所有拍賣網站上打了「美空雲雀」四個字，經過一番收尋，終於找到了龍鳳唱片出的《美空雲雀金唱片第一集》，甚至，還找到了 CD 版：《美空ひばり全曲集 4》，臺灣朝陽唱片出版社發行（臺北市內湖區新明路 174 巷 1 號 1 樓），CD 編號：TCD–9250。

一個從臺南，一個從臺北縣，兩個星期後收到這兩份對我而言珍貴的資料，心中感動莫名。對於原來擁有者而言，他們曾經如此享受過美空美妙的歌聲，然後因為某些因素希望把這些唱片或 CD 賣掉，在網路上流傳，需要的人上網，基於收藏增值或興趣或研究的理由，去競標買下。或許原來擁有者寄出時心中有些不捨，我觸摸著那張《美空雲雀金唱片第一集》黑膠已經斑駁的封底，與有多道刮痕的唱片本身，想像寄來的人是位老了的臺南女士，總是在黃昏的時候在三合院落，用竹扇搧走暑氣坐在庭中，一株楓械被風吹的微微飄動著，大廳裡的留聲機唱針緩緩放著夕やけ峠，1957 年時少女時代的收藏，隨著美空雲雀的歌聲她微笑地把眼神投向遠方，青春時光曾經不悔的付出，即使愛完整於無可挽回的遙遠裡。但這時她真的覺得自己老了，想把這張珍藏的黑膠交至她所摯愛的情人之手，但這心願沒不知怎麼完成。那女士的讀大學的孫女有天知道這件事，就上網拍賣這張事實上根本乏人問津的看起來過時的美空雲雀黑膠，238 元新臺幣，像個密語般的奇怪價碼，然後就被該買的人於流標三次後找到買走了，那女士聽說是這樣，很滿意地在水庫的山腳龍眼與芒果盛產的村落睡著了。夕やけ峠，〈黃昏嶺〉究竟是一首怎樣的歌，其中引發的諸多符號之一，我想這應該是這樣虛擬真實地在某個平行的宇宙空間中發生過，只不過這裡的空間無風險地完成了交易。我在研究室裡看著一張黑膠、一套 CD。

> 平行宇宙是超現實的一種形式：「時興的絕對理性主義只允許我們考慮與我們經驗有關的事實。邏輯終結反而遠離我們……憑藉自身經驗已發現自身日益受到限制，就像一個籠子裡來回徘徊，越來越發現事實的真相。」——布列東（AndréBreton, 1924）

〈黃昏嶺〉究竟是一首怎樣的歌？學術上的定論應為：〈黃昏嶺〉是首「日歌臺唱」的混血歌：是由詩人野村俊夫 (Toshio Nomura) 作詞，三界稔 (Minoru Mikai) 作曲與編曲，美空雲雀演唱於 1957 年演唱。

我在研究室裡研究著一張黑膠、一套 CD。卻看到了歷史的裂縫。

應該是 1960–70 年代龍鳳唱片出版的《美空雲雀金唱片第一集》的黑膠封底歌詞介紹部分說明，美空雲雀唱這首夕やけ峠，〈黃昏嶺〉時是昭和 28 年 5 月的錄音，也就是西元 1953 年。作詞是小澤不二，作曲為米山正夫 (Masao Yoneyama)。而朝陽唱片出版社發行的《美空ひばり全曲集 4》是詩人野村俊夫作詞，三界稔作曲、編曲，美空雲雀演唱的時間沒有記載。詞曲部分的差異非常大。這個謎題的破解仍然需要仰賴網路。我的作法是在 Google 的入口網站分別打入「米山正夫與夕やけ峠」和「三界稔與夕やけ峠」，結果為：「米山正夫與夕やけ峠」第一條顯示，今日の我れに明日は勝つ／美空ひばり大全集～さようなら、そしてありがとう……其中 13–7 夕やけ峠作詞為野村俊夫／作曲是三界稔／編曲：三界稔；13–8 長崎の蝶々さん（長崎蝴蝶姑娘）作詞為米山正夫／作曲是米山正夫／編曲：福田正。而當輸入「三界稔與夕やけ峠」時則出現上百條的訊息，均是夕やけ峠作詞為野村俊夫／作曲是三界稔／編曲：三界稔。如全音歌謠曲全集(6)1955 年にヒットした歌謠曲を網羅したダイジェスト版です裡的記載。而最直接的證據就是後來某日又找到的，由日本的哥倫比亞(Columbia) 唱片公司所發行《波止場小僧》的黑膠唱片，是美空雲雀於 1957 年 5 月 18 日錄音、1957 年 6 月 15 發行，唱片明白記載野村俊夫作詞，三界稔作曲，唱片編號是 A–2800–B，A 面歌曲是波止場小僧、B 面就是夕やけ峠。

1960–70 年代臺灣龍鳳唱片出版的《美空雲雀金唱片第一集》的黑膠封底歌詞介紹部分所說的「昭和 28 年 5 月的錄音，也就是西元 1953 年。作詞是小澤不二，作曲為米山正夫」，明顯是誤植，這也說明是當時臺灣唱片業某些公司製作水準與態度本身不夠嚴謹所致。應該是 1980 年後朝陽唱片出版社發行的 CD《美空ひばり全曲集 4》，詩人野村俊夫作詞，三界稔作曲、編曲是正確的。而這個追尋〈黃昏嶺〉究竟是一首怎樣的歌所意外發現的歷史裂縫，正說明一種社會學質化訪談研究方法上的重要視角，北京大學社會系老友楊善華教授的文章說明了正視錯誤的重要性（錯誤的答案或結論有其為何錯誤的理由與邏輯)：為什麼會有誤植混血歌作詞作曲者的現象？為何在後的時間發表的 CD 卻比在前的黑膠正確？是不是跟這首歌是和美空雲雀的歌系中是比較不紅的歌有關？(美空雲雀的名曲花笠道中馬上聯想到陳芬蘭的孤女的願望，長崎の蝶々さん馬上聯想到顏華的長崎蝴蝶姑娘，但明明 1960 年代也有臺灣唱片公司出版美空雲雀的夕やけ峠與紀露霞的黃昏嶺，甚至有至少五個版本，為何沒人將這兩首歌聯想在一起，讓此事沈沒近五十年。)

從早上十點到下午三點，我已經連續寫了五個小時，我感覺那問題或困惑之神稍稍感到滿意願意放過我了。我應該去吃點東西，背手於暑假空無一人的校園裡走走。隔兩天我想我要把美空雲雀唱的夕やけ峠與紀露霞於 1960 年間所唱的五個版本的〈黃昏嶺〉燒成光碟送給紀露霞老師，連同我在網路上找到的《慈母淚痕》黑膠唱片送給她。黑膠唱片，爾今再怎麼昂貴都比不上物歸原主，當年忙於演唱撫慰臺灣人心靈的寶島歌后，74 歲的她手邊連一張自己唱過的一千餘首歌構成的黑膠也沒有，那是臺灣人對不起音樂家，是我們做研究的人的恥辱吧！我的心願是，網路上找到一張，就送給紀露霞老師一張。我們聽 CD 就好。我想我應該去找點東西吃，背手於暑假空無一人的校園裡走走。

那問題或困惑之神這時又作祟了。事實上是沒完沒了的。做研究的真正難處不在結論，而是了結、中斷。要面對疑問，它自己會形成一個詮釋之環 (circle of hermeneutics)，在你認為解答的時候，自身就會分裂出新的問題，等待進一步的追尋、回應，這樣問答在時間之流中無窮無盡地輪迴著。了結的是情感因素的離開，中斷的是（非）理性／獨裁的判斷。兩者具備時，就是轉換另一個問題的開始。雖然問題與問題間總是一切焦慮與創造力的來源。

今天在研究室，想想這一系列的書寫，最終需要回到紀露霞本身看待這首歌。就趁颱風來襲前夕，出乎意料之外的豔陽天，我就對紀老師做了電話訪問：

那時候為什麼大家都說〈黃昏嶺〉是你的成名曲呢?「因為那時候我把那首歌唱成自由版，有拉音…（開始用臺語唱歌 / 也是不得已），阿那時候大家就覺得很特別。」喔，確實很特別，那時候美空雲雀也沒有這樣唱嘛。「對，美空當時唱是照節拍的，我的第一張〈黃昏嶺〉，歌樂也是照節拍的。是後來我去外面唱的時候才創新有自由版的拉音，後來如台聲、亞洲的錄音就都有。」喔，是你改變了。這樣大家都喜歡，成名曲就是這樣產生?「對啊，因為唱到那裡人家就會覺得很特別，印象很深刻，覺得喔可以這樣唱，所以……」哈哈，喔這樣因為印象很深刻就成為你的成名曲啦！「對對……」

周添旺有跟你說過這首歌嗎？因為臺灣版的詞是他寫的。「他們從來沒有跟我聊過，所有的作者都沒有跟我聊過。就是拿給我，叫我這樣唱而已。所以我跟作者都不很親密，都是欣賞我，拿來給我唱，這樣而已。喜歡我的歌，這個人唱的不錯，周添旺就好像楊三郎這樣，很疼我，我那時年紀小，欣賞我唱歌，有歌就拿給我唱。我就唱。」像〈慈母淚痕〉就是楊三郎拿給你唱的？「對對……那時人比較純樸，明星也少，像那個柯玉霞，是電影明星，大家也知道她住哪裡，阿我是紀露霞，是嫁給空軍的，又是電臺主持人。」…

我最近剛寫了一篇文章叫做〈黃昏嶺〉究竟是一首怎樣的歌啦，寫了將近一萬字，我就追蹤為何是你的成名曲，和這作詞作曲，美空雲雀這件事……「喔石教授那你就要說我講，為什麼〈黃昏嶺〉是我的成名曲，就是因為以前去歌廳啦、各地演唱勞軍啦，每次我都會唱〈黃昏嶺〉，然後唱久了我就會去詮釋那個味道，就開始獨特的自由發揮，變成是我個人的演唱特色。沒有照節拍啦，中氣好的話，就可以拉的很長，大家都喜歡聽……」噢，所以成名曲的原因就是因為你自由詮釋的關係，到處唱的關係……「對，第一個是詮釋，第二個是人家欣賞……」那時候聽眾大概不知道這是美空雲雀唱的吼，都以為是你唱的？「對啊，因為我有拉音很特別啊！」你那時候就知道這是日本歌改的嗎？「我知道啊，我唱的時候就知道是美空雲雀改的啊！」喔你那時候就知道？但聽眾可能不知道。「對啊，觀眾不知道，因為我有拉音啊，有詮釋啊！」喔，哈哈，對啊！當時大家都以為這是正宗臺灣歌謠……「對啊，那時候這種翻唱的很多啦，我一開始就知道，但聽眾可能都會覺得是臺灣歌」……

訪談目的是建立在無目的上的。這次問題之神的召喚，起因於想要慰問紀露霞老師扭到腳，出於關心，那天去大屯山旅行時的腳傷。然後在說話中就起了念頭，〈黃昏嶺〉的事情還沒完啦。跟紀老師說想錄音徵得同意後，就把隨身的錄音機打開，然後就開始紀錄了上面的逐字稿。

紀露霞的〈黃昏嶺〉之所以被認為可能是正宗臺灣歌謠，事實上和她的創新唱法，自由詮釋有關。剛開始第一張歌樂唱片版的〈黃昏嶺〉，還依循美空雲雀日本原曲的歌譜節拍，到了「後來我去外面唱的時候才創新有自由版的拉音，後來如台聲、亞洲的錄音就都有」。對應我所收集的夕やけ峠與〈黃昏嶺〉各個版本，確實後來「也是不得已」等的「拉音」就出現了，這使當時的聽眾印象非常深刻，像個羅蘭巴特 (Roland Barthes) 講的「刺點」(punktum)，是人們的歡愉 (plaisir) 的來源，這是大眾文化裡聽歌的一個高潮，寶島歌后紀露霞成功地通過無數次演唱後自由詮釋美空雲雀的夕やけ峠而將原來的日本味變形成為臺灣味道，這就是一位流行音樂演唱藝術家的功力所在。

〈黃昏嶺〉究竟是一首怎樣的歌？它是能指，是象徵，是一種鄉愁社會。隱蔽知識裡，有大量臺灣歌謠的混血歌時代的音樂價值等待去探索。

石計生 (2009) 研究指出，音樂作為存在於社會環境中的感覺建構，有一種「**隱蔽知識**」(hidden knowledge) 存在，一種被隱藏的、忽略的「弦外之音」等待被發現。「政治權力」、「音樂工業」雖有影響力，但事實上均不足以完全決定「音樂人」的創造意志。在研究過程中，逐漸會形成音樂與社會間很難說誰反映誰，誰決定誰，而或許可說是「情境定義的活動」，是「共同生產的」的看法。這種情境定義的音樂活動生產，社會與政治權力雖表面上看來左右音樂創作，但事實上音樂人有其選擇，有一種「隱蔽知識」存在：它可以是權力擁有者的一種迂迴的統治設計，也可以是音樂人的轉進的自我創造意識的表達，兩者在不同歷史與社會的「情境定義」中調整，活動著。在音樂社會學方面，「隱蔽知識」可被視為音樂的配合政治權力設局演出且隱蔽其真正意圖；而其引發的「隱蔽實踐」則是在調整、揣摩主流音樂語言的過程中馴服成為其中之一，或者堅持原意而退居其外另覓出路。這種「隱蔽知識／實踐」存在於不論是歌謠民歌或是「音樂人」演唱生命史中。從文化研究理論層次而言，文化、媒體與政治控制之間存在著辯證關係。

以「政治權力決定」論述而言，強調國際社會變化與對政治音樂政策的反應造成流行音樂的興衰。國民政府自大陸播遷來臺後，帶來大量的新移民，無論在政治、經濟、社會上幾乎占據了多數的優勢地位，因此而擠壓了早來居民的生存空間，這也衍生出兩者間的族群衝突。於是當權者在一種危機感中開始試圖將其控制力影響臺灣各層面。一方面加強反共愛國教育，一方面採取意識型態的箝制。因此，造成大陸失守的「民族主義」更是禁忌話題，然而在「愛國」的前提下，保釣就像民國初年的五四運動，很快的由學生愛國運動，發酵成一股思想上的反省。而回顧紀露霞歌謠演唱出道時期的 1960 年代，當時的臺灣流行音樂界的創作實是一個受到外在力量影響極大的時代，臺灣在歷經了日本殖民地與國民政府的美援等時代轉換，於是成就了多國文化作用於社會及生活後，也造就了在音樂藝術上的多元曲風。然而到了 1970 年代，此時的臺灣卻又開始迎接著另一個新的時代挑戰。揭開此一時期序幕的社會事件即是歷史上有名的與日本爭議的「釣魚臺事件」；緊接著 1971 年聯合國大會通過 2758 決議案，臺灣退出聯合國，兩次世界性的石油危機亦使得經濟動盪不安，物價狂漲；1975 年 4 月 5 日，時任中華民國總統之蔣中正先生逝世。於是，一連串的社會、政治與經濟上的打擊使得國人所感受到被否定、孤立、遭重挫的悲憤情緒推到了頂點（劉季雲，1997）。1970 年代的臺灣，在蔣經國擔任行政院長後，以較務實的態度來開發建設。1973 年他提出五年內完成「十大建設」的計畫，這些建設對臺灣的經濟起飛有很大的影響。而一連串的外交困境，像是保釣運動、退出聯合國、中日斷交與中美斷交等衝擊，讓大家從西方現代主義的迷夢中甦醒過來，重新回頭關注臺灣本土文化（陳嘉文，2004）。

而民族意識的覺醒，與對本土意識的反思，讓知識分子開始注意自己生長的環境，並以周遭生活為題材來創作，在「唱自己的歌」的精神下，西洋歌曲被清新的校園民歌所取代，甚至公害、環保、弱勢團體都成為大家所關心的主題。於是民歌便在這樣的時代氛圍下開始成長。離開了那臺灣歌謠音樂性極為豐富且多元的 1960 年代，承接的卻是一個看似主體意識極為濃厚卻認同恍惚的民歌創作時代：一個「唱我們的歌」的音樂創作氛圍接合新興傳播媒體，在 1970 年代以倍數成長在各地發散，這些來自臺灣的音樂創作，打破了社會、政治與現實疆域的界線，在華人地區流轉著。「政治權力決定」論述認為，事實上這樣的社會氛圍轉換，一方面認為因為當時國民政府的內在戒嚴體制與推行北京話作為「國語」且頒發法令禁唱某些有問題的臺語歌的政策，讓原本活潑、多元且華麗的臺灣歌謠被打入冷宮與民歌的趁勢崛起。這種「政治權力決定」的制度與政策性論述強化了紀露霞所象徵的臺灣歌謠只活躍在 1960 年代而民歌從那時才開始的「斷代史」印象。

而「音樂工業決定」論述則強調音樂的文化工業——載體進化與商業化趨勢——決定流行音樂的轉換。阿多諾 (Theodor W. Adorno) 稱「文化工業」(cultural industry) 為「作為大眾欺騙的啟蒙」，所謂的**「文化工業」**意指「按照統一的模式，成批地進行文化傳播物的生產的體制。它主要包括本世紀最為流行的電影、廣播、書報出版物等大眾傳播媒介所負載的文化藝術作品的生產製作體制」(Horkheimer and Adorno, 1990)。它是一種鞏固資本主義制度的「社會水泥」，文化把一切事物都貼上了同樣的標籤，經由藝術進行社會控制。從「音樂工業決定」臺灣歌謠興起來看，則 1954 年對臺灣唱片業來說是一個極具變化的一年，因為在這一年，臺灣終於有了一個能夠自製唱片的工廠，為此，臺灣也正式建立起唱片工業的基礎，而在此之前，臺灣的唱片主要還是以進口為主，另外，廣播也是人民收聽音樂的另一重要管道。臺灣光復後，國民政府於 1945 年 11 月 1 日正式接收日人的「臺灣放送協會」並改組為「臺灣廣播臺」，其音樂節目開始便以「西洋音樂」為多，有五至六個時段節目，其中還有半小時的是特別為來臺美軍提供的音樂節目。至於臺語流行歌則是一首一首地從電臺節目中創作出來。時至 1954 年，隨著臺灣第一間自製唱片工廠的成立，臺灣的唱片業正式進入工業時代，因此，雖當時經濟緩慢復甦，但社會的安定卻促使國民高尚娛樂的需求與日俱增。臺灣唱片公司成長很快，至 1960 年登記有 14 家，1962 年又增加為 34 家，而製作的內容大致可分為英語留聲片及臺語流行歌唱片。1962 年，唱片的製作開始有油壓半自動機械製造，原料全面改為膠製品，唱片業也增加得很快，由 1962 年的 34 家增加到 1965 年的 64 家（葉龍彥，2001），從此之後，唱片可以大量生產。由此可見，當時的臺灣社會對於音樂娛樂的需求開始大量聚增，而兩者間的關係也更甚密切。而紀露霞事實上也跟上了音樂工業在臺灣開始蓬勃發展的時代，當紅的時候，很多唱片公司同時邀她灌錄歌曲，當時的唱片是 33 轉，每面有四首歌，兩面共八首，紀露霞記得她曾經一天之內錄了二十一首歌（郭麗娟，2005）。而 1970 年代對臺灣來說確實又是一個新時代的來臨，無論是社會、政治、經濟與大眾傳播的工業化發展都同時在進行，「音樂工業決定」民歌興起於是成為一種論述主流。流行音樂的「形式短小、風格清新明快、通俗易懂」、「內容大多取材於日常生活」的特質，讓它不論何時皆在整個音樂演出中占了絕大優勢，擁有廣大的群眾，成為「不可阻擋的歷史潮流」（譚若冰，2006）。

圖 6.2　紀露霞與作者合影

就臺灣的情況而言，在此基本形式與內容下，事實上，由於民歌在 1970 年代的蓬勃發展，間接地促成了 1980 年代迄今臺灣流行音樂工業及商業化產銷模式的建構，於是許多關於 1970 年代民歌的研究便多所關注在這兩時代因果關係上，以及民歌興起之原因探究。然而回顧近幾年這些以 1970 年代民歌為研究主題的相關論文，實都以民歌之興起、傳播之過程以及歌曲之內涵分析為主要研究內容；但問題是從 1954 年迄今臺灣的音樂載體的技術進步從未停止,「音樂工業決定」論述對於臺灣歌謠的興起與沒落就出現了問題,而且究竟現代民歌是如何的接承,以及時代轉換時歌曲中所表述出當時的社會脈絡與意涵均無一連貫性的整理與比較,而以「斷代史」的概論來截斷了此兩時代可能存在的關聯性,或根本忘卻了一併記錄出臺灣歌謠後續的流向。總的來說,「政治權力決定」與「音樂工業決定」的這兩種主流的「既成之見」論述雖各有其解釋力,但其問題其實在於:這都是社會決定音樂的論點,而且在歷史的政治與社會變動的過程中,音樂人看來好像無力去抵抗社會性的制度力量,這很令人懷疑。

事實上在政治控制裡存在著「隱蔽知識」:我們再次強調,它可以是權力擁有者的一種迂迴的統治設計,也可以是音樂人的轉進的自我創造意識的表達,兩者在不同歷史與社會的「情境定義」中調整,活動著。在音樂社會學方面,「隱蔽知識」可被視為音樂的配合政治權力設局演出且隱蔽其真正意圖;而其引發的「隱蔽實踐」則是在調整、揣摩主流音樂語言的過程中馴服成為其中之一,或者堅持原意而退居其外另覓出路。

1960 年代開始的國民政府的「政治權力」運作沒落臺灣歌謠,是一個非常精緻設計的漸進過程,不是直接的鎮壓,而是經由法律與制度迂迴地慢慢框限臺灣歌謠的流行發展,不直接篩選,而是間接設立門檻,這是屬於權力擁有者的「隱蔽知識」的實踐。而音樂人端的「隱蔽知識」的實踐,我們還可以舉民歌手潘安邦為例:

> 就讓我在電視上開始表演,我開始表演的時候都唱一些別人的歌那時候剛好葉佳修他出了一張專輯叫〈思念總在分手後〉,〈鄉間小路〉,但那時候電視的標準比較奇怪就是說在電影上你看到的只能是秦漢、秦祥林。在電視上不能出現比較不合標準的,其實現在電視什麼樣的人都有生存的空間,什麼樣的人只要你有本事就出得來。那時候不是這樣的,那時候男生好像就一定要 180 公分,女生就要清純,那時候就是這樣的標準啊,所以說他們就沒辦法上電視唱歌,電視臺就找我說你幫葉佳修唱這首歌,我說可以啊,他就讓我選幾首,我第一首唱的

是〈思念總在分手後〉，國語的歌曲，我也可以唱臺語歌，但是當時製作人會很委婉地跟你說，要唱也可以，但還是不要好，沒票房。因為那時候電視臺的收視率是50%以上，就是你上一次電視可能有一半的臺灣人都看到，像是「劉文正時間」，張小燕的「綜藝一百」，你上一次電視隔天全臺灣的人都知道你昨天做了什麼，那時候我上臺的時候都沒有唱自己的歌，〈思念總在分手後〉第一次在電視上唱是我唱的，所以到目前為止大家都認為這首歌是我唱的，其實是葉佳修出的唱片，後來我出唱片的時候，唱片公司也找我錄，因為大家都在找潘安邦唱的這首歌，其實原主唱是葉佳修。

（問：你說的很有意思，你說上電視還是要經過過濾?）那時候很多關會過濾，第一是電視臺主管，第二是廣告客戶，你知道社會是愈來愈開放，人的尺度是愈來愈寬，以過去的標準來看現在有一半以上的人除了蔡依林以外其他人沒有辦法在電視上表演，女孩子一定清純，江玲、沈雁、銀霞，會紅的就是這些人，男生那時候台視是胡立虎，華視是我，中視是費玉清就是一定要文質彬彬，個子要高，這是一種默契，就是像空服員有一個標準在，所以憑良心講金韻獎的歌手沒有一個可以上電視，我記得第一次王夢麟上電視的時候，還託了很大很大的關係，只上過一次，大概是1977或1978年，那時候民歌還沒有開始，其實我是1979年出的第一張專輯，我在出第一張專輯之前他們就沒有辦法上電視，後來這些人上電視的原因是因為歌已經很紅了，大家都想看到歌手的真面目，包括蔡琴，因為她跟我同一個唱片公司，然後有一天費玉清打電話給我，你要不要去聽，我說好啊，他說我們公司來了一個新人唱得好棒，然後就到三亞錄音室去，我們都驚為天人想要去見這個人，唱片公司的人還說你們最好不要見，我們也沒有打算要讓她上電視，其實我看到蔡琴的時候，我不覺得她是不好看，我只是覺得她不會打扮，因為那時候她戴一個寬邊眼鏡，你知道會讀書的人就有一個氣質在，只是說你拿她去和江玲、沈燕比那種俗豔的感覺是不一樣的，後來蔡琴上的第一個節目是我的電視專輯，我說我讓她上我的電視專輯（潘安邦）❸。

和唱臺灣歌謠的紀露霞的收音機時代不同，潘安邦的臺灣民歌是屬於電視時代，但是權力擁有者的「隱蔽知識」的實踐仍然存在。電視的影像要求 (image requirement) 不同於收音機的純粹聆聽，從「音樂工業決定」的論述而言，音樂的文化工業——載體進化與商業化趨勢——決定流行音樂的轉換。電視，在那阿多諾所謂的「文化工業」的按照統一的模式，成批地進行文化傳播物的生產的體制，是要求形象上的「一定要文質彬彬，個子要高，這是一種默契」、「男生好像就一定要 180 公分，女生就要清純」的統一標準和持續排斥臺語歌曲「我第一首唱的是〈思念總在分手後〉，國語的歌曲，我也可以唱臺語歌，但是當時製作人會很委婉地跟你說，要唱也可以，但還是不要好，沒票房」。從「隱蔽知識」來看，這些標準和迂迴禁唱臺語並非如「音樂工業決定」所說的「社會水泥」般牢不可破的，其中仍然有「音樂人」的主體迂迴實踐；在特殊情境下可以重新定義音樂活動，所以在潘安邦日漸成為巨星後，他主持的節目主控權較高時，還是讓當年其貌不揚，聲音令人驚為天人的蔡琴終究上了電視。這種情況一直到 1990 年代臺灣解除戒嚴後才得慢慢抒解。解嚴後臺灣民主政治步入軌道，兩黨政治成形，各家音樂的流行與否逐漸是基於市場的需求而非政治的需求，從而產生**「多元文化主義」**(multi-culturism)，它破除一元文化的發展，以尊重並接受文化多樣性的產出，並鼓勵各種文化不受限制的朝向多元、自由的方向發展。是以，現在臺灣流行音樂可以說是百花齊放，不僅是國語、臺語，還包括客家語、原住民語言等創新的音樂一再於大眾媒體中出現，為分眾所喜愛。

媒體 (media) 是一種傳播資訊的管道，將資訊在最短的時間內傳播給社會大眾知道，此過程需具備傳遞訊息的一方與接收訊息的一方。媒體包含報紙、電視、雜誌、網路、廣播等。其中**平面媒體** (print media) 指的是訊

❸ 潘安邦，2008 年 8 月 29 日本書作者研究訪談逐字稿。

息傳遞的方式是透過平面印刷的媒介，也就是運用視覺呈現出來，像是報紙、雜誌、廣告、宣傳單等傳遞出圖片、文字等資訊，使個人或群眾瞭解，這是最傳統的方式。而**大眾媒體** (mass media)，我們可以定義為能夠在短時間內將訊息傳達給散布在不同地方的社會大眾，具備這樣功能的媒介稱為大眾媒體。大眾媒體包括文字媒體以及電子媒體等：最常見的傳統媒體有報紙、收音機和電視機等；全球化下的當代是運用電腦傳遞訊息，如網際網路 (internet)、依媚兒 (e-mail) 和即時通 (MSN) 等。報紙 (newspaper) 是傳播新聞資訊的刊物，而報社是編輯並出版報紙的地方，經由記者去報導 (report)，乃收集真實新聞資訊的動作或是傳遞出真實新聞資訊的文章。而報導文學則是透過文學的寫作方式，真實且寫實生動地呈現社會發生的事件及狀態。這些媒體上的書寫也不一定都是真實的，所以需要「媒體識讀」。**媒體識讀** (media literacy) 指的是一種認識、解讀、批判媒體的能力，教導個人在接受媒體資訊的同時，必須具備思考力與批判力，以瞭解訊息內容傳遞的真實性與正當性，而個人不單只是一味的接收媒體，最終也要學會判斷、分析及使用媒體。而**大眾社會** (mass society) 則是相當數量的人口受到大眾傳播媒體所操控的社會，受到媒體的數量與類型限制，其產生會有一個歷史演進的過程。

關於歌曲的流傳，瓊斯 (Andrew F. Jones) 所著的《留聲中國，摩登音樂文化的形成》(*Yellow Music, Media Culture and Colonial Modernity in the Chinese Jazz Age*) 一書認為，經由分析 1930 年代上海流行音樂之父黎錦暉所創作的通俗的描寫愛情為主的流行歌曲的「**媒介迴路**」(或稱媒體迴路) (media loop)，他認為最初是以都市作為流行的環境，其流傳形式包括電影歌曲→樂譜集結成歌集或電影雜誌→錄製成唱片電臺演唱或播放→然後由舞廳歌廳的歌女獻唱，這樣當時嶄新的媒介迴路是上海商業媒介文化孕育明星制度的基石 (Jones, 2004: 147)。這「媒介迴路」就構成我們從歷史向度思考文化，媒體的關連基礎。

壹 日治時期大眾媒體與流行音樂文化

以臺灣為例，1930 年代臺北作為一個東亞城市，如同吉見俊哉 (2005) 所指出的，無論東京或大阪、殖民地都市首爾或臺北，作為都市空間裝置的媒介例如報紙、博覽會、百貨公司等都不斷地深耕並迅速地資本化。日本的電影發展進入了一個嶄新的年代。一方面，隨著錄音技術的改變以及美國資本的進入，1927 年維克達 (Victor) 與 1928 年哥倫比亞 (Columbia) 兩家公司的成立，確立了日本唱片工業的發展。另一方面，大震災之後，出現了以大眾為讀者群的暢銷作品，大眾小說電影化也蔚為時代潮流。而電影（映畫）的放送方面，日治時期御用報紙《台灣日日新報》為數更多的是，該報為擴大讀者群所舉行的各種放映形式，例如 1924 年 11 月 16 日 5 版、12 月 14 日 7 版分別報導該報社於新竹吸引 5,000 多名觀眾以及大溪舉行電影放映會吸引 2,500 多名觀眾的消息。再例如 1928 年 5 月 3 日該報漢文版報導於臺灣主要城市臺北、高雄、新竹、臺南、嘉義等地以讀者招待會名義所舉行的電影放映會臺北「第一世界館」所播放片目為《悲劇獨眼》、《感激時代》；嘉義「嘉義座」所播放片目為西洋話劇《社交界之盜賊》、《惡魔之交涉》、時代劇《血路》；臺南《台灣日日新報》臺南支局所播放片目則為《極樂島之女王》；高雄「高雄劇場」則放映《新生之妻》。這些電影幾乎為日本電影，並由日本辯士解說。而收音機廣播傳播訊息方面，1925 年日本本土的「東京放送局」開始播音，為了讓日本內地文化得以延伸至臺灣，1928 年以來歷經實驗階段，廣播網絡於 1930 年代開始擴展至於臺南、臺中等地。在收音機的出現，帶來了日治時期傳媒的空間化與立體化，而節目當中，也出現映畫節目。例如 1929 年 2 月 10 日、1932 年 4 月 18 日、1932 年 7 月 15 日《台灣日日新報》的廣播節目表當中便出現「映畫物語」時間，解說者是臺南世界館的日籍解說者。不過，映畫時間在廣播節目當中數量並不多。另外，隨著日本的唱片工業的崛起，日本電影的主題曲也隨著進口臺灣，在日本相互競爭的維克達 (Victor) 與哥倫比亞 (Columbia) 兩家公司也分別在臺灣展開競爭並於《台灣日日新報》刊登廣告，其中，也包括日本的電影主題曲與辯士的電影解說。當時也有大量的上海電影在臺灣：日治時期臺灣，除了受到日本電影的影響之外，上海電影也深刻地影響臺灣。上海電影與臺灣的連結可分為幾個管道，第一個管道是發行映演業者透過管道購得在臺灣放映，第二個管道則是 1930 年代臺灣本地的報刊迅速出現，其中，也出現以傳統漢文讀者為市場的報刊，《三六九小報》就是其中的代表。而該刊也有系統地介紹上海電影。第三個管道則是臺灣本地的流行歌曲生產機制。隨著上海電影在臺灣的上映，為了增加在地色彩，由本地的流行音樂工作者創作電影主題曲也成為潮流（李政亮，2009）。就發行映演業者引進上海電影而言，臺灣引進上海電影，始自 1924 年廈門的影片公司的引進，在此之後，臺灣各地紛紛出現巡映公司❹。如果依 1936 年《台灣公論》所舉行的「電影與演劇相關從業人員座談會」當中著名辯士詹天馬的發言，進口自上海的電影多達 630 多部❺。或是放映廣告也紛紛進入臺灣人所可主導或參與的媒體空間當中。就 1930 年代開始出現的本地報刊而言，針對漢文讀者為市場的《三六九小報》是一個代表。事實上，就讀書市場而言，《三六九小報》並非單兵作戰，而是有其連結的機制——同樣以漢文讀者為主的嘉義蘭記書局。1935 年創刊的《風月》，則是將上海視為一個現代摩登都市進行介紹，其中，也包括上海電影明星如周璇、白虹、白光和李香蘭等。所以，這歷史淵源，就可解釋 1960 年代寶島歌后紀露霞出道時為何對周璇、白光等這麼熟。

而臺灣本地的流行音樂機制（唱片行）主要為古倫美亞唱片公司。臺灣流行音樂生產機制的建立，與 1920 年代末年來到臺灣擔任古倫美亞（即哥倫比亞）公司社長的柏野正次郎有密切的關係，他除了進口大量的日本唱片之外，也進行了本土化的經營策略。在古倫美亞所出的臺灣本土唱片當中，以流行歌曲與歌仔戲為大宗，其中，流行歌曲約占 27%、歌仔戲約

❹ 呂訴上，《台灣電影戲劇史》，臺北，銀華，1961: 17–19。

❺ 《台灣公論》，洪雅文譯，〈電影與演劇：相關從業人員座談會〉；收錄於張昌彥、李道明主編《紀錄台灣：台灣紀錄片研究書目與文獻選集（上）》，頁 204–219，臺北：財團法人國家電影圖書館。

占 19%（李政亮，2009）。在古倫美亞的本土化經營策略當中，流行歌曲創作者的角色便顯得重要。如果就流行音樂與電影之間的關聯來看，臺灣也出現與日本相同的情形——電影與流行音樂之間相互連結的現象，1932 年的《桃花泣血記》就是一個轉折點。當時出名的辯士詹天馬引進中國電影《桃花泣血記》，為了宣傳該部電影，於是寫了同名並造成轟動的流行歌曲《桃花泣血記》，在這首歌曲當中，其實就把電影的情節化為歌詞內容，該故事內容是富家子弟德恩與貧窮女琳姑相戀，但封建制度下門不當戶不對的限制所產生的悲劇，《桃花泣血記》的歌詞甚至也把男女主角的姓名放入。另外，程步高的《倡門賢母》、《一個紅蛋》等，也都是透過流行歌曲解說電影內容的方式；事實上，這也是透過流行音樂將上海電影本土化的方式之一。

貳 國民政府初期大眾媒體與流行音樂文化

1960 年代臺灣唱片業是處在將原版進口唱片的翻版代工時期，唱片發行商比自行灌錄唱片，或進口商都多很多。1960 年代唱片業發展是以臺北為中心，而此一時期的唱片製作與成品則集中於臺北縣三重市。三重可說是唱片業大本營，鼎盛時期是 1960 年代末期，臺語流行歌曲走向是以唱片市場為中心，三重唱片工廠與出版社乃雨後春筍般設立，根據臺灣省政府建設廳的檔案資料顯示：如中外 (1965)、鈴鈴 (1969)、鳴鳳 (1969)、惠美 (1969)、第一 (1969)、大同 (1969)、皇冠 (1969)、泰利 (1969)、龍鳳 (1969)、神鷹 (1969)、國際 (1969) 和國賓 (1969) 唱片廠等（三重市公所，2007: 3, 4），其他還有知名大廠如大王、女王、鐘聲、麗歌、華聲、台聲、歌林、五龍、電塔、合眾、中美、黑貓、東方、東昇、巨世、金像、金大炮、龍虎等皆發跡於三重。

圖 6.3　1950–70 年大臺北媒介迴路分布總圖

根據臺灣省統計提要 (1946–1967) 顯示：1954 年全臺有 2 家唱片公司，1961 年有 29 家，至 1967 年激增到 72 家，其中三重市的 40 多家就占全臺的七成，為空間分布上之最密集，大多集中於三重市的中、南區一帶，尤其以短短的光明路最為興盛，最多時約有近十家唱片行（如圖 6.3 GIS 地圖所示）。1957 年後，三重本土唱片業不只是灌錄流行歌曲唱片，還包括笑魁劇（電塔唱片歐雲龍）、誦經（鳴鳳唱片）、傳統地方戲劇、平劇（女王唱片）、輕音樂、黃梅調和土風舞等唱片。早期唱片，以洋乾漆，松香，炭精滲和黃土為原料，質硬易碎。後改為塑膠質唱片，由 78 轉而 45 轉而 33 轉，再至 16 轉，至卡帶與 CD 等問世，傳統唱片日趨沒落。

其相伴共生發展的媒介迴路有廣播電臺、電影戲院與電視臺。廣播電臺：1950 年代中期後，唱片公司流行與廣播電臺合作打歌。1959 年三重市的著名電臺包括中華、天南電臺等與唱片行鳳鳴、寶島和台聲等合辦「黃國隆音樂大會」，由廣播明星宋我人登臺，轟動全臺（三重市公所，2007: 6)。當時的電視臺則 1962 年台灣電視公司成立，其「群星會」、「寶島之聲」等歌唱節目很受歡迎，也刺激著臺灣本土唱片的製作，逐漸脫離翻版代工。電影戲院方面，1965 年後，三重唱片公司開始介入電影製作。雷虎，電塔與金馬等唱片公司擴編成立製作公司。如金馬唱片拍攝洪一峰主演的《孤星淚》，電塔唱片拍攝陳芬蘭主演主唱的《孝女的願望》。雷虎唱片影業公司拍攝由黃西田，郭大誠等主唱的《天下一大笑》（德榮公司出品）。1966 年電塔唱片拍攝《糊塗醫生》。而三重唱片業沒落之因據歸納有：⑴臺南亞洲唱片行崛起：大資本投資公司規模大，唱片品質佳，歌手容易紅；⑵盜版猖獗；⑶過多唱片行，供需失調；⑷經營不善；⑸國民政府鼓勵國語歌曲政策。三重戲院（電影院）方面，三重的戲院，仍以最早期李瑞軟由經營木材生意的「柴寮瑞」轉行設立的天臺戲院（1958 年開幕，因在木材行二樓加蓋一座歌仔戲臺，形成「天空中的戲臺」，乃稱為「天臺」)，與林子張由「估衣」生意轉圖的金國戲院，及處於東區交通要津位置的幸福戲院為主（三重市公所，2007: 30)。1950–60 年代，中興橋尚未興建，要到臺北都必須走省道經過三重重新路，當時適逢臺灣經濟逐漸起飛，勞力密集產業需求甚殷，三重與新莊地區加工廠不斷設立，外來人口不斷湧入，娛樂事業需求大增，到臺北的唯一橋樑是臺北橋，新莊，五股和泰山要去臺北都需經過三重，位於重新路交通要衝上的天臺戲院（二輪電影，比較便宜），乃應運而生。金國戲院的前身是金都戲院，金國於 1956 年開幕，最早名稱是民生戲院，位於三重中央北路，後改名為金都戲院。因為生意太好，林子張又至正義北路 / 重新路二段附近，增設金國戲院，林子張乃為三重戲院龍頭（三重市公所，2007: 38）。1946 年全臺登記的戲院（演歌仔戲，布袋戲與放映電影）共有 149 家。放映的電影除港臺片外，亦有歐洲片，日本片等，香港拍攝的廈語電影也受歡迎。

「媒介迴路」最初是以都市作為流行的環境，其流傳形式包括電影歌曲→樂譜集結成歌集或電影雜誌→錄製成唱片電臺演唱或播放→然後由舞廳歌廳的歌女獻唱，這樣當時嶄新的媒介迴路是上海商業媒介文化孕育明星制度的基石 (Jones, 2004)。「媒介迴路」放在流行歌曲流傳的探究脈絡上來看，我們具體舉例來闡釋兩塊研究對象：一是「混血歌」：臺灣歌謠中的文化中國意識，也就是音樂文本和 1930 年代上海老歌的關連；二是「翻唱歌」：是臺灣校園民歌裡的文化中國意識，考慮的是民歌音樂文本如何流傳於 1980 年代末的中國。「混血歌」基本上也是一種翻唱，但它與「翻唱」的差別在於，「混血歌」不只是把前人的東西全盤拿來由新的人「翻唱」，而是在曲的部分可能保持原味（全部或部分），但是詞的部分會有改寫或翻新的呈現，特別是演唱的人會用不同的語言唱出，若該語言是自己的母語，乃有主體性展現之可能。

臺灣歌謠部分的「媒介迴路」，最初也是以臺北都市作為流行的環境，臺南市也是重點。其流傳形式包括也是和電影歌曲、樂譜集結成歌集或電影雜誌、錄製成唱片電臺演唱或播放，然後由舞廳歌廳的歌女獻唱有關。臺灣歌謠與臺語電影的傳播息息相關。1960 年代的臺北電影院主要集中在西門町附近（圖中尚未畫出），住在西門町貴陽街附近的紀露霞就曾說，「在學國語啦，那時流行歌曲的電影很多，什麼林黛、白光、周璇等的歌聽了就很喜歡，很想模仿那個調調」❻，她看電影的地方就是西門町，當時國民政府引進大量 1930 年代上海的國語電影。西門町的電影院，或其他二輪電影院，也會播放臺語電影，它同時也會是以巡迴全臺的方式播放，並流行唱電影插曲的歌手隨片登臺。當時臺灣歌謠的寶島歌王歌后文夏、洪一峰、紀露霞和陳芬蘭等都是箇中翹楚。走紅之後，自然就灌錄唱片與賣歌仔本（歌本、歌集），如瓊斯所說的「媒介迴路」會有電影歌曲、樂譜集結成歌集，但鮮有電影雜誌，這跟 1960 年代臺灣電影工業尚處於草創時期有關。觀察圖 6.3，最為明顯的就是灌錄唱片的空間位置是以在隸屬於現在臺北縣的三重市（舊稱三重埔）為大本營，其密度之高，相當令人咋舌，也顯示這些 1960–80 年間陸陸續續成立的唱片行，從歌仔戲，臺灣歌謠到國語歌曲的黑膠錄製有利可圖，相當繁榮興盛。當然，公認當時全臺錄製黑膠唱片品質最佳，沒有沙沙聲的是臺南的「亞洲唱片行」。唱片行的空間位置為何集中在三重埔?一個合理的解釋是它恰好是 1970 年代臺灣經濟起飛時北部主要工廠集中地，大量中南部上來臺北工作的工人的休閒娛樂於是也集中於三重，這裡的二輪電影遠比臺北市便宜，即使要到臺北，離有首輪電影院、舞廳、歌廳和電臺最集中的流行娛樂中心臺北城大稻埕、西門町也非常近，只要過一個臺北橋就到了。總的來說，以 1960 年代臺灣歌謠看瓊斯所說 1930 年代上海「黃色歌曲」的「媒介迴路」：以都市作為流行的環境，其流傳形式包括電影歌曲樂譜集結成歌集或電影雜誌錄製成唱片電臺演唱或播放，然後由舞廳歌廳的歌女獻唱之過程，可以說指出了一個大概的方向，實際流傳會因為流行音樂本身的歷史發展，物質條件和區域差異而有不同。從戰後臺灣媒體的發展來看，1960 年代日本戰敗撤出臺灣後，臺灣本土的唱片工業處於真空狀態，「媒介迴路」最普及的其實是收音機，廣播電臺是重要媒介，然後電影、歌舞廳與唱片曲盤發行，才有圖 6.3 的臺北三重埔的數十家的唱片行繁榮興盛景象。隨著電視等新興媒體的興起，臺語歌在 1980 年代後日漸沒落，這些唱片行與舞廳也逐漸消失在臺北都會的地圖上，爾今所剩寥寥無幾。

❻ 引自紀露霞，2008 年 9 月 21 日本文作者自宅電話訪談逐字稿。

第二節　宗教：神聖與世俗、宗教倫理與經濟倫理

圖 6.4　基隆大佛

事實上，在我決定相信有沒有神之前，我已經被決定要有信仰，但這信仰是閃爍不定的。

雖然爸爸明顯是從大陸安徽來的無神論者，但我媽則生長在一特異、充滿神蹟論的臺灣鄉野家庭。我父親 1945 年渡海來臺時，據他說只是隨國民黨軍隊來休假，還要回南京去，誰知突然風雲變色，再也回不去他的故鄉，所以在臺灣幾乎完全沒有親戚。我常忖度他是孤獨且充滿漂泊感的（這到處尋找回家的感覺的鄉愁日後深深影響著我）。爸爸常出門打麻將三天三夜不回家。講到信仰，出身黃埔軍校 23 期的父親常說「神是不存在的，信仰主義就不怕。」堅定的語氣就像下象棋時的果決過河。然後小時候我就會興致勃勃地聽他說關於在金門八二三砲戰時夜裡站崗如何以大聲喊「三民主義萬歲」驅趕黑暗的事蹟。但這靠意識型態或精神意志力驅魔對我而言作用有限。喊了也沒用。小時候我很怕黑，有次自殺的經驗就是因為姊姊頑皮把我反鎖在關燈的廁所中，感覺有無數黑影朝我襲來就做了傻事。媽媽從高雄加工出口區趕回來抱我去醫院救活，掉著眼淚請求父親要常在家之外，還做了一件影響我一生的事情：帶我回老家皈依佛門。

現在還記得的場景：媽媽帶著我和姊姊從高雄回到橋頭鄉白樹村的老家觀音禪寺。鞭炮夾雜著木魚課頌聲越靠越近，人來人往熱鬧非凡的空地上擺滿各式各樣素食的祭品。空地的前方十五步之遙有檜木沉重

雕花構成的大門，內是挑高通風的佛堂，因為高鏤的氣窗讓人感覺涼爽舒服。佛堂裡檀香裊裊花果處處擺在二進供桌上，前上有約一人高的千手觀音金身被裝在巨型玻璃裡；三個身著袈裟的僧人正在誦經，其中有一個就是我的大姨，法名釋開良法師。我的大姨是母親家族這邊第一個出家的人，過程還頗傳奇，她其實本來就有特異能力，才10幾歲就會突然被「7歲」力量附身，在鄉野為人燒符治病，後來據說是睡夢中受觀音指點，「不應拘泥小道，該走向涅槃大道」，乃毅然中年削髮為尼。影響所及，我的表姊也出家。媽媽或許是因家族傳統，或是對父親的不顧家的怨懟，成為念佛居士已凡六十年，那時帶我回老家皈依時才剛開始加入助念團，也幫忙廚房燒菜和插花。釋開良法師唸完經蒙山施食後，要欲皈依者在空地香案前跪成一列低著頭等待，然後一一灑淨惠賜佛名，我記得那時得了個「信」字，遂名「石信生」。旁邊一些信徒被法師指點後，有的竟然震動倒地，有的受到感召跪拜不已，我小小的身軀真實的說是毫無感覺，但為配合演出我也跟著撲倒。媽媽則高興的淚流滿面。

我聽話地走完全程。但真正是被大姨莊嚴深信不疑的姿態所感動外，也與我心中不時浮現的擔心牽引有關：「爸爸現在不知在什麼地方以他渡海而來的漂泊感打著心不在焉的麻將呢?」1993年農曆1月15日我父親因為癌症凌晨三點多過世。釋開良法師兼程於早上六點從已經成為宏偉禪院的深水趕來誦經，離開時說：「初一十五沒有枉死的，安心，計生你要幫父親課頌二十四小時佛經。」無神論者與虔誠信仰者這時在我的血液裡第一次和解，我傻呼呼地進行課頌。夜裡三點多有一素衣僧人來訪，在未入殮棺材停屍間外沉默撥動念珠，以炯炯有神的眼神直視上下打量我三遍微笑點頭後嚴肅地說：「要加課頌三大卷《地藏經》」云云。我照著做。那時也已經是道家身體的學徒。接下來一整年我幾乎完全按照出家人的生活以茹素、不殺生、早晚課、初一十五課頌《地藏經》與《金剛經》等儀軌紀念我父親。也在木柵指南宮旋轉煉功。過程超現實現象感應不斷，而我已經無暇思考那是什麼意思。我才知道所謂「信仰」不是領受佛名，或者逞口舌之論辯，而是生命的真實歷程中的遭遇實踐。但我現在又開始吃葷、打蚊子與寫些引經據典的文字。我不覺得有罪惡感。

無神論者與虔誠信仰者從此在我的血液裡和解。這兩天寒流來特別思念我的父親。事實上他大腿開完刀取出癌細胞後一星期復原得非常地好，卻是在寒流來襲的夜晚突然心臟病發過世。這時腦海裡顯現出一段我在父親重病時在醫院讀《楞嚴經》第十二圓通的句子：「心見發光，光極知見。」當我們有一天能像如來藏心周遍法界沒有邊際時，這時我們的心見會生出無礙智光，智光達致極點成為佛的所知所見。但佛所知所見的沒有邊際的「如來藏心周遍法界」究竟是怎樣的狀態，至今無法得知，故懷疑仍時常在我心裡徘徊。而「如來」與「佛」作為一個神存在的「信仰」證據或符號實玄渺難測或無法重複操作，是以我想終究還是得回到我們自己誠實以對的生命經驗起伏與情感附著感覺從中學習，如海浪之拍擊海灘留下的記憶痕跡彎彎曲曲忽明忽滅，這其中能不能見著那光，以及光之後的大智慧，隨著機緣深淺，議論與存悔，閃爍不定，也是自然之事。靜靜地抽著一根長壽煙，我想我父親也會這樣認為的❼。

宗教 (religion)，在文化的諸多形式中，和上一節的流行音樂一樣，都是很深植人心的，兩者一開始都是感動，屬於情緒上的共鳴，但宗教則在日常生活的感動中逐漸創造出一條區分神聖與世俗的界線。「爸爸常出門打麻將三天三夜不回家」、「但我現在又開始吃葷、打蚊子與寫些引經據典的文字。我不覺得有罪惡感」。就上述的佛教系統而言，世俗是吃葷、打蚊子和沉溺於麻將享樂，神聖是「佛堂裡檀香裊裊花果處處擺在二進供桌上，

❼ 石計生撰，本文 2008.01.11 刊登於《人間福報》http://www.merit-times.com.tw/PageList.aspx?classid=16。

前上有約一人高的千手觀音金身被裝在巨型玻璃裡；三個身著袈裟的僧人正在誦經」、「釋開良法師唸完經蒙山施食後，要欲皈依者在空地香案前跪成一列低著頭等待，然後一一灑淨惠賜佛名」等的儀軌與虔誠，世俗與神聖間乃有一道界線存在。世俗世界裡的極端是無神論 (atheism),「神是不存在的，信仰主義就不怕。」是認為神靈不存在或者不接受有神論的一種哲學思想和立場，廣義上則是對神存在缺乏相信的思想的總和。不過，無神論者也可形成宗教形式，如黃埔軍校出身的軍人因信仰（三民）主義而不怕鬼神黑暗，勇往直前戰鬥，這推至極致也有宗教的味道。社會學家涂爾幹 (Emile Durkheim) 指出「宗教是一種關於神聖（具有區隔與禁忌性質的）事物的信仰與儀式相互依賴的體系，這些信仰和儀式把所有對之贊同的人聯合在一個叫做『教會』的同一道德共同體內」(Durkheim, 1926)。這個對於「宗教」的經典定義，其立論的基礎不在於對有全知全能的神的信仰，而在於二元世界觀：把世界區分為「神聖」(the sacred) 與「世俗」(the profane) 兩個範疇。「神聖事物包括一套信仰與禮儀。當許多神聖事物維繫了彼此調和與從屬的關係，而形成了一種同類的系統時，這一套相應的信仰與禮儀就構成了宗教」(Aron, 1987)。這個定義的巧妙之處，或者說屬於涂爾幹式的洞察在於，他並不去討論傳統宗教的精神內容或者神蹟，而是想要去研究建立信仰的客觀現實性的可能（石計生，2006)。這個神聖／世俗的二元區分，涉及到信仰與禮儀外，在那共同道德體中，還會分享信仰與進行儀式來鞏固其集體感，因此，紀登斯進一步定義宗教為「具有共同分享的信仰和儀式的文化系統，經由創造真實的、無所不包的和超現實的理念，它能提供一種終極意義與目的感」(Giddens, 1994)。這裡面涉及的宗教倫理為社會學界討論最多，以下，我們就用韋伯 (Max Weber) 著名的「新教倫理」入手進一步探究宗教的當代意義。

壹　從「新教倫理」談經濟全球化衝擊下的「儒家倫理」

跨界流動與高度相互依賴的資本、貿易與技術所形成的經濟全球化，是二十世紀以來，資本主義高度發展的結果。1970 年代末期，關於東亞國家的快速經濟成長的動力因之探討,「儒家倫理」(the Confucian ethics) 是其中一個非常熱門的討論焦點，雖然在之後三十年之間，這個熱潮有趨緩之勢，但隨著二十世紀中葉之後中國經濟發展在當代全球化過程中的亮眼表現,「儒家倫理」在其中所扮演的角色，又成為討論的焦點。

「儒家倫理」作為一種「經濟倫理」，作為一種經濟行為的動力因，這個問題的提問，是源於「韋伯命題」(Weber's thesis)，即德國社會學家韋伯的《新教倫理與資本主義精神》(*The Protestant Ethics and the Spirit of Capitalism*) 一書中，對於喀爾文派的入世禁欲基督新教倫理，作為資本主義的資本積累精神的思考。因為，如果「新教倫理」可以是資本主義發展之初的精神基礎；那麼，為何「儒家倫理」不可以是現代中華資本主義的精神基礎？在經濟全球化的今日,「儒家倫理」面對的衝擊為何?「儒家倫理」是否能裨益中華經濟圈的資本積累呢?

本節將從經濟社會學的向度討論三個部分：首先，釐清「韋伯命題」的意涵，即針對有利於資本累積的經濟倫理:「新教倫理」的溯源及其發展考察；進而，從比較研究的方法，論證「儒家倫理」作為中華資本主義的精神基礎的可能，以及解析經濟全球化與儒家倫理的資本積累效能關連，最後是結論。

經濟社會學是將重點「放在經濟與社會現象交會的研究」(Trigilia, 2002)。經濟社會學研究的對象可以是「基於綜合社會學的」、「作為邊緣領域或中間領域的」、「作為經濟史或實證研究的」、「作為純粹經濟理論的」或「作為專門科學的社會學」的經濟社會現象（朱國宏編，1999)。基本上是從經濟學分化出來的一門學術專門。經濟學之父亞當・斯密 (Adam Smith) 時代之後，主流傾向量化，經濟學流失了兩個傳統，一是制度，二是發展，而這兩者，恰好是社會學面對工業革命以來的社會巨變的思考主要重心，於是「經濟社會學」，就是在這樣的聚焦下展開。制度學派經濟學家熊彼得 (Joseph A. Schumpeter)，認為經濟社會學目的在解釋人們如何表現自己要的行為，而且界定該行為必須是和影響經濟行為相關的制度性力量，如國家、私有財產權或契約。因此經濟社會學的定義是:「在任何時候，人們所產生具備經濟效果的社會行為，其原因是什麼」(Schumpeter, 1978: 34)？這個看法的不足之處在於未明示「原因」的面向為何？社會學家韋伯進一步提出，「社會－經濟科學」雖是研究經濟與社會現象的交會，但是過於經濟學的看法會導致著力點集中於探究現代交換經濟的市場，與價格形成的問題；經濟社會學則應該洞察「與經濟關連」，和「受到經濟限制」的社會現象（Weber, 1949，引自 Holton and Turner, 1989）。韋伯所說的「與經濟關連」的社會現象，指的是宗教與政治等非經濟的制度力量；而「受到經濟限制」的社會現象，則超越熊彼得的制度性分析，指向日常社會生活，如美學的或宗教的面向，是如何影響著經濟行為，於是價值或倫理就成為考量人們日常生活的一個向度，這個向度，就是我們研究的對象——「經濟倫理」。

綜上所述，「資本累積」是經濟社會學的經濟效果，而該行為的原因，是不是「新教倫理」呢？進一步而言，把資本主義議題限定在「經濟倫理」中說明了這裡的主題，是想從資本的累積這個造成經濟全球化資本主義的根本經濟現象出發，去探究它的社會因果。

貳　新教倫理的溯源考察及其發展

從韋伯的理論來看，「經濟倫理」可以是一種「紮根於各種宗教的心理與實際關連中的行動的實際動力」（Weber, 1949，引自 Holton and Turner, 1989），資本累積的社會因果，在傳統主義向資本主義過渡的時間裡，是和一種特殊的資本主義精神相關，這種精神，就是著名的「韋伯命題」所說的基督新教的入世禁欲經濟倫理。韋伯研究學者稱這種在資本主義精神內產生的較為狹窄路徑，是一種經濟生活的特殊理性過程 (Abrams, 1982: 89)。而就韋伯的畢生學術事業來說，它是包含在一個更大的理念型，亦即整個西方理性主義的趨勢架構之中。因此，當韋伯在《經濟與社會》(*Economy and Society*) 這去世後才出版的巨著中，對於資本主義社會本身的經濟制度進行分析時，就十分重視合理計算利益或實用主義動機的市場行為取向，而市場更是像階級、地位、政黨等權力的競技場。這種市場權力的運作和個人的生活機會息息相關，其分配若不平均，則會造成社會的不平等 (Holton and Turner, 1989: 180–181)。這種徹底朝向理性化的法理型社會，早年韋伯所研究的新教經濟倫理的作用已不復見，此時，資本累積的社會因果乃是建築在物質基礎（如市場）上的權力分析。這是韋伯的世界觀從「地位取向」的社會，向「市場取向」的社會讓渡的必然結果；同時也是韋伯在經濟社會學上的一貫態度:「物質雖是推動人類文明前進的火車動力，它直接指導著人們的行為，但是由『理念』所創造的『世界圖像』，就如同火車的轉轍手一樣，決定著被物質利益所推動的行為軌道之方向」（Weber, 1961，引自 Holton and Turner, 1989）。新教倫理在資本主義發展的過程，正有如那轉轍手一段，在歷史中，就在那裡作用於一時，卻是那麼關鍵而重要的，一時的作用。

事實上，韋伯在《新教倫理與資本主義精神》書中所展現的邏輯很容易令人誤解，而將他視為唯心論者，或者只考察部分國家就遽下結論的謬誤推論 (如 K. Samuelsson 的看法，參 Green, p. 127)。但這些批評由於方法論，或觀點上的以偏概全，使得他們無法看清韋伯嘗試從歷史的諸多關連去尋找資本主義精神的文化淵源之本意。因為，韋伯深知，在經濟上的顯著性並不能保證在文化上的顯著性。所以即使統計上顯示猶太教徒在對資產的貢獻遠超過新教徒，這實證的數據的普效性，就韋伯而言不當是在統計或經濟史中尋求答案，而當從歷史的向度裡找到經濟顯著的根本解答。新教徒奇特的「入世禁欲」，這令人費解的倫理，就是韋伯對於「大量財富積聚了起來，這些財富並沒有用來貸款以賺取利息，而總是重新用於商業投資」的根據資本累積原理建立起來的資本主義解答。也就是，韋伯認為資本額的大小或其來源並不能是近代資本主義擴張的動力，新教倫理所促成的經營理念的改進（銷售方法、產品質量的調整、廉價多銷原則等理性化過程）所代表的新精神——資本主義精神，其發展演變才是真正的關鍵。亦即，先於資本主義的生產模式，已有資本主義精神的存在了，這是一種「商人群體的精神氣質之展現」。

現在，我們從經濟社會學的角度就要問：這種有助於資本累積的經濟倫理是怎麼產生的？它是如何作用的？這就涉及了對新教倫理的歷史考察及其發展追蹤。

韋伯從研究路德 (Martin Luther) 的「職業」概念出發，這個概念宗教上意指「上帝所安排的任務」的意思，是基督新教的首創者路德對《聖經》翻譯或創造出來的產物。但路德職業概念的傳統主義色彩卻並非喀爾文派那種通過自我約束工作而獲得救贖的看法。這中間的變化轉折，我將從：新教倫理和新教之前的基督教倫理的異同，與路德的新教倫理和喀爾文 (John Calvin) 的新教倫理的異同兩方面來加以說明。

雖然韋伯研究學者施路赫特 (Wolfgang Schluchter, 1987) 曾經根據韋伯的「政治」型宗教及拒世的教贖型宗教，但是，事實上幾乎所有的宗教都是以脫離痛苦，獲得解脫的救贖為目的，差別只在於修行的法門不同而已。從施路赫特運用理念型所構築的「文化宗教的分類表」來看，新教和新教之前的基督教其相同處在於他們均屬拒世型的救贖宗教；其差別在於前者是入世禁欲，對世界的基本態度是支配現世觀，而後者是出世禁欲，對世界的基本態度是克服現世。這段論述，其實就已蘊含了兩者不同的職業觀。因為，就西方基督教傳統而言，世俗的勞動通常只是一種保羅 (Paul) 在《福音書》所說的通過神而達到永恆的救贖；在漫長的中世紀時代，聖潔／世俗的徹底二分，所有的知識是神學的附庸，肉體的勞動自然也是為神服務的事業，阿奎納 (St. Thomas Aquinus) 認為人類的社會是墮落的，其中的價值是短暫且充滿罪惡的，必須透過教會或團契的力量，根據社會的自然狀態去建造更高價值的獨特的基督教次序；這種特洛慈 (Ernst Troeltsch) 所謂的自然律和恩寵倫理之間的衝突，注定要把利潤的追求，投資，以及經營管理等現代勞動的特質壓抑在虔誠對神服務的信心底層。人是作為一種領受神恩的容器而活著。傳統基督教把恩寵視為自然的至善和自然的上層結構，這種絕對的聖潔之獲得是有可能的，那是透過出世禁欲的苦行或者在高度虔誠的團契靈修來克服現世。每個人都有義務認為自己是選民，每個人都能獲得救贖，只要能夠培養「純粹的內在精神，在痛苦和試鍊中信託上帝，以及願意犧牲自我，犧牲所有世俗權利，權力的使用和財產權等」(Troeltsch, 1968: 298)，這種友愛精神，即是典型的西方傳統基督教倫理。

新教倫理基本上承襲了這套思想而有所創新。承襲的色彩在路德派中較為濃郁，創新的部分在喀爾文派中則較為明顯；特別是從這整套神學的經濟倫理和基本累積相契合程度來看，其趨勢愈發鮮明。特洛慈的主張，認為西方傳統基督教和新教的差別，並非在於流行的見解——兩者是律法和恩寵的對抗，而強調新教的特點是早期路德對於「恩寵本身加以新的解說」。教會仍然是一個神恩重要的代理機構，只是在路德的詮釋之下，傳統教會之作為一個恩寵倫理的審查機構，它原來的律法權威，卻在路德強調以屬靈的方式去實現這個律法而瓦解。於是，我們看到一個新的恩寵觀念產生了。傳統的恩寵邏輯：〔相信〕→〔律法審查恩寵的倫理性判準／善行／熱望聖潔〕→〔救贖〕其恩寵是「一種超自然的，聖禮上的恩寵，是一種較高超而神祕的奇異，經由聖品分發給人，並且是託付給教會；它有雙重作用，即赦罪和神祕地提高人性」，轉而成為一種訴諸個人主義式的救贖觀，它朝向今世，反對苦行；它以《聖經》作為律法權威的唯一來源，「注重聖禮的教會為那注重《聖經》和證道的教會所取代」；它反對神祕主義，強調由於信靠《聖經》、理智與良心，通過預定的神蹟，人定能獲救。這種以拯救的真實感為心理基礎的新教倫理，看到了神有一種客觀的創造力，給予懦弱的人類希望。但是新教倫理在路德派手裡仍然是不利於資本累積的，這點，我們必須把他拿來和喀爾文派相較才能看出路德一生思想的矛盾性及其影響。

路德是一個內心充滿焦慮，對救贖滿懷熱望，又天縱英才氣質的宗教領袖。這個被心理學家愛力克森 (Erik H. Erikson) 稱為曾患有憂鬱症，在唱詩班中發狂的青年路德，其創造力展現在一種徘徊，即「徘徊在沮喪和興奮兩種極端的情緒之中，與指責自己或指責他人兩種極端的情況之中」(Erikson, 1989: 43)，它表現在路德的新教倫理則為當然的二元倫理觀。即一方面，路德所代表的是挑戰傳統基督教的**宗教改革** (religious reform)，其倫理是一種「因信稱義」的倫理，它是個人的、屬靈的，是「義人必因信而得生」(〈羅馬書〉, 17) 的純粹的，激進的基督教倫理，它是積極的倫理；而另一方面，路德重視《聖經》並視之為真理唯一最高的根本，遂產生一種以上帝的話為最高權威的倫理，必須服從神所規定的世俗規範，它是一種教條的倫理，保守的倫理。所以 A. R. Wentz 教授認為，這種根據「因信稱義，和以上帝的話為最高的權威，兩大原則就已注定了路德宗教傳統的積極而保守的性質」(參 Luther，1968: 18)，並且，晚年路德越來越傾向後者，而相信一個篤誠的慈父政府和對其效忠的重要，從而，這種保守倫理表現出來的經濟觀，是非常靠近中世紀那種自然經濟式的傳統主義的。這自然的經濟倫理視高利貸、擔保和貨幣信用制度為侵犯天命領域的行為，社會的自由競爭是不該的，人當以其所處的階級去勞動獲取合乎其身分地位的收入，追逐利潤是可恥的行為，職業的意義是在「其中順從和服務是愛鄰人最實在和最合適的方法」(Troeltsch, 1968: 349)，這是不鼓勵資本累積的反動經濟倫理。

雖然喀爾文曾在一篇論文熱烈讚許路德，說在尋求教會的潔淨上，「我們都還在追求能與路德同一目標」(Calvin，1970: 72)，也和路德一樣認為因信稱義的倫理是非常重要的；但是由於兩者對於上帝的觀念不同，其由此觀念衍生的不同的宗教倫理及社會責任，遂使我們看到了喀爾文派的接近曙光的經濟倫理。在《基督教要義》(*Institutes of the Christian Religion*) 這部書的第三卷第十四章第二十一節，喀爾文曾闡述他對救贖的看法:「至於我們得救的基本原因乃是聖父上帝的愛;具體的原因乃是聖子基督的服從;功能原因乃是聖靈的光照——就是信；而最後原因乃是上帝的無限良善的榮耀」，這個救贖的最後原因，讓喀爾文發展出很特別的上帝觀念。他扭轉了路德式慈愛天父而代之而起的是隱藏的，威嚴的上帝形象；祂所擁有的權柄是絕對的，祂預選基督徒中的部分人能得救，這是上帝給予人類不同命運的「永恆的命令」。這時產生的恩寵觀於是就和路德派有很大的差別。路德派的新教倫理只是有恩寵的手段而已。他們專心於培養個人的情緒生活，以行善來穩固信和恩寵的存在，每個人都被預選，每個人都覺得自己是上帝的容器。而喀爾文派的恩寵是像韋伯所說的「喀爾文派的上帝要求祂的信徒的不是個別的善行，而是一輩子的善行，並且還要結合成一個完整的體系」。更激烈的說法像特洛慈認為那是「和善行完全無關的恩寵」，因為不管教會產生完整的體系或完全無關也好，它所指的是人所有的行為標準是來自一個律法，那就是上帝的榮耀！人是有限，卑微的存在，如何能在神面前要求什麼呢?「有限的不能包含無限」這是喀爾文派的原則。因為我們的心智不能領悟祂的存在，「如果我們進入於祂的偉大尊嚴之中，我們必站立不住。」這種 master morality 造成的後果是「永生是預定給某些人，永刑給了另外的一些人。每一個被造的終局非此即彼，或生或死是預定了的。」

這個獨特的預選說在個人身上產生了深遠的影響，因為「基督徒的生活完全是為了朝向一個超驗的結局，即獲得救贖。也正因為這個原因他在現世的生活是徹底理性化，完全由增添上帝的榮耀這個目的所支配」(Weber, 1978: 118)，在生活的行為上榮耀神正是信仰的最佳試鍊，因為揀選與否是上帝的事情，喀爾文教派相信恩寵是不會失掉的，他們解決心裡的焦慮，證明自己的被揀選的辦法是作為神的工具，把注意力集中在具體的目標上，「用來建立上帝之國的工作」(Troeltsch, 1968: 367)，這是作者想要追蹤的有利於資本累積的新教倫理的起源。因為喀爾文派的入世禁欲(韋伯）或苦行主義（特洛慈）它的倫理特質是，既用原罪等形上學概念來譴責今世，又對感官作極端理性的管束，精神上新教徒輕視現世的事物，但既然留在世界裡面，就要勝過這個世界，支配這個世界。韋伯說「那要強大的要求生活統一性的傾向在否定肉體崇拜的觀念上找到了其理想的基礎」，而這種傾向直至今天仍大大增強著資本主義對生產標準化的興趣。特洛慈說新教仍然主張一種苦行資本，它是「世界生活中的苦行資本」。

有利於資本累積的經濟倫理是喀爾文派的勞動是神的工具的倫理，比較喀爾文教派和路德教派在職業和經濟倫理上的特質可以得知，新教徒在這樣的職業倫理導引之下，「這種禁欲主義行為意味著人的一生必須與上帝意志保持理性的一致，而且這種禁欲主義不再是一種不堪承受的重擔，而是每一個確信拯救的人都能做到之事」(Weber, 1978: 153)；和路德派一樣，喀爾文派也遠離修道院，在塵世的浮沉中以堅定的信念和認真的工作榮耀上帝的權柄，但它的非預期結果於是誕生了資本主義精神，而且是現代經濟大量資本累積的市場模型的先聲。質言之，「韋伯命題」的意涵，即針對有利於資本累積的經濟倫理進行思考，我們由以上的論述得知，「資本主義精神」包括兩個條件：⑴為免受天譴而力圖支配今世生活的特殊心理焦慮；⑵一個特殊的理性化的經濟生活。

參　斷裂或連續：經濟全球化衝擊下的「儒家倫理」

「儒家倫理」作為一種「經濟倫理」，成為華人圈的資本積累的動力因，1970 年代的討論，大多集中在理論層次，欠缺實際的經驗觀察（蕭欣義，1989；楊君實，1989；張德勝，1991）。直到全球化的時代來臨，1993 年萊丁 (S. Gordon Redding) 寫了一本《中華資本主義精神》(*The Spirit of Chinese Capitalism*)，以經驗的考察提供理論的新反省，這本仿韋伯名著《新教倫理與資本主義精神》的書，提出了「儒家倫理」作為中華資本主義動力因的可能性。他直接以臺灣、香港和其他東南亞國家的華人在海外開設的公司為例，論證祭祀祖先等宗教觀念、家庭主義的倫常觀，均是形構華人經濟行為的重要原因。世界經合組織曾定義「經濟全球化」為「在貨物及勞務貿易、資本流動和技術轉移與擴散基礎上不同國家市場和生產之間的相互依賴程度不斷加深的動態過程」（李坤望主編，2000）。故解釋東亞經濟榮景的原因可以是經濟政策、全球經濟結構的變遷、理性化的經濟組織和社會文化因素等；但是萊丁以韋伯「新教倫理」為思考摹本，認為「經濟文化」和經濟活動的關連，創造了一個清楚且獨特的形象，同時為特殊的經濟特質與社會價值所認同 (Redding, 1993)。這個被認同的「獨特的形象」，就華人經濟圈的經營而言，就是以「儒教」為核心，並揉合了道教與佛教某些共通的觀念所共同形構的基礎信仰與價值，我們稱之為「儒家倫理」。而「經濟全球化」對於「儒家倫理」的衝擊，可以從「儒家倫理」的價值觀的斷裂或延續來觀察。

「儒家倫理」的「操作性定義」，直接展現在華人的社會結構，如重家庭、重人際網絡、重族群觀等；同時也作用在關係法則上，如重孝順、重面子、重有層次的信任等。所有這些「儒家倫理」高度創造了華人經濟行為的特質：工作倫理、節儉的金錢觀與實用主義。同時具備宗教與信仰系統的「儒家倫理」是華人經濟行為的動力因。其中最為關鍵的論述在於華人進行資本累積的原因是為了「家」，為了養家活口。「為了家」是華人面對周遭環境的挑戰時的一種集體理性行為，「家」同時也是宗教祭祀觀念的空間媒介，這樣形構了華人的社會經濟行為。在上述的「儒家倫理」思考氛圍下，萊丁以海外華人中小型家族企業為研究對象，又進一步提出「家父長制」、「不信任感」、與「個體主義」作為論述的基礎。

就「家父長制」而言，指的是政治上的功能論觀點，強調儒教國家的封建角色、層級分明的階層關係，如孔子所言「君君、臣臣、父父、子子」，因為知道自己的地位與位置，只要保持忠貞與順從，就能取得應得利益與權威。但是，萊丁將「家父長制」從政治層面，過度推論至華人家族企業的經濟活動上實屬錯誤；因為那樣意味著服從「家父長制」的華人經濟圈是以和諧的方式經營企業。事實上，東亞國家中的企業勞資衝突從未間斷過；舉例而言，戒嚴法解除後的臺灣，該年就有 1,600 件勞資糾紛。因此，如果我們想要將古老的「儒家倫理」運用到現代華人家族企業，必須非常小心其中「倫理」內容的「斷裂」或「連續」的問題。可以得見，「家父長制」的過度美化的企業層級與控制，在當代中華資本主義精神中，很難獲得持續的政治運用。

而「不信任感」指的是「對於家族成員之外的人的不信任」(Redding, 1993)，同時，「儒家倫理」的「不信任感」也意指「重士輕商」的古典的反商情結，「不信任感」因此將家族與反商的社會關係糾結在一起。就這點而言，「儒家倫理」的「不信任感」在歷史辯證過程中出現了一個揚棄的「既斷裂又連續」的辯證過程：對家族的成員信任的保留，與否定掉封建時代的反商情結。因此，「不信任感」帶領著華人經濟圈創造務實的公司，一種小而緊密關連的家族企業。但中華資本主義精神和家族企業的「不信任感」的選擇性親和，還有更為豐富的意涵。「不信任感」是萊丁所說的「家庭主義」諸多面向的一個。「家庭主義」其實是華人經濟圈創造中華資本主義精神的核心，它源於一種對於「養家活口」的心理焦慮，其中「孝順」當然更是儒家倫理的重要元素。在華人社會中，「每個家庭的生存仰賴自己的資源，且每個家庭成員在生活中依賴自己的家庭甚劇，那不為家庭努力工作的人，定會遭受到嚴厲的社會壓力」(Redding, 1993)。這種「社會壓力」是徐復觀先生式的「社會通過了這種以愛為結合紐帶的家族組織，大家在家族生活中，使公與私、權利與義務、個體與全體，得到自然而然的融合諧和」(徐復觀，1974)，為了這個「家庭之愛」，形成一種類似韋伯「新教倫理」的「心理焦慮」，如果不能工作養家，會被輿論視為不孝，而無法在日常生活中立足。當代資本主義的社會，輿論的力量大大衰弱了，個人主義式的思考增強了，但是「家庭之愛」的焦慮仍然透過中華文化的傳輸力量，深深影響著華人經濟行為的動機，當輿論的制約不再是最重要，卻仍能夠為家庭奮鬥，這表示「儒家倫理」已由外而內，成為一種「內在的力量」，不思而得的文化深層動力。

「個體主義」是另一個萊丁思考「儒家倫理」與經濟行為的重點。當我們觀察華人家族企業的組織型態，會發現一種「非常重視個人關係的決策模式」，他稱這為「個體主義」。就韋伯所啟迪的理性的經濟行為而言，強調個人關係的決策其實是非理性的，因為其用人是基於是否「忠貞」，而非「技術能力」，這構成華人社會的「情、理、法」的有優位性的社會束縛，和西方社會的「法、理、情」有根本差別。在華人社會，「對於商人而言，法律從來不是一個必須遵守的實踐資源，而這，正顯示所有的關係保持在個體之上」(Redding, 1993)。余英時先生進一步清楚指出，「儒家倫理」的「個人」不是西方天賦人權的具備私有財產意識的個人，而是「關係中的個人，相互依賴關係中的個人」以及「五倫即是以個人為中心而發展出來的人際關係」(余英時，1984)。這種人己親疏的關係，通常是由家庭輻射出去，有等差的愛。在企業經營上的表現，雖然也有它的好處，如能夠在雇主與勞工之間，形成比較長期和穩定的兩造關係，從而降低了經濟交換時的交易成本，與企業控制時的成本效益考量；但是，在經濟全球化的跨界競爭時代，家族企業的問題在於和其他企業合作的有限性，欠缺價值中立的理性態度與專業化能力，和非理性機會升遷的危險。於是，這些問題，就可能造成企業交易的障礙。萊丁因此論證華人家族企業規模通常屬於中小型企業，無法形成大型跨國企業，並且企業之特質多為商業而非管理。「儒家倫理」的「個體主義」因此在經濟全球化的當代，成為一種華人經濟勢力擴張的障礙。「個體主義」創造家族成員之間特殊的信賴關係，形成一種非理性的「近親繁殖」，血緣穿透所有的經濟活動面向，甚至包括職務的分配。「儒家倫理」的「個體主義」作為中華資本主義的精神基礎，因此是處於「斷裂」的狀態，不利資本積累。

從上述討論中，我們發現，事實上，多數的「儒家倫理」(如家父長制、不信任感的反商面向與個體主義) 都是不利於資本主義的資本積累。但是，其中弔詭的情況是，「儒家倫理」環繞在「家庭」為中心的養家活口的「心理焦慮」，卻是萊丁發現華人現代企業能夠創造經濟奇蹟的動力因，這點十分類似韋伯的「新教倫理」。「家庭」在當代所持續保存下來的，和資本主義有選擇性親和的，是「儒家倫理」，是以「孝順」和「祖先祭祀」相關連的心理過程。就這點而言，石計生 (2000) 曾提出一個比較「新教倫理」與「儒家倫理」的概念模型，說明「儒家倫理」作為東方經濟倫理的可能。我們將從該圖進一步思考與發展「儒家倫理」作為一種「經濟倫理」的可能 (見圖 6.5)。

我們的問題是：「儒家倫理」作為一種「經濟倫理」，面對當代資訊高度流動的經濟全球化社會，它可以怎樣扮演促進資本積累的角色呢？從過去的文獻看來 (蕭欣義，1989；楊君實，1989；張德勝，1991；林端，1994；石計生，2000)，大致上同意儒家思想的「內容」與「價值觀」，對於現代經濟發展有不同的影響。儒家思想的「內容」，如萊丁所說的「家父長制」、「不信任感」與「個體主義」，其成分斷裂者多；但是儒家思想的「價值觀」，如節儉、孝順、祖先祭祀等，直接延續到今日，而且對於華人圈的經濟行為，起了非常關鍵的動力位置。簡單地說，「儒家倫理」的再結構過程，是韋伯所判定的不利資本積累的「傳統主義」的否定，與有益經濟的「家庭主義」的新的肯定和發展。「儒家倫理」的封建色彩：如以「天命」為統治合法性的根源；以「孝」為德之本，服從祖先、家長與過去傳統的權威；與禮儀規範創造的「地位倫理」(顧忠華，1992)，均在強調跨界流動，與高度相互依賴的經濟全球化時代式微，取而代之的是和現代理性經濟組織相關連，調整後的「儒家倫理」。圖 6.5 所展示的，就是說明「儒家倫理」的推動資本積累的複雜過程。

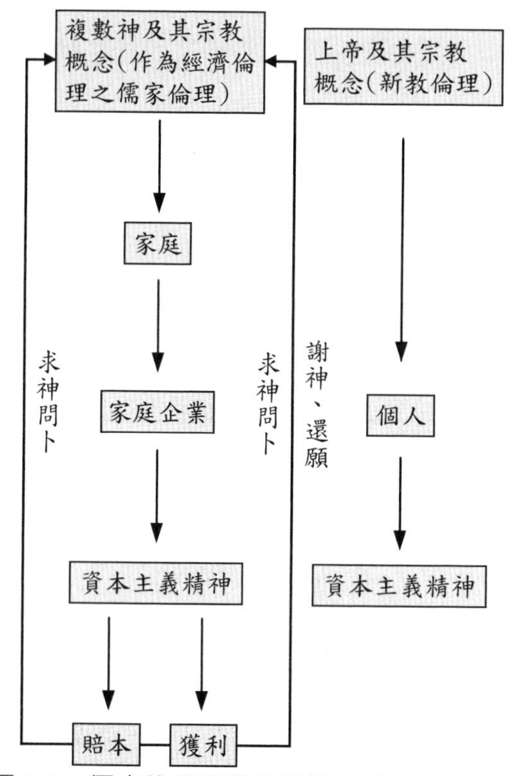

圖 6.5　儒家倫理與新教倫理的動力因比較圖

相對於「新教倫理」的簡單模型，「儒家倫理」的運作顯然複雜得多，其中有三個關鍵性的差別：⑴作用單位；⑵神的類型；⑶反饋機制。「儒家倫理」的作用單位是家庭，「新教倫理」的作用單位是個人；「儒家倫理」的神的類型是諸神，「新教倫理」的神的類型是單一神；「儒家倫理」有反饋機制，「新教倫理」沒有反饋機制。

我們說過,「儒家倫理」跨越傳統農業社會到當代經濟全球化社會的東西就是「家庭主義」;其中,「孝順」是團結家庭的倫理核心,它不再扮演「三綱六紀」與「五倫」的首德的位置,而是傾向更為「人間的俗人倫理」(Weber, 1995)。儒家倫理強調家庭和家族的關係,如「父慈子孝」,錢穆先生 (1985) 提出,「中國傳統,教孝勝過教慈」,父親慈愛是先天的,子女孝順是後天的,是需要教化培養,也就是儒家倫理戮力千年的著力點,這形成華人社會的一個根本生命特質,「孝順」因此成為不思而得的倫理原理。由「孝順」延伸出來的「家庭主義」,不但是對於在世親人的關愛,也擴及亡故的祖先,所以,「祖先祭祀」也是儒家強調的重點,每逢佳節倍思親之外,家族團圓時,也是檢視一年來經濟成就的時機,這歸鄉的心理焦慮,正是「家庭主義」輻射出來的結果。經濟全球化的當代,「儒家倫理」創造的「心理焦慮」,再也和「天命」、過去權威、與「地位倫理」等「傳統主義」無關了,而是為了養家活口,創造未來而「入世禁欲」。「孝」作為一種元德,支撐的不再是為了中華帝國的鞏固,而是家庭或家族企業的單位綿延,這是「儒家倫理」的當代發展。「儒家倫理」吸收了資本主義理性的經濟組織型態,取代了「新教倫理」的個人化焦慮,創造一種集體的經濟能動性。這個「經濟倫理」與「經濟組織」的有機結合,如韋伯所說:「表面上相似的經濟組織形式,與一種極不相同的經濟倫理結合起來,就會按照各自的特點產生出極不相同的歷史作用」(Weber, 1995)。就華人而言,當資本主義的理性會計與經營管理的「經濟組織」不再是問題後,「儒家倫理」的「家庭主義」的企業結合運作,反而「產生出極不相同的歷史作用」,就是 1970 年代「亞洲四小龍」的經濟奇蹟,與二十世紀中葉的中國經濟成就。

「儒家倫理」的相關元素,「祖先祭祀」的內涵,也並不是只有祭祀祖先這樣簡單而已,還包括對於家族宗教信仰的共同崇拜。華人家庭最為常見的,在家的西方方位設置神壇,所供奉的除了祖先牌位之外,還包括佛像、道像、媽祖或三太子等民間信仰神祇,它們同時存在於華人信仰的廟宮之中。同樣的,在和現代資本主義與經濟組織結合後,「祖先祭祀」的封建傳統意涵淡化，反而是產生一種極具「功能神」意義的作用，負擔著確保經濟行為的安全性的功能。所以圖 6.5 所看到的，是「家庭」的成員和「諸神和宗教的理念」，而非像「新教倫理」的個人和單一神祇，基督的關係。所以很清楚的是，「儒家倫理」的作用單位是家庭，而「新教倫理」是個人；「儒家倫理」的神是複數的神，「新教倫理」是單數的神。但不管神是單數還是複數，其所起的促進資本積累的心理焦慮是一樣的；作為資本主義的精神，就「新教倫理」而言，是入世禁欲，為了榮耀上帝；就「儒家倫理」而言，是節儉實用，為了養家活口，光宗耀祖。

儒家倫理的經濟行為的最佳承載就是「家族企業」，這也是萊丁書中的實證研究對象，在經濟全球化的當代，姑不論其實踐上的諸多缺點：如前述的中小規模企業、不信任外人與個體主義，其特點在於一種「新教倫理」欠缺的反饋機制。如圖 6.5 所示，不論賺錢或賠本，「求神問卜」成為華人經濟圈的行為後果的必然回饋動作。生意經營賠本，會動搖養家活口的倫理責任，因此心理焦慮加大，因此「問神」成為抒解命運的懷疑或焦慮的重要反饋途徑，以便重拾家庭的重擔的幸福；生意經營賺錢，部分來自努力，部分來自於好運道、好風水、好庇佑，因此「謝神」、「還願」成為另一種圖 6.5 中的反饋機制。這個反饋機制，在新教倫理基本上看不見，因為喀爾文派理解的神意幽微不可知，其揀選是神祕的過程，人惶恐工作，為了找尋被揀選的徵兆都還來不及，枉論回頭詢問神的旨意。因此，儒家倫理所具備的反饋機制，就成為中華資本主義精神的一大特色。

肆　與全球化結合的「儒家倫理」

我們以比較的經濟社會學觀點，研究「新教倫理」與「儒家倫理」作為一種「經濟倫理」，在資本主義資本積累的過程所扮演的角色。韋伯嘗言「表面上相似的經濟組織形式，與一種極不相同的經濟倫理結合起來，就會按照各自的特點產生出極不相同的歷史作用」(Weber, 1995)。「新教倫理」與「儒家倫理」和資本主義經濟組織結合，產生怎樣不同的歷史作用呢？韋伯的「新教倫理」說明了和十九世紀資本主義精神的一個可能的選擇性親和；而二十世紀經濟全球化，「理性化的經濟生活」早已是一般的常態，「儒家倫理」雖源遠流長經歷千年，也造成了價值與內容上的斷裂，如家父長制等。但是本書指出，其核心的「家庭主義」及其衍生出來的價值觀：孝順、不信任感、祖先祭祀等，均形構了經濟全球化的當代華人節儉儲蓄、入世實用的經濟行為的倫理基礎。在吸收資本主義現代的管理經營形式後，「儒家倫理」的核心價值的當代再結構，產生獨特的歷史作用，華人因而能在二十一世紀的全球競爭時代屹立不搖的重要原因之一。

相對於「新教倫理」，「儒家倫理」也擁有必須累積資本的心理焦慮，但不是來自於對於神的旨意的猜測、「一輩子行善」的壓力或「預選」的恐懼，而是來自於養家活口的家庭維持壓力，「儒家倫理」的這個壓力，不同於「新教倫理」一樣壓抑在日常生活的內心，而有一種反饋的過程，經由「求神問卜」解讀諸神的宗教理念，藉以得到心靈的慰藉，以便再出發。瞬息調整的全球經濟時代，表面上看起來「面對面」的貿易成為過時，但事實上，如莎森 (Sassen, 1991) 所言，全球化會落實在真實的領土上。全球化的讓資本、資訊、人員、商品的跨越疆界的活動，是一種權力的新地理，經濟全球化展現的是經濟活動是「空間上的離散和全球的整合」。離散在全球各地的是分公司與工廠；整合的是坐落在「全球城市」的總部指揮系統。「全球城市」的思考，除了電子空間高速傳輸經濟活動的運用外，也重拾「面對面」與「地方」的需求。以「家庭」為單位的「儒家倫理」，以「集體」的力量，展現城市之中的經濟活動，相對於「個人」，是相當有利的倫理基礎。

當然，誠如韋伯所言，「經濟倫理不是經濟組織形式的簡單的『因變量』，同樣，經濟倫理也不是反過來從自己的一方去塑造經濟組織形式」，徒有「儒家倫理」不足以開創全球資本主義的市場，面對「跨界流動與高度相互依賴的資本、貿易與技術」的新世界，我們除了學習資本主義的法治與效率管理之外，如何建立全球經濟網絡，進一步善用網際網路與資訊社會的虛擬與真實介面的操作，將「儒家倫理」式家族企業提升至跨國企業的規模，這些都是我們建議未來值得思考與具體實踐時的關鍵。

第三節 小 結

本章從歷史向度探究了文化，媒體與政治控制意涵，包括流行音樂的殖民歷史影響，和宗教的比較倫理，討論全球化歷程下的文化一方面是超越國際化的，不只是國與國之間的關係，尚包括個人與跨國的層次；另一方面文化也並非由單一意識型態所支配。我們於是可以看到臺灣流行音樂的軌跡，因為日本殖民與國民政府的政權轉移，為了政治控制和音樂人主體間的「隱蔽知識」情境定義作用，不只是日本與臺灣，更是個人如寶島歌后紀露霞的跨國層次的吸納各家之長，維持自己特色地造就了 1960 年代臺灣歌謠非凡的混血歌傳唱的顛峰狀態。而經由大眾傳播的傳統的或科技媒體所傳輸的象徵形式，也於歷史演進中產生很大的變化。過去音樂載體為收音機的 1960 年代所著重演唱的實力與唱腔，逐漸為當代的重視電視中的形象與動感身體意象所取代。「大眾文化」，在討論文化工業對於「個性—普遍」的影響，阿多諾等認為個性就是一種幻象，這不僅僅是因為生產方式已經被標準化。個人只有與普遍性完全達成一致時，才能獲得容忍，才是沒有問題的。虛假的個性就是流行。個性不過是普遍性的權力為偶然發生的細節印上的標籤，只有這樣它才能接受這樣的權力。虛假個性是理解悲劇和消除悲劇影響的前提：由於個人已經不再是他們自己了，他們只是普遍化趨勢匯聚的焦點，只有這樣，他們才能整個或全部轉化為普遍性。正是通過這種方式，大眾文化揭露了所謂資產階級「個性」的虛假特徵 (Horkheimer and Adorno, 1990)。阿多諾等揭露了文化工業下的個性的虛假性，以文化是一種充滿矛盾的商品作為論證終結。現在文化完全遵循交換規律，以至於它不再可以交換；文化被盲目地使用，以至於它再也不能使用了。總而言之，阿多諾和霍克海默使用「文化工業」一詞是因其反大眾的意涵而被選用的 (Adorno, 1989)。批判理論反對大眾文化，不是因為它是民主的，而恰恰是因它的不民主。「大眾」文化的觀念是意識型態的，文化工業支配著一種非自然的，異化的，假的文化而不是真實的東西。但就當代觀察，我們看到文化與媒體交織的結果，是其生產形象 (images) 多於理念 (ideas)，形象對人的意義較歧異、多元且超載，這是一個社會走入分眾，去中心和拼貼流動無規則的後現代社會的文化徵兆。即使最為深入人心且具備有神聖／世俗二分的宗教，我們也發現其倫理本身的文化，政治與經濟間的糾葛，於全球化下也逐漸產生了質變，這種質變是韋伯經濟倫理與資本主義的東方命題，一種差異化的思考顯得非常重要。

或許對於未來的文化想像應該是個「想像世界體」。阿帕杜萊 (Arjun Appadurai, 1991) 稱這個流動且無規則的世界為「想像世界體」(imagined world)，是由五種全球文化流動所構成的：⑴人 (ethnoscapes)：觀光客、移民、難民、離鄉背井者、外籍工作者；⑵資訊 (technoscapes)：各種高科技、低科技、機械的與資訊的科技；⑶資本 (fiannscapes)：貨幣、股票及商品的交換；⑷電子娛樂 (mediascapes)：形象的生產與傳播及其衍生物；和⑸理念 (ideascapes)：與形象相連結的意識型態或反對運動等。這論點涉及去疆界化 (de-territorialization) 是空間地景的特徵，和媒體逐漸增加其文化重要性，而理念重要性漸減。在後現代的當代文化意謂著媒體景觀 (mediascape) 是全球的或至少是跨國界的，不只要考慮生產的全球化歷程，也須顧及觀眾接收文化產品的環境。對當代人而言，這些均打開一個方興未艾的值得探索的文化旅程。

參考書目

1. 三重市公所，《三重唱片行、戲院、影歌星史》，臺北：三重市公所，2007。
2. 石計生，〈東方經濟如何可能？對萊丁 (G. Redding)《中華資本主義的精神》一書的批評〉，《東吳社會學報》，9: 179–196，2000。
3. 石計生，《社會學理論——從古典到當代之後》，臺北：三民，2006。
4. 石計生，〈社會環境中的感覺建構——「寶島歌后」紀露霞歌謠演唱史與臺灣民歌之研究〉，《北京大學社會學報》(已接受，出版中)，2009。
5. 吉見俊哉，〈1930 年代のコロニアル・モダニティとメディア〉，收於吳密察等編，《記憶する臺灣：帝國との相剋》，東京：東京大學，2005。
6. 朱國宏主編，《經濟社會學》，上海：復旦大學，1999。
7. 余英時，《從價值系統看中國文化的現代意義——中國文化與現代生活總論》，臺北：時報，1984。
8. 呂訴上，《臺灣電影戲劇史》，臺北：銀華，1961。
9. 李坤望主編，《經濟全球化：過程、趨勢與對策》，北京：經濟科學，2000。
10. 李政亮，〈1930 年代臺灣的通俗空間與東京、上海〉，《文化研究月報》第 89 期，2009。
11. 林端，《儒家倫理與法律文化》，臺北：巨流，1994。
12. 洪雅文譯，〈電影與演劇：相關從業人員座談會〉，收錄於張昌彥、李道明主編，《紀錄臺灣：臺灣紀錄片研究書目與文獻選集（上)》，臺北：財團法人國家電影圖書館，2000。
13. 徐復觀，《中國思想史論集》，臺北：臺灣學生，1974。
14. 張德勝，《儒家倫理與秩序情結》，臺北：巨流，1991。
15. 郭麗娟，《寶島歌聲之壹》，臺北：玉山社，2005。
16. 陳嘉文，《1970 年代臺灣「現代民歌」的發展與變遷》，國立臺灣師範大學音樂研究所碩士論文，2004。
17. 楊君實，〈儒家倫理，韋伯命題與意識型態〉，收錄於《儒家倫理與經濟發展》，臺北：允晨，1989。

18. 葉龍彥，《臺灣唱片相思起》，臺北：博揚，2001。
19. 劉季雲，《論校園民歌之發展從民歌運動到文化工業》，國立成功大學藝術研究所碩士論文，1997。
20. 蕭欣義，〈儒家思想對於經濟發展能夠貢獻什麼?〉，收錄於《儒家倫理與經濟發展》，臺北：允晨，1989。
21. 錢穆，《雙溪讀語》，臺北：學生，1985。
22. 譚若冰，〈流行音樂〉，收錄於《音樂學術的歷史軌跡》，上海：上海音樂學院，2006。
23. 顧忠華，《韋伯學說新探》，臺北：唐山，1992。
24. A. F. Jones 著，宋偉航譯，《留聲中國，摩登音樂文化的形成》，臺北：臺灣商務，2004。
25. A. Giddens 著，簡惠美譯，《資本主義與現代社會理論：馬克思．涂爾幹．韋伯》，臺北：遠流，1994。
26. A. Smith 著，張漢裕譯，《國富論》，臺北：臺灣銀行，1981。
27. E. H. Erikson 著，康綠島譯，《青年路德》，臺北：遠流，1989。
28. E. Toreltsch 著，戴盛虞等譯，《基督教社會思想史》，香港：基督教文藝，1968。
29. J. A. Schumpeter 著，王作榮譯，《經濟分析史》，臺北：臺灣銀行，1978。
30. J. Calvin 著，徐慶譽譯，《基督教要義》，香港：基督文藝會，1970。
31. M. Horkheimer and T. W. Adorno 著，洪配郁、藺月峰譯，《啟蒙辯證法（哲學片斷）》，重慶：重慶，1990。
32. M. Luther 著，徐慶譽等譯，《路德選集》，香港：基督教文藝，1968。
33. M. Weber 著，王容芬譯，《儒教與道教》，北京：商務，2002。
34. M. Weber 著，黃曉京等譯，《新教倫理與資本主義精神》，臺北：唐山，1987。
35. R. Aron 著，齊力等譯，《近代西方社會思想家》，臺北：聯經，1987。
36. A. Appadurai: Global Ethnoscapes: Notes and Queries for a Transnational

Anthropology, In: *Recapturing Anthropology: Working in the Present*, Richard G. Fox ed., pp. 191–210, Santa Fe, New Mexico: School of American Research Press, 1991.

37. C. Trigilia: *Economic Sociology, State, Market, and Society in Modern Capitalism*, London: Blackwell Publishing, 2002.
38. E. Durkheim: *The Elementary Forms of Religious Life :a Study in Religious Sociology*, Lodon:George Allen & Unwin Press, 1926.
39. G. Poggi: *Calvinism and the Capitalist Spirit:Max Weber's Protestant Ethic*, London:Macmillan, 1982.
40. M. Allor: Power Viewing: A Glance at Pervasion in the Postmodern Perplex, In: *The Audience and Its Landscape*, Edited by James Hay, Lawrence Grossberg, Ellen Wartella, Boulder, Colo.: Westview Press, 1996.
41. M. Weber: *The Social Psychology of the World Religions*. H. H. Gerth and C. W. Mills(eds. and trans.), New York:Oxford University Press, 1958.
42. M. Weber: *The Protestant Ethic and the Spirit of Capitalism*, London: Allen & Unwin Ltd., 1978.
43. P. Abrams: *Historical Sociology*. England, Somereset: New York: Open Books, 1982.
44. R. J. Holton, & Turner Bryan S.: *Max Weber on Economy and Society*, London; New York: Routledge, 1989.
45. R. Williams: *Marxism and Literature*, Oxford:Oxford University Press, 1977.
46. R. W. Green(ed.): *Protestantism, Capitalism, and Social Science*: *the Weber Thesis Controversy*, Lexington, 1973.
47. S. G. Redding: *The Spirit of Chinese Capitalism*, NY: Walter de Gruyter Press, 1993.
48. S. Sassen: *The Global City*, Princeton University Press, 1991.

49. W. Schluchter:Weber, Sociology of Rationalism and Typology of religious Rejection of the World . In:S. Lash and S. Whimster(ed.): *Max Weber, Rationality and Modernity*, Lodon:Allen& Unwin, 1987.

名詞解釋

文化 (culture)

人作為社會成員所獲得的整體，包含知識、語言、信仰、道德、法律、風俗、價值、規範、藝術以及其他的能力與習慣等，是人們生存意義與生活方式的總和。

主流文化 (main culture)

相對於次文化，是指一個社會當中，被多數人所接受、認同的價值和信念的文化，其本身所傳遞出的價值多半就是規範本身。

大眾文化 (mass culture)

是指工業社會廣泛流傳的為大眾所接受與消費的文化。大眾文化具有以下特徵：(1)通俗易懂，為廣大群眾所喜愛；(2)不追求美學價值但流行甚廣，擁有眾多的欣賞者（聽眾、觀眾和讀者等）；(3)具有商品化傾向，以娛樂為目的；(4)在一定程度上反映了社會各階層的價值觀，具有共享的作用。大眾文化是隨著工業化、都市化的發展而產生。一般認為，勞動生產率的提高所提供的較多閒暇時間、教育普及以及廣播、電視和印刷業等傳播技術的發展是大眾文化產生和發展的重要原因。有些社會學家則對大眾文化提出異議；例如，法蘭克福學派認為大眾文化是淺薄的、商品化的和消極的文化現象。

精緻文化 (elite culture)

相對於大眾文化，屬於上層階級的文化，是精英等知識分子所追尋賦有生命價值與意義的文化。

次文化 (subculture)

相對於主流文化之外。是在一個社會當中，針對特定團體成員的思想、價值、觀點等生活方式，明顯不同於主流的文化，即稱為次文化，但它的產生也是伴隨著主流文化形成，並對於社會有促進文化變遷的動力。

隱蔽知識 (hidden knowledge)

它可以是權力擁有者的一種迂迴的統治設計，也可以是音樂人的轉進的自我創造意識的表達，兩者在不同歷史與社會的「情境定義」中調整，活動著。在音樂社會學方面，「隱蔽知識」可被視為音樂的配合政治權力設局演出且隱蔽其真正意圖；而其引發的「隱蔽實踐」則是在調整、揣摩主流音樂語言的過程中馴服成為其中之一，或者堅持原意而退居其外另覓出路。這種「隱蔽知識／實踐」存在於不論是歌謠民歌或是「音樂人」演唱生命史中。

文化工業 (cultural industry)

指按照統一的模式，成批地進行文化傳播物的生產的體制。它主要包括本世紀最為流行的電影、廣播、書報出版物等大眾傳播媒介所負載的文化藝術作品的生產製作體制。

多元文化主義 (multi-culturism)

破除一元文化的發展，以尊重並接受文化多樣性的產出，並鼓勵各種文化不受限制的朝向多元、自由的方向發展。

媒體 (media)

是一種傳播資訊的管道，將資訊在最短的時間內傳播給社會大眾知道，此過程需具備傳遞訊息的一方與接收訊息的一方。媒體包含報紙、電視、雜誌、網路、廣播等。

平面媒體 (print media)

訊息傳遞的方式是透過平面印刷的媒介，也就是運用視覺呈現出來，像是報紙、雜誌、廣告、宣傳單等傳遞出圖片、文字等資訊，使個人或群眾瞭解。

大眾媒體 (mass media)

能夠在短時間內將訊息傳達給散布在不同地方的社會大眾，具備這樣功能的媒介稱為大眾媒體。大眾媒體包括文字媒體以及電子媒體等。

媒體識讀 (media literacy)

一種認識、解讀、批判媒體的能力，教導個人在接受媒體資訊的同時，必須具備思考力與批判力，以瞭解訊息內容傳遞的真實性與正當性，而個人不單只是一味的接收媒體，最終也要學會判斷、分析及使用媒體。

大眾社會 (mass society)

相當數量的人口受到大眾傳播媒體所操控的社會。

媒介迴路（或稱媒體迴路）(media loop)

最初是以都市作為流行的環境，其流傳形式包括電影歌曲→樂譜集結成歌集或電影雜誌→錄製成唱片電臺演唱或播放→然後由舞廳歌廳的歌女獻唱，這樣當時嶄新的媒介迴路是上海商業媒介文化孕育明星制度的基石。

宗教 (religion)

屬神聖的事物，是人們對神靈信仰的核心，其儀式活動提供人心靈的慰藉以獲得歸屬感與認同感，並解答人存活的意義，以維持社會之穩定和諧。

宗教改革 (religious reform)

十六世紀初期（1517 年）於德國展開。首先由路德提出，對於教皇下令天主教各國販售贖罪券之事的反對，表達對教會斂財之不滿，進而展開他的宗教改革，並成立路德教派。影響日後宗教改革者的持續發難，像是喀爾文教派等。

第七章
社會問題與社會運動

社會變遷裡的社會問題

- 社會變遷的傳統與當代
- 偏差與犯罪之辨
- 社會問題理論
- 時空壓縮下的社會問題：青少年網路色情沉迷

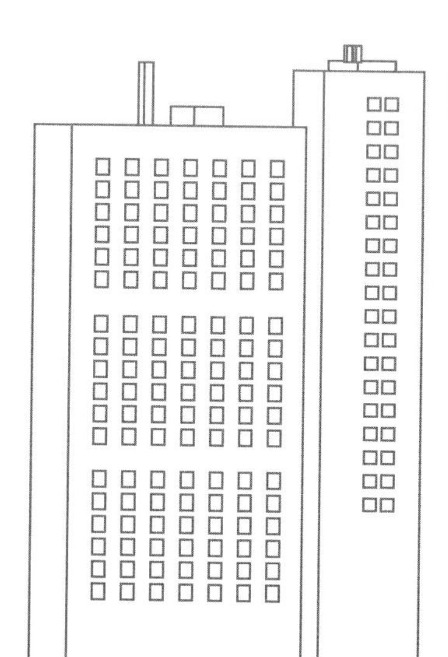

社會運動：理論與實例探究

- 古典理論
- 資源動員論
- 政治過程論
- 臺灣社會發展與社會運動

第一節　社會變遷裡的社會問題

壹 社會變遷的傳統與當代

二十一世紀人們常用的網路查詢工具之一的「維基百科」(Wikipedia, the free encyclopedia)，曾廣義定義**社會變遷** (social change) 為一切社會現象的變化，是從個人以至人類整體各個層次上社會現象的改變：狹義的社會變遷則指社會結構的變化，例如人際交往由一種模式轉向另一種模式，或者社會基本價值的變化。社會變遷的研究對象既包括社會變化的過程，也包括社會變化的結果。社會變遷是一個不斷發生的現象集合，它在現代社會表現得越發強烈。正是對社會變遷的好奇與探索促進了現代社會學的發展。關於社會變遷的因素包括有環境、科技、人口、價值規範，而以下將從社會變遷的因素作更詳盡的補充。社會變遷是由許多因素相互關連所造成的，其為錯綜複雜，並非單一因素所造成的，但是其卻有可能因為一個人的決定而造成，例如秦始皇的統一度量衡與文字，對於後世人們的影響甚巨；也有可能因為自然環境因素所造成，例如礦產的發現，引發開礦的人潮，進而形成都市，例如基隆的金瓜石。然而為了實際分類上的需要，傳統解釋社會變遷的種種因素按其性質可以歸類為「工藝技術」、「意識價值」、「競爭與衝突」、「政治」、「經濟」、「社會結構」六大項 (蔡文輝，1995)。但從當代對於網路社會或後現代社會崛起的反思中，讓我們再回到本書第一章第二節提過的哈維 (David Harvey) 從時空壓縮論 (time-space compression) 解釋社會變遷。哈維在其《後現代的狀況：對文化變遷之緣起的探究》(*The Condition of Postmodernity: An Enquiry into the Origins of Cultural Change*)[1] 書中提出著名的時空壓縮論點。從馬克思 (Karl Marx) 歷

[1] 就理論層次上而言，我們認為 condition 應翻譯為「條件」而非「狀況」。哈維在本書中的論述邏輯，是從馬克思主義的歷史唯物論角度，去看「上層建築」的後現代文化變遷，如何受到「下層建築」的經濟結構等物質條件變化的影響。

史唯物論出發，並將之放在當代全球化的架構下，探究作為社會力量資源的時間與空間怎樣因為「下層建築」經濟結構的物質條件變化而排除障礙產生了後現代文化（關於時空壓縮及其文化影響請見圖 1.2）。

後現代文化中，其物質差異常導致**數位落差** (digital divide)，那是因資訊科技的進步，引發出國際間、社會間、族群間、個人間的資源分配及使用不平等的差距。現代電腦和網路技術的高度發展，使得取得使用資格與否，決定了經濟、產業、文化、教育、交通等整體發展的可能，因此，與發展緩慢的國家、社會、族群、個人間的差距越來越大，這樣的現象稱為數位差距。空間上的差異，加上如之前所述，「時空壓縮」作為解釋當代後現代文化現象的條件，是因為這個詞語標示著「資本主義的歷史具有在生活步伐上加速的特徵，同時又克服空間的各種障礙，以致世界有時顯得內在地朝向我們崩潰了。」這樣被加速時間所消滅的空間的「時空壓縮」，是伴隨著當代資本主義新的組織形式、科學技術所建立的可以跨越疆界迅速移動的物質條件而達成。如日常生活的交通工具，從馬車（1500–1840 年)、蒸汽機的鐵路（1850–1930 年)、螺旋槳飛機（1950 年）到噴氣式飛機（1960 年後）的加速度全球的人員、商品、資本、資訊、價值和行為模式的交換與消費，使得原本因為移動困難而感覺很大的地球空間，逐漸縮小了。哈維認為經由無線電、電話、X 光、電影、汽車和飛機等等的「時空壓縮」，正是資本主義征服空間重新激起增長的規劃，並為文化上體驗與思索時間與空間的各種新方式建立了物質基礎。「隨著空間的崩潰，出現了取代日常禱告的報紙、鐵路和電報，結果，把單個有個性的靈魂中極其不同的眾多興趣集中化，這意味著個人現在必須變得非常強壯且變化多端」堅守不住這「非常強壯且變化多端」的現代性個人的人，就注定要落入後現代的文化狀況：感覺爆炸、玩世不恭、價值變易、空間短暫和時尚的超載感等。哈維的「時空壓縮」論點看清了時代轉換中的當代空間意涵，亦即，過去各種城市空間仍可以作為各種社會功能的附帶現象而出場，但是全球化的

這點，是完全與他的論敵李歐塔 (Jean-Francois Lyotard) 的「後現代狀況」(the postmodern condition)——強調上層建築的文化變遷的作用大相逕庭也。

「後現代」世界，則「傾向於根據自己的對於各種功能的依賴而脫離都市空間，並把它看為是一個自主的形式系統。」當我們越抽出能力意欲抓住周圍的現實時，在壓力之下，卻越來越難以對各種事物做出準確的反應。

在這樣時空壓縮的當代社會變遷理解下，堅守不住這「非常強壯且變化多端」的現代性個人的人，就畢竟要落入後現代的文化狀況：感覺爆炸、玩世不恭、價值變易、空間短暫和時尚的超載感等。則其產生的社會問題 (social problem) 的複雜性與多樣性因此就與傳統有所不同，雖然偏差行為的定義可能還是一樣的，都是對於某些規範的違犯。

基本上，違反規範的行為就是**偏差行為** (deviance)(Stark, 1988)。一般說來，偏差的定義亦有很廣泛的意涵，基本上，就是指當行為違反了規範便稱這種行為為偏差，由此不難知道，偏差在各個社會的定義是大不相同的，因為在每一個社會當中所有規範也有其不同之處，所以偏差行為的界定也會隨之有所差異，例如：在阿拉伯回教社會裡，男性可以一夫多妻；但是在基督宗教的社會裡卻是偏差的行為，因為在基督教裡一夫多妻是違反他們的社會規範的，在基督教社會裡只允許一夫一妻制，甚至於在某一些教派裡，連離婚都有可能是一種違反規範的行為，因此可見偏差是會隨著社會和文化的不同而有所差別。既然已經知道偏差所指涉的是違反社會規範，在這裡順帶提到犯罪的定義，所謂**犯罪** (crime) 所指涉的就是違法的行為，像是強盜、偷竊、攻擊、謀殺、散播網路謠言進行毀謗等行為均屬之，違法指的就是違反社會當中法律制定，一般說來，法律就是規範和價值的最低限度和界線，當行為構成了犯罪之後，必定也違反了規範。

貳 偏差與犯罪之辨

簡單舉例來說，在課堂當中睡覺是一種偏差行為卻不見得是違法的行為；而搶取他人財貨、殺害他人的性命就是一件既嚴重違反規範也違反法律規定的行為，由此得知，犯罪行為和偏差行為是有程度上的區別的，犯罪是更甚於偏差的行為失當，在處理方面，偏差的處理方式可以用非正式的社會控制來約束和改正，像是規勸或是輔導就是，不見得一定要使用到正式的社會控制（好比說是監獄，就是一種正式的社會控制），就有可能導正行為錯誤；而犯罪則是因為已經違反了法律的規定，必須依據正式的社會控制的方法，像是進入監獄或是審判死刑，依其違反法律情節重大與否來判定。偏差與犯罪兩者的比較如下：

表 7.1　偏差與犯罪比較

	違反法律	違反規範	處理的社會控制	例　子
偏　差	不一定	有	非正式的社會控制或是正式的社會控制	上課打瞌睡、隨地亂丟垃圾、說謊騙人、沉迷網路色情
犯　罪	有	有	正式的社會控制	販毒、搶劫、偷竊、謀殺、毀謗、詐欺、網路毀謗、網路詐騙、網路約會強暴

一般來說，要探索偏差的行為的成因和遏止的研究以及理論相當的多，以下將先舉「社會結構與脫序」研究，再舉另一個理論——標籤理論(labeling theory)。這些理論是關於偏差行為的類型或是否會因為外在的因素而有所強化其行為的理論。

參　社會問題理論

莫頓 (Robert K. Merton) 針對「社會結構與脫序」(social structure and anomie) 的實證研究成果，也成為他的「中程理論」、功能主義理論的代表性典範。構成這樣研究的問題意識，當然一眼就可以看出來和本書前面所介紹過的涂爾幹 (Emile Durkheim) 的討論自殺與「脫序」(anomie) 觀點有關。涂爾幹所談論的「脫序」，如前所述，是和社會結構出人意料的或長期的改變所造成的社會凝聚力喪失，而使得人產生違反社會規範的行為；莫頓則擴張了涂爾幹的概念，指出人的社會偏差行為是文化與社會結構「不整合」(malintegration) 的結果。由此可知，莫頓研究的基礎是區分文化與社會結構：「文化」提供給人們規範的指導，而「社會結構」則涉及一套有組織結構的社會關係。「文化」告訴我們所該嚮往的目標為何，而它們在「社會結構」中起作用這個事實必包含不同的機會與機制。莫頓認為，這個機制包括兩個方面：一方面，是構成特殊文化核心的終極價值；另一方面，是用以達到這些目標的合法手段。所謂的「脫序」就是終極價值與合法手段的矛盾狀態。莫頓認為，而對於人用以調適這種「脫序」狀態的方式，就構成表 7.2 著名的功能分類 (Merton, 1968: 194)：

表 7.2　社會結構與脫序功能分類

適應模式 (modes of adaptation)	文化目標	制度化手段
順從 (conformity)	+	+
創新 (innovation)	+	−
儀式主義 (ritualism)	−	+
逃避 (retreatism)	−	−
反叛 (rebellion)	+ 或 −	+ 或 −

在表 7.2 中，我們發現，莫頓暗中追隨涂爾幹的集體意識與人的行動的結構關係區別，而認為「最重要的問題在於社會系統中的整合或均衡，是介於文化目標與為達成這個目標的結構性管道。」這個「結構性管道」有五種可能（石計生，2006），分別為「順從」(conformity)、「創新」(innovation)、「儀式主義」(ritualism) 和「反叛」(rebellion)。「順從」指的是以制度化的手段追求文化目標的社會行動，這不免讓人想起帕森思 (Talcott Parsons) 的「單位行動」——包含在一個目的，和規範與價值塑造行動者達到目的的手段的選擇的行動——莫頓其實也是以帕森思所強調價值共識所導引的行動類型為分類基準，當個人的行動順從文化的約束時，就能滿足目標的追求，而使得文化目的與結構手段呈現「整合」現象，這是莫頓所謂的「均衡」狀態；但是當「不均衡」狀態出現時，莫頓也從中看出一些帕森思看不到的新的變化：如用不合制度常軌的手段達到文化的目標的「創新」的社會行動；或如降低對於文化目標的追求，但是事實上已經接受了制度化

的行事方式的「儀式主義」；或像當追求文化價值的目標和手段都被否定時，人就從現實社會採取「逃避」的行動；或如當人們尋求改變文化目標與達到目標的制度化手段時，「反叛」的行動就產生了。基本上，莫頓認為這種目標與手段間的平衡的消失所產生的「不整合」或「不均衡」：行動者心理上拒絕或懷疑以合法手段追求文化目標的可能，或連目標都加以否定地消極從社會撤退或積極追求新的文化價值，這些新的類型就是涂爾幹所謂的「脫序」的具體社會行動展現。這些「無規範」的「偏差」行為，對於社會整合而言，需從「影響淨平衡」的角度清算「正功能」與「反功能」的綜合作用。如「創新」的社會行動，雖然手段不合乎制度常軌，會有解構系統的「反功能」的效果，但是也有可能具備有「正功能」，如帕森思所言，能夠使得社會系統達到「適應提升」(adaptive upgrading) 的效果，綜合而言，其「影響淨平衡」是好的。相對來說，莫頓的功能分析就對「反叛」的社會行動有所保留，這種連文化目標都加以否定的非法行動，顯然其「影響淨平衡」，對於和他的老師帕森思同樣強調社會整合的莫頓而言，是「反功能」多於「正功能」的，對系統維持不利。至於「儀式主義」和「逃避」的偏差行為，代表著適應上的不良，心理上的焦慮造成社會行動上的偏離，以消極的方式生活，對社會整合而言，是絕對的「反功能」。

而標籤理論是指關於偏差像是一個類似連鎖反應的行為，當行為者在初犯了偏差行為時，在被社會中的他人貼上此人犯有偏差行為的標籤後，不但沒有改善行為，反而還繼續做出違反規範的行為 (Stark, 1988)，此即為標籤理論所指的效果。這裡有兩個相關的概念，就是初級偏差 (primary deviance) 以及次級偏差 (secondary deviance)。

初級偏差的定義為在標籤理論當中，一個導致被貼上標籤的偏差行為就是初級偏差；次級偏差的定義為一個因為犯了偏差行為而被他人貼上不好的標籤之後，反而對此不良的標籤有所反應，並且繼續持續這樣的偏差行為，這種因為他人貼標籤持續的偏差行為就叫做**次級偏差** (Stark, 1988)。例如：當一個人第一次違反規範的時候，人們會給此人貼上標籤，這些標籤例如是：胖子、髒鬼、懶惰等，舉例來說：當一個人第一次隨地吐痰被發現，人們可能會稱此人為髒鬼，而此人的偏差行為就稱「初級偏差」，而稱此人為髒鬼的動作就叫做貼上標籤 (labeling)，當人們給這個人貼上「髒鬼」的標籤之後，此人很有可能因為人們給他貼上的標籤而有了「越是說我違反規範，越是要做違反規範的行為給人家看」的心態，因此就繼續行使吐痰這個偏差行為，當此人因為被貼上標籤而繼續吐痰的行為，標籤理論將其定義為「次級偏差」，在標籤理論當中指出，次級偏差的行為是初級偏差行為的延續，藉由貼標籤的動作反而使得這樣偏差行為繼續行使。

因為，在貼上標籤稱某人為「髒鬼」、「酒鬼」，會使得這個人身邊的人也這樣去認識他，對他產生相同的觀感，使得此人在尚未和他人互動之前，就破壞了此人的人際關係，使其人際關係受到限制，或者，使他人在與此人互動之時，便以這樣的形象來和他互動，讓他原本可以改過的機會又變得更加得少，加上當他人將此人貼上酒鬼、髒鬼的標籤之際，便使得此人在對於自我認知的概念上受到影響，使此人對自我的認知上也認同了這樣的觀感，或甚至於有了錯誤的自我認同，於是落入了行使偏差行為的連鎖反應裡不停的重複，因為貼了標籤反而變成「一不做，二不休」的思考。

概念辭典

＊汙名化 (stigmatization)

貼標籤與汙名化有關。汙名化是一種對他人命名的行動。對於特定對象之個人的容貌體態、人格品性等方面貼上負面標籤，使大眾一旦聯想到他們即產生不好的刻板印象，因而歧視、瞧不起、醜化他們。

偏差行為區分為初級偏差與次級偏差，指的是行為上的順序，而不見得是程度上的差別。當然，有些次級偏差和初級偏差行為之間的確有著強弱的關係，不過在這裡並不討論這個部分。貼標籤這個動作是人們日常生活當中，一個很常見的行為，但是在偏差行為當中，人們給他人貼上標籤的動作，往往會使得被貼標籤的人似乎沒有機會讓自己從違反規範中導正回來，當然，在好的習慣方面，要是特定替某學生貼上好的標籤，也有資料發現的確是可以讓學生持續某一件良好的行為，因此，貼標籤這個動作，是人們必須要在日常生活當中注意的一個行為，或許，可以因為人們的小心使用，而讓偏差的行為較少，減少一些因標籤而繼續延伸的次級偏差。

在現代社會的領域裡，常有一些字詞的組成相當相似，但是在其基本意義上卻不見得是指涉同一個概念，在此，試著將幾個常見的字詞做概念上的區分，如以下這些概念：次級團體、次文化、次級偏差、次文化的偏差等這些概念在字面上都有其相似之處，但是在意義上確有其大不相同的涵義，基本上，這些字的原文也都有不太相同的意義。

表 7.3　次級團體、次級偏差、次文化及次文化的偏差之比較

	次級團體	次級偏差	次文化	次文化的偏差
原　文	secondary group	secondary deviance	subculture	subcultural deviance
對應概念	初級團體 (primary group)	初級偏差 (primary deviance)	主流文化 (main culture)	主流文化 (main culture)
概　念	對應於初級團體，是指團體成員的成員當中，彼此的親密性和歸屬感比較弱，彼此之間也有共同追求的目的和信念，但是在彼此情感層面的需求上，沒有初級團體來得強烈	對應於初級偏差，是指偏差行為因為次級偏差的行為是初級偏差行為的延續，藉由貼標籤的動作反而使得這樣偏差行為繼續下去	相對於主流文化，其他非主流團體的文化，就稱之為次文化	相對於主流文化，次文化的團體成員，因此也會依照次文化團體的模式來行事，但是這些行為在次文化團體的成員是符合規範的，但是相對於主流文化，可能就是違反規範的偏差行為
「次」的用意	意味強弱，這裡的次級指的是親密性情感和歸屬感的強弱，是意為次級團體成員間的情感和歸屬感較初級團體的成員來得弱	意味順序，此次級指的是，因為貼上標籤後，接續在初級偏差之後的偏差行為，次級偏差發生的順序晚於初級偏差	意味著大小，次文化是在社會當中主流文化之下，部分小團體的規範和價值，指的是社會主流文化和次文化團體的大小關係	
例　子	公司同事、學校同學	被標籤為酒鬼的行為偏差者，依舊繼續飲酒過量	嬉皮文化、hip-hop、哈日風、哈韓風	

肆 時空壓縮下的社會問題：青少年網路色情沉迷

網路色情文化突破所有禁忌，現在想看 A 片已經不必再留下租片記錄，各種網路援交、自拍風潮、一夜情等情慾誘惑，更是引導青少年一步步進入虛幻不實的情色風暴，在感官刺激下衍生許多偏差行為與心態，傷害自己也傷害他人。從 1999 年軍史館的高中女生命案的新聞，一位現役軍人因為看了網路色情圖片，轉而對一位完全陌生、身穿校服的高中女生，動了淫念而下此強姦害命的毒手，因為網路色情圖片所引發的殺機，讓社會大眾意識到傳播媒介的濫用，背後帶來嚴重的社會問題。然而仍有層出不窮的網路色情事件發生，且其中不乏名人，例如奧運金牌國手朱木炎於 2005 年 5 月，遭到詐騙集團連續恐嚇勒索取財。起因是朱木炎使用網路上疑似色情內容的網路聊天室，洩漏出自己的真實身分，被瀏覽此網路聊天室的詐騙集團掌握到機會。於是利用網路聊天室裡的線上視訊與派人假冒新聞記者來對朱木炎進行誘騙，之後再露出兇狠原形對他連續恐嚇勒索取財數次，並波及到他家人的生命安全，朱木炎在不堪其擾之下終於報案，此事件才終於曝光，兩個星期以後，臺灣警方逮捕到涉嫌詐騙的數十人，並宣布偵破這起對奧運金牌得獎運動選手恐嚇勒索取財的重大社會治安事件。

網路色情文化，包括：A 片、A 漫、色情書刊雜誌、情色電影、性愛光碟；走「黃色路線」的網站、綜藝節目；套上藝術外衣的寫真集、人體彩繪、內衣秀；黃色笑話、「情色」廣告、手機簡訊、各種人體秀，充斥在我們生活的空間，幾乎把人淹沒。而今日可能存在的家庭教養問題、對網路世界的認識不清，以及男女交往問題或因為不和諧的原生家庭與破裂的親子關係，造成社會價值觀的扭曲，不少青少年在蹺家後選擇以「援交」來滿足物慾。網路的發展不僅將現代人帶往資訊社會的一角，同時也引發了許多社會問題，其中最引人關注的議題莫過於「網路色情」。色情氾濫的問題存在於社會由來已久，從早期的春宮圖到現在的成人光碟，數位化情色媒介充斥於資訊社會中，鮮明了人類文化的「進步」。人們運用傳播科技，將電腦網路作為結合公領域和私領域的橋樑，使用者可以在家匿名遨遊網際之中，色情資訊唾手可得。網路聊天室的匿名互動與性別倒錯 (cross-dressing) 現象，更使得虛擬性愛 (virtual sex) 遊戲顛覆傳統，情感的浮濫，真假虛實之間，令人目眩神迷。「**網路色情**」(network pornography)，是指在網際網路上，公開張貼或散布裸露、猥褻或低俗不雅的文字、圖片、聲音、動畫與性交易等資訊。只要你有辦法連上網路，都可以進入網路世界，正因為網路如公共場合一樣的開放，所以，大部分的網路內容並沒有管制與分級（就如同影片會分限制級、輔導級、普通級）。未成年的青少年或兒童，身心與人格尚未成熟，容易受到不當網路內容的影響，進而影響身心發展。色情問題在現實生活已經有諸多的社會問題和爭議，如今，色情換了舞臺，出現在網路世界中，也成為虛擬世界中一個很嚴重的問題，甚至還可能跟現實生活的色情問題結合，而變成更為嚴重的色情氾濫現象。

網路色情的型態有許多特性，如互動、影音文字具備、即時、匿名、開放、快速傳播等，所以色情就以各種型態出沒在網路上，最普遍的網路色情就是色情圖片（像是 AV 女優照片，另外也有類似蔡依林的頭接 AV 女優身體的合成照片，或是自拍照片），另外也有情色文學、色情聊天室、影像、色情廣告，或是徵求性交易的訊息。網路色情大致有下列這些型態：⑴圖片：這就像一般市面上賣的色情雜誌是一樣的內容，是目前最普遍、最受歡迎的網路色情資訊，只要透過 WWW 瀏覽器（如 IE）、看圖軟體（如 ACDSEE）或是繪圖軟體（如 Photoshop）便可觀賞；⑵影片：就跟早期的 A 片、R 片一樣的東西，只是現在放到網路上去，通常占記憶體容量較大，較不適宜網路播放，但也有些是在網路上播放，通常都是先下載儲存於自家電腦裡，再用播放程式（如 media player 或是 real player）播映；⑶聲音：所占記憶體容量較大，較不適宜網路線上播放，也有可以在網路上直接聽的，不過通常跟著影片一起播出，就像 A 片中的聲音是一樣的道理。利用播放程式（如 media player 或是 winamp）播映就可以；⑷色情文字（學）：色情文字出現在色情文學或線上聊天，和日常生活所見紙本色情小說一樣，包括各種色情故事（絕大部分是虛構）或引人遐想的文字，然而由於網路作者與讀者都可以在網路使用假名或是 ID 讀寫色情文字，具有匿名效果，所以色情文章內容可能就會更為大膽露骨；(5)線上即時互動式情色交談：這是因為網路本身的特質所發展出來的，最著名的就類似一邊聊天一邊脫衣裸露的聊天室，也可以用文字交談，只要在電腦上打出文字就可以顯示在對方的螢幕上，或者利用網路攝影機直接互相傳送聲音影像，因為是即時互動的效果（馬上可以看到兩邊人的表情動作，就像面對面一樣），於是吸引許多人的參與，可以是一對一，或者是一對多人的色情交談，一般可透過 MSN、ICQ、WWW 或是聊天室進行；(6)色情商品廣告：由於網路的便利性，網路交易逐漸普及，網路上販賣各式物品的廣告如雨後春筍般出現，當然亦包括色情光碟或情趣用品的販賣；(7)仲介色情及尋找性伴侶：仲介，顧名思義就是提供交易的聯絡管道，網路色情仲介的業務有包括網路一夜情、網路交友、找尋性伴侶、情侶夫妻聯誼服務等，有些採會員制網站會收取會費，有些則完全免費；另外，網路援交就是透過網路認識，兩方各自約出來發生的性交易行為，不需要另外的介紹人，網路就成為了最佳仲介人。

由上述可知，網路色情的型態的確具有多種形式，色情資訊的種類也是千變萬化，而且這些資訊的表達方式仍在進步和改變。其中，又以網路兒童色情的問題最為嚴重，兒童色情是指以兒童為對象的色情訊息，透過網路散布的就是網路兒童色情。網路因為開放，而且可以大量傳播，變成兒童色情圖片製作者與施虐者尋找獵物的地方，根據美國一個研究顯示：80% 的兒童色情圖片使用者本身就是施虐者。而由經驗我們深知，要遏止網路兒童色情，除了跨國法律的制定和監督之外，政府以及民間團體與組織之間的合作更是刻不容緩的工作。

在哈維所謂的時空壓縮下的社會快速變遷時代，色情不是單獨存在網際網路的特定領域，而是以無所不在的方式，穿透在網際網路中。任何人只要透過著名的搜尋器，輸入特定的色情詞彙，就可進入色情網站。基於社會責任，有人認為色情文化腐蝕人心，造成社會道德低落；就傳播效果而言，色情媒體刺激閱聽人模仿學習偏頗的價值和行為模式。然而，法治社會的謬誤價值，在言論自由不可以任何理由加以侵犯論點下，有人認為查禁色情會對藝術創作有所妨礙；甚至認為藉由網路色情將性慾宣洩，有助社會的安定。是故，網路色情的無遠弗屆，儼然成為一股嶄新的惡勢力。傳統社會對性的約束，可以經由網路的匿名性獲得解脫。人們的性別、年齡、容貌、婚姻狀態等真實社會的角色指標，在虛擬空間的角色扮演中，追求解放的瞬間。束縛已久的情慾，可以透過許多不同方式得到宣洩。佛洛伊德理論中，被壓抑的情慾必須經由改裝，藉著夢境或其他管道始得開展。就目前網路色情的現況，除了互動交談模式外，比起色情影帶及色情電話，甚至真人表演等傳統色情表達，仍遜色不少。但是，以其隱匿性而言，則又是其他媒體所遠不及者。如何避免受到不當色情資訊的負面影響是社會快速發展當下的另一要務。根據既有研究指出：色情與犯罪間沒有必然的關聯，即使彼此相關，也是透過其他變項所造成的虛假關係，不應將兩者間劃個等號。許多強暴犯或性犯罪者被逮捕後，常在其住處找到色情圖片和影帶，導致人們在兩者間建立因果關係。觀看色情圖片和影帶的人很多，但並不代表每個都會是強暴犯；甚至，因為觀看色情資訊，減輕心中壓力，降低犯罪的衝動，反而是防止性暴力的抒解管道。因為網路世界的隱匿性，再加上多媒體的聲光效果應用於電腦科技中，色情圖片、色情動畫、色情線上互動能透過網路的無遠弗屆傳遞到世界每一個角落。

從網路時代的網路色情乃至網路犯罪的新形勢來看，對於新的社會問題的具體面對，各國態度不同。在美國法制對於網路色情的規範方面，1997年6月27日，美國聯邦最高法院在各方矚目下，作出有史以來第一個有關網際網路內容規範的判決，在該案中，聯邦最高法院以七比二的懸殊比數，認定美國國會1996年2月間所通過的傳播通訊法中以規範網際網路內容為目的、通稱為CDA（通訊端正法， Communications Decency Act）的條文違憲。CDA是1996年2月由美國總統柯林頓 (Bill Clinton) 簽署通過，而1997年的此一判決被各方視為網路言論自由的一大勝利，這是美國聯邦最高法院首次針對網際網路此一新興傳播科技發言，這結果也引起很多的討論與迴響。其中最主要的爭議是網路色情究竟是否該受言論自由的保障，以及如何保護未成年人不受網路色情的侵害。亞洲地區則採取比美國較為嚴厲的標準：目前國際上主張以法律管制網路內容的主要有新加坡與大陸兩個國家。新加坡是亞太地區第一個大量過濾檢查網路內容的國家，他們在 1996 年 7 月 15 日通過了「網際網路管理辦法」，辦法中規定網路上活動必須遵守新加坡廣播局所頒發的「網路內容指導原則」(Internet Content Guidelines)。該指導原則第四條禁止網路傳遞有害公共安全與國家安全的內容，第五條則禁止透過網路傳遞有害種族與宗教和諧的內容；第六條禁止網路宣揚傳遞與新加坡道德標準相違的內容，包括色情、性、裸露、暴力、恐怖與同性戀。凡是違反上述規定傳遞禁止內容的網路業者將被廣播局吊銷執照，網友也會受到嚴格的處分。

舉例來說，新加坡一位賴先生上了國際網路瀏覽並下載養眼的色情圖片後，旋即被廣播局追蹤查獲，處以新臺幣約 120 萬元的罰鍰。而中國大陸近幾年來也積極管制網際空間，目的則在於防止有心人士散播不利中國當局的訊息，例如有關色情、天安門學運、法輪功等的網站都被當局所禁止 (可參考新聞：谷歌中國染黃境　外網頁搜尋遭禁)。而臺灣對於網路色情的規範，基本上是採取自由開放的態度，只要是不違反現行法律的規定，基本上政府不會加以干涉；然而也因為如此，臺灣的網路犯罪近幾年來有越來越增加的趨勢，關鍵就在於法令對於網際空間的管制太少，使得網際空間成為犯罪的溫床。面對網際網路的迅速發展，傳統對於偏差行為的規範已無法約束這一新興的複合媒體；在它全面改變人們思維模式、互動規則、人際溝通態度之前，對於其所可能造成的各種影響，我們應多作評估。青少年面對網路色情問題的價值觀就是其中一個值得關注的課題。青少年在接觸色情資訊之後，確實有不慎模仿的可能性存在。然而，禁止並不會使青少年忽視色情的存在，反而只會強化他們私下探索的興趣，甚至繼續以隱晦、骯髒的眼光看待性與色情，更不利於身心的健全發展。若希望青少年能對性有健全的觀念，就不該一味地防止接觸，而是應改以不逃避的正面態度去討論、面對。社會本身、家庭、同儕透過正面而不逃避的導引，不僅能使青少年盡早具備完整的性知識，更可消除不當模仿的可能性。而究竟要「徹底隔絕」，抑或是「正面看待」，更需要由青少年的善惡抉擇、價值判斷能力等角度，加以思索省察。

谷歌中國染黃　境外網頁搜尋遭禁

大陸網路資訊搜尋再因「掃黃」被限縮，針對谷歌網站會搜尋到大量淫穢色情訊息，大陸官方召見「谷歌中國」負責人「喝咖啡」，並宣布暫停谷歌的境外網頁與關鍵詞搜尋業務、以示懲戒，至於恢復時間端視谷歌自我整頓結果，看來中國網民這陣子會很有「中國觀點」。

據「新華社」引述「全國整治網際網路低俗之風辦公室」報導，中國有關部門召見「谷歌中國」網站 (google.cn) 負責人，針對該網站大量傳播淫穢色情內容進行執法談話與宣布處罰措施，暫停該網站境外網頁搜索業務和聯想詞（關鍵詞）搜索業務，並責令其立即進行整改，徹底清理淫穢色情和低俗內容。

報導指出，中國有關部門在執法談話中，嚴肅指出「谷歌中國」網站存在的問題，要求其認真遵守法律法規，切實履行社會責任，採取切實有效的技術和管理措施，嚴格按照中國法律法規的要求，做好淫穢色情內容過濾工作，防止境外網際網路上的淫穢色情信息，「通過該網站傳播到中國境內」。

至於中國官方何時允許「谷歌中國」恢復境外搜尋業務，將視網站的整改情況，決定下一步的處理措施，而「谷歌中國」負責人除向公眾道歉外，也將嚴格按照政府執法部門的要求進行整改，及時將整改情況報告有關部門。

中國官方嚴選「谷歌中國」頗有祭旗意味，日前央視「新聞聯播」、「焦點訪談」等節目，以罕見的高規格方式報導谷歌網站可搜索出大量色情資訊，「人民網」昨日專文痛批「谷歌貪利傍色情、需付出代價」，且以「又大又白屁股、需用又大又寬戒尺揍」的故事強調，谷歌是無視中國法令、咎由自取。

大陸日前甫宣布，在大陸銷售的個人電腦，未來必須在出廠前安裝可封鎖情色網站的軟體，以防止未成年人瀏覽，但在外界反彈下改為可自由安裝。大陸對谷歌中國祭出罰則後，再度引發外界對大陸官方限制網路言論的疑慮。（中國時報，2009.06.20）

第二節　社會運動：理論與實例探究

關於**社會運動**理論較為重要者可分為古典理論（包括多元論、階級論、相對剝削論和集體行動的邏輯等）、資源動員理論，及政治過程論。

壹　古典理論

多元論

就古典理論的多元論的權力分配的模式而言，放在社會運動的範疇中比較，我們分別從社會運動的本質、興起或發展的原因所作的假設來看。首先就社會運動的本質而言，**多元論**的權力多元觀點事實上是否定社會運動存在之可能；因為社會運動的主要力量來源是群眾有苦情 (grievance) 而起來反抗統治團體，而多元論的理論則認為群眾可以透過自願結社或利益團體 (interest groups) 的互動來分享權力，且能對統治的領導者或團體有影響力。所以由於在國家和個人之間有中間團體的存在，有心理的不滿皆可以透過團體的代言人（如縣議員、立法委員）進行妥協、協商，可以保持權力的自然平衡。而國家政府權力的分散化，亦可避免政府被單一派系所控制；個人所隸屬的團體身分的重疊，使得他可能會同時屬於許多利益，目標相衝突的團體（如既是民進黨員又是中華氣功研究會會員），於是乎很難會有激進或暴力的主張。除了政府，個人的多元化假設和中間團體的假設外，多元論更假設在民主過程及其所代表的一套被廣為接受的價值共識是被個人及有組織的團體們接受，並也保護那些未有健全組織的利益團體之權利。綜合言之，多元論的權力基本假設是建築在功能論的結構均衡的觀點之上，社會是個不斷朝向均衡的過程，權力的多元表現在自由結社、票選、價值共識、團體協商等面向，這些都否定了社會運動的背叛本質及其朝向變遷之發展。多元論理想主義地視利益團體可以代言人民的苦情，事實上可能是利益團體和上層階級勾結，而大多數的人沒法進入壓力團體，視國家為中立的仲裁者及本身會有權力分化，從**階級論**的角度看，國家的不斷重新解釋及修正遊戲規則，它是統治階級的政治運作手段，而價值共識的神話更是掌握權力的人或團體的設定。所以這些假設的結果讓我們瞭解，多元論所關心的其實是精英之間的民主價值，而非群眾。社會運動的本質或發展在多元論的架構中，無庸置疑地是沒有存在的餘地的。

階級論

古典理論之「**階級論**」(class struggle theory) 是根據馬克思辯證唯物論 (dialectic materialism) 的社會結構下，如圖 7.1，上層建築 (superstructure) 是意識型態，如文化、宗教、法律等，下層建築 (infrastructure) 是經濟結構 = 生產力 + 生產關係，當生產力與生產關係發生變動，就會產生社會運動。

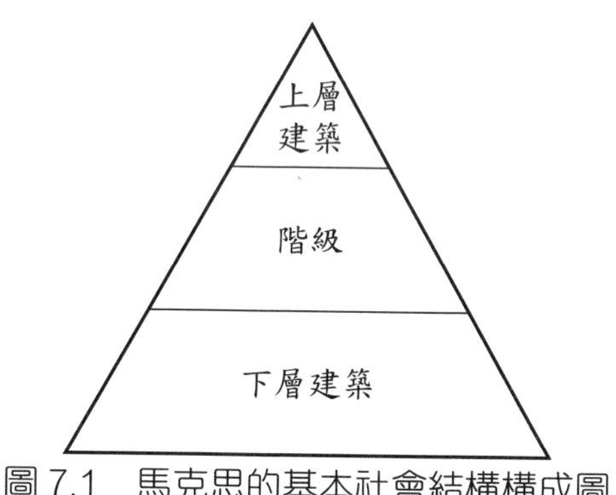

圖 7.1　馬克思的基本社會結構構成圖

和多元論比較起來，階級論的權力觀點、假設，則對社會運動的本質及發展有著全然迥異的看法。階級論自始即認為社會運動的本質是階級鬥爭 (class struggle)，是群眾在被統治的階級無情剝削及宰制之下，義無反顧地反抗。階級鬥爭的權力分配只有二種：握有權力的統治階級和一無所有的被統治階級，沒有中間灰色地帶；所謂權力多元的神話（包括政府、中間團體、個人）在階級論者的眼裡是遲早要向權力的兩極分化和集中的。因為自願結社或利益團體作為中介，事實上它本身即具有階級偏向，它可能就是統治階級的外圍團體或收買的對象，所以中介是煙幕，其為統治階級意志之工具才是真的。而國家本身的多重權力來源（包括財富、權威和選票）在階級論者看來也是一種虛假之外貌，事實上國家只有一個權力來源，那就是控制了社會的財富的生產的來源之統治階級。而個人（群眾）能夠透過選舉及利益團體的壓力以控制上層精英的看法亦是有問題的，因為選舉的遊戲規則很容易為統治精英所操控而利益團體通常是統治階級的外國組織，加入利用大眾傳播媒體以灌輸「偽意識」(false consciousness)，則所謂的價值共識更是可笑的神話。所以階級論的權力假設既然認為社會運動的本質是階級鬥爭，則對社會運動的興起或發展順理成章地認為階級意識 (class consciousness) 的形成是基本的假設，因為從權力的角度來看，一無所有的被剝削階級要爭奪統治者的權柄只有透過集體行動才能達成，而不管是列寧式的職業革命家政黨或盧森堡式的群眾自覺，都必須假設階級意識的存在，社會運動才有興起或發展的可能。這點在於多元論而言是完全談不上的。階級意識是使被剝削的自在階級 (class in itself) 蛻變而成轉戰千里的自為階級 (class for itself) 的關鍵因素，也是階級論者在解釋社會運動興起及發展的根本原因的假設。總言之，階級論的權力理論是放在歷史的架構中進行。歷史中的某個社會結構的變動造成了環境的變動，使得生產力和生產關係有著不齊的發展，結構的緊張孕育了社會運動的土壤，但階級論的核心看法是落在人（群眾）的主體性身上，群眾的階級屬性在階級意識產生後可以成為推動社會運動發展、改變現況的力量；這和多元論表面上給予群眾權力，事實上是關心精英之民主價值的均衡而不必有社會運動的看法，呈現完全迥異的假設和風貌。這也說明了結合結構 (structure) 和歷史事件 (historical events) 的階級論和只重結構之功能 (structural function) 的多元論的基本思想線索之差異也。

相對剝削論

而古典的**相對剝削** (relative deprivation) 觀點而言，其要旨乃在於從社會心理學（刺激反應說，社會失調說）的基礎上去界說社會中的暴力行為或社會運動之發生乃在於行動者（包括個人或團體成員）對自身的價值期望及價值能力間的懸殊差距的感受。此派學者認為，這種心理上的感受差距，在整體社會結構發生鬆動而有社會運動機會 (chance) 的前提下，會產生暴力行為或社會運動；故其認為社會運動是對於生活的緊張 (tension) 的某種回應，個人心理上的不滿是社會運動的觸因，而且社會運動是心理的而非政治現象。「相對剝削論」，認為社會因為變遷所造成的某種結構性緊張，產生相對剝削感而致個人心裡不平或抱怨，因此以參加社會運動來發洩心理不滿。這種理論高估了怨恨與不滿的轉化為行動的可能性，沒有考慮到組織動員所需要的成本，並且也低估了民怨普遍存在的狀況。社會不公 (social injustice) 不一定是社會中客觀的事實，但主要是個人主觀中的覺察和價值判斷。也不是每次不滿就會產生社會運動。其因是各社團有它們自己的價值標準，並且依據此標準評價社會潮流、情況及事實。社會中的公義或不義源自社團中的個人以他們的信念、價值體系為尺度來評價社會。當人民感到社會中有某一方面的事件存有不公時，或是某種社會體系或制度不公時，不滿與挫折的心理，同時與社會體系間疏遠。他們也熱烈的希望此種體系必須改變。社會不公不只由於貧窮的情況下產生，一個制度裡其成員所感到不公的現象與事實，常潛在制度中，他們自認為制度不公的犧牲品。資本家認為他們的財富是由公義的手段得來的，他們在社會中所享的特權，也受之無愧。當他們的財富受到某種原因而充公時，他們會感覺對他們的限制與剝削是不公平的。社會的公義與不公義等判斷都是價值體系的問題，也是個人心理的覺察。這種被剝削的心理，也是社會運動因之一。所以，美國政治學家戴維斯 (James C. Davies, 1962) 的「**J 形曲線**」理論指出，在時間之流中，當人們的心理感受的現實與理想狀況落差太大，期望值相對高於並快於現實狀況，人們容易產生不滿和憤慨，於是社會暴亂就可能降臨。

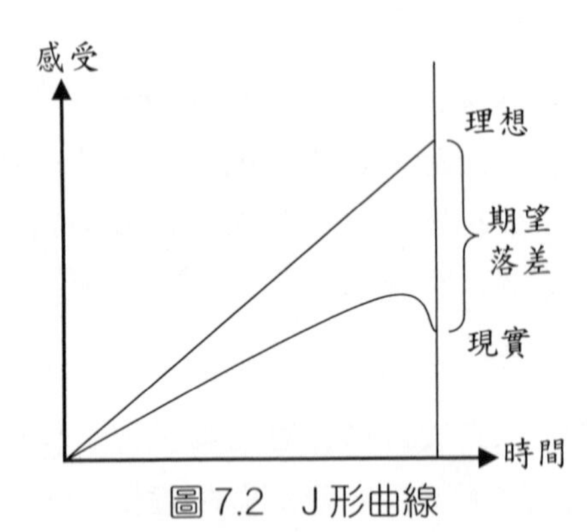

圖 7.2　J 形曲線

資料來源：戴維斯 (J. C. Davies), 1962。

集體行動的邏輯

而古典的**集體行動的邏輯**論點，由美國經濟學家奧森 (Mancur L. Olson) 提出，其要旨乃在於從市場模型的數理推演，將革命界定為對公共財追逐之理性抉擇。集體行動的發生必須滿足下列要件：團體的型態須傾向低成本的樣態，團體的規模必須小到克服「搭便車」之問題，團體必須提供個人個別而「選擇性」(selective) 誘因；唯有如此，社會運動才能發生。要研究奧森的觀點之前，必須先釐清馬克思的理論輪廓。基本上，從自在階級到自為階級的差別乃在於，被剝削的勞工大眾意識到自己悲慘的處境並且透過組織起而反抗統治階級；即階級意識的產生是上述階級處境轉換之關鍵。馬克思主義談論階級意識有兩個角度，第一是認為透過知識分子等領導精英組成職業革命政黨，以輸入 (imputed) 的方式灌輸群眾階級意識起而革命；第二是相信群眾的力量，認為階級意識之產生無法經由洗腦，強迫啟蒙而造成，而是群眾自發 (spontaneous) 覺醒的過程，知識分子等精英只能從旁宣傳輔助。但是，從奧森的集體行動之邏輯的觀點來看，馬克思（主義）的命題的根本問題是：階級意識根本無法產生。其原因，根據奧森的觀點是從兩點思考，(1)人必然會參加一個團體嗎？(2)團體規模的大小和公共財之創造關係如何？就⑴而言，奧森既然界定集體行動（革命）為對公共財 (public good) 的追逐之理性抉擇，就從市場的經濟邏輯來研究革命，他認為，人們並不必然會參加一個團體的活動，因為其中有所謂「搭便車」的坐享其成的問題，奧森認為一個理性的個人在考慮成本效益分析之後，他會選擇什麼都不幹卻享受別人所提供的公共財。所以對於有苦情的勞工大眾而言，即使有職業革命家在那裡說破嘴，組織半天，只要他們是理性的，當考慮到參與革命團體會遭受到恐怖、流血、鎮壓、死亡卻沒有對等的報酬及收穫時，他們通常並不必然會參加團體之活動。亦即，奧森的看法是，即使勞工大眾意識到自己的悲慘處境，但從這裡到加入一個團體組織進而實踐組織之目標，其過程尚十分不確定，並非像馬克思（主義）所言的，透過職業革命家或群眾自發則階級意識必然會產生且必然導致革命。就⑵而言，奧森從數理經濟市場模型推演、導出一個結論，他認為團體規模的大小會影響公共財之創造。根據規模經濟 (economy of scale) 的看法，雖然平均成本不一定會隨著總成本之增加而增加；但組織成本是最重要且必須考慮的課題，通常大的團體所需的組織成本極高，是隨著其成員人數遞增，更嚴重的是要面臨團體協商 (negotiation) 或組織問題。所以奧森認為，團體愈大，其所能提供的公共財離最適量 (optima) 愈遠，即大團體根本沒有生產公共財之誘因。馬克思的「全世界無產階級聯合起來吧」的國際革命主義，所描述及實踐的是一個規模極大的團體進行的集體行動，從奧森的角度來看，這樣大規模的團體，個人為團體利益努力後所分得的效益比率愈小，因此，任何次團體或個人想從公共財中得到足夠的利益以支付甚至是最少量的公共財成本皆很難；且團體成員愈多，組織成本愈大，因而生產公共財所須跨越之門檻 (threshold) 亦愈高。故依據馬克思的理論面臨的第二個難題即在於，沒有考慮團體規模對目標達成所造成之影響，且馬克思主義通常堅持的大規模團體的集體行動在奧森看來是不切實際且對於公共財的提供是無濟於事。奧森認為要克服這二重難題必須考慮下列變項：⑴釐清團體的屬性和規模；⑵團體規模和公共財的創造；⑶團體規模和個人自利行為的關係。

⑴就釐清團體的屬性和規模而言，革命是非營利的，亦非市場團體，而是一種包容性公共財（不過，值得注意的是，它仍然是從市場團體推論出非市場團體，奧森以市場概念界定革命是毫無疑問的），可區分為：⒜特權團體；⒝中介團體；⒞潛在團體。由其屬性及規模有助於我們區分集體行動的型態及瞭解產生行動的難題何在。

⑵公共財的創造（自為階級所追求的目標）必須考慮團體的規模，就⑴而言，我們知道就團體型態而言：⒜不需協調就可產生公共財；⒝需協商；⒞則根本無生產公共財之誘因；若現在我們加入團體規模之考慮，則每種集體行動的型態當變成大團體時，就會面臨公共財無法產生之問題，奧森認為克服此難題則必須在特殊的制度設計下，讓小團體來生產公共財，這樣比較容易達到個人所提供的努力的加總量會等於團體之所需的次適境界 (second best)，而適時避免「搭便車」現象之產生（在別人要坐享其成前，個人會停止供給）。

⑶奧森只論利害不論價值理想的人性論使他認為，克服階級意識無法產生的問題不但要考慮團體型態和規模，在小團體的集體行動對公共財生產有利情況下並認為，團體行動（革命）要有可能，其誘因必須是個別而「選擇性」的 (separate and selective)，即必須是選擇性地對組織中個別成員發生作用，與公共財對整個團體一視同仁的特性不同。它可以顯示對團體不同工的不同酬的特性，並可以獎善罰惡，這在奧森所界定的潛在團體 (the latent group) 特別有用。亦即，奧森解剖了馬克思對集體行動從自在階級到自為階級的籠統理論，認為事實上不同團體之型態導向行動之可能性會不相同。而團體的大小總是決定自動且理性的個人利益考慮的自利行為，是否能導向為團體效忠的行為的關鍵性因素之一。奧森認為小團體比大團體更能為其共同利益而努力。

但奧森的看法，顯然典型的控制變因的實驗室思考，是在闡述一個社會運動發生反面命題（限制條件為何），在繼起研究中，即使放在真實情境多傾向是非制度的，低度組織的社會運動團體的研究。而就古典理論的優缺點而言，相對剝削觀是首先能對之提出解釋的理論（戴維斯對法國大革命之研究)，集體行動邏輯觀釐清了社會運動激情力量背後的理性抉擇基礎；這是其理論之優點。但是相對剝削觀的側重人們心理的苦情而視之為社會運動產生之主因，這看法是有問題的；因為，這裡苦情只是社會運動興起的必要而非充分 (necessary but not sufficient) 條件。光看個人或集體心理之不滿，事實上不可能產生社會運動，其此理論之缺點乃源於粗糙的社會心理學「刺激—反應」(stimulus-response, S-R) 基礎。另外，視相對剝削為社會運動之單線因果，結構上的相對剝削和人們心理上的挫折直接相關等看法皆簡化了社會運動興起的解釋，而事後回溯 (post hoc) 的研究法更使相對剝削觀並不能顯示相對剝削就是集體行動的起因或結果。而集體行動邏輯觀的缺點至為明顯，它對社會運動之解釋只有認識或概念上的意義。它告訴我們什麼情況下不利於社會運動之產生，而社會運動的發生作用是在重重限制下（如成本效益、理性抉擇、團體規模、個別而選擇誘因等）的結果，對社會運動解釋之積極意義十分有限。其理論之缺點是源於資本主義式的經濟學模型思考（如完成競爭市場、供需法則、利益極大化、成本極小化、最適境界和均衡原理等)，導致忽略革命運動的價值及道德信仰色彩是超越成本計算的範疇，且在歷史長河中的集體行動血淚斑斑，似乎並非奧森的定義下的功利主義 (utilitarianism) 式理性所能解釋。總合而言，古典理論之優點在於它們解釋了社會運動為何 (why) 興起的可能（雖然不盡正確)，缺點在於都沒有解釋社會運動如何 (how) 興起的過程，這個問題則交由資源動員理論和政治過程論來解決。

貳 資源動員論

資源動員論 (resource mobilization model) 是美國學者（如 J. Craig Jenkins and Charles Perrow 等）在 1960 年代針對相對剝削論所提出的理論，認為任何社會結構常會因為有不平等的存在而存有足以引爆社會運動的怨氣，然而怨氣最多的弱勢團體，通常也是社會中最沒有資源或組織能力的人群（王甫昌，2002)。社會運動之所以能夠興起，麥卡錫與查德 (John D. McCarthy and Mayer N. Zald, 1983) 因此認為：外來資源或外力的挹注，是促使弱勢團體能夠發起社會運動挑戰的最重要因素。相反的，他們不認為運動支持者的「心理不滿」是運動發生的決定因素，因為那是隨時都存在的。運動組織如果有足夠資源，領導精英可以操縱、強化，或創造發起運動所需要的不滿或怨氣（王甫昌，2002）。與「相對剝削論」比，資源動員論重視社會運動成本面甚於心理面。同時賦予運動者是理性行動者的形象，但也使得這個理論被批評為社會不滿不見得就等於弱勢者主觀的不滿，並且太過忽略一般民眾支持運動的重要性；太高估精英贊助社會運動的善意，以及低估外來資源的挹注對運動所產生的可能負面影響。總而言之，資源動員論認為社會運動的群眾基礎是無法維護自己的利益且缺乏實行的權力，需要外部的資源與精英的支持、操作，方能使社運持續的發展、運作。亦即，掌握「資源」才能「動員」，社會運動才有可能。「資源」者包括人事物的聚集，如知識、金錢、大眾傳播媒體、勞工、團結、合法性，和權力精英的內外支持等面向的獲得與控制，社會運動才能持續發展與達到真正的成功。

綜合而言，「資源動員論」有幾種基本看法：(1)現代社會中會一直有社會運動發生，因為在多元社會中總會有苦情或不滿存在，但正因如此普遍發生，這讓所謂的苦情或怨氣產生社會運動就不能得到充分解釋；(2)人會理性地衡量參與社會運動的利益得失為何，再決定是否行動；(3)而心中有苦情或怨氣的人是通過關係網絡 (network) 而被納入運動中，對於運動的承諾其實是來自從中所建構的集體認同 (collective identity)，以及持續孕育的互動關係；(4)社會運動組織規模決定於資源聚集的程度；(5)社會運動組織決定於持續的資源挹注與領導者的領導；(6)社會運動組織是轉換集體不滿為社會運動的催化劑，社會運動組織形成社會運動的基礎；(7)資源的形式決定社會運動的活動內容（如和媒體有互動，就會導向以電視為主的運動內容）；(8)社會運動的發展乃和偶發的機會結構 (opportunity structures) 的影響人的努力有關，所以每個行動者對於機會結構的回應取決於社會運動的組織與資源，因此，並沒有放之四海皆準的運動技巧或方法來指導運動的發展。

對於資源動員論的主要批評是在於本理論過於強調資源，特別是金錢的資源。許多運動進行得相當有效但沒有花什麼錢，反而更依賴的是參與運動的人的時間與**勞動力** (labor force)。這部分，如本書作者於 1985 年所參與的臺灣大學的校園民主運動，在完全沒有金錢挹注的情況下，一群有理想與熱情的青年因為反對國民黨政府對於大學校園言論自由的控制，乃經由占領臺大傅鐘長達一個星期，而平反了當時險遭退學的政治系學生李文忠(前立法委員)，並讓言論自由得以在大學獲得保障，這是臺灣 1980 年代的第一波學生運動，1990 年後的學潮規模更大，為了廢除國民大會和廢除刑法第 100 條等國事，先後占領了中正紀念堂與臺北火車站（參見下文〈沒有理想，什麼都是多餘的。欠缺叛逆與熱情，我們最終只是成就虛無的前衛罷了〉❷)。

沒有理想，什麼都是多餘的。
欠缺叛逆與熱情，我們最終只是成就虛無的前衛罷了

紫藤廬是一個偉大的空間，它是文化運動與學生運動聚集的地方，所以這個地方應該非常具有批判性。我是完全不同意前面三位講者包括主持人對學運的詮釋的，原因是如果學運本身只剩下一個記憶，只是一個傳閱的方法的話，學運本身就是一個死亡的文本。所以學運本身應該要在一個記憶當中被掙脫出來，然後要變成一個向前實踐的力量。它目前面對一個非常危險的沉寂，大家都知道。為什麼？同樣有學生出來，但毫無實踐力，沒有行動能力。這應該是我們在座的每一個人都要去想的事情。這些演講也不應該只是消耗經費的，而應該是讓我們從這樣的記憶裡面去找到一個新的力量。

我會分成三個部分來談：第一個是關於過去的學運的部分；第二個部分是藝術的社會性的形成，如何能夠發展出一種藝術本身不只是

❷ 臺北紫藤廬學生運動座談會 (2005.12.18) 石計生（主講人）部分發言。

個人的情緒出發，而是它能夠帶有某種的社會性；第三個是如何用實體來抵抗。大概是這三個部分。

關於學運的記憶本身，它可以是一個集體的記憶，前面已經提過。雖然我不同意但是勉強可以接受，它確實是一個集體的記憶。這是一個無限複雜的時期，是被人用主觀來詮釋的。基本上這種主觀詮釋的無限的時期，它對學運作為一種抵抗的力量，不管是誰當政，是無濟於事的。因為你去主觀詮釋它，就落入一種記憶的範疇、形式的範疇，它缺乏一種行動的能量在裡面。學運的記憶有沒有可能有第三種的詮釋？我的想法是學運應該是一種熱情，是存在於我們每一個人的心中無法磨滅、無法去除的部分，它可能在我們的成長過程中被隱藏起來，但是它永遠存在。所以我想學運作為一種熱情來講，它所相伴的是學運的異化。如果我們把今天的演講當作是一個記憶的方式，它就是一個異化。這個異化是對整個學運記憶的一種可悲。所以當學運是一個熱情的時候，其實剛才張教授提到的所有的學運我都參加過，最早的反杜邦、李文忠事件、自由之愛、中正廟抗議、火車站前面反政治迫害，我全部都有參與。這裡其實蘊含了一個東西，就是所謂的學運本身，從當年到現在，三二〇的大遊行，這中間的差別到底在哪裡？我一直在想這個問題。在我們那個時代，1983 年到 1986 年，學運本身其實蘊含了一種非常強大的反抗力量。

這裡有一首詩是我在鄭南榕的《自由時代》裡面寫的，當時我們在編《自由時代》。所以學運的記憶，就我來講，它並不是一個主觀去詮釋的東西。因為它現實地發生在我的生命裡面，它即是一件可悲的事情，對我來講，又是一件重要的事情。在我過去的年輕的歲月裡面，從 1983 年到 1989 年那段時間，或許對其他幾位教授或朋友們是一種詮釋、一種學術研究的對象，對我來講它是一個生命真實的恐懼，那種生命真實的恐懼，包括發生在自己身上，更重要是發生在我的好朋友身上。我們在搞學運的時候，有一位最偉大的人物，他是臺大醫學院的，是我們真正的學生領袖，我們叫他阿草，living Marx，是活生生的馬克思，他是真正領導 1983 到 1987 年戒嚴時期的學運領袖。但是在 1985 年李文忠事件之後，他全家被殺掉。全家殺光了，爸爸媽媽、他懷孕的姊姊、他的妹妹，全部被暗殺。隔天當我回去看李文忠的絕食抗議，進臺大校門的時候，就看到阿草他抱頭坐在花園裡。自從那件事情之後，他再也沒有出現過。所以對我來講，學運本身並不是一個抽象的集體意識，或是一個事後被主觀詮釋的文本，學運本身蘊含了極大的，在創作、政治上抵抗的能量。

在陽明山、七星山當兵的時候，被我們的隊長詢問的第一句話是：「你是不是學運分子?」我說「是!」結果是發配七星山群的草山巔偏遠地區去守空軍站臺。當年學運分子就等於臺獨分子，等於共產黨。我到現在還一直在想，為什麼這三種人是三位一體的？如果從正面的角度來看的話，應該是這三種人都非常有理想。學運分子在戒嚴時期所追求的是校園民主，我們做到了。臺獨分子做什麼？是獨立憲法。泛綠過半的人也做到，歷史是弔詭的。共產黨的理想更大，馬克思《共產黨宣言》的最後一句是「全世界的人類解放，是每一個人的自由獲得解放。」共產主義的理想是每一個人的全面解放，是需要每一個人獲得自由的條件。這三種人各自有各自的理想，一個是校園民主，一個是建立臺灣國，一個是全人類的解放。

但是學運異化了。在學運的統獨論戰的時候，那時學運已開始要異化了。所謂的異化，本來學運、臺獨、共產分子是同一種人。戒嚴時期的國民黨要對付的學運、臺獨、共產分子是類似的。臺獨分子不滿當時的政治勢力，他想要有獨立見解。共產主義萎縮到只有少數左翼的學者和理想主義的年輕人身上。學運分子分裂成兩批，一群就是現在在朝的朋友，這些人就是當年被我們詩社的人認定為毫無美學素養的人，他們是搞政治的。這一種人就去進行，就是我們在學運論壇的引言中看到的——政治吸納了純潔的人道力量。這些人根本不管做什麼，潛意識裡就有政治上的考量。但是我們可以看到，另外一批人則進入學界，或是進入文化界，這是另外一群人。這兩群人基本上可以這樣看：校園民主的理想基本上已經完成，至於臺獨還在未定之數。但是人類的解放這件事情，如果你是傾向學界、文化界、運動界的人，如果我們還是左翼的人的話，我們的理想當然還是人類的解放。但是進入政界的人，他的理想不一樣，會跟隨政治領導人而變，目前為止當然是建立臺灣共和國，一種現在被認為是與民意背道而馳的危險幻想。

這就是學運的異化，這個異化產生了路線的鬥爭。但這並不表示如果學運不是一個傷痕、不是一個記憶的話，它是一種能量、熱情，並不表示沒有顛撲不破的本性。我們今天坐在這邊的原因，是因為你要去感受學運的熱情力量，變成你生命的一部分，去行動。其實學運的異化，代表的是一個理性化的過程。這個理性化的過程，你可以看到，像剛剛張教授所講，我很不同意的，就是在我看來，1990 年代的根本不是學運，它早就理性化了。而且中正廟是絕對不可能被鎮壓的，因為 1985 年李文忠的時候就沒有被鎮壓了，為什麼到了 1990 年還會有可能被鎮壓呢？戒嚴的時候沒有被鎮壓，難道解嚴的時候還會被鎮壓嗎？所以這是不可能發生的事情。所謂學運的理性化，你可以發現野百合學運、占領火車站，它本身的組織動員能力、目標已經非常地清楚，所以他進行所謂的藝術表演等等，其實基本上是產生了某種集團的意識在裡面。第一部分就簡單講到這邊。臺灣學運怎麼異化？如果我們看先前進入政界的這些人，以及現在在學界，文化界的人，你可以看到臺灣的學運，為什麼今天困坐在這裡？因為它建立了臺灣的主體性，但是喪失了世界觀。

我們的世界觀喪失掉了。我們被媒體，被陳水扁這樣搞，我們竟然根據他的喜怒哀樂去掌握我們所有的政治、社會方面，甚至藝術的議題。一個曾經背負整個臺灣人民期望的集體，現在其短視近利黨同伐異且毫無藝術涵養的總統及其政府團隊，有什麼資格來主導我國的政治走向和文化政策？我們簡單來講就是這樣。在學運裡頭已經可以看到這樣的情形。第一段就是這樣。

第二段，藝術的社會性的形成。我在大學修課的時候，臺大哲學系郭文夫教授開的「柏拉圖哲學」這門課對我有決定性的啟發。讓我產生了非常寬闊的生命想像與存在困境的突破，特別是他結合柏拉圖(Plato)與《易經》的天馬行空比較教學，徹底讓一個潛藏好智的靈魂羽翼灌滿詩的靈光而進行宇宙的飛翔；再經由對於楊牧詩學十幾年證悟，其相乘效果連鎖反應讓我找到了「詩的內面空間」(poetic inner space)。我當年寫了一組〈雪菲爾悲歌〉詩作完全表達了我這個詩的內面空間的創作理論與證悟過程，雖然表面上那是一組輾轉反側追求美的對象而不可得的情詩。其詩學原理基本上是三個部分，很簡單，我面對複雜的社會現象的意象 (image)，你如何把複雜的社會現象的意象轉化為象徵 (symbol)，再把象徵轉化為作品 (work)。有兩個轉化的部分。在里爾克 (Rainer. M. Rilke) 的時代，我們可以看到從意象變成意象，再變成作品的過程，他主要依賴的是一個內面空間的轉換，就是一個人他必須把不屬於自己的東西都丟掉，甚至他內心的慾望、意識或想法，然後把外在的一些東西轉化為作品。這個證悟是有一天我在臺大經濟系修體育課時在法學院，因為時常遲到而被罰站，每次都面對一株臺灣朴樹的觀察其季節變化而得。

當「詩的內面空間」祕密被找到，我從此變成一個很會隱藏感情的人，不是羞於啟齒，而是等待那些感性的力量轉化為詩篇回家。

但是這條創作的路在我 1983 年到 1986 年參與學運的過程中發生了絕對性的轉變。主辦人老友陳昭瑛在 e-mail 問我一個問題：「如果你沒有經歷過這個學運，你還會寫詩嗎？你的詩會不會像現在一樣呢？」我現在回答你：可能已經不寫了。因為光憑剛才講的路線，不可能有繼續寫的動力。因為內面空間作為個人主觀意識惟美式的轉化，它本身如果不透過一個社會性的發生和衝撞的話，它永遠是流於資產階級的東西，它本身並不具有學運的熱情和動力。我們看到社會性在學運過程中被吸納進來。

我後來瞭解到一件事情。我們在學運時代請了一些重要人物來學校演講：陳映真、楊逵、南方朔等等。這些人對我們來講，重點是讓我們看到了社會性的重要性。但是今天，我們發覺看到他們時是非常痛苦的，就像我看到自己的痛苦一樣。因為當你占有某個社會地位的時候，作家也好、教授也好、國家文學獎得主也好，最後理想卻愈來愈小，你基本上完全沒有辦法把內心的熱情表現出來，這樣的人是墮落的，是缺乏作為人的意義的。那是根本的人的特質。「根本」是什麼？「根本」非常簡單，就是一個大愛，就是對弱者的一個不需要思考的同情和付出。這在現在基本上已變成一種笑話。所謂的後現代都會變成這個樣子。

所以，從教條到意識的相對性是非常地重要的。在陳映真的時代，在楊逵的時代，是非常教條的學運時代，但是後來我發現，所謂的寫實主義跟現代主義並非完全對立的，它本身有一種內在的相互吸納的可能性，一種與敵人共枕之後去毀滅敵人的可能性。這樣的可能性可以吸納對面的力量進來，然後從裡面感受到一種以詩抵抗的可能。但是吸納所謂的社會性是一個非常慘痛的事實。剛才提到阿草他家裡的事情，你可以瞭解到，目睹、親身經歷學運發生的那些事情，那個代價是多大。這就產生了我接下來要講的——街頭是不可放棄的。當我們愈來愈看到議會民主是一個笑話的時候，你就瞭解到街頭是不可放棄的。街頭為什麼是不可放棄的呢？因為它是一個機會，讓你從內在喚醒你心中沉埋已久的熱情的機會。

那些機會是什麼呢？那些機會就是，在我的文本裡面，第一段是1986年寫給臺大的一些人的部分。其實裡面最重要的是，我談的大愛是要談普羅階級之愛。〈國父思想五十九分〉，這是取校園民主階段的一個歷史。這首詩原本是要登在臺大大學新聞社發行的校園報紙〈大學新聞〉的副刊上，但是有人說這是反國民黨文章，思想有問題，不要刊，所以那一次就開了天窗。但人的思想是不會有問題的，只有不認真思想的人才有問題。那首詩最後是刊登在鄭南榕這個瘋狂的天才的《自由時代》雜誌上。〈公館・木棉花〉講的是一個回憶，第二段的「活動中心238」是學運的大本營，活動中心238裡面有大學新聞社、大學論壇和現代詩社，我們最大敵人就是國民黨的學生學會。這一段「善行不能達到救贖」，我想這是一個現實，因為當它變成典範的時候，基本上它是欠缺抵抗能量的。講到抵抗能量，我必須講最後一首詩〈致盧卡契黨人〉。這首為楊牧先生所喜歡的詩當初寫給陳昭瑛，當年他的碩士論文是《論黑格爾與盧卡契的美學》。這裡面談到實踐本身是非常重要的，走入身體，身體是一個自然的本體。在今天這個場合，我最想講的話是：我們應該去抵抗、叛逆、不滿，我們應該如此、應該奮發。我們應該有一種霸氣，現在的運動缺乏一種霸氣。現在的運動本身在異化和理性化之後，一開始就是一種目的理性的計畫，一開始就想我的錢夠不夠或是便當夠不夠，基本上非常可笑。但是學運既然已經理性化，它就是一個必然的結果。

最後的一首詩〈三月二十七日在街頭〉，這首詩最重要的是中間這邊：「不是藍與綠，而是左與右的旋轉問題」。這個「左與右」是我最想講的事情。現在的問題不是藍色或綠色的問題，現在的問題仍然是老的問題，是「左與右」，是階級的問題。臺灣還有多少無產階級、受苦的人、失業的同胞，為什麼它不會變成選舉的主軸或是我們關注的主要對象？

昭瑛請我來的時候，我就想，她要我提供的東西我不想提供。有兩個原因：第一個是，學運不能只是過去，它是不該被理解的。不該被理解的原因，因為它裡面有我太多的熱情、太多的夢魘，對我來講是太過激動的。這是重要的一個理由。當你年紀輕輕就成為歷史的一部分，這是一件可悲的事情，因為你已經變成一個死的文本了。你被寫入歷史，這很好笑。最後我想講的一句話是：沒有理想，什麼都是多餘的。欠缺叛逆與熱情，我們最終只是成就虛無的前衛罷了。

參 政治過程論

「政治過程論」(political process theory) 過程論基本上也屬於資源動員論的一支，這個理論重視的不僅是社會運動的崛起，更在於運動的發展，並且將社會運動的本質視為一種政治現象，和探究社會中政治情勢的變遷。其次，社會運動是一種連續的過程，而不是發展的階段 (McAdam, 1982)。因此要解釋社會運動，則須瞭解其全部的過程，而非解釋社會運動其中的某一階段。社會中的政治情勢的變遷，可提供弱勢群眾組織社會運動來改變不利處境的挑戰時機。在這樣的政治機會出現時，弱勢群眾除了有效地動員組織社會運動外，還須有集體行動的共識。

常提供弱勢群體組織運動並改變其處境的挑戰機會。政治過程論的主要倡導者麥克亞當 (Doug McAdam) 認為，決定社會運動的興起與發展有以下幾個因素：(1)弱勢群體的組織準備度；(2)弱勢群體間對於挑戰成功可能性的集體評估；(3)外在政治環境的政治結盟情形 (McAdam, 1982: 36–51)。

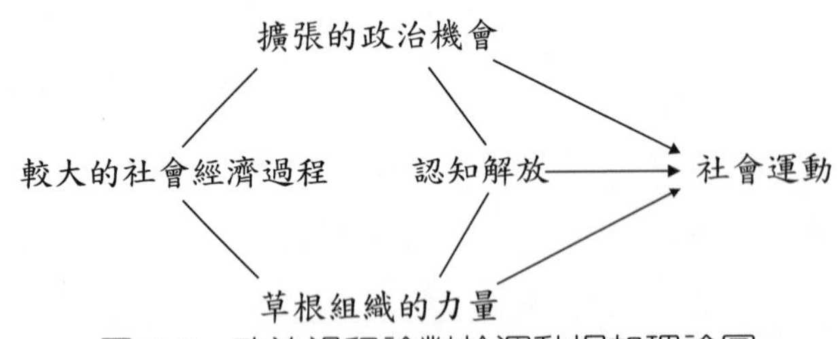

圖 7.3　政治過程論對於運動崛起理論圖

資料來源：D. McAdam, 1982: 51；轉引自王振寰、瞿海源主編，《社會學與臺灣社會》，臺北：巨流，2001: 515。

由上圖 7.3 顯示經濟環境及社會環境變遷結果，會造成政治機會結構的改變，拉近當權者與受害者的權力差距，增加了弱勢者討價還價的本錢，或是鎮壓弱勢者抗議行動的成本。這是有利於弱勢者起來組織社會運動的外在環境條件。政治過程論認為社會變遷對於社會運動崛起的影響，主要是因為它改變了當權者及挑戰者之間的權力關係。使得原先看來牢不可破的優勢者壓迫性體制，出現了鬆動、可以被弱勢者挑戰的跡象。不過如果受壓迫群體要能充分利用這樣的機會起來挑戰，還必須有一些已經存在的組織基礎作為社會運動動員的主體（王甫昌，2002)。

如果草根人民缺乏自己的組織資源的能力，即使有了政治機會，他們也不可能利用這個機會。草根組織的力量 (indigenous organization strength) 與擴張的政治機會只是客觀的條件，這兩個因素仍不足促成社會運動的產生，受壓迫的群體仍然必須在心理上改變原來對於自身處境的認知，以及外在環境不可改變的看法，才能使得社會運動的力量真正地實現出來，在這種集體的心理重新賦予所面對的情境一種定義，這中間的轉變過程，麥克亞當將之稱為「認知解放」(cognitive liberation)。簡言之，擴張的政治機會的出現、草根組織力量 (indigenous organization strength) 的增強、認知解放這三個條件的相互配合，較易促成社會運動 (McAdam, 1982)。

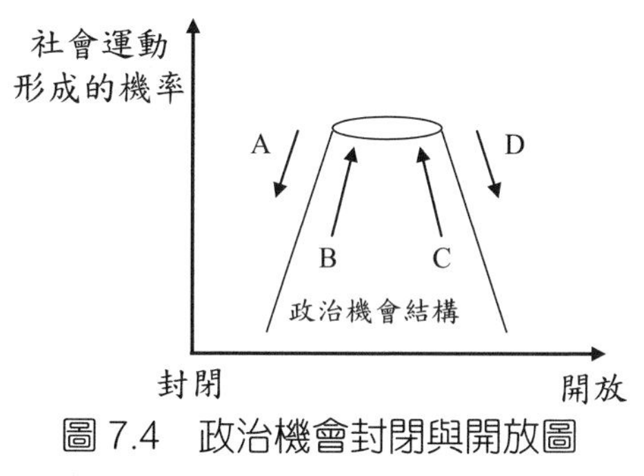

圖 7.4　政治機會封閉與開放圖

資料來源：何明修，2005，第五章。

圖 7.4 顯示，在極端開放(A)與極端封閉(D)的條件下，抗議是不容易產生的，開放性即沒有必要採取抗議手段來實現其目標，絕對的封閉狀態，抗議則沒有產生的可能性。只有政治機會從封閉到半開放(B)或完全開放到半開放(C)，社會運動才有存在空間。塔羅 (Sidney Tarrow, 1994: 4) 的定義，「社會運動是人民所發動的集體挑戰，持續地與精英、對手和權威從事互

動」。他們強調社會運動即是一種互動關係，而不是某種獨立的實體。由上知，實際社會運動發生往往不僅是一個原因，它可能是複雜、多元的，社會運動過程也是複雜、多變的。而一般在解釋社會運動的生命歷程大致上分為以下幾個階段：

第一階段：⑴集體認同感的產生：集體認同感是指通過參與運動活動，個人所得到的認同感或地位，引發個體行動最強而有力的動機；⑵用以聯結認同感與參與，可防止搭便車現象發生的控制機制。

第二階段：最初的組織和社團性網路被正式的社會運動組織所取代，以便達成留住老成員及吸引新成員的雙重任務。在尋求建立一個能吸引和挽留成員的社會認同感時，社會運動組織面臨雙重挑戰。逐漸走向官僚化，產生韋伯 (Max Weber) 所說的「鐵的牢籠」(iron cage) 組織。

第三階段：集體認同感腐化，這階段主要是圍繞在衰退中的社會運動而展開。正式的社會運動組織仍然是社會運動名義上的中心，但是集體認同感以及運動有關的文化象徵四處傳播，終究混淆社會運動組織和公眾之間的界線。集體認同感變成一種公共物品，所有人都可消費，而無須為它的生產做出貢獻，此時社會運動正走向滅亡。

肆 臺灣社會發展與社會運動

從蔣經國在 1987 年宣布解除戒嚴算起，到現在已超過二十個年頭，臺灣的社會起了非常劇烈的變化，最明顯的是國民黨所壟斷的政經與社會體制崩壞：強人政治不再、黨營與國營事業式微、各式社會運動風起雲湧等，同時也建立了民主化的臺灣、市民社會興起、媒體與輿論的「第四權」昌盛等。但是，就歷史現象顯示，這「崩壞的」與「建立的」社會發展，並非是一種靜態的因果或進步論的轉換，而是充滿分歧、多元與複雜的絡索。從現在的觀點看來，「崩壞的」不一定就是「壞」的，如強人政治在臺灣兩黨政治逐漸形成沒有轉圜空間互相抵制的**「零和遊戲」**(zero-sum game)，造成臺灣經濟景氣衰退時，卻特別令人懷念那能果決將事的年代，所以 2007 年媒體的民意調查顯示：考慮臺灣的歷屆總統，包括最早的蔣介石、蔣經國、李登輝至陳水扁等，蔣經國竟以超過九成的支持率獲得全臺灣人民的青睞。而「建立的」不一定就是「好」的，如曾為民眾所自豪的民主體制與媒體輿論的開放性，現在卻也在文化上被認為陷入「無政府主義」、「後現代泥沼」的困境，一些屬於儒家倫理的價值，如「家庭中心」、「孝親」等，逐漸在「收視率至上」的媒體龐大作用下瓦解。因此，此部分的旨趣即是在於探究臺灣社會發展的轉型過程中，其「崩壞」與「建立」的辯證關係，並從中反省與思考資本主義社會制度、社會問題、社會運動的意義與權力施為者的決策之間的關連，並以社會學的觀察，探究臺灣在長達近四十年的戒嚴時期解除的前後所發生的社會轉型意涵及其當代影響。雖然在 1980 年代末臺灣學術界最為盛行的是蕭新煌 (1994) 的「社會力」觀點來解釋戒嚴解除後的新臺灣社會發展，但嚴格來說，其論證仍存在以下若干問題：⑴他只將社會力描述為「臺灣民間社會的力源」卻未清楚定義何謂「社會力」；⑵機械式地以歷史區分臺灣為「政治力」(1947–1962)、「經濟力」(1963–1978) 和「社會力」(1979–) 三個時期；⑶賦予「社會力」過於決定性的意涵，以致在 1990 年後迄今的臺灣「後現代化」社會發展的喪失了解釋力。事實上，「政治力」、「經濟力」和「社會力」從來是「一而三、三而一」的東西，是在整個社會結構的分化、衝突與整合的不斷生滅的過程中所激盪的力量。這點，古典社會學家馬克思早就說過，而借用馬克思歷史理論觀點加以批判性發揮，結構上，我們大致上可以用以下的分析圖式來理解臺灣解嚴前後的社會發展狀況。我們的理解是，由生產力與生產關係所構成的「下層建築」(infrastructure) 隱喻，其在具體社會的現實就是「經濟結構」(economic structure)（石計生，2006）。會因為生產力的高度發展和生產關係產生了矛盾，於是「上層建築」會隨著「經濟先行」的社會發展變化而變化，進行政治體制、法律制度和媒體文化等的調整，但是，這個調整會遭受到為確保既得利益的官僚與權力擁有者的抵制，遂使得被壓抑在圖式中間的屬於民間社會的階級力量起來對抗，歷史上也證明，這個對抗卻可能會「崩壞」或「建立」政治體制與經濟結構，無論如何都是風險極高的社會轉型過程；因此，其中人的衝突、合縱、決策和誰能具有眼光的戰略思維，就成為決定一個社會的未來發展的關鍵（以下引自石計生，2008）。

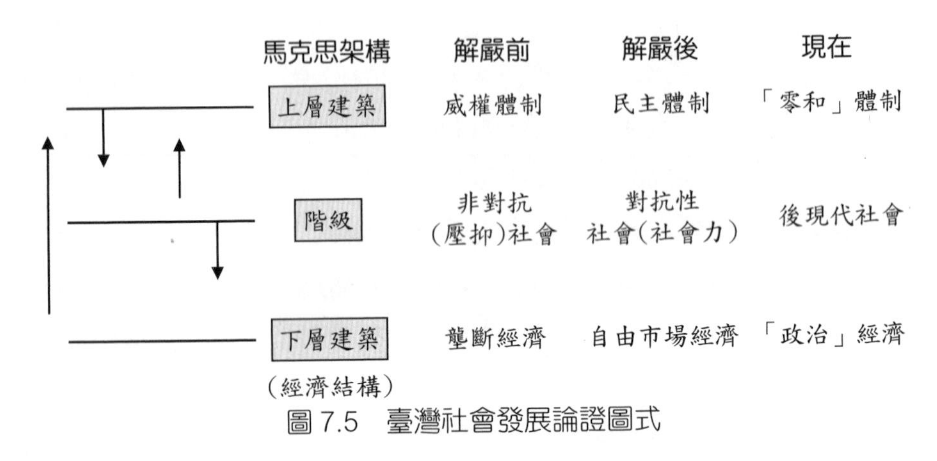

圖 7.5　臺灣社會發展論證圖式

而蕭新煌所論證的 1980 年代的臺灣社會力，講的是解嚴後臺灣特殊歷史階段下的「對抗性社會」的衝突，而其主要內容為民間與反對黨發起的社會運動的「社會力」是「對『政治力』和『經濟力』在過去三十年中的支配及專斷，以及其掛勾所產生的扭曲作用，發出一連串抗議的『軀體語言』」(蕭新煌，1994)。這個理解的問題是以對比的方式負面分析解嚴前的國民黨一黨獨大「威權體制」的「政治力」和黨國企業「壟斷經濟」的「經濟力」，卻沒看到一個簡單的正面事實：被視為一黨獨大的「威權體制」卻創造了臺灣富裕化的經濟奇蹟。回顧當時的學者論點，朱雲漢 (1989) 在這點上看得比較清楚，雖然其觀點稍嫌過於「政治先行」，大致上指出邏輯上「國民黨是透過國家機構來創造其經濟特權、經濟分沾更是國民黨的中央統治精英與地方政治精英結合的基礎。」亦即，國民政府的一黨獨大因為先天上從中國大陸繼承龐大的組織與資源，後天上接收日本殖民臺灣時期已經有現代化雛形的交通、醫療衛生、經濟與規訓的社會氛圍，因此能有效地進行徹底的社會改造與重建。在臺灣解除戒嚴之前的四十年，國民政府透過：⑴以「蔣家天下」為中心的高度一致的統治聯盟；⑵「國營」工會的嚴密社會控制網絡；⑶控制教育、傳媒和文化事業的意識型態灌輸；⑷

籠絡與分化臺灣本土精英；和(5)具高度滲透力的特務組織等複雜而嚴密的威權體制運作，同時創造了一個「去政治」和「拼經濟」的民間社會。「去政治」是跟 1947 年的「二二八事件」——國民政府派到臺灣接收的陳儀軍隊屠殺上萬臺灣人——有關，至少是一整個世代的臺灣人不能或不敢去碰觸政治及其禁忌；而「拼經濟」則或許是民間在無法進入政治領域下的心理「置換」(replacement)，全心投入累積資本，追求利潤的經濟成就。而且制度上國民政府服膺孫中山的「發達國家資本、節制私人資本」的民生主義主張，不但獨占日本人留下來的菸酒公賣、鹽、樟腦、石油、郵電及運輸等，並將接收後的日本在臺灣的民間財產均收歸國有，建立龐大的國營企業體制；同時，也在一連串有效的經濟政策，如 1950 年代的進口替代工業化與匯率改革，1960 年代的新財經措施、出口導向工業化和開放外資進入等主導下，「拼經濟」的臺灣人民以「中小企業」規模在國民政府壟斷經濟的夾縫中竟也一同創造出經濟奇蹟，使得臺灣避免陷入法蘭克 (Andre G. Frank, 1978) 等人評論拉丁美洲的「低度發展的發展」的依賴困境。而我們對於朱雲漢的「國民黨是透過國家機構來創造其經濟特權」的「政治先行」論斷可以批評的地方在於，經濟發展或許不是威權體制的結果，而是國民黨所繼承來的日本殖民時期的臺灣經濟早已經資本主義化，並且具備了現代化所需的一切；但歷史的弔詭在於，具備國家統合與一元化指揮的蔣家強人政府，在鎮壓與剷除異己的同時，卻也扮演著促使臺灣經濟起飛的關鍵貢獻者 (key trigger) 角色，這個如哲學家康德 (Immaneul Kant) 所說「善惡並舉」的「二律背反」(antinomie)，既「崩壞」又「建立」的社會發展過程，是作者意欲指出的現象。

回顧解嚴前，臺灣經濟奇蹟一方面展現在眾所周知的高經濟成長，如吳忠吉 (1989) 指出：臺灣的經濟發展使每人實質所得由 1951 年的 13,976 元新臺幣，提高到 1987 年的 112,459 元，平均實質年增率為 6.14%；另一方面展現在臺灣的所得分配在 1980 年之前已經趨於平均上。所得分配的平均化，朱雲鵬 (1989) 指出其原因有四：(1)絕大多數企業是採勞力密集 (labor-intensive) 方式生產，對於勞動力需求很大；(2)大多數企業屬中小企業，彼此競爭，利潤微薄；(3)企業空間離散，交通因素不構成勞力移動限制，農村容易找到工作；和(4)教育普及人民知識水準提升，勞動品質普遍提高。我們從社會學來理解，解嚴前國民政府的「讓人民有飯吃」的成就非常明顯，至少在「勞力密集」向度的經濟結構下，生產力與生產關係維持了某種平衡關係，並且，「企業空間離散」克服了臺灣早期交通不便的因素，使得城鄉的現實差距不致過大。以上的經濟制度性因素加上和人的精神性相關的「教育普及」的影響，終於讓人「衣食足而知榮辱」：除了經濟上的吃飽穿暖外，還要有更好的工資待遇與政治、文化上的自主性。國民政府消除文盲決心所推行的九年國民教育政策，在短短的十幾年間讓臺灣識字率超過九成，而「教育普及」不只是讓「勞動品質普遍提高」，並且讓勞工與人民能思考，知道國家利益之外還有個人利益，從而計算與爭取自己應有的權利，卻在政治體制轉換的混亂中忘記該履行公民義務，於是這就種下臺灣解嚴後的數量眾多的街頭社會運動的因子。

根據圖 7.5，綜合而言，1949 至 1987 年戒嚴解除前的臺灣社會發展，基本上國民政府繼承了日本殖民政權的已具現代化雛形的經濟體制，並加以進行改造。國民黨反省其在大陸的貪汙腐敗所種下的敗戰惡果，在臺灣「勵精圖治」：先任用財經專長總理「下層建築」攸關人民溫飽的經濟結構，創造了既由「黨庫通國庫」的國營為主體的「壟斷經濟」，又有「中小企業」打游擊的靈活經濟，「建立」了臺灣的「高經濟成長、低通貨膨脹」的經濟奇蹟；同時鞏固領導中心，形成以蔣家為中心的政治「威權體制」，徹底壓制反對勢力與控制媒體，讓「階級」問題隱形化，形成民間噤若寒蟬的「非對抗社會」，「崩壞」掉國民黨治理初期的 1960 年代，曾經一度思想與文化均十分自由、「準全球化」的臺灣社會，因此，戒嚴解除前的臺灣，那是一個經濟上越來越富裕，精神上越來越苦悶的年代。

1987 年前的臺灣政治經濟的威權體制，創造了一個「經濟富、精神苦」的社會現實。而在國民政府長期鎮壓與剷除異己的「白色恐怖」下，原已積怨；加上人民對於未能享有憲法所保障的言論自由、組織政黨、出版與集會遊行的權利越來越表不滿。從作者根據臺灣行政院研考會的資料

(1996)❸繪製以下的臺灣解嚴前後社會運動次數圖與表，可以知道在戒嚴解除後（1986–1994 年間）爆發了大量的社會運動。

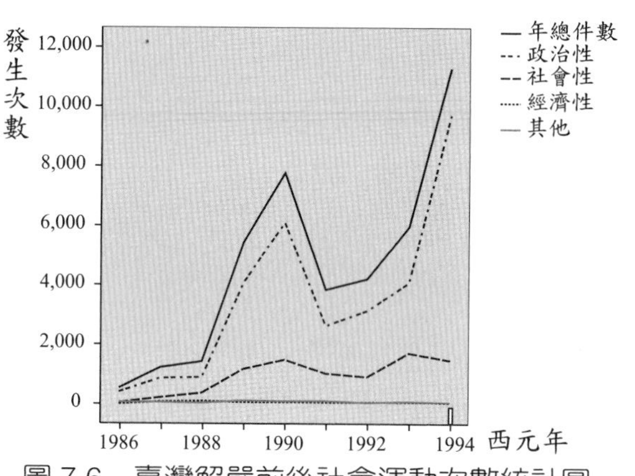

圖 7.6　臺灣解嚴前後社會運動次數統計圖

表 7.4　臺灣解嚴前後社會運動次數表

西元年	總次數	政治性	社會性	經濟性	其　他
1986	538	406	54	7	71
1987	1,233	873	220	78	62
1988	1,433	904	377	108	44
1989	5,431	4,062	1,179	67	123
1990	7,775	6,103	1,494	74	104
1991	3,846	2,631	1,037	68	110
1992	4,205	3,136	920	68	54
1993	5,971	4,076	1,722	80	93
1994	11,294	9,711	1,479	45	59

資料來源：臺灣行政院研究發展考核委員會，1996。

❸ 根據中華民國行政院研究發展考核委員會出版的《跨世紀社會發展趨勢與策略研討會論文》數據，頁 7–14，1996。

大致上 1987 年 7 月 14 日，蔣經國總統頒布總統令，宣告自同年 7 月 15 日零時起解除在臺灣本島、澎湖與其他附屬島嶼實施的戒嚴令以來，除了宣告「上層建築」的「威權體制」的逐漸崩壞，也逐步建立了臺灣的政治上的「民主體制」外，卻產生了意料之外空前劇烈的街頭運動。蕭新煌 (1994) 統計當時的社會運動可分為：消費者運動、地方性反汙染自力救濟運動、生態保育運動、**勞工運動**、婦女運動、校園民主運動、老兵返鄉運動、老兵福利自救運動、教師人權運動、原住民人權運動、果農抗議運動、政治受難人人權運動、殘障及福利弱勢團體請願運動、新約教會之宗教抗議運動等十四類。其實這些又可以簡化為政治性（政治受難人人權運動、勞工運動、老兵返鄉運動、老兵福利自救運動、校園民主運動、殘障及福利弱勢團體請願運動等)、社會性（教師人權運動、原住民人權運動、果農抗議運動和婦女運動等)、經濟性（消費者運動、地方性反汙染自力救濟運動和生態保育運動等）和其他（新約教會之宗教抗議運動）等。

而依此觀察作者整理的圖 7.6 與表 7.4，一直到 1990 年達到三年間的社會運動的第一個高峰，該年有 7,775 次上街頭紀錄；而內容上，相對於社會性與經濟性的議題，政治性的街頭請願、抗議與暴亂是居大多數，呈現數倍或數十倍於前兩者的次數與成長。而 1991 年稍有下降之外，一直到 1994 年達到另一個高峰，總抗議次數突破萬件，政治性社會運動高達九成以上，社會與經濟性的不公抗議緊追在後，這凸顯了整個臺灣社會發展的「上層建築」政治體制正遭受到來自社會性的「中間層次」民間社會力量的挑戰。我們的「論證圖式」中的解嚴前的「非對抗的壓抑社會」，逐漸轉型為「對抗性社會」。臺灣人民第一次真正感受到過去雖然高壓但非常平靜的政治領域的消失，取而代之的是永無寧日的占領主要街道、最高民意機構立法院的每天打架與電視名嘴的在 call in 秀中的陳腔濫調。臺灣民主政治的代價是把威權體制崩壞，「對抗性社會」的誕生同時瓦解集體社會感與建立了只相信商品的個人主義外，最為明顯的是這樣的鉅變中社會發展，也讓「下層建築」的經濟結構起了重大變化：從「壟斷」走向「自由市場經濟」，卻因為社會的「對抗性」使得整體經濟發展走向下坡，原來不過問政治專心「拼經濟」的臺灣人民，卻因為享有了過度的政治自由而陷入了自我們編織的論述陷阱與現實泥沼，「自由市場經濟」弔詭地在未來成為「『政治』經濟」——為政治非藍（國民黨）即綠（民進黨）政黨政治意識型態所支配的欠缺供需彈性的「自由」經濟。這個解嚴後的臺灣「對抗型社會」對於經濟發展的重大衝擊，可以用以下兩個表來解釋。

表 7.5　解嚴前後臺灣主要經濟指標與社會運動次數表

西元年	經濟成長率 *(%)	GNP**	社會運動次數
1966	8.79	37,627	–
1971	13.01	55,419	–
1976	13.70	77,340	–
1981	5.76	108,592	–
1986	**12.57**	**151,101**	**538**
1987	**11.87**	**167,352**	**1,233**
1988	**7.84**	**178,439**	**1,433**
1989	7.33	189,349	5,431
1990	5.02	196,645	7,775
1991	7.24	208,583	3,846
1992	6.02	219,033	4,205
1993	5.87	228,651	5,971

* 經濟成長率：以實質國內生產毛額 (GDP)，對上年（或上年度）的增加率來衡量，一般常住居民，在一特定期間（通常指一年），在本國領土內從事各種經濟活動的總成果指標。經濟成長率 = (當年的國內生產毛額 (GDP)/ 前一年的國內生產毛額 (GDP)) – 1

** 平均每人實質國民生產毛額 (gross national product; GNP) 的意義是：一個國家的國民，在一定時間內（通常為一年），所生產最終財貨與勞務按市場價格計算的總價值。

經濟指標資料來源：中華民國臺灣地區國民所得，行政院主計處，1994。社會運動指標資料來源：中華民國行政院研究發展考核委員會出版的《跨世紀社會發展趨勢與策略研討會論文》數據，頁 7–14，1996。

從「解嚴前後臺灣主要經濟指標與社會運動次數表」來看，在 1987 年戒嚴解除後的那年開始，社會運動總次數從前一年的 538 次驟增至 1,233

次，再逐年不斷的增加。主要經濟指標的 GNP 雖然仍呈增加趨勢，但經濟成長率卻開始明顯下滑，1986 年是 12.57、1987 年 11.87，到了解嚴後第二年的 1988 年竟然驟降至 7.84，降幅達 4 個百分點，相當的大。這顯示解嚴後雖然臺灣每人實質國民生產毛額仍然在增加，但是從事各種經濟活動的總成果指標的「經濟成長率」卻陷入嚴重的衰退狀況，臺灣經濟規模增大的速度開始減緩，以經濟成長率 (economic growth rate) 的用實質國內生產毛額 (GDP) 對上年（或上年度）之增加率來衡量來思考，當年生產總值增加的百分比的下降，均令人懷疑是受到街頭運動的衝撞體制驟增、社會動盪不安、民心浮動、價值混亂所影響。

而「解嚴前後臺灣經濟成長率與社會運動次數 Pearson 相關表」基本上是針對上述懷疑的統計上的支持。我們擷取上表的部分，1986 年至 1993 年，這戒嚴解除前後的部分年代，取經濟成長率和社會運動次數兩個變項進行社會學統計 SPSS 的相關 (Pearson correlation) 分析，發現兩者呈現強烈負相關：在相關係數達顯著水準下，當社會運動次數增加一單位時，經濟成長率會減少 0.856 個單位。

表 7.6　解嚴前後臺灣經濟成長率與社會運動次數 Pearson 相關表 (1986–1993)

		經濟成長率	社會運動總次數
經濟成長率	Pearson correlation	1	–.856*
	sig. (2–tailed)	–	.007
	N	8	8
社會運動總次數	Pearson correlation	–.856(*)	1
	sig. (2–tailed)	.007	–
	N	8	8

*Correlation is significant at the 0.01 level (2–tailed).

雖然兩者不是絕對的因果關係，這在社會發展上可以被理解：在戒嚴解除劇烈變遷中的臺灣社會中，原來全心進行經濟活動的民心，因為「上層建築」的威權體制瓦解與民間社會「社會力」的釋放，那段時間現實生活中的媒體頭版頭條幾乎都是「占據××街頭」、「×××大規模示威遊行，違反集會遊行法」、「立法院×××與×××大打出手，陷入混戰」、「××團體集結抗議」等，原來戒嚴時期的經濟生產是政治的函數，還會經由民間社會的中小企業「拼經濟」找出路，解嚴後上街頭的正是民間社會本身，「求生存」的原始經濟活力被「求生活」、「求解放」的分眾社會運動所取代，結果弔詭的情況出現：理論上解嚴後國營黨營事業逐漸瓦解，應呈現更為公平的自由市場經濟環境，有利於經濟生產，卻導致了解嚴後經濟生產成為「社會」的函數，邁向二十一世紀後臺灣逐漸出現的兩極化的「階級」社會。

臺灣原住民反對核四廢料運動

> 屏東、臺東排灣族部分反核人士合組「排灣族反核聯盟」，昨天在臺東縣大武鄉會師，反對台電在達仁鄉設置核廢料處置場；台電則以國外為例，強調核廢料未必危及安全，做得好還能促進地方觀光。排灣族反核聯盟人士指出，台電公布全臺三處核廢料最終處置場，分別是屏東縣牡丹鄉、臺東縣達仁鄉及澎湖縣望安鄉，其中前二處是排灣族人居住地，是族人傳統領域，長期以來大部分傳統領域已經被政府占用，現在還要把核廢料丟給我們，真的太超過……。(中國時報，2008.12.7)

通過上述新聞的引用，排灣中會形成背景，乃是長老教會總會於1946年派遣屏東教會許有才牧師至三地門部落宣教之始，九年後於1955年成立屏東區會，另臺東方面排灣族亦在1957年成立東部排灣區會。1957年高雄中會於總會會議提案合併屏山地區會與東部排灣區會成立排灣中會，會中決議交山地宣導處及高雄中會山地部，會同兩個排灣區會議長、書記組長共同研議，屏東山地區會對此相當積極，引起熱烈回應，先後於1960年第五屆春季區會會議、1962年第七屆春季區會會議及1963年第八屆春季區會會議中，公決通過成立中會。目前排灣中會所屬地方教會分布臺北縣、桃園縣、臺中縣、臺南縣、高雄縣及屏東縣等 70 間教會，大多數教會均集中設置在屏東縣原住民鄉。另東排中會原為排灣中會「東部排灣區會」，於 2001 年成立東排中會，目前所屬地方教會均分布於臺東縣計 25 間教會。賴德華 (2009) 研究提出，2008 年 8 月 19 日成立的「排灣族反核聯盟」，乃臺灣基督長老教會總會所屬的排灣中會與東排中會之常置委員會的成員組合而成，並以「非核家園、反核廢料」為終極目標。該聯盟成立後立即發表四項聲明，聲明內容為：⑴落實上帝創造人類賦予管理自然世界的責任；⑵實踐臺灣基督長老教會非核家園、固守並營造美麗島之信仰理念；⑶堅持維護排灣原住民族之尊嚴與權利及生命財產與安全；⑷固守先祖之祖產命脈，營造部落之永續發展。由於潛在場址屬於排灣族傳統領域，原住民族的傳統土地領域不只是原住民賴以生存的天然資源，同時是族群文化認同的溫床。若失去傳統土地領域，延續族群之發展將更困難。尤其區域內還包括了舊部落的遺址，是珍貴的文化遺產，一旦成為核廢料處置場，不僅危及居民健康，還會破壞文化遺產。因此，該聯盟未來將主張政府應尊重在地住民意願，並積極維護排灣族原住民尊嚴與權利、生命財產安全，矢志捍衛原住民傳統領域。

長老教會所屬的原住民教會社會運動與臺灣人民在 1980 年代追求政治民主化、經濟自由化、開放新聞媒體民營化，以及臺灣人民自我當家作主之主權獨立國家的社會運動，有著血脈相連的關係。特別在一黨獨大，以戒嚴令來壟斷臺灣政治、經濟的主控權下，一些原住民教會的基督徒和當時的黨外，結合臺灣人的命運共同體，走上街頭爭取實質上的人權和尊嚴。在那個年代，哪裡有街頭運動，原住民的社會團體就在哪裡參與，一些原住民教會的基督徒也是如此，甚至於在大大小小的原住民社會運動，也從來沒有缺席過。1987 年解嚴期間，國內反威權體制的社會運動達到高峰，長老教會也因為長期以來對本土的關懷與臺灣獨立訴求毅然投入社會運動行列。參與政治性活動之外，長老教會也致力於其他層面的工作，包括本身的宣教傳道活動、教育、醫療提升等，但在這段國內要求改革的社會運動風潮期間，長老教會的重心還是放在政治與社會關懷。事實上，早在 1970 年代臺灣在中美關係密切下有可能因此被犧牲，長老教會基於對臺灣前途的關心與本身信仰在追求公義社會的前提下陸續發表三個宣言、呼籲及聲明，之後參與社會運動這段時間，教會關心的重心是在政治改革與臺灣地位上，也因此長老教會成為當時最早投身社會運動者之一。基於對宗教的熱忱，以及對於社會弱勢者的關懷，當時長老教會牧師與神學院學生帶頭前仆後繼地參與社會運動，也有許多教會成員因此入獄。

我們可以從長老教會參與政治性社會運動原因來觀察，過去受到國民黨威權鎮壓及忽視教會提出的訴求，教會才會採取激進的方式要求改革，如今走入民主時代，以反對鎮壓行為為出發點的社會運動也喪失正當性，也是造成社會運動衰弱、甚至消失，或是改以平和的方式進行。在社會運動發展過程，當社會運動的訴求達成，或其目的實踐後，社會運動即面臨轉型或終止的挑戰，一般稱之為「目標置換」。在長老教會參與社會運動過程中，似乎也存在政黨輪替階段性目標達成的現象，面臨這種情況，長老教會也將過去政治參與的重心回歸到其他層面的關懷。雖然這與社會運動所稱的目標置換稍有不同，但就過去長老教會的社會運動參與面角度做觀察，這種重心轉移仍可視為是一種目標上的轉換，因為長老教會除了原有的傳道工作外，對於社會關懷、臺灣鄉土文化、本土教育等同樣延續著過去的理念。長老教會的社會運動動員方面，社會運動並非短時間就能完成組織動員，這些認同與訴求提出需要獲得教會各階層與信徒的支持，並進而轉化成為走上街頭來爭取更多人認同的動力，如何讓信徒產生對社會議題的關心與認同，形成普遍一般的價值觀就顯得非常的重要。究竟長老教會是如何使信徒能夠接受這些觀念？早期威權體制下，政府將民間對於民主、改革言論視為洪水猛獸、顛覆政府，所以無法忍受民間談論政治議題，嚴密監控人民的生活，更遑論在公開場合批評政府。當時的長老教會，通常是由教會牧師透過一些社會事件的發生，以教會信仰的角度來思考，或是以教育者的身分來教導信徒，而不是直接將這些當作政治事件作批判性的討論，當然也有少數牧師勇於發表言論衝撞政府，並認為這是牧師應該做的事。從牧師扮演的角色，顯示出一種地位上、資訊上的優勢，尤其是作為一個教育者的角度，除了傳達理念之外，也隱含將訊息轉化成為教會成員所認同的價值觀念，牧師扮演著資源動員論社會運動領導者的身分。另一方面也顯示當時社會控制之下，教會牧師與高層對於民主觀念的接收管道較一般成員多，主要在於教會牧師多半接受神學院的洗禮，而神學院的教師大部分都是曾留學海外的高知識分子，受到西方民主思潮影響之下，對於臺灣社會高度壓迫所產生的反抗心理，也是形成教會高層積極從事社會改革的原因之一。所以在教會參與社會運動時，教會牧師除了少數抱持不同意見而不願表明政治立場外，大多數往往同時扮演訊息傳達與鼓勵教會成員參與的角色，將參與目的與宗教信仰相互結合，藉以說服信徒參與，試圖將教會參與社會運動合理化為教會應該從事的行為。

在參與社會運動領導的人才培訓上，早期主要從事社會運動的參與者多半是長老教會牧師，且出身神學院，尤其是臺南神學院，主要在於臺南神學院不像其他北部教會學校因為地處政治中心，受到國民黨嚴密的監控。神學院不像一般學校必須接受軍訓教育，師生也可以自由地在校內取得當時被政府視為禁書的相關國內外書籍，或是接收到黨外人士的言論與消息，神學院牧師或學生也會將消息傳達出去，當時黨外人士除了黨外雜誌之外，另一個管道就是透過神學院作宣傳，可以看出當時神學院與教會領導人與黨外主要的幹部來往密切，更凸顯長老教會具備黨外性格與參與運動的原因，尤其是神學院將政治性議題列為學校課程、講座，將這些課程認為是理所當然的納入授課範圍當中，也顯示長老教會在培育傳道人員，同時也將政治關懷視為宗教工作之一，這對於日後教會牧師以宗教身分投入政治活動，也就不足為奇了。

另一方面，在長老教會組織架構外，尚有一個被視為培育社會運動領導人才的機構，稱之為城鄉宣道事工會 (Urban Rural Mission; URM)，乃隸屬於普世協會之下的機構，目的是為著公義與民主的實踐而進行的草根運動訓練，成立的宗旨在於幫助鄉村都市化過程中處於弱勢地位團體爭取權益，標榜以和平非暴力訴求為原則。其訓練以第一、社會問題的分析；第二、認同行動或關注；第三、可行的決策；第四、社會行動等四大步驟，針對社會問題進行分析、探討，找出可行的解決之道。在熱心的臺灣旅外人士出錢出力下，開始安排臺灣島內的長老教會牧師及社會運動草根組織者，到加拿大多倫多接受社會運動的訓練課程，後來更在 1983 年由加拿大本部將此社會運動草根組織訓練課程引進臺南神學院，目前神學院的課程裡也都包含這樣的訓練，代表教會牧師除了傳道身分外，還將動員組織信徒的能力視為是牧師的工作之一。然而 1984 年，因為受到國民黨人員的嚴密監視，長老教會於是決定讓臺灣人在國外接受訓練，直到 1987 年解嚴後，才再度於隔年回到臺灣。同年 12 月 31 日，第 9 期 URM 原住民青年學員將坐落於嘉義市火車站前的吳鳳銅像拆毀，引發國民黨不滿，並逮捕包括林宗正牧師在內相關人士，但對社會也造成不小的影響。後來在 1989 年 3 月 1 日吳鳳鄉改名為「阿里山」鄉，同年 9 月開始，國民小學課本中刪除有關吳鳳故事。被視為是化解種族隔閡、誤解的具體行為，更蘊含著「讓人民走出政治偶像的陰影」的意涵。

依資源動員論的組織化觀點，除了社會運動人力、動員網絡與政治精英之外，另一個重心就是社會運動資源的取得。經過訪談發現，長老教會之所以能夠有效動員信徒走上街頭，主要由於長老教會的信仰良心與教會領導的支持外，不外乎教會成員本身的奉獻精神。在訪談過程中，當談及參與活動所需的金錢花費，也就是教會如何將信徒送達抗爭的地點，尤其在解嚴後，長老教會參與重心移到北部政治中心，南部長老教會並沒有因此而減低參與，反而是由教會牧師、信徒自行決定參加，並且主動出資前往。主要負責推動與籌劃的總會教會與社會委員會，也會針對不同的活動協調各地區中會教育與社會部門推動參與。在經費方面也是以內部為主，原則上長老教會不對外募款，這一點迥異於傳統社會運動資源來源，在一般傳統的社會運動中，多半仰賴對外的募款，其中也有許多是由政黨或社會精英支援，但也因此許多社會運動發展到最後反而成為政治力角力的舞臺，更因為這些金錢來源導致社會運動進行有時候不得不考量到背後贊助者的立場，對社會運動本身反而是一種牽制。至於在參與社會運動的過程中，不可避免會與某些政黨進行合作，其以長老教會的宗教身分，本身並非專門從事這方面的活動，有時會發生個別政治議題上動員的困難，甚至在一些全國性議題的運作上更需要藉由政黨資源、網絡、政治影響力作為奧援，所以長老教會也會視情況與政黨或其他社會運動團體合作。總之，一個強而有力的盟友，多半對於社會運動的發展有所幫助，也可以提高抗爭行動的動員能力。在合作對象選擇上，教會人士認為並沒有特定合作對象，一般來說，教會還是會評估社會運動本身的目的與出發點，是否與教會抱持的想法相同，而教會的理念則是以信仰、教義的詮釋為主，所以訪談的對象也一再強調理念與信仰原則，而非一味地支持。

一般人認為長老教會與民進黨人士因為理念與路線的契合，尤其是在國民黨打壓宗教團體的階段，正好也是當時黨外運動最激烈的時期，黨外人士與長老教會互動頻繁，甚至也將黨外人士的理念帶進教會學校當中，所以給外界留下「長老教會與民進黨劃上等號」的印象。雖實際上也曾發生過長老教會支持國民黨成員的例子，這方面受訪者認為是基於理念支持與個人形象大過於政黨的緣故。1986 年民進黨組黨後，更視為是過去黨外人士的一個結合，因此，長老教會也以同樣的角度繼續給予支持，這除了對民進黨的支持之外，也可以感受到這種支持帶有一種期待，以及對於民進黨以外的政黨無法認同所造成的結果。但社會運動團體在與政黨的互動上，有時候也很難避免成為政治人物利用的對象，這種現象在長老教會與民進黨之間，也很難避免發生，對於這種被利用成為權力的墊腳石，長老教會成員有另一種不同的看法，認為這種利用對訴求達成有助益，也是一種途徑。這或許可以視為是教會選擇「務實取向」的作法，畢竟有政治團體相互結合，對於議題層面的擴大與尋求大眾認同上遠比教會本身更具正當性、合理性，因此在政黨合作上兩方各取所需，也同樣達到各自的目的。莊信德 (2008) 亦指出，長老教會本土神學發展的主體，長期以來建構於抗爭的脈絡，並且從抗爭的角度構築出一條充滿現代性精神的政治神學。

然而，隨著資訊符號系統的跨越國界網路，已經使得民族國家的邊界有所鬆動，因為資訊符號系統的跨國界網路已經徹底跨出民族國家的時間與空間結構。在二次世界大戰之前，國家可以說是社會秩序運作的基本框架，並且是它在穩定性上的最後保障。現在國家仍然是社會秩序運作的基本空間，只不過超國家的秩序已是另一個重要的生活空間，並且關於這個新秩序的形成，最清楚的具體表現乃是五十幾年以來的歐洲整合。有鑑於此臺灣本土神學的建構，從國民黨戒嚴時期迄今，應當經驗一種範式的轉移。就是從「民族一國家」的再現追求，轉向「人民一權利」的橫向連結。前者以「國家人格」作為最小單位，後者則以「超國家權利」作為主體建構的核心題旨。如何從解放神學的對立神學經驗中轉化，從而積極地投入一種新秩序的主體建構，將是臺灣政治神學能否繼續在邁向去邊界化的全球政治思考中，扮演更為積極的科際對話關鍵。

第三節　小　結

社會變遷為一切社會現象的變化，是從個人以至人類整體各個層次上社會現象的改變。狹義的社會變遷則指社會結構的變化，例如人際交往由一種模式轉向另一種模式，或者社會基本價值的變化。社會變遷的研究對象既包括社會變化的過程，也包括社會變化的結果。社會變遷是一個不斷發生的現象集合，它在現代社會表現得越發強烈。正是對社會變遷的好奇與探索促進了現代社會學的發展。關於社會變遷的因素包括有環境、科技、人口、價值規範，而以下將從社會變遷的因素作更詳盡的補充。社會變遷是由許多因素相互關連所造成的，其為錯綜複雜，並非單一因素所造成的，但是其卻有可能因為一個人的決定而造成。哈維從當代全球化的架構下提出時空壓縮論點，探究作為社會力量資源的時間與空間怎樣因為「下層建築」經濟結構的物質條件變化而排除障礙產生了後現代文化。「時空壓縮」作為解釋當代後現代文化現象的條件，是因為這個詞語標示著資本主義的歷史具有在生活步伐上加速的特徵，同時又克服空間的各種障礙，以致世界有時顯得內在地朝向我們崩潰了。在這樣時空壓縮的當代社會變遷理解下，堅守不住這「非常強壯且變化多端」的現代性個人的人，就畢竟要落入後現代的文化狀況：感覺爆炸、玩世不恭、價值變易、空間短暫和時尚的超載感等。則其產生的社會問題的複雜性與多樣性因此就與傳統有所不同，雖然偏差行為的定義可能還是一樣的，都是對於某些規範的違犯。

因此，本章提出探索偏差的行為的成因和遏止的研究理論包括莫頓對「社會結構與脫序」的實證研究理論和另一個理論「標籤理論」，這些面對社會問題的理論是關於偏差行為的類型或是否會因為外在的因素而有所強化其行為的理論。而且，本章特別列舉青少年網路色情沉迷之時空壓縮下的社會問題為例，就在網際網路上，公開張貼或散布裸露、猥褻或低俗不雅的文字、圖片、聲音、動畫與性交易等資訊之「網路色情」問題進行探究，強調色情問題在現實生活已經有諸多的社會問題和爭議，如今，色情換了舞臺，出現在網路世界中，也成為虛擬世界中一個很嚴重的問題，甚至還可能跟現實生活的色情問題結合，而變成更為嚴重的色情氾濫現象，新的法律條文進行因應與調整勢在必行。

而關於社會運動理論較為重要者可分為古典理論（包括多元論、階級論、相對剝削論和集體行動的邏輯等）、資源動員理論及政治過程論等，本章除了詳細論述其理論內容外，也經由實例針砭其得失。就臺灣社會發展方面，1949 年至 1987 年戒嚴解除前的臺灣社會發展，基本上國民政府繼承了日本殖民政權的已具現代化雛形的經濟體制，並加以進行改造。國民黨反省其在大陸的貪汙腐敗所種下的敗戰惡果，在臺灣「勵精圖治」：先任用財經專長總理「下層建築」攸關人民溫飽的經濟結構，創造了既由「黨庫通國庫」的國營為主體的「壟斷經濟」，又有「中小企業」打游擊的靈活經濟，「建立」了臺灣的「高經濟成長、低通貨膨脹」的經濟奇蹟；同時鞏固領導中心，形成以蔣家為中心的政治「威權體制」，徹底壓制反對勢力與控制媒體，讓「階級」問題隱形化，形成民間噤若寒蟬的「非對抗社會」，「崩壞」掉國民黨治理初期的 1960 年代，曾經一度思想與文化均十分自由、「準全球化」的臺灣社會，因此，戒嚴解除前的臺灣，那是一個經濟上越來越富裕，精神上越來越苦悶的年代。1987 年前的臺灣政治經濟的威權體制，創造了一個「經濟富、精神苦」的社會現實。而在國民政府長期鎮壓與剷除異己的「白色恐怖」下，原已積怨；加上人民對於未能享有憲法所保障的言論自由、組織政黨、出版與集會遊行的權利越來越表不滿。這些問題所導致的大量社會運動，進入二十一世紀後雖有下降趨勢，但是，誠如「資源動員論」指出，現代社會中會一直有社會運動發生，因為在多元社會中總會有苦情或不滿存在。苦情或怨氣作為人的情緒反應，還有的就是人的理想與熱情，那是對於制度性、結構性的不滿，都可能引發社會運動，而結構性的考量，如資源動員、政治過程、機會結構的因素，也能讓我們瞭解產生社會運動的原因為何。所以，本章也舉出當代原住民的守護社區與家園的反對核四廢料運動為例，說明現代社會中會一直有社會運動發生，只是議題會因為時代變遷而做調整，而我們理解全球化下的社會問題與社會運動，也當隨著社會變遷而進行與時俱進的視角轉換。

參考書目

1. 王甫昌，〈社會運動〉，收錄於王振寰、瞿海源主編，《社會學與臺灣社會》，臺北：巨流，2002。
2. 王振寰、瞿海源主編，《社會學與臺灣社會》，臺北：巨流，2002。
3. 石計生，〈崩壞的與建立的——論解嚴前後（1980–1990 年）臺灣的社會發展〉，收錄於謝立中編，《經濟增長與社會發展：比較研究及其啟示》，北京：社會科學文獻，2008。
4. 石計生，《社會學理論——從古典到當代之後》，臺北：三民，2006。
5. 朱雲漢，〈寡占經濟與威權政治體制〉，收錄於《壟斷與剝削——威權主義的政治經濟分析》，臺北：臺灣研究基金會，1989。
6. 朱雲鵬，〈臺灣所得分配的特色與前景〉，收錄於《壟斷與剝削——威權主義的政治經濟分析》，臺北：臺灣研究基金會，1989。
7. 何明修，《社會運動概論》，臺北：三民，2005。
8. 吳忠吉，〈勞資分配與勞資關係〉，收錄於《壟斷與剝削——威權主義的政治經濟分析》，臺北：臺灣研究基金會，1989。
9. 莊信德，〈田立克政治神學中國家概念的動態性意涵〉，臺灣神學院教學資料網站 http://ir.taitheo.org.tw:8080/dspace/handle/987654321/254，2008。
10. 蔡文輝著，《社會變遷》，臺北：三民，1995。
11. 蕭新煌，〈臺灣新興社會運動的分析架構〉，收錄於徐正光、宋文里合編，《解嚴前後臺灣新興社會運動》，臺北：巨流，1994。
12. 賴德華，《臺灣基督長老教會之社會運動參與——以排灣中會、東排中會「排灣族反核聯盟為例」》，東吳大學社會系碩士論文（未完稿），2009。
13. M. Olson 著，董安琪譯，《集體行動的邏輯》，臺北：新橋，1989。
14. A. G. Frank: *Dependent Accumulation and Underdevelopment*, London: Macmillan, 1978.
15. D. McAdam: *Political Process and Development of Black Insurgency, 1930–1970*, Chicago: University of Chicago, 1982.

16. J. C. Davies: Towards a Theory of Revolution, *American Sociological Review*, Vol. XXVII, pp. 5–18, 1962.
17. J. C. Jenkins, and C. Perrow: Insurgency of the Powerless Farm Worker Movements (1946–1972). *American Sociological Review*, 42 (2): 249–268, 1977.
18. J. D. McCarthy, M. N. Zald: Resources Mobilization and Social Movements, *Annual Review of Sociology*, 9: 527–553, 1983.
19. M. Olson: *The Logic of Collective Action: Public Goods and the Theory of Groups,* Havard University, 1965.
20. R. Luxemburg: *Rosa Luxemburg Speaks,* Mary Alice Waters (ed.), Pathfinder Press, 1970.
21. R. Merton: *Social Theory and Social Structure*, NY: The Free Press, 1968.
22. R. Stark: *Sociology*, Belmont, Calif.: Wadsworth , 1988.
23. S. Tarrow: *Power in Movement:Social Movements, Collective Action and Politics*, N. Y.:Cambridge University Press, 1994.

名詞解釋

社會變遷 (social change)

一切社會現象的變化，是從個人以至人類整體各個層次上社會現象的改變。狹義的社會變遷則指社會結構的變化，例如人際交往由一種模式轉向另一種模式，或者社會基本價值的變化。社會變遷的研究對象既包括社會變化的過程，也包括社會變化的結果。社會變遷是一個不斷發生的現象集合，它在現代社會表現得越發強烈。

數位落差 (digital divide)

因資訊科技的進步，引發出國際間、社會間、族群間、個人間的資源分配及使用不平等的差距。現代電腦和網路技術的高度發展，使得取得使用資格與否，決定了經濟、產業、文化、教育、交通等整體發展的可能，因此，與發展緩慢的國家、社會、族群、個人間的差距越來越大，這樣的現象稱為數位差距。

偏差行為 (deviance)

有違反社會秩序所規範的行為，即不被社會所接受以及世俗認定為不正常的行為，均稱為偏差行為。

犯罪 (crime)

當個人有觸犯刑法內所規範不能碰觸的行為時，即構成犯罪，因此，個人必須接受刑事責任而受懲罰。

初級偏差 (primary deviance)

在標籤理論當中，一個導致被貼上標籤的偏差行為就是初級偏差。

次級偏差 (secondary deviance)

一個因為犯了偏差行為而對他人貼上不好的標籤之後，反而對此不良的標籤有所反應，並且繼續持續這樣的偏差行為，這種因為他人貼標籤持續的偏差行為就叫做次級偏差。

網路色情 (network pornography)

是指在網際網路上，公開張貼或散布裸露、猥褻或低俗不雅的文字、圖片、聲音、動畫與性交易等資訊。

社會運動 (social movement)

人民所發動的集體挑戰，持續地與精英、對手和權威從事互動。

多元論

多元論的權力多元觀點事實上是否定社會運動存在之可能；因為社會運動的主要力量來源是群眾有苦情而起來反抗統治團體，而多元論的理論則認為群眾可以透過自願結社或利益團體的互動來分享權力且能對統治的領導者或團體有影響力。

階級論 (class struggle theory)

認為社會運動的本質是階級鬥爭，是群眾在被統治的階級無情剝削及宰制之下，義無反顧地反抗。

相對剝削論 (relative deprivation)

認為社會因為變遷所造成的某種結構性緊張，產生相對剝削感而致個人心裡不平或抱怨，因此以參加社會運動來發洩心理不滿。

J 形曲線 (J-curve)

戴維斯社會運動理論。在時間之流中，當人們的心理感受的現實與理想狀況落差太大，期望值相對高於現實狀況時，人們容易產生不滿和怨氣，於是社會暴亂就可能降臨。

集體行動的邏輯

從市場模型的數理推演，將革命界定為對公共財追逐之理性抉擇。集體行動的發生必須滿足下列要件：團體的型態須傾向低成本的樣態，團體的規模必須小到克服「搭便車」之問題，團體必須提供個人個別而「選擇性」誘因；唯有如此，社會運動才能發生。

資源動員論 (resource mobilization model)

認為外來資源或外力的挹注，是促使弱勢團體能夠發起社會運動挑戰的最重要因素。而不認為運動支持者的「心理不滿」是運動發生的決定因素。

勞動力 (labor force)

人類付出的勞動，它可被雇主擁有也可以被交換。是馬克思主義中剩餘價值的來源。

政治過程論 (political process theory)

認為社會中的政治情勢的變遷，可提供弱勢群眾組織社會運動來改變不利處境的挑戰時機。而在這樣的政治機會出現時，弱勢群眾除了有效地動員組織社會運動外，還須有集體行動的共識。

零和遊戲 (zero-sum game)

沒有轉圜空間而互相抵制的狀態。

勞工運動 (labor movement)

社會運動的其中一種。運動的發起大多由勞工組成的工會推動，成員也多半由勞工組成，運動訴求的議題以勞動市場內的勞工問題為主。

第八章

結論：全球化下的四處行走

> 如我們所知，十九世紀最為著迷的是歷史：它伴隨著的是發展與停滯、危機與循環的主題、不斷累積過去的主題、過去的人的偉大優勢及覆藏那險惡的世界。十九世紀在熱力學第二定律（萬物趨向最大亂度最低能量）中，發現了其神話的根源。而當今或許特別可說是空間的時代。我們置身於共時性的時代：我們身處並置排比的時代，近與遠、肩並肩、星羅棋布的時代。
>
> ——Michel Foucault/*Of Other Spaces*

當代偉大的社會學家傅柯 (Michel Foucault)，〈在另空間〉(Of Other Spaces) 文中，曾貼切指出，十九世紀所著迷的歷史視角已經過去，我們現在身處的是「空間的時代」，是「置身於共時性的時代：我們身處並置排比的時代，近與遠、肩並肩、星羅棋布的時代。」這個時代，是全球化的時代，並置排比，是可以輕易經由快速流動的交通工具或資訊流移動，而時空壓縮地參與千里萬里之外的事物。這是現今學習社會學首先必須瞭解的新現實。而本書出入傳統與當代之間，在變遷的全球化下觀察社會現象與問題，而以各種理論、概念來詮釋社會學，到了這裡就接近尾聲了。二次世界大戰後從中國大陸渡海而來的孫本文、龍冠海教授，曾在那百廢待舉的1950–60 年代構思，撰寫了關於臺灣的社會學。但可能是囿於時代的意識型態，或者西化學術性氛圍的支配性，我們從過去社會學先輩中比較難看到對於臺灣本土社會的觀察與案例，使得本書在某種程度上是在繼承傳統中找到一條回歸現實的道路，那條道路好像是在旅行，在時空中穿梭，或者說是全球化下的四處行走。是以，傳統社會學中的許多觀念，如國家、社會制度、自我、都市化、文化媒體、社會問題與社會運動，都因為整個世界的快速變遷而產生了劇烈的變化。今日談國家，不再是一國之內之事，而是與權威的活動 (sovereignty of spheres) 和全球治理 (global governance) 有關；社會制度也不只是資本主義或社會主義，思考第三條路 (the third way) 是件重要之事；自我也不是傳統的互動論可以完全解釋，從自我到婚姻、家庭與社區等社會化機構，精神分析學派與社會學習論均提供我們更為深入的自我與他人互動的見解；都市化也不再是談論城鄉之間的二元劃分問題，就亞洲而言，可能城鄉混和型都市化 (desakotasi) 更為接近臺灣的現實；收音機、電視等文化媒體的傳統作用也在當代逐漸被網際網路 (internet)、e-mail、MSN 或 PPS 所取代；其後果是新的型態的社會問題，如網路色情、網路毀謗或犯罪的出現，法律的調整在全球各國出現不同調的情況，說明變遷中的社會確實無法完全掌握；而因為苦情或怨氣在當今越來越多元化、分眾和全球化的世界裡總是會發生，所以社會運動無時無刻會存在，對於其解釋就需要更多的理論基礎。凡此社會學中的重要議題，本書均以全球化與變遷，甚至後現代的視角，在適當的時機參與臺灣具體實例的解釋與對話。

本書在某種程度上是在繼承傳統中找到一條回歸現實的道路，那條道路好像是在旅行，在時空中穿梭，說是全球化下的四處行走，更貼切的說，是黃皮膚下的四處行走，帶領讀者去社會學裡倘佯、旅行。世界變化仍在進行，我們仍然要與時俱進地感覺那些變化，通過閱讀與經驗，找出安身立命的道路。但作為華人的社會與城市反省有其特殊歷史與區域特性，或許，以下〈黃皮膚在四處的行走——北京、上海、東京與臺北❶〉，可以提供讀者一個啟示，並且把它當作一個本書進行中的結論吧。

黃皮膚在四處的行走——北京、上海、東京與臺北

楔子

黃皮膚在四處的行走，是一種跨越歷史與國度的人種城市生活觀察，它立基於我巨蟹座蟄伏已久的忽然綿密的學術之旅，在酷熱的七月間，連續造訪了北京大學、清華大學、上海復旦大學、上海大學和日本的東京大學等驛馬星停後，重回臺北的東吳大學研究室，在滿山的蟬聲與蔽天榕樹中沉澱回首向來。

不管現在如何，我旅次所見的黃皮膚，我想，都曾經或仍然處於中華

❶ 引自石計生著，《成為抒情的理由》，臺北：寶瓶，2005。

文化圈的作用力下。二十一世紀的現在感覺是，離這同心圓最遠的是東京，然後是臺北，然後是上海，最近的是北京。這同心圓並不是穩定的，隨時都會因為新的離心力而產生新的變化；而且，我深切感覺到，黃皮膚在四處的行走，最終都會在資本主義的商品所產生的拜物新核心中享受，體驗，掙扎，反省與創造。

隱藏在中華文化圈中的這些城市，在歷史的縱深與文化的全球混同下，各個城市產生了不同程度的和西方文化交織，變種，甚至解構原來圈囿的張力。

西化最早的日本，1868 年以「殖產興業」、「富國強兵」為目標；明治天皇親政後的日本邁向「現代化」的歷程，這「明治維新」使得東京城市最早進入世界資本主義體系中，從而使得現在的這城市充滿了混種、拼貼的「後現代感」；1894 年的中日「甲午戰爭」，使得相對陷於傳統主義、積弱的清廷屈辱地割地賠償，成為海峽兩岸讀過中國史的華人痛苦萬分的記憶一部分，以及 1856 至 1860 年「英法聯軍」與 1900 年英、美、日、俄、法、德、奧、義等「八國聯軍」的燒殺淫掠既往。那些民脂民膏的天文數字的賠款，成為日本推行西化政策的鉅大資金來源：充當海軍與陸軍的擴張費、發展實業，興建鐵路、充實運輸通信等基礎建設費，以及經營臺灣新殖民地的費用。

「甲午戰爭」所象徵的那兵荒馬亂的帝國主義侵略時代，將我的旅次的四個城市推向現實的關連。北京，當 1860 年「英法聯軍」攻陷時，一把火燒掉了極盛時期「東西長六華里、南北寬四華里，有五千兩百餘畝地」的圓明園。這中國著名的皇家園林，就在北京大學北邊隔一條清華西路，現在，我所見到的，只剩落寞盛開的荷花伴隨偌大的空盪。而上海，1843 年開港，1858 年「中俄條約」後被訂為通商口岸之一，其西化的影響，也就成為華洋雜處，混同的社會生活局面。我現在所定居的臺北城，則是 1890 年「馬關條約」後，臺灣連同遼東半島與澎湖列島一起割讓給明治維新下的日本，忽然就成為了日本帝國的殖民地，在明治神宮建立時，也是一起貢獻十萬株樹木的「全國」的一員，恍惚一夢五十年。

而戰爭的屈辱與殘酷又過了五十年後，來到了二十一世紀。

認同也因政治的分合產生了微妙的變化。

黃皮膚在四處的行走，形象與崛起，旅次所見，一種複雜的亞洲情緒。

曾經為白皮膚或黃皮膚自己所侵略，所殖民；現在，白皮膚、黃皮膚和我一樣走在北京、上海、東京與臺北，吃著一樣的包子、水餃、拉麵和麥當勞。

黃皮膚，不管說著北京話的、上海腔的、臺語的或日語的，我感受到這些四處的行走，充滿了力量的形象與差異的崛起。

當紫槐刺桐花開時

這到處都是的花的名稱是車行前往首都機場時，公交車司機斬釘截鐵說的，端詳那類似臺灣巒樹的羽狀複葉，搭配青蘋果色的花朵，很難想像與其花名的關連這樣的迷惑象徵性地顯示，相對於 1992 年，我的 2005 年北京印象的不對稱記憶。

在城市的西北角，被稱為「大學區」的中關村一帶，分布了著名的北京大學、清華大學、人民大學和北京外國語大學等幾十所學校，這區域往南一點延伸和紫竹院公園連成一氣，形成一獨特的文化地景所在。

十三年前一到這城市我就病了。躺在紫玉飯店昏昏沉沉，只記得幾個浮光掠影：埋葬全真派丘處機道長衣冠塚的白雲觀，香煙裊裊中幾個表情肅穆留著比我還長鬍子的道人，穿著藏青的道服在中庭一株看來非常老的松樹下練習劈腿與看書；另外就是北京大學正門前蘇州街上單車潮一波又一波所發出嘹亮脆耳的鈴鐺聲，我止步微笑地讓開，讓一紮著辮子穿著黑裙白襯衫的學生青春燦爛從右前方而過落葉飄零如雪。

蘇州街上，現在看了清楚了，如雪的青蘋果色花瓣遠遠就會泛著白色的光芒，卻是在極度的大小汽車擁塞的道路上不知所措地落著，七月酷熱抒情感覺已遠，有一種和十年前臺北某種程度上雷同的交通打結與四起的喇叭聲，灰濛濛不見陽光白雲和藍藍的天空，這是一個迅速發展中的大城市必經的反浪漫的過程。我想。

根據官方的「北京城市總體規劃（2004 年–2020 年）」資料，在這張千年古都的未來發展藍圖中，想把北京城市發展目標確定為國家首都、世界城市、文化名城、宜居城市。北京，至 2003 年，是一個擁有接近一千五百萬人口的大都會；那等於將臺灣三分之二的人聚集在一個城市中，將超過五百萬輛所有的各型汽車聚集在其中，其廢氣與空氣汙染是十分驚人的，若再加上首都煉鋼場與寒冷冬天的燃燒煤球取暖。

我在紫槐刺桐花開時的北京五天，我看不見天空的雲與美麗溫暖的陽光。我很為這個城市與人民健康憂心，特別是 2008 年奧運即將在此舉行，如何看見天上的雲朵，將成為一重大準備議題。

見了中國社會科學院（楊團）、北大（楊善華、謝立中）、清大（李強、孫立平）與人大（李路路、洪大用）幾個重要的學者與研究生，歸納起來關心與研究的議題不外乎下列幾項：全球化下的城鄉差距與流民問題、地理資訊系統 (GIS) 的城市決策運用、和胡同等古蹟的保存與規劃等。有的到農村直接做田野調查、蹲點；有的從理論層面探討 1978 年經濟改革之後所面臨的中國社會結構的斷裂與轉型問題；有的從政策面提出社會保障的對應策略；有的直接參與「歐盟援助計畫亞洲城市合作」的保護胡同古蹟項目。

有如霧起時的每天，低沉的陰鬱感席捲我對這城市的歷史與現實記憶；但所遇見的學者卻是充滿了一種真切的家園關懷與知識分子的使命感，這使我覺得看見了陽光。

這陽光請告慰一個我心儀的靈魂：王國維先生。

「人生過處為存悔，知識增時只益疑。」王國維曾留下這樣悲觀的詩行。

沿著蘇州街北走，紫槐刺桐這到處都是的花瓣落羽帶路，我來到了頤和園的昆明湖。望著湖光波瀾的水面，遙想 1927 年的王國維，被譽為「中國現代學術奠基人」、「新史學的開山」的一代國學大師，至佛香閣排殿下的昆明湖畔自沉湖底。他在留下遺書中說：「五十之年，只欠一死，經此世變，義無再辱」。一種忍耐易幟的恥辱與喟嘆古典中國之飄零，

現在才能理解，你
投湖自盡的決心
身著唐裝一襲深藍
那垂柳只能為古典
搖曳。搖曳的路途
不能長久　所以到哪裡
其實都是一樣的
心愛的時代死了
到處是地獄。

我想起，多年前為他寫的一首詩的句子。

二十一世紀的知識分子認真思索這個城市與國家的出路，黃皮膚在這裡的行走，充滿實踐力與熱情，雖然某些過去社會形式實驗的經驗遺跡猶然困擾著自由思維的心靈，但那畢竟是強弩之末，我想，在一個奮起的全球化年代，紫槐刺桐雖然受到空氣汙染干擾，仍然將北京城市點綴得繽紛可喜；黃皮膚在其中行走，在過渡的階段誠心研究出路，以和平大愛之心。

她躺在，紫槐刺桐青蘋果花瓣飄落不到的地方

在從北京飛往上海虹橋機場的途中，我翻開已經改版改得像《蘋果日報》的《文匯報》二版，一則消息令我不忍卒讀。大意是在鐵路北京站前，一名農村來的老婦人因故流血躺在地上三天，竟沒人伸手援助而死亡。在短暫下榻的飯店前，我六樓的落地窗可以清楚看到北京站，這位於整個城市核心東南角的重要交通樞紐的晨昏熙攘。拖著行李，六天前，我也是其中的一員，從遙遠的臺灣乘著噴射客機而來；而他們大多則是從東北或其他中國農村來到京城討生活的可憐人，以簡單行囊。那老婦人之死，正是整個大環境的社會結構轉變下的犧牲品之一，這裡學者如孫立平所宣稱的「斷裂與轉型」的社會過程的後果，其實就是資本主義化將貧窮邊陲化乃至視而不見的後果。對照在飯店電視所看見的文革時期的訪談回顧，誠然

之後是巨大的創傷經驗，但同時我們也看見了一種實踐社會主義的熱情，二十出頭的一批北大學生，為了服務社會的理想，搭上長途火車前往黑龍江墾荒。更早一些時候，在抗戰前後時期，我想著，擠得黑壓壓的入站、出站的人群中，有一名名叫蕭紅的女子，也曾經從這裡勇敢跨出封建家庭的束縛，忍受著寒冷的北方雪地氣候與更冷的感情人心，以自己的動人「越軌的筆鋒」，寫出了《呼蘭河傳》與《生死場》等描寫邊陲之地與農民之不朽名著。我是如此惦記著這樣有血有肉的入世之人，曾以詩句記錄，雖然她

> 總是一個人走，越軌的
> 筆鋒拒絕遺忘內在
> 痛的感動，你說白樺
> 枯枝俯視光滑表皮紋路
> 體驗的重點是，走路的
> 有體溫的歌詠擁抱
> 比緊抓著地深入的根好。

圖 8.1　北京站出站口

集體社會的鄉里連帶與看顧熱情逐漸消失，以個人為基礎的追逐金錢思維正瀰漫在中國，這曾經是商品拜物教的最後對抗的堡壘，終究也得在世界資本主義體系的吸納作用下，功能性地扮演其角色；問題是誰是資本化的犧牲品？在臺灣曾經是農民，在中國大陸也是農民。從社會人口而言，根據學者黃榮清等之研究指出，至 2000 年為止，中國的跨越縣市與省份的流動人口，保守估計已經超過七千萬人，而在京津唐地區（北京、天津與唐山等）流動人口，相對於長江三角洲與珠江三角洲，在城市的集中程度最高，達到 68.65%。就北京城而

言，2003 年的資料顯示，北京的人口自然增長所占份額為 12.92%，人口遷移增長為 87.08%，顯示流動人口是北京人口增加的主要原因；而從鄉村來的「農民工」則占全部流動人口的 59%，即將近六成。這些為數龐大，動輒千萬人的「盲流」，因為沒有城市戶口，所以無法享受基本社會保障與人權的照顧，並且受到城市居民歧視，成為社會底層中的人。和臺灣在資本化的過程一樣，總有那樣看天看海看山吃飯的一群人，被相對或絕對地剝削。但從發展徑路來看，資本主義化的臺灣，產業朝向工商服務業轉變的結果，目前農民所占比例不會超過總人口的 5%；但是整個中國在資本化的過程，目前農民的比例仍然占總人口的 68%，超過八億人。有識之士都知道，這龐大的不穩定人口，是在經濟高速發展過程中必須正面以對，並且也有真切提出政策解決其問題之必要。

老婦人無力如蕭紅以筆記錄社會不義，但以姿態喚醒良知：

老婦人之死正是這樣一群社會底層人的象徵，

她躺在，紫槐刺桐青蘋果花瓣飄落不到的地方。

法國梧桐與鮑伯迪倫歌聲中的晨舞

而上海這裡處處可見的行道樹是法國梧桐，比楓樹還要大上十幾倍的葉子，背面有毛茸茸的軟針，紙質的葉子總是維持常綠的活潑有力。那日清晨，走過這著名的上海復旦大學新建體育場旁，正慶幸這兒的藍天白雲如此動人，陽光尚未完全透視這個城市每日的忙碌，一種熟悉的流行歌曲，從一群欄杆內執扇起舞的婦女熱情動作中傳來；那是，我大學時期最為喜歡的美國民謠歌手鮑伯迪倫 (Bob Dylon) 的名曲〈有如滾石〉(Like a Rolling Stone)。迪倫寫這首被稱為全美有史以來最佳五百首流行歌曲的第一名的作品時，才 24 歲。

圖 8.2　上海復旦大學裡的法國梧桐

1965 年，當他發表此曲時說:「我寫了它，我沒有失敗。這曲子很直接。」這是非常典型的美國喜歡挑戰又直接的資本主義精神，用音樂表達喜怒哀樂的感情，在現實生活裡接受歷練，克服挫折並勇往直前。作為中國的門戶，迎接新思維的窗口，上海的歷史上的中西合璧精神，似乎在這校園偶遇表露無遺；那群婦女看來有老有少，聞音起舞的同時，巧妙地將中國的扇子融入了個性中帶著群性的步伐中。經過她們，經過綠油油的法國梧桐，我從學院的南校區走出，走上國權路，到鹿鳴書店買了一張預約的上海地圖，然後折返，回去下榻旅店。

那充滿張力的景象仍然在欄杆的彼處閃爍光芒。已經完全起了床的陽光以燦爛的笑容滋潤著每一個在鮑伯迪倫歌聲中晨舞的上海婦女，扇子忽快忽慢地跟著節奏前進，旋轉，後退與變化著腳步，裙擺也跟著在微微風中飄逸。

我想，這就是了，非常直接的上海精神。在成本效益考量之下，以一種開放的心態容納各種可能，並且鍥而不捨地實驗著，接受挑戰，盡情享受著人生，在個性中帶著群性行走。這也印證在我所遇見的學者們身上的研究熱情，從復旦到上海大學，見了復旦的梁鴻，張樂天等教授，在上海大學，見了劉玉照，耿敬，張文宏等教授，均入世而務實；其風格，迥異於北京、清華大學學者理論結構思辨的深沉。一個面向港灣的城市如上海，西化繁華中帶著自己的文化韻律軌跡，而內陸大城如北京，則從歷史深厚的重量出發，一切外來的在長時段的過程中，終將為之吸納，成為核心中的組成部分。

法國梧桐常綠地招搖，我在疾行的公交車中告別上海，一個都市系統的複雜度和北京旗鼓相當的城市，多了一分藍天白雲，卻或許因為只是短暫的停留，感覺少了一分家國憂愁。我吃著手中在下榻飯店牡丹路上包子店買的早餐，一個人民幣五毛錢的菜包，竟是這趟中國之旅覺得最為美味可口的食品。我看著比起臺北有過之而無不及的高樓大廈，在到浦東機場的漫漫長路沿途到處都是，這些垂直化的在地的與全球的資本，正迅速地為上海創造無數就業機會與龐大商機。包括那包子店的老闆，在一坪見方的小店中，我想起，那天晚上經過門口時，地上是清洗乾淨的水漬痕跡，他帶著老婆與四個小孩擠在一張竹席上眼睛盯著一臺舊電視在看，微弱的一個電燈泡，在來襲的颱風尾中晃搖，這一幕卻是十分地感人。

我不知道包子店老闆黝黑的皮膚是否意味著他也是一個由鄉下來的「農民工」，是怎樣的機緣使得他和家人沒有落得和北京站的老婦人一樣的死於非命的下場我也不得而知。只能這樣說：在大都會中的生與死，端賴生存的意志、維繫家庭的儒家倫理、一技之長的能力與某些可遇不可求的運氣。車行經過了揚浦大橋，寬闊的揚子江從這兒就要東流出海了，正所謂浪淘盡千古英雄人物，滾滾長江東逝水，我想我是疲憊了，我甚至沒有習慣性地撿拾一片法國梧桐葉片作為紀念，我看見飛舞的梧桐不知是在夢中還是真實，就這樣隨著氣笛中的輪船風向朝著東方而去，我的靈魂好像也隨著而去……

失溫百年的臺灣紅檜與日本青少女同人誌

氣笛中的輪船風向朝著東方的日本；我來了，這黃皮膚為主流的世界最大的都市：東京。而印象最為深刻的樹木不在街頭；而是日人國家信仰的中心，明治神宮的臺灣紅檜原木與東京大學校本部的百年銀杏。

特別是在東京這樣一個人口接近 2,700 萬，世界第一的大都會，不只是人的聚集，而且是非常成熟的城市。這裡所謂的「成熟」，不僅是指城市的基礎建設（如地鐵、交通運輸、消防、警政、安全等）的完善；而且還指向人的素質的成熟、與對於嶄新的、多元事物的接納與拼貼的寬廣可能。但是，同樣的，其「成熟」的後果可能是「無所謂」、「去傳統」、「標新立異」而造成一種「浮士德精神」——與西方資本主義或商品，交換大和民族靈魂的結果，是自我文化特質的喪失。這點，日本大文豪三島由紀夫與諾貝爾文學獎得主川端康成感受或許最深。我想起，自己曾經於臺北紫藤廬茶館的系列演講：

「三島由紀夫於 1970 年切腹自殺，為了天皇一個人。

為一個人而死必須是一種執著的舉動，超越宗教，超越家庭，超越黨派，超越愛情，乃至超越生命本身。這個人可以是一個象徵，一種理想，一種可能是過時的精神性，學說，或者一行詩；因為察覺在時間之流，光陰的無情推波助瀾之下，被新的主宰力量所拋棄，因為發乎內心的摯愛，於是以一種流俗與當代所無法理解的方式結束自己的生命。

川端康成，三島的亦師亦友的終生知己，於 1972 年也以吸瓦斯方式自殺。川端早得了諾貝爾文學獎。三島比川端有實踐力，選擇了以行動死於年輕（至少身體上的鍛鍊是）。三島之死，川端忽然覺得自己少了什麼。

川端知道，三島帶走的是一種日本非常根本的精神，環繞在一個人身上所發展出來的美德，內斂，與勇氣，所謂的武士道。那正是他畢生的寫作迂迴所要展現的美麗，隨著三島之死，就像櫻花一般的隨風四散了。

瞻仰川端的作品絡繹不絕，川端卻打心底覺得孤獨，1970 年後。自己站在所有文壇的高峰，卻很想再與你通通信。川端背手看著細雪，之外逐漸多了起來的汽車與自動電話與玻璃櫥窗，他是唯一身著和服的憂鬱的老人，讀著日益民主的報紙，用圓形的老花眼鏡，說著東京新的百貨大樓又要開張了，新幹線貫穿本來遙遠的關東與關西。川端很想念三島，心中暗暗說著：跟著三島由紀夫走——在這些日子裡，我大概確實是幸福的。

晚上，川端自殺。

綿密如蜘蛛網的東京地鐵，我搭乘 JR (Japanese railway) 線，從品川驛下榻旅館，來到原宿站的明治神宮，天皇的原始崇拜場域。

許多移動的眼睛，一個矛盾情緒的起點，不管對黃皮膚的華人還是日本人都是。

明治神宮，是現在臺灣人到日本最喜歡去的地方之一，通常是為了據說很有靈驗的御守與護身符的理由。位於東京正中央澀谷區，明治神宮是東京 23 區內最大的綠地，總面積 71 萬餘平方公尺，供奉明治天皇與皇后，此地緊鄰著前衛流行消費文化集散地原宿竹下通，這一帶，形成日本最具後現代生活風格的地景之一。

其入門神宮的牌坊「大鳥居」看來十分巨大，混雜在日語系中，許多操臺語或北京話的遊客簇擁在照相。憑著直覺泛起莫名的心情波瀾，我當場知道了這碩大無朋的聳立在南北参道的檜木，一定是從方成為日本殖民地的臺灣森林所砍伐運來。「這高 12 公尺，寬 17 公尺，支柱直徑 2 公尺，重達 13 噸的紅檜，是在臺灣海拔 3,000 公尺的密林深處找到了樹齡一千五百年的大樹。此樹被運往日本，在第一代鳥居遭雷擊損毀後，於昭和 50 年（1975 年）完成日本最大的木製鳥居。」參訪手冊這樣寫著。腦海裡閃過的是日治時期宜蘭縣羅東鎮的「儲木池」，我所曾經仔細研究過的太平山森林，一批又一批珍貴的原生樹種紅檜與扁柏，經由流籠、森林鐵路、五分車來到池中，然後經由蘇澳港或臺北轉往東京，其中應有我眼前的這成為神宮門面的臺灣紅檜吧。被砍成三截做成一個門面，我觸摸著它百年失溫的身體，無言以對。

神宮的樹種繁複而茂盛，而且是人工林，是全國人民在明治天皇駕崩後，為感念其帶領日本現代化的功績，而集體捐獻。「植物學家按東京的氣候環境而種植了椎樹，橡樹，楠樹等常綠闊葉樹，開工之後，即從日本各地以及中國東北（舊滿洲），朝鮮貢奉樹木達 10 萬餘棵。當時保有的 365 種的樹木由於氣候等原因變成了如今的 247 種。而數量卻大量增殖，達 17 萬株以上。」割地賠款的歷史時代，被納入日本版圖的中國東北與臺灣，都成為日本各地的構成元素，而其中原來無憂滋長的樹木卻被橫的移植成為慶祝親手下令入侵的天皇升格為神的林相一部分。

對於黃皮膚的華人，「大鳥居」的臺灣紅檜神木與 17 萬株樹中的中國東北白樺，在明治神宮中所承擔的歷史記憶似乎在紀念品販賣店的 Visa,

Master Card 的購買人潮中被取代。我張著眼睛看看這些滿足的穿梭，黃皮膚之間一百年前的敵對，完全沒有了蹤影。

圖 8.3　明治神宮前的同人誌

對於黃皮膚的日本人而言，「浮士德精神」體現在明治神宮與其旁的竹下通這一帶的後現代拼貼人文與社會地景，若不是目睹，你很難想像囂張成為一種公共行為，一方面是莊嚴肅穆的紀念天皇的明治神宮，另一方面竟是奇裝異服的日本青少女的同人誌 (cosplay) 的前衛展示。兩個完全不搭軋的景象，就在從竹下通走向明治神宮門面「大鳥居」的路上。以黑白色系為主，穿著如電玩或童話中的人物，公主、公爵，女扮男裝、哈利波特打扮、或直接在明治神宮看板前擺出 3P 性交的舉動。人潮洶湧的黃皮膚、白皮膚或黑皮膚，有的視若無睹，有的露出不悅神情，有的猛按快門，有的鼓掌叫好，有的匆匆離去，但沒有人會去干涉她們的活動。而這些扮演同人誌的日本青少女，則肆無忌憚地繼續在三島的天皇象徵前，以猥褻與無俚頭繼續解構一個所謂的「核心」與「信仰」。我按下快門，回頭走向神宮。

看來十分巨大的神宮入門牌坊「大鳥居」，失溫已經百年的臺灣紅檜原木，就這樣孤伶伶地俯視著這批日本青春少女。我想，這歷史的荒謬感的拼貼，確實說明了東京城的獨特性。黃皮膚的東瀛行走，重要的是，在與魔鬼交易後的浮士德，其精神滿溢著善惡交戰的奇葩，在日本淺盤經濟暴露缺點的同時，這東西文化的詭異交織，竟透過人數龐大的觀光人潮見證，一種後現代社會理論的真實實踐。

再也不會發出新芽的臺灣紅檜，站立在明治神宮前已然三十年，以其曾經傲立太平山千年的姿態，投給我行將離去的背影深情一瞥。逐漸起了風的東京街頭，據說有一個颱風直撲而來了；我走過日本青少女的同人誌的前衛展示，我揮手道別勇於挑戰與突破但終究對我而言是異化的明治天皇，許多移動的眼睛，一個矛盾情緒的起點，不管對黃皮膚的華人還是日本人都是，這就是東京這都市的文化地景本色。

太遠了！日光

「據說日光有美不勝收的瀑泉、楓樹，與青春美殉。」

我對著乾淨車窗映照的捋鬚自己喃喃自語。除了參加國際學術會議與造訪東京大學之外，這次來到東京，也在尋找一個傳說的浪漫，一個無數青春美殉的瀑泉之鄉：日光 (Nikko)。那是一個年少時光閱讀小說時得到的模糊印象，時時盤旋於生活與工作忙碌的心靈間隙；有些人相信，那樣的一躍，即使是象徵性地順著不再回頭的自由落體，不論液態的，固態的，與氣態的種種，均會與上下天光合而為一。

黃皮膚在四處的行走，我忽然想起，這趟旅程思考過的北京的王國維自沉頤和園，與東京三島、大阪川端的為櫻花精神之死，為了讓某些東西成為永恆。日光，一種死亡的左右蘊含著新生的力量。只是在旅途中以沉睡之姿完成最後醒來時的追尋。

「天氣如果好，」下榻的飯店服務生說，「搭乘鐵路約莫三個小時會到；從品川驛搭 JR 線至上野，轉乘到宇都宮，再搭至日光即可。」包括精神恍惚的坐錯車與等待，我竟然整整坐了六個小時。在東京郊區櫪木縣的宇都宮，端詳手中這本 JR 東日本之旅的樹葉分歧支脈般的地圖，我在陌生的月臺暴雨中超現實地追憶旅程。

發布為第七號颱風的早晨，憑著一股堅毅的信念，我展開了風雨中的經典尋找。有時以為是睡著了，或許是醒著。坐在我面前的人不斷更換。有時西裝畢挺，有時窈窕淑女，有時鬼畫符般的創意同人誌，有時幾個青春同學唱著旅行之歌，有時一對德國情侶各自背著兩個人面積大的重裝備，有時佝僂著背的老婆婆，有時是水兵服裝的高中生。時序以一種混亂的方式出現，我分不清已經出發，抵達還是仍在途中。

櫪木縣的宇都宮，樹葉分歧支脈般的地圖一個小點，我在陌生的月臺暴雨中被一關閉了的路途阻絕了目睹日光瀑泉的可能。「這下午五點半，不管是東照宮，還是華嚴瀑布，都已經關閉，」日光驛的小站傳來忠告的聲音，「前路一片滂沱，應該回頭。」

圖 8.4　JR 宇都宮線上的沉睡

應該是的，回頭所見，黃皮膚在四處的行走，每一個人都嚮往那童騃的旅程，在旅途中以沉睡之姿完成最後醒來時的追尋，如我在 JR 宇都宮線上所見的沉睡。左手穿過看來沒裝什麼的包包，身著黑褲白衣的另一隻手，以近乎虔誠的合掌支撐，梳得整整齊齊的烏黑長髮繫成馬尾，低垂的臉顯示，她已然傾斜的沉睡。一支純白的傘，斜掛在她所倚坐的緊靠的自動門欄杆上。加速度奔馳的火車模糊了窗外的颱風風雨，如同我在臺北時常面對的瘋狂飛舞；但室內的這一景，在火紅的座椅上，卻是無比的平靜，超乎言語。而我在急馳的凝視中又陷入沉思：

> 從言語而言，明治維新後的日本，事實上就逐步脫離了中華文化圈的影響，1868 年迄今的百年核心政經文化的軌跡轉移，造成了中西文化混同與獨特創新的氣象。新的一代的年輕人已經不識漢字，日語的外來字越來越多受到的是歐美語系的影響，明顯地英語成為最為高階的語言。在東京行走，如果問路，即使你一句日語也不會說，運氣好碰到識漢字的中壯或老一輩日本人，則用筆寫在紙上即可溝通；而若能說上幾句英語，你可以看到急於回應上幾句的表情，即使對方不懂，也會投以羨慕的眼神，或比手劃腳後，直接以成熟的人的優雅素質帶路至你要去的目的地，然後陌生離開。

在百年銀杏的樹蔭下，即使那天去東京大學拜訪空間情報科學研究中心的副主任淺見泰司教授 (Professor Yasushi Asami) 和在太平洋區域科學國際會議會場與日本筑波大學 (Tsukuba University) 冰鉋揚四郎教授

(Professor Higano Yoshiro) 的 GIS 方面的專業交談，都可以感覺英語的優勢與日式學者的學術風格，是一種以日本為中心的世界參與，並且充滿十分入世務實的真誠。

崇拜英語的黃皮膚的日本人，因此和黃皮膚的華人產生了差異了。以西歐族群自居的日本人，終究是和中華民族群分道揚鑣了。眼睛所見的黃皮膚與時時出現的漢字似乎都是假象，大東京區的洋化人文與地景或許就是其「本土」，一種解構的統一，大東京區問路與學術拜訪經驗所體驗的，異化的親切。

就飲食而言，文化混同與獨特的氣象在東京一帶更為明顯。飢腸轆轆出了站，我在宇都宮驛前西口店的「餃天堂」小小店面坐定，點了五個水餃與煎餃，順便瀏覽旁邊的傳單。「1937 年日本發動太平洋戰爭後，占領中國東北成立滿洲國後，由日本軍人學會包餃子技術回到東京，在宇都宮開始販售。昭和 28 年後因餃子店日漸增多，成立加盟店，迄今已經有 75 家餃子館。」這才驚覺，在宇都宮市發現了戰爭殘酷的過去所產生奇怪的飲食文化關連：一個到處是餃子店的城市。

但是，當餃子端到面前入口後，就完全知道這並非真正「黃皮膚」所做出來的餃子：難吃的皮奇軟無比的毫無嚼勁，其內餡的豬肉食之無味，而湯則是白開水似的清湯，沾醬也非道地，十個餃子竟然要價折合臺幣 300 塊。我當場只能說服自己的胃，說因為是很餓了，該把它們閉著眼睛吃完。但你可以想像當年，一個趾高氣昂的侵略者，占領滿洲後，以閃亮的刺刀臣服所有的反抗，然後到了一家尋常館子，吃了一口東北人包的黃韭菜水餃，覺得美味極了，就要求教導他製作餃子的技巧。異國鐵蹄下的忍辱的老師傅，不得已隨便指點了一些形式，皮毛；趾高氣揚的日本軍人以為這就是了，在一場戰役時受了傷，解甲歸鄉，回到東京，回到宇都宮，開了全日本第一家餃子店。雨後春筍的 75 家加盟店，我想，臺北街頭任何一家餃子店，尋常的韭菜或白菜餃子，搭配酸辣湯，均可一拳擊倒這些，自視為西歐族群的日本「黃皮膚」所做出來的「偽」餃子。

崇拜形式的黃皮膚的日本人，因此和黃皮膚的華人產生了差異了。以西歐族群自居的日本人，終究是和中華民族群分道揚鑣了。眼睛所見的黃皮膚與時時出現的漢食似乎都是假象，一種解構的分裂，宇都宮的吃餃子所體驗的，似曾相識的形式，差異的內容。

因此，太遠了！日光。有目的的追尋時常會找到無限倒退的完美，生活中的偶遇可能因此讓那遙遠的距離成為當下可能，或者認同的覺醒。原來傳說的浪漫，一個無數青春美殉的日光瀑泉之鄉，是為了這樣的啟迪。

發現日光，所要求的是一種執著理想的美學心靈。它可以在歷史的變遷中執著過去，如王國維、三島等；更可以在現代與後現代的新局中面對變化，以睡著的醒來，或醒著的睡著方式出現，雖然，造訪的沿途是一個複雜而困難的過程，不管是身體的或者精神的。

折返的半途，是一超現實的美學完整實踐。

而連日滿城飛翔沉吟的烏鴉，黝黑的翅膀斂翼，躲在日本赤松恢宏粗枝的庇蔭無影無蹤，在下榻的飯店一覺醒來，應是收拾行李回到臺北的日子了，而雨確實瘋狂地下著；我望著落地窗外的東京鐵塔，以全然黑暗的紅白交錯的閃光眨眼，射入眼簾的剎那，我想，我必定曾經去過日光，黃皮膚在四處的行走，雖然足跡漫漶。

公館木棉道旁的書店群

自己就是一個學者，長居臺北，我如何以如此近的距離描繪黃皮膚在這裡的行走？

終究是卸下了沉重的行囊了，安坐於下學期即將成為兩人一間的學院研究室，在兩坪半的僅容旋馬的空間中，我記錄下了沿途所見，所思，在這臺北城北邊士林區，故宮博物院旁的東吳大學，相思樹花即將黃透整個雞南山頭，而七月呼應酷熱的蟬聲已然聲震滿天。北京、上海與東京，至少是一旬前的印象種種，仍然在我的心中盤旋不去，尤其是昨天才風狂雨驟掠過臺北的馬莎中度颱風，此刻正以高速朝著上海而去，我猶然掛念，那復旦大學牡丹路旁賣著包子的一家六口，是否能夠安然度過。

黃皮膚在四處的行走，終究得面對自己的城市：臺北。繞了亞洲的三大城市一圈，我回頭以更為清楚而比較的眼光看著，這個已經居住超過二十五年的都城。臺北，臺灣的最大都市，擁有接近 300 萬人口的服務業與文化重鎮，是臺灣的政治經濟與前衛流行的核心，它所接軌的是全球與臺灣地方的混同。

或許是因為新，但你不得不承認臺北捷運是所知道最好的捷運系統之一，臺北城自從 1997 年完成淡水捷運線全線通車後，南北區就以「點對點」的方式被快速連結。我搭乘捷運，從士林前往公館，我在乾淨舒適並且禁食的冷氣車廂中翻閱沿途盛開的珊瑚刺桐與趕著壓馬路逛夜市的人潮，從高架的窗面往下看，摩托車與汽車就這樣以歡欣鼓舞的姿態相互依偎等待著紅燈轉為綠燈，然後以臺灣特有的活力熱情起步往前衝。我想起，北京捷運的悶熱與無效率的票價區段，從北京站到西直門，速度緩慢，以電風扇轉動當冷氣的車廂，不論是黃皮膚、白皮膚與黑皮膚每個人都揮汗如雨；而東京則是在速度和舒適上與臺北旗鼓相當，只是或許因為系統過於複雜而長途，容許在車上飲食，使得空氣有點味道飄忽，雖然少數吃東西的人均極為優雅節制；而摩托車在東京已經十分稀少，反而是十三年前在北京大學蘇州街叮噹動人的腳踏車處處可見。現在的臺北，腳踏車已經非常少見了，是被快車道的汽車和機車道的機車與人行道的行人夾擊無地自容的邊陲，所謂的腳踏車道在臺北，都是繞著河堤與公園而行的斷斷續續路途。從都市空間地景的交通特寫看來，困擾於空氣汙染的北京有點像三十年前的臺北；而汽機車與腳踏車、行人爭道的臺北或許像三十年前的東京吧。

以發展為意識型態的現代化思維，終究得從環境保護的角度重新思考永續的生活與生命。東京城早已完成，臺北城正在實踐，北京城也已警覺，「可持續發展」，是我在大陸學術談話中時常聽到的話語。

從一個都市的成熟度而言，端詳其地景的穩定度或許是個指標。幾乎沒有什麼工程在進行的東京市看來穩重，北京與上海的道路拓寬與新建大樓處處進行硝煙四起，而臺北市則大致穩重雖有局部的挖土機重裝進行，卻沒有什麼翻天覆地的工程。人在成熟度不同的城市其中行走，就會有完全迥異的感受。我總覺再到北京、上海時，景物將會以不斷翻新的姿態出現；去東京可安心按圖索驥去造訪不曾去過的地方；臺北則相對穩定地深化每一個地方感的現實與記憶痕跡，有時會有些許意外。

公館木棉道旁的書店群，是我的鞋子每週都會帶我去的地方。

臺北市公館區，是個類似北京清華、北大的中關村「大學區」、或上海復旦一帶的書店群區。除了臺灣大學、臺灣師範大學等著名大學之外，沿著公館高聳的木棉樹的這個地帶是全臺灣書局最為密集、多樣而且豐富的地方，方圓小於一公里的公館域內密布至少約四十家以上的特色書店。從大型連鎖的誠品書店、金石堂書店、何嘉仁書店；到有傳統或小眾的多元化書店：如堅持推廣左派思潮的唐山書店、人文社會哲學的桂冠書局、聯經書局、華文世界第一家女性主義專業書店女書店、全球唯一華文同志書店晶晶書庫、主張臺灣多元族群主體意識的臺灣ㄟ店及南天書局等，而中外文學與思想專賣的書林書局也不能錯過；以及簡體字人文書寶庫明目書社、結構群、山外、秋水堂等；或者各具個性的二手書店如古今書廊、公館舊書城、茉莉、小高的店等。當然，還包括已經不存在的香草山書屋。

過去二十幾年來，這些書店的冒出與成長軌跡，其實就象徵著臺北這個城市的文化發展，是在中華文化圈的「文化中國」與具有歐美西方、東洋日本、韓國與臺灣本土的全球在地化 (glocalization) 拼貼色彩構成的「文化臺灣」的相互拉鋸過程。

雖然仍為主流，那其實已經是高中以前所受的「文化中國」教育已經鬆動的時代，1982 年至 86 年「解除戒嚴」時期左右，我在臺大唸書時必逛的老字號是唐山、書林、桂冠、聯經與香草山。這些書店，大致上是臺大總區的正門對岸，沿著羅斯福路與新生南路交叉口的兩側而立，我記得若從法學院紹興南街口坐 0 南號公車在公館下車後,會沿羅斯福路往回走，愜意地在路邊買個黑輪吃，會先逛書林、再逛香草山，然後通過時常有塗鴉與遊民幾個的地下道，逛新生南路上的桂冠、聯經然後是巷子裡壓軸的唐山。然後，就在附近比書店密度更高的讀書、飲茶園或咖啡店吹冷氣，看書，或談論時事，邀三五好友，蹺他幾堂課。這個靜態描述的公館逛書店經驗，其實是一個動態風暴式的學生運動的逗點，那個時候，更多時間充滿驚嘆號！更多時間是用於面對戒嚴體制的實際運動組織與參與，以及用詩文抵抗。思想養分的來源，唐山、書林、桂冠、聯經與已經不在了的香草山，就成為青春歲月的靈魂寄寓所在。

力量深遠的「文化中國」與剛開始萌芽的「文化臺灣」之間的激盪，在當時最為精英、前衛的臺大學生運動分子中，產生了非常微妙的變化。我記得當時印象深刻的兩件事：其一是我們至陽明山上好友家中聚會，商談學運大計，在煙霧瀰漫中，大口喝著金門高粱，在被國民黨當時列為禁歌的〈梁祝協奏曲〉與〈黃河大合唱〉的聆聽與激動隨唱中，說著臺灣意識的應該覺醒，同時卻討論著金庸小說《倚天屠龍記》的家國之愛的情節。其二是為了實踐我們的臺灣之愛，一個家境算是富裕的同學買了一輛「載卡多」的小貨車，帶著包括我的一群人，從臺北公館出發，沿著陽金公路，翻過陽明山到達臺北縣我這從臺灣南部來的城市小孩從未去過的金山，在太平洋的海浪拍擊的公路上，我第一次看到了民間流行的電子花車與沿途從未想過的視覺經歷。有如在北京看到的黑龍江墾荒的下放青年，我對地方的眼睛忽然張開，我寫了一首詩，叫做〈海的告解〉。以之為名，我自費影印出版了第一本地下詩集，放在唐山、書林、香草山賣。當時 21 歲。

1999 年，而我從芝加哥留學回來教書再見到公館的書店群時，已經逐漸長成現在複雜而多元的樣貌了。迄今，四十幾家書店，除了記憶中的那幾家外，已經包括了許多令人驚豔的書店，印象最深刻的包括以性別議題為主的女書店、晶晶書庫；簡體字的「文化中國」明目書社與強調臺灣主體性的「文化臺灣」的臺灣ㄟ店間的書籍選取對峙；和大型連鎖裝潢得美輪美奐又附設咖啡廳與講座的誠品書店。你可以看到大多數的讀者，並不會因為是怎樣意識型態的主題書店就拒絕進入，在這四十幾家書店出入所根據的，是自己的閱讀與商品宣傳的需求。但相對於之前的「文化中國」的主流，二十世紀的 1990 年代後期之後，不管你喜不喜歡，現在的臺北，在地文化成為主流，是一種興盛繁榮的臺灣文化象徵。我們這個時代所看到的不是一種以「文化中國」為主軸的表現型態，而是，臺灣作為一塊能夠鑲嵌世界文化的土地，它能吸納包括臺灣本土、中華文化、日本、韓國、與歐美等各式文化的養分，展現全球化、資訊化的即時性與後現代的「文化臺灣」拼貼現象。

而「文化臺灣」的繁榮興盛流行，與2000年總統大選的「政黨輪替」有絕對的關連性。原來屬於黨外，後來組織為「民主進步黨」的獲勝，瓦解了長期執政的國民黨政權。從過去五年來的政策看來，雖未明示，但事實上民主進步黨強烈的臺灣意識揉合全球資本化力量，以漸進的方式將臺灣推向了文化鐘擺的一個極端，「文化臺灣」；而且有意識地企圖壓制、邊緣化另一個極端，「文化中國」。這些政策的影響力，在我看來，有它的臨界點，具體表現在總統大選藍綠選票上的五五波。

相當清楚的是，在臺灣的黃皮膚經此一變，正在逐步脫離中華文化圈的作用力；雖然臺灣至少有一半的人對於這個趨勢不滿，憤怒。但如同我在最開始的時候說過，原本亞洲這四個城市，離「中華文化圈」這同心圓最遠的是東京，然後是臺北，然後是上海，最近的是北京。這同心圓並不是穩定的，隨時都會因為新的離心力而產生新的變化；二十一世紀民主進步黨執政的五年，乃至到未來的八年，可以想見會進一步強化臺灣脫離中華文化圈，或許就會朝向日本「東京」的城市文化類型前進；臺北若朝向這種城市文化類型，是享受商品拜物教的同時，加上一些民族意識或同人誌的沾醬佐料。

黃皮膚在四處的行走，回頭所見，這個仍然受到諸多變數牽引的臺北文化轉變，和臺灣內外的政治力量的消長與經濟發展息息相關。

我望著尚須三個月才會開花的公館木棉道，以及其旁繁榮興盛的書店群，記憶著七月旅次的北京、上海、東京和臺北的諸多不能忘記的臉龐。捨棄快速的捷運，我信步踏上許久不曾搭乘的公館公車，就讓它以這城市的交通韻律帶領我四處去看看臺北，這一美麗的城市，我的知識與生命獲得最多養分的地方，最終抵達研究室，在滿山的蟬聲與蔽天榕樹中沉澱回首向來，並期待紫槐刺桐、法國梧桐、銀杏與木棉相聚於用心灌溉的庭園，燦爛花開。

社會學理論　蔡文輝／著

本書以簡潔易讀的文字，有系統地介紹當代西方社會學主要理論學派之概念和理論架構。對於功能論、衝突論、符號互動論及交換論等四大學派及其代表人物等，皆有詳盡的介紹說明。其他次要理論如標籤論、演化論、俗民方法論、現象論、女性主義理論、後現代理論等亦有介紹。本書不僅是社會系學生學習之指引， 也是其他社會科系學生不可或缺之參考書。

社會學概論　蔡文輝、李紹嶸／編著

誰說社會學是一門高深、難懂的枯燥學科？本書由社會學大師蔡文輝與李紹嶸聯合編著，透過簡明生動的文字，搭配豐富有趣的例子，帶領讀者進入社會學的知識殿堂。本書特色在於：採取社會學理論最新的發展趨勢，以綜合性理論的途徑，精闢分析國外與臺灣的社會現象與社會問題；此外，每章結尾並附有選擇題和問答題供讀者複習與反思之用，是一本值得您一讀再讀的社會學入門書籍。

批判社會學　黃瑞祺／著

本書從定位批判社會學開始，在社會學的三大傳統之間，來釐清批判社會學的地位和意義 。 繼則試圖站在批判理論的立場上來評述主流社會學。再則從容有度地探批判理論的興起、義蘊以及進展。最後則是從批判社會學的立場來拓展知識社會學的關注和架構。本書的導言和跋語則是從現代性的脈絡來理解批判社會學。現代性／社會學／批判社會學乃本書的論述主軸。

全球化與臺灣社會：人權、法律與社會學的觀照

朱柔若／著

無法自外於世界體系之外的臺灣，在全球化動力的推促下，似乎正朝向某種單一、多元又共通的整體發展。在這個背景下，本書首先以全球化與勞工、人權與法律開場，依序檢視全球化與民主法治、全球化與跨國流動、全球化與性別平權，以及全球化與醫療人權等面向下的多重議題，平實檢討臺灣社會在全球化的衝擊之下，所展現的多元面貌與所面對的多元議題。

健康、疾病與醫療：醫療社會學新論　葉肅科／著

本書重新定義健康、疾病與醫療等概念，最大特點在於將其範圍擴展到醫療以外、整體醫療保健體系，甚至一切和健康與疾病問題有關的領域。本書的撰寫力求兼顧國際性與本土性、理論性與應用性、科學性與通俗性，適用於大專院校相關課程的教學，可讓學生對於健康、疾病與醫療研究領域有更深入地瞭解，對於研究社會科學的醫療專業人員而言，本書亦具實用性。

邁向修養社會學　葉啟政／著

本書彰顯隱藏於西方社會學理論論述背後的基本「哲學人類學存有預設」，以此為基礎，檢討當代西方社會學論述中常見的兩個重要概念——「結構」與「人民」，並敘述形構當代社會的基本結構樣態與其衍生的現象。作者特別強調「日常生活」在當代西方社會學論述中所具有的特殊意義，透過此概念，作者回到人做為具自我意識狀態之「行動主體」的立場，重新檢視「修養」對於理解現代人可能具有的社會學意涵。

政治社會學：政治學的宏觀視野　王晧昱／著

「政治社會學」之學術基本理念，在於從宏觀的層面解釋政治現象。本書並重中國傳統思想和西方政治理論的解析，思索人性與不完美的社會，析論國家與政治權力之緣起、運作及其發展，解釋政治社會中利益的矛盾和權威的不等分配所造成的社會衝突和權力鬥爭現象，並檢視世界的「現代化」發展及其政治走向，以及反思當今的「後工業社會」，和資本主義宰制的「全球化」發展走勢。